主　编：刘正雄　梁玉浩

编　委：陈泰敏　戴宗品　张培龙　李洪海　刘世培　张琼梅　李小瑞
　　　　周然朝　吕　静　杨镜皿　李红成　杨萧冉　张庭隆　合顺然

# 李家山五十年
## 学术研讨会论文集

云南省文物考古研究所　玉溪市文物管理所　编著

上海古籍出版社

**图书在版编目（CIP）数据**

李家山五十年：学术研讨会论文集 / 云南省文物考古研究所，玉溪市文物管理所编著. -- 上海：上海古籍出版社，2025.4. -- ISBN 978-7-5732-1619-9

Ⅰ.K878.84-53

中国国家版本馆CIP数据核字第2025CL8446号

### 李家山五十年
#### 学术研讨会论文集
云南省文物考古研究所、玉溪市文物管理所　编著
上海古籍出版社出版发行
（上海市闵行区号景路159弄1-5号A座5F　邮政编码201101）
（1）网址：www.guji.com.cn
（2）E-mail：guji1@guji.com.cn
（3）易文网网址：www.ewen.co
上海展强印刷有限公司印刷
开本889×1194　1/16　印张17.5　插页4　字数470,000
2025年4月第1版　2025年4月第1次印刷
ISBN 978-7-5732-1619-9
K·3871　定价：128.00元
如有质量问题，请与承印公司联系
电话：021-66366565

# 目 录

1　从比较史学视角认识石寨山文化的社会特征与政治形态　/ 徐良高

11　陈列展览视域下构建秦汉时期西南地区物化话语表达体系的探索与思考
　　——以中国国家博物馆"中国通史陈列"和"古代中国基本陈列"为例
　　/ 陈成军

24　试论滇文化　/ 戴宗品

31　从石寨山到河泊所　/ 蒋志龙

34　西南夷概念辨析　/ 杨　帆

36　从历史与地理看滇文化的形成与发展　/ 樊海涛

44　云南师宗县大园子墓地出土铜器的科学分析
　　/ 张　颖　刘　煜　林俊伶　杨　勇　金海生　包淑滨

59　李家山墓地出土管形耳铜铃及相关问题　/ 赵德云

67　滇文化中鸮形主题的识别认定　/ 干小莉

72　滇文化青铜器人物服饰研究　/ 王春铃

82　绿松石、孔雀石或磷铜石
　　——古滇国几种珠子原料及珠形嵌片分析　/ 王丽明

92　滇池地区青铜时代的玉玦：身份与性别的考古学研究　/ 于　兰　杨小彝

105　李家山古墓群出土金器研究　/ 杨承默

115　滇文化珠饰分期研究　/ 王一岚

127　李家山M24的年代问题探讨　/ 李小瑞

145 滇文化墓葬棺椁制度研究
　　——以江川李家山古墓群为例　/ 高　源

155 礼制与战事
　　——滇国青铜兵器形态演变规律试析　/ 戴　铖

162 滇人社会性别构建　/ 沈　宁

171 浅析滇国纺织业的人员结构和生产组织形式
　　——以李家山和石碑村墓群为例　/ 平　力

178 考古—环境多学科交叉维度下的滇文化人—地关系研究进展
　　/ 纪　明　林海涛　苏　涛

183 滇西保山地区青铜文化遗存的发现及认识　/ 胡长城　罗　俊

197 礼音远振：早期石磬在中原以外的传播　/ 赵　昊

206 水上祭祀：比较视角下的重庆云阳大梁岩画　/ 白九江

228 汉代岭南式器物在云贵地区的考古发现及相关问题的探讨
　　/ 谢广维　王　星　甘雨棠

243 牛虎铜案出土记　/ 张永康

248 玉溪李家山古墓群大遗址保护的几点思考　/ 杨泽红

254 古滇船形建筑文化漫谈　/ 潘明光

260 秦汉时期滇国独大的关键支撑资源探究　/ 李晓丹　陈爱林

269 古滇国文化实现从文化资源向文化资本转变的路径研究　/ 胡　伟

# 从比较史学视角认识石寨山文化的社会特征与政治形态

◎ 徐良高（中国社会科学院考古研究所）

## 一、缘起与思路

以大理金梭岛、楚雄万家坝、晋宁石寨山、江川李家山等遗址为代表的云南石寨山文化是云南地区青铜时代的代表性考古学文化，因其独具特色的文化面貌和极具代表性的与中原王朝的融合过程，在认识云南地区的早期历史、文明形成与演进，研究云南区域文化融入"多元一体"中华文明的历史进程与机制，探讨中国"大一统"思想观念和政治实践的历史发展等方面都具有重要的历史地位，引起国内外学术界的高度关注。随着考古学成果的不断积累，学术界对石寨山文化的认识日益深入、全面。

传统上，我们主要依据《史记·西南夷列传》的记载来认识包括石寨山文化在内的古代西南夷社会的组织结构和政治形态，即所谓"西南夷君长以什数，独夜郎、滇受王印。滇小邑，最宠焉。太史公曰：楚之先岂有天禄哉？在周为文王师，封楚。及周之衰，地称五千里。秦灭诸侯，唯楚苗裔尚有滇王。汉诛西南夷，国多灭矣，唯滇复为宠王。然南夷之端，见枸酱番禺，大夏杖邛竹。西夷后揃，剽分二方，卒为七郡"。从这类记载中，我们大致可知，当时的西南夷部落或区域政治体众多，或定居或游牧，或有君长，或无君长，更详细的情况则无从知晓。考古学的兴起，为我们认识西南夷的物质文化面貌、经济生活、宗教信仰、政治形态等提供了传统文献记载所没有的新史料、新视角，为我们认识石寨山文化所反映的滇国、滇文化等西南夷文化与社会带来了新契机。

很多学者结合相关文献记载已经对考古资料所反映的当时社会面貌进行了初步分析[1]，比如冯汉骥[2]、汪宁生[3]、王大道[4]、蒋志龙[5]等先生从考古学研究角度对石寨山文化的社会结构、生产生活、制度信仰等进行了专门研究，童恩正先生借助人类学的酋邦理论对石寨山文化的社会结构和政治制

---

[1] 云南省博物馆文物工作队、四川大学历史系考古专业：《云南楚雄万家坝古墓群发掘简报》，《文物》1978年第10期；云南省文物考古研究所：《石寨山文化考古发掘报告集（上、下册）》，科学出版社，2016年；云南省博物馆：《云南晋宁石寨山古墓群发掘报告》，文物出版社，1959年；云南省博物馆：《云南江川李家山古墓群发掘报告》，《考古学报》1975年第2期。
[2] 冯汉骥：《云南晋宁石寨山出土文物的族属问题试探》，《考古》1961年第9期；《云南晋宁石寨山出土铜器研究——若干主要人物活动图像试释》，《考古》1963年第6期。
[3] 汪宁生：《试论石寨山文化》，《中国考古学会第一次年会论文集》，文物出版社，1980年；"滇"人的经济生活和社会生活——晋宁石寨山文物研究之一》，《云南青铜器论丛》，文物出版社，1981年。
[4] 王大道：《滇池区域青铜文化渊源初探》，《云南师范大学学报（哲学社会科学版）》1984年第3期。
[5] 蒋志龙：《云南江川李家山墓地的社会结构解析》，《南方文物》2014年第4期。

度做了推论[1]，等等。这些研究成果给我们的新认识、新启示，远远超过了传统文献对西南夷社会与文化的记载，大大丰富了我们对滇国、滇文化的历史认知。

尽管取得了这么多的成果，但我们对石寨山文化的认识仍很不够，比如对石寨山文化的社会组织与结构、政治体制与运行方式等的认识，总的来说还很模糊。酋邦理论是否适合阐释古滇国的历史实际？能否给考古发现的诸多古滇国的考古学文化现象以合理的解释？都值得进一步讨论。

我们应该如何科学地认识一个缺乏丰富的可信文献记载的古代社会呢？如何科学地阐释有关考古发现呢？历史比较研究法不失为一种有益的途径。

所谓比较史学指对不同社会环境下两个及以上相似历史现象的异同进行比较的理论方法与实践[2]。通过跨文化的比较研究，寻找文化现象之间的异同，探讨文化现象异同背后的原因与机制，深化对各自文化特征及其背后社会结构与运行机制的认识。

历史比较研究法的应用时间悠久，古希腊历史学家希罗多德在《历史》一书中将希腊城邦的历史和东方各个大国的历史作了比较考察。近代以来，比较文化研究在中国学术界一直受到重视。二战以来，比较史学广为流行，成为具有重要影响力的史学分支学科。近几十年，中国学术界在引进和介绍西方比较史学成果的同时，对比较史学的理论与方法进行了探讨，并将之运用到具体历史问题的研究之中，如中西封建社会比较、中西文化比较和历史人物比较等。

通过比较研究，可以从宏观上认识历史，发现人类历史的普遍性，揭示不同历史文化与特殊历史现象的独特性，寻找历史文化之间的关联性，使我们对历史的理解更全面、更准确、更深刻。张光直先生说："今天念中国的考古不是念念中国的资料便行了。每个考古学者都至少要对世界史前史和上古史有基本的了解，而且对中国以外至少某一个地区有真正深入的了解。比较的知识，不但是获取和掌握世界史一般原则所必须有的，而且是要真正了解中国自己所必须有的。"[3]从这个角度讲，以历史比较研究的视角和方法将中原地区青铜时代文化——夏商周文化与云南地区代表性青铜时代文化——石寨山文化放在一起进行比较研究是必要的，对于深入认识夏商周文化和石寨山文化的文化特征、政治形态和社会运行机制有重要学术价值，故本文特此一试。

尽管中原与云南青铜时代文化在时间上略有差错，不完全同时，文化背景也有所不同，但两者有各自独立的发展道路，均处于早期国家形成阶段，都有发达的青铜制造技术和丰富的青铜器品种，这些青铜器在当时各自的社会中都发挥着重要的政治、经济和文化作用，因此，两者具有可比性。通过对两地青铜时代青铜器器类、功能和社会作用的比较研究，我们可以看到两地青铜文化的古人是如何看待、使用青铜器并一窥其背后的社会组织结构、政治制度、经济运行方式、思想观念、宗教信仰等，深化对两地铜器时代文化特征的认识。同时看清楚汉王朝的到来及其统治方式如何推动云南地区区域文化接受中原文化的影响，融入"多元一体"的中华文明之中。

## 二、青铜器所反映的夏商周三代文化特征

我们知道，考古学发现的虽然是物质形态的古代文化遗存，但这些遗存是古人生产生活等行为方

---

[1] 童恩正：《中国西南地区古代的酋邦制度——云南滇文化中所见的实例》，《中华文化论坛》1994年第1期。
[2] 参见王学典（主编）：《史学引论》，北京大学出版社，2008年，第285—292页；范达人：《当代比较史学》，北京大学出版社，1990年；徐浩：《比较史学与历史比较概念辨析》，《中国社会科学报》2022年3月9日第10版。
[3] 张光直：《要是有个青年考古工作者来问道》，《中国文物报》1993年11月7日。

式、政治活动、思想观念和宗教信仰的产物。它们既是人类活动的物质遗留,也往往是人类社会组织、政治制度、思想观念和宗教信仰的物化象征。不同的人类行为、社会制度、思想观念和宗教信仰产生不同种类、形制的物质文化遗存,反之,通过比较研究不同种类、形态的物质文化遗存也可以发现其背后的人类行为、社会制度、思想观念和宗教信仰的差异。

中原地区的青铜器出现于新石器时代晚期,于二里头文化时期开始走向兴盛发达,历经商周时期,形成独具自身特色的青铜文化。具体表现为:第一,独树一格的高度发达的青铜器铸造技术;第二,高度发达的青铜礼器及其所表现出来的"青铜礼器文化圈"的存在与不断扩展[1]。

从夏商周青铜器的品种构成看,三代青铜器主要分为礼器、兵器和手工工具三大类。礼器又包括容器类、乐器类和少量兵器。礼容器器类有鼎、斝、甗、尊、觥、卣、瓿、爵、盘、盉、簋、觯、角、瓠、罍、彝、壶、盂、觥、斗等,乐器类有编钟、铙、铎等,兵器类有戈、矛、钺、殳、镞、戟、胄、戚、刀、镞等,工具类有斧、锛、斤、凿、钻、锥、锯等,车马器类有衔、当卢、镳、泡饰、节约、马冠等。

铜礼容器的使用因祭祀时节、对象的不同而不同,如《周礼·司尊彝》所记载:"掌六尊六彝之位,诏其酌,辨其用,与其实;春祠、夏禴,祼用鸡彝、鸟彝,其朝践用两献尊,其再献用两象尊;秋尝、冬烝,祼用斝彝、黄彝,其朝献用两著尊,其馈献用两壶尊;四时之间祀、追享、朝享,祼用虎彝,其朝践用两大尊,其再献用两已尊。"有学者统计,"殷商时代的青铜原料,消耗在与祭礼有关的礼器及与战争有关的武器,差不多占95%以上,用于制造日用品的配给量极为微小。发掘出土的日用品中,以青铜制造的,有小刀、空头斧锛和装饰用的若干饰件。用在农业上的铜器,可以完全证实的尚不存在"[2]。即使偶尔在大墓中见到几件青铜农具,其功能也主要是用于特定宗教仪式活动,如籍田礼中的礼器[3]。在夏商周遗址中大量发现的石制、骨制生产工具和陶器类日用品也说明,青铜制品并未广泛应用于三代社会的日常生产生活之中。

夏商周三代的青铜技术与产品主要用于宗教活动和军事方面,发挥着强化国家与宗族认同、统合血缘社会组织、整合社会资源、对外战争对内维稳的维系国家体制和世袭贵族集团利益的作用,体现出"国之大事,在祀与戎"的社会特征。考古发现的青铜器的多少与墓葬的大小和墓主人等级的高低成正比例关系这一现象说明商周社会的贵族占有青铜礼器的多少成为他们之间政治等级地位的高低和权力大小的标志。其中,商代青铜礼器以酒器觚、爵的套数多少作为等级高低的标志。西周时,贵族主要以食器——鼎簋的多少作为权力大小及社会等级的标志[4],如《春秋·公羊传》桓公二年何休注所记载:"礼祭,天子九鼎,诸侯七,卿大夫五,元士三也。"天子之祭用大牢九鼎配八簋,牲肉包括牛、羊、猪、鱼、腊、肠胃、肤、鲜鱼、鲜腊;诸侯用大牢七鼎配六簋,牲肉包括牛、羊、猪、鱼、腊、肠胃、肤;大夫用少牢五鼎配四簋,牲肉有羊、猪、鱼、腊、肤;士用三鼎配两簋,或一鼎无簋,牲肉有猪、鱼、腊。

由此可见,在三代社会,青铜礼器具有极为明显的政治色彩和意识形态工具性质,正如清代著名经学家阮元在《研经室集》卷三《商周铜器说(上、下)》中所说:"器者,所以藏礼,故孔子曰:唯器与名不可以假人。先王之制器也,齐其度量,同其文字,别其尊卑,用之于朝觐燕飨,则见天子之尊,赐命之宠,……用之于祭祀饮射,则见德功之美,勋赏之名,孝子孝孙,永享其祖考而宝用之焉。且天子诸侯卿大夫,非有德位保其富贵,则不能制器。……然则器者,先王所以驯天下尊王敬祖之心,教天下习礼博文之学。……且世禄之家,其富贵精力必有所用,……先王使用其才与力与礼与文于器之

---

[1] 徐良高:《青铜礼器——中国三代文明的物化象征》,《湖北理工学院学报(人文社会科学版)》第39卷第3期。
[2] 李济:《殷商时代的历史研究——并由此窥测中国文化的渊源及其所代表之精神》,《李济考古学论文集》,文物出版社,1990年。
[3] 徐良高:《中国青铜时代的生产工具》,《三代考古》(五),科学出版社,2013年。
[4] 俞伟超、高明:《周代用鼎制度研究》,《北京大学学报(哲学社会科学版)》1978年第1期—1979年第1期。

中，礼明而文达，位定而王尊，愚慢狂暴好作乱者鲜矣。"侯外庐说："礼器一源，'礼'，所以指文明社会的中国古代政治制度，'器'则所以藏此制度……总之，彝器是中国古氏族贵族政治的藏礼工具，和西欧古代的法律性质相近，而内容则以有无氏族的存在为区别。"[1] 由此，青铜礼器不仅是祭礼用品和社会地位的标志，还是家国同构的国家政权的象征，是宗政合一的政治体制的物化体现。故张光直说："中国青铜时代的最大特征，在于青铜的使用是与祭祀与战争分离不开的。换言之，青铜便是政治的权力。"[2]

与这一铸器目的和青铜器功能相一致的是三代青铜器上独特的纹饰内容和装饰风格，重在抽象与象征。商周青铜纹饰以云雷纹为底纹，以各种抽象、神秘、庄重的神异形象，如饕餮纹、凤鸟纹、夔龙纹等为主题，表现一种浓厚的宗教信仰和神秘力量。"各式各样的饕餮纹样及以它为主体的整个青铜器其他纹饰和造型，特征都在突出这种指向一种无限深渊的原始力量，突出在这种神秘威吓面前的畏怖、恐惧、残酷和凶狠"。"它们完全是变形了的、风格化了的、幻想的、可怖的动物形象。它们呈现给你的感受是一种神秘的威力和狞厉的美"。"……以这些怪异形象为象征符号，指向了某种似乎是超世间的权威神力的观念"[3]。统治者自身形象不直接表现于各种艺术作品和装饰纹饰之中，而是隐身于庄重的礼器及其神秘的图案之后和无所不在的权力之中，体现一种无偶像崇拜的信仰文化[4]。

由此可见，商周文化青铜器具有强烈的神圣性、政治性，是明显的权力和地位的象征与体现，青铜礼器的多少代表权力、地位的高低。庄重而神秘的装饰图像，陈列于宗庙内的青铜礼器、乐器结合频繁、隆重而神圣的献祭仪式来强化祖先崇拜，合法化社会分层和权力，增强血缘族群的向心力和凝聚力，整合社会力量。商周青铜器的独特性正如李济所说："就它们（指殷商时代的青铜礼器）的形制与纹饰看，它们代表远东区域很久远的传统。……青铜器花纹的组织，母题的选择以及纹饰成分的配置，完全是黄河流域的原始发展。""殷商时代装饰艺术的表现方法，在喜马拉雅山，乌拉尔山以西的区域无踪影可寻。地中海东岸创造的装饰艺术传统，所发展的在另一个方向。"[5]

总之，从夏商周青铜器的铸造技术、器类品种、装饰风格和社会功能与作用等多方面来看，三代青铜文化具有明显的独特性。即礼乐器高度发达并在社会生活中扮演着非常重要的政治、宗教作用，体现出三代社会以祖先崇拜为意识形态的家国同构、政教合一特征；社会组织结构上以血缘组织——家族、宗族为基本社会组织和政治、经济和军事活动的基本单元；制度上体现为宗法制度、世卿世禄制（分封制与采邑制与之密切相关）、井田制、服制等一套较为成熟的政治体制，规范有序，等级分明（尽管它没有后来以地缘组织为社会基础，以郡县制、官僚制和税赋制为特征的皇权专制体制那么完备、成熟）。三代时期共有这一青铜文化特征及其背后社会制度、思想观念的区域，我们称之为"青铜礼器文化圈"[6]。这一"青铜礼器文化圈"是共同的或相似的宗教信仰、政治制度和思想观念的文化大传统——礼乐文化的物化反映，我们可以称之为"礼乐文化圈"[7]。从"青铜礼器文化圈"的范围变化来看，由二里头文化的黄河中游不断向外扩展，两周时期已北达长城内外，南到广东、福建北部，东到海边，西边包括甘肃、四川部分地区，覆盖了长江、黄河流域的绝大部分地区。"青铜礼器文化圈"的不

---

[1] 侯外庐：《中国古代社会史》，生活·读书·新知三联书店，1949年，第187页。
[2] 张光直：《中国青铜时代》，生活·读书·新知三联书店，1983年，第21页。
[3] 李泽厚：《美的历程》，文物出版社，1981年，第36—37页。
[4] 徐良高：《从商周人像艺术看中国古代无偶像崇拜传统》，《考古求知集》，中国社会科学出版社，1997年。
[5] 李济：《殷商时代的历史研究——并由此窥测中国文化的渊源及其所代表之精神》，《李济考古学论文集》，文物出版社，1990年，第828页。
[6] 徐良高：《文化因素定性分析与商代"青铜礼器文化圈"研究》，《中国商文化国际学术讨论会论文集》，中国大百科全书出版社，1999年。
[7] 徐良高：《中国三代时期的文化大传统与小传统》，《考古》2014年第9期。

断扩张是周边文化不断接受中原礼乐文化大传统及其背后的祖先崇拜信仰、宗法政治理念与制度,形成共同文化认同心理,融入华夏文化圈的物化表现。

## 三、青铜器所反映的云南石寨山文化特征

与中原地区夏商周三代文化相比,石寨山文化的青铜器生产技术同样非常发达,青铜器同样在社会政治、经济、军事、宗教等方面发挥着非常重要的作用,可以说两地文化都处于真正的"青铜时代",均可以称为"青铜文化"。不过石寨山文化的青铜器在器类品种、装饰风格、社会功能与作用等方面又具有自身的突出特征和独特的文化传统,与中原地区商周文化明显不同,两者可以作一比较。

考古发现的石寨山文化典型遗址和墓葬从早到晚有大理金梭岛[1]、楚雄万家坝[2]、祥云大波那[3]、呈贡天子庙[4]、晋宁石寨山[5]、江川李家山[6]、昆明羊甫头[7]等,时代从西周至西汉。概括地说,石寨山文化青铜器有如下特点。

第一,石寨山文化象征统治阶级权力、身份、地位与财富的礼器以铜鼓、贮贝器为代表,缺乏商周文化中成套的体系化与等级化青铜礼容器。从出土背景看,铜鼓和贮贝器仅出现在石寨山文化的极少数大墓之中,如出土铜鼓的楚雄万家坝M23、呈贡天子庙M33、石寨山M14、M17、李家山M21、M24等墓葬,出土贮贝器的石寨山M6、M7、M23等墓葬,这些墓主被认为是"滇国贵族",甚至是"滇王及其亲族"。铜鼓和贮贝器被认为是滇国的"重器"[8],具体来说,"铜鼓是古代西南少数民族最重要的一种重器,在盛大的祭典上把它陈列着,同时也作为乐器和藏财货之用"[9]。"铜鼓在历史上曾用于祭祀、战争、集会以及贮藏财货,作陪葬品和娱乐等……'国之大事,在祀与戎'。主持祭祀和指挥战争的大权已被少数贵族所垄断……不管铜鼓用于祭祀还是战争以至其他方面,从本质上说它不是一般的乐器,而是掌握在少数贵族手中的重器,是统治阶级权力的象征"[10]。"贮贝器是石寨山文化中的典型器物,为上层贵族所拥有,是财富的象征"[11]。

第二,尽管中原地区的夏商周三代和石寨山文化均是农业社会,以农业为主要经济活动,但在青

---

[1] 大理县文化馆:《云南大理收集到一批汉代铜器》,《考古》1966年第4期;连芳、侯婷婷:《银梭岛贝丘遗址发掘露端倪》,《云南日报》2003年11月17日。

[2] 云南省博物馆文物工作队、四川大学历史系考古专业:《云南省楚雄县万家坝古墓群发掘简报》,《文物》1978年第10期。

[3] 云南省博物馆:《云南祥云大波那木椁铜棺墓清理报告》,《考古》1964年第12期;《祥云大波那发现一座战国时期木椁墓》,《云南日报》1978年1月27日第3版。

[4] 云南省博物馆文物工作队:《云南呈贡天子庙古墓群的清理》;昆明市文物管理委员会:《呈贡天子庙滇墓》;昆明市文管会:《呈贡天子庙古墓群第三次发掘简报》;云南省文物考古研究所:《石寨山文化考古发掘报告集(上、下册)》,科学出版社,2016年,第220—230页,第264—312页,第342—347页。

[5] 云南省博物馆:《云南晋宁石寨山古墓群发掘报告》,文物出版社,1959年;《云南晋宁石寨山第三次发掘简报》,《考古》1959年第9期;《云南晋宁石寨山古墓第四次发掘报告》,《考古》1963年第9期。

[6] 云南省博物馆:《云南江川李家山古墓群发掘报告》,《考古学报》1975年第2期;张新宁、王桂蓉等:《江川李家山古墓群第二次发掘》;云南省文物考古研究所、玉溪市文物管理所、江川县文化局:《云南江川李家山古墓第二次发掘》,《石寨山文化考古发掘报告集(上、下册)》,科学出版社,2016年,第338—339页,第473—496页。

[7] 云南省文物考古研究所、昆明市博物馆、官渡区博物馆:《云南昆明羊甫头墓地发掘简报》,云南省文物考古研究所:《石寨山文化考古发掘报告集(上、下册)》,科学出版社,2016年,第419—472页。

[8] 蒋志龙:《古滇王国的考古学初步观察》,《庆祝张忠培先生七十岁论文集》,科学出版社,2004年;李伟卿:《贮贝器及其装饰艺术研究》,《云南民族学院学报》1989年第4期。

[9] 云南省博物馆:《云南晋宁石寨山古墓群发掘报告》,文物出版社,1959年。

[10] 中国古代铜鼓研究会:《中国古代铜鼓》,文物出版社,1988年。

[11] 佟伟华:《云南石寨山文化贮贝器研究》,《文物》1999年第9期。

铜农具制造、使用方面却存在根本性差别。夏商周青铜器中极少见青铜农具，即使偶有所见，也是作为礼器出现于大墓之中，而石寨山文化则将青铜广泛用于农业等生产工具及日常生活用具的制造方面，两者有本质性差别。

王大道先生曾总结说：青铜农业生产工具在滇文化中具有广泛性。第一，它的数量较多，就专用农具钁、锄、臿、镰而论，已有127件。第二，农业生产各个主要环节所需青铜农具都有，从起土、薅锄到收获，尤以起土的钁为最多。第三，分布地域广泛，昆明、晋宁、安宁、澄江、江川、富民、呈贡等县（市）均有出土。第四，贵族大墓和平民小墓都有以青铜农具随葬的风气，例如楚雄万家坝M1出土铜锄54件，铜斧28件，6件一套的圆筒状编钟大小一致，钮作羊角状。晋宁石寨山出滇王金印的滇王墓随葬有钁4件及锄4件，在呈贡天子庙长2.5、宽约1米的小墓M5中，除随葬剑、削、扣饰、镯和石坠各1件外，还有钁、锄各1件。第五，使用时间长，春秋晚期的一些小墓中出现了爪镰一类的小型青铜农具，战国晚期的中小型墓中有钁、锄这样的大型青铜农具，西汉中期奴隶主贵族的大墓也多有各种青铜农具[1]。

除青铜农具常见外，其他青铜实用品在石寨山文化中也常见，如生产工具有斧、凿、鱼钩、锛等，生活用品有釜、尊、杯、勺、豆、匕、箸等，乐器有鼓、笙、钟、铃等，其他青铜制品有镯、牌饰、带钩、剑饰、杖头、房屋模型、纺轮、纺织工具、俑等，祥云大波那墓葬还出土了两面坡房屋状铜棺。这些青铜制品涉及人们生产生活的多个方面，种类多，数量大，与中原三代文化中青铜器被统治集团垄断，集中于"祀与戎"两方面，具有浓厚的意识形态工具色彩这种现象明显不同。

第三，石寨山文化的青铜兵器发达，数量多，品种全，与中原地区三代文化中青铜大量用于兵器生产的现象相似，体现出两者在"国之大事，在祀与戎"方面的一致性。

石寨山文化的兵器有剑、矛、戈、钺、镞、啄、臂甲等，铜剑、斧、矛、戈、钺的形制均具有自身特色，与中原兵器不同。例如楚雄万家坝M23中出土的577件青铜器中，矛占60%，其余尚有戈、钺、剑、铜锄、斧、凿、镞、盾饰等，还出土4面铜鼓。石寨山M6"滇王"墓中，出土铜剑29件、铜柄铁剑5件、铁剑1件、铜矛13件、铜戈10件、铜斧1件、铜戚1件、铜啄4件、铜狼牙棒1件、铜叉2件、铁戟2件、铜弩机1件、铜镞10件等。石寨山M13出土铜剑58件、铜柄铁剑10件、铁剑10件、铜矛38件、铜柄铁斧8件、铁矛16件、铜戈31件、铜啄5件、铜斧31件、铁斧1件、铜钺1件、铜戚2件、铜狼牙棒4件、铜叉3件、铜弩机7件、铜镞65件、铜臂甲1件、金臂甲3件等。

第四，石寨山文化青铜器装饰风格及其所反映的思想观念、宗教信仰与三代青铜器明显不同。

世俗性、实用性、写实性是石寨山文化青铜器的突出特点。青铜器装饰方面除一般的几何形纹饰，如卷云纹、弦纹、圆圈纹、三角形齿纹、圆涡纹外，都是现实生活中的动物形象、人物活动场景，写实风格突出，如羽人划船纹、翔鹭纹、牛纹等，尤其是贮贝器上所雕塑的各种现实社会活动场景，如播种、畜牧、狩猎、捕鱼、纺织、市场交易、纳贡、祭祀、乐舞、战争等，栩栩如生，再现了滇人社会的真实世俗生活。典型雕塑图案有李家山M69贮贝器上的纺织和耕作场景，石寨山M12贮贝器上的放牧、上仓、乐舞、农作、纺织场景，石寨山M21∶1器盖上的放牧场景，石寨山M71∶142上的狩猎场景，石寨山铜扣饰上的水鸟和水獭捕鱼铸像，石寨山M1贮贝器上的杀人祭铜柱场景，石寨山M1∶4上的祈年初耕场景，石寨山M20贮贝器上的杀人祭铜鼓场景，石寨山M13∶2上的纳贡场景，石寨山M6∶1和M13∶356上的战争场景，昆明羊甫头墓葬中出土的大量"祖"[2]等。

---

[1] 王大道：《滇池区域青铜文化渊源初探》，《云南师范大学学报（哲学社会科学版）》1984年第3期。
[2] 云南省文物考古研究所、昆明市博物馆、官渡区博物馆：《云南昆明羊甫头墓地发掘简报》，云南省文物考古研究所：《石寨山文化考古发掘报告集》下册，科学出版社，2016年。

这些写实风格的装饰图案、雕塑反映了滇文化社会盛行自然万物崇拜、生殖崇拜和猎头祭祀土地神、谷物神的习俗,与中原地区商周文化青铜器上盛行的神秘、狞厉的装饰图案,发达的青铜礼器所反映的垄断性、政治意识形态化的祖先崇拜和制度化、体系化的礼乐制度明显不同。两者之间如此强烈的反差,实际上反映的是隐藏在物质文化背后的两者在政治形态、政治制度的成熟度和规范性以及宗教信仰等方面的差别。与青铜器的差异相对应的是两地文化在聚落结构、庙堂类宗教政治建筑等方面的不同,从石寨山文化的聚落与聚落群结构以及有关宗教、政治的活动场景与建筑雕塑看,似也没有中原三代文化那么成熟、规范、有序。

第五,从青铜器上的族徽、文字来看,在汉文化到来之前,石寨山文化未见成熟文字,也没有商文化那样发达的族徽系统,这些也是社会组织复杂程度和管理水平高下的反映。从这一点讲,商周社会与政体也比石寨山文化社会与政体复杂、成熟。

## 四、比较研究所呈现的滇文化特征与滇国政治体制

通过以上对比,可以看出石寨山文化的青铜文化面貌与中原地区三代青铜文化面貌明显不同。透物见人,这种物质文化面貌的不同正是两者在文化传统、政治体制和思想观念方面存在差异的反映。据此,我们可以推论以石寨山文化为代表的云南青铜时代社会有不同于中原地区夏商周三代社会的独特文化发展道路、政治制度、思想观念与宗教信仰。

日益增加的考古发现为我们认识滇国、滇文化,重构青铜时代的滇文化历史提供了可能性。不过,我们也必须认识到,虽然考古发现为我们呈现了当时滇国、滇文化的物质文化面貌及其发展成就,但对于蕴藏在这些物质遗存背后的社会组织与制度、观念与信仰,还需要通过我们借助相关理论的解读与阐释来呈现,即"透物见人、见社会"。由于以《史记·西南夷列传》为代表的古代文献对包括滇国、滇文化在内的西南夷的记载过于简略,我们很难借助文献记载来获得相关历史信息,进而对考古学文化所反映的滇国、滇文化的来源、社会组织结构、政治制度、思想观念和宗教信仰等进行深入研究。我们只能寻求其他的理论途径来开展相关研究,童恩正先生借助国外人类学的酋邦理论探讨石寨山文化的社会结构和政治制度,提出古代滇族的社会形态不是奴隶制国家,而是具有很多"酋邦"特征的封闭性社会,即复杂酋邦社会[1],就是很有趣的探索,极具启发性。不过,由于产生酋邦理论的美洲和南太平洋土著人群与青铜时代的石寨山文化在时空上相差甚远,酋邦理论是否适合于阐释石寨山文化,值得斟酌、推敲。

我们认为来自研究东南亚古代国家的"王圈理论"可能更适合于阐释、认识石寨山文化的社会结构与政治形态。首先,包括中国西南在内的东南亚地区自古以来文化联系密切。有学者指出古代中国西南和东南亚存在一个铜鼓文化圈,铜鼓在这一文化圈的社会生活和宗教活动中占据着重要地位,显示出两地之间的文化联系[2]。同样,"滇族盛行人祭,崇拜人头,带有强烈的南岛语族民族的特点"[3]。其次,多位学者研究指出石寨山文化与越南北部和中部的东山文化之间关系密切,东山文化受

---

[1] 童恩正:《中国西南地区古代的酋邦制度——云南滇文化中所见的实例》,《中华文化论坛》1994年第1期。
[2] 汪宁生:《试论中国古代铜鼓》,《云南青铜器论丛》,文物出版社,1981年;凌纯声:《中国边疆民族与环太平洋文化》,台湾联经出版社,1979年。
[3] 童恩正:《中国西南地区古代的酋邦制度——云南滇文化中所见的实例》,《中华文化论坛》1994年第1期。

到石寨山文化的影响[1]。由此可见石寨山文化与东南亚古代文化之间关系密切。尽管石寨山文化和东山文化后来都受到中原汉文化的影响而发生了巨大变化，但东南亚其他地方很可能更多地保存了东南亚传统文化。童恩正说："对于滇文化社会性质的研究，是属于南中国和东南亚古代民族社会研究的一个组成部分。它所提出的问题以及所获得的启示，都将影响到其他地区的研究。"[2]反之亦然，东南亚古代国家的传统政治模式对我们科学理解石寨山文化的政治形态也具有重要指导价值。

**何为"王圈理论"？**

美国学者O. W. 沃尔特斯在考察和研究东南亚早期政治的文化背景和历史模式后，提出了一种"王圈（Circles of Kings）理论"，或称为"曼荼罗（Mandalas）理论"，并认为王圈政治结构是东南亚早期历史的一种普遍现象[3]。

曼荼罗指的是一种在大致确定的地域内特殊且常不稳定的政治状况。这一地域没有固定的边界，区域内更小的中心也往往会负责辖区内的边防。每个曼荼罗都控制着数个附庸国的统治者，而一旦时机成熟，其中一些将抛弃其封臣身份，并试着逐步建立自己的封臣网络。只有曼荼罗领主有权接待贡使，同时，他自己也会派出代表其至高无上地位的钦差大臣。国王的地位独一无二，只因它是一种宗教地位。他独一无二的宗教地位，有助于抵消因缺少中国式专业官僚制度和真正王朝机构而带来的缺陷。被认为具有神权及"无所不在"权威的国王，在他的曼荼罗内向其他统治者宣示其个人霸权，而其他统治者理论上是他忠顺的盟友和封臣。曼荼罗的统治者并非一个专制君主，他是一个仲裁者，容易接近，能维持秩序并调动众多完全不同的集团。他需要将忠诚的部属吸引至自己的随从里来，并满足他们的自尊心。为此，统治者通过举办喧闹的宫廷盛会，使随从在其中感受到自己是统治者忠实仆人中的一员。这一制度有时被称为"世袭官僚制度"。血统并不重要，严格地说，只有统治者，"王室"并不存在，当时机要求他们这么做时，他会与各种各样的亲族集团打成一片。借助个人关系网，官僚程序被尽可能避免，商讨占重要地位，协商是公共生活的一个突出特征。统治者经常派钦差大臣或代理人到较远的曼荼罗下属的中心去巡视，以显示他的权威和存在。该差事包括提议结为姻亲，修建或捐助神庙，解决争端或控诉，征收王室税赋，并夸耀王城之雄伟壮丽，繁忙的港口贸易也给当地统治者带来权力与荣耀。

"王圈理论"在内涵上有两个基本要点：一是在宗教方面，统治者分享神的权威，通过宗教仪式使自己神圣化，吸引追随者；二是在政治方面，"王圈"代表了在一个无固定边界的地理区域内的一种特殊的、不稳定的政治状况，"王圈"内众多权力中心靠私人依附关系而结成一张"政治效忠网"。在这种情形下，最高统治者的实际角色"不是独裁者（专制者），而是可影响和能保持和平并能动员许多不同集团（邦国）的斡旋者"。"王圈"中央王权的政治影响很少能够长期持续，常伴随精神权威和政治权力的转移而发生变化，从而引起政治空间的不断重组。

借助"王圈理论"，结合考古发现以及通过与中原地区商周文化的比较，我们对石寨山文化的社会结构与政治形态可能有更准确的认识。

首先，石寨山文化的社会分层相对简单，没有商周墓葬中通过墓室大小、墓道有无、随葬礼器的有

---

[1] 汪宁生：《试论石寨山文化》，《中国考古学会第一次年会论文集》，文物出版社，1980年；张增祺：《晋宁石寨山文化与越南东山文化的比较研究》，《云南社会科学》1985年第2期。
[2] 童恩正：《中国西南地区古代的酋邦制度——云南滇文化中所见的实例》，《中华文化论坛》1994年第1期。
[3] 【英】O. W. 沃尔特斯著，王杨红译：《东南亚视野下的历史、文化与区域：区域内部关系中的历史范式》，《南洋资料译丛》2011年第1期。

无与多少等所展现的商周社会那么复杂、规范的社会等级与分层结构。石寨山文化的仪式广场具有明显的公共性,不似成熟化国家政治、宗教场所那么庄严肃穆。

其次,石寨山文化缺乏成熟的、体系化的礼器制度,被学术界视为礼器的铜鼓和贮贝器仅出土于极少数大墓之中。其中,铜鼓一般用于召集祭祀、战争、集会等活动,是这类活动召集权与主导权的体现,统治者通过大规模的宗教祭祀活动来维系集体凝聚力,强化群体认同和自己的神圣地位。贮贝器主要是财富的象征。铜鼓与贮贝器组合显示一种宗教、政治权力与经济权力、财富实力的结合,两者相辅相成,密不可分。在石寨山文化中,我们看到统治者直接控制农业、纺织等手工业生产和商业贸易等经济活动,如贮贝器上的雕塑画面可见女性统治者直接监督农业、纺织等生产活动,大量产自海洋的海贝和来自遥远地区的珍稀物品显示统治者控制着远程贸易活动,这与《史记·西南夷列传》《史记·货殖列传》等文献的记载是一致的。大量的牛和大规模的畜牧业为统治者所控制,所谓纳贡场景也可能与朝贡式的商品交换等经济活动有关,这些现象都说明滇国统治者直接控制经济活动,其权力和地位与其经济能力和财富实力密不可分,所以《华阳国志·南中志》才会有这样的记载——古代滇池地区"俗奢豪","居官者皆富及累世"。

不同地点高等级墓地、遗址的特征和贮贝器上的"诅盟"场景显示滇国各级统治者之间的关系更像是"忠顺的盟友和封臣",而不是被分封的诸侯或被任命的官员。在晋宁石寨山M12出土的"杀人祭铜柱场面盖虎耳细腰铜贮贝器"(M12:26)上的雕塑画面所表现的场景中,人物达127人之多,冯汉骥先生认为表现的是"诅盟"场景,即滇王(平台上中央高坐者)与部族首领或"耆老""邑君"(坐于平台左右两侧者)的结盟式[1]。这一解释甚为合理,体现了滇王的统治模式和滇国的政治运行方式。

当然,对外战争也是滇国统治者获取财富、维系国内团结、巩固权力和地位的重要手段。

总之,研究显示石寨山文化处于一种早期国家政治形态,缺乏成熟、完备的政治体系,无固定边界的政治疆域,无成熟而规范的官僚体系,重视宗教仪式、贵族集会与协商机制,通过联盟而不是任命制的成熟官僚体系来维系统治;统治者"因富而贵",通过直接控制经济活动获取剩余财富,增强实力,获得权力与地位;原始宗教信仰尚未提炼、升华为成熟的国家意识形态并成为强化统治者地位、维系现有政治秩序的理论依据和信仰支撑。与之相比,中原商周社会具有较为成熟的以祖先崇拜为核心的意识形态,较为规范的行政机构、管理体系,体系化的礼乐制度,政治权力来自血缘宗法权力和祭祀权力,"因贵而富",权力的大小决定经济实力的强弱。两地青铜文化之间存在明显差异。

以上只是我们借助"王圈理论"对石寨山文化的社会结构和政治形态所做的初步的简单分析,我们认为今后尚有待在这方面开展更深入、全面的分析研究。

## 五、殊途同归:从"多元"走向"一体"

从发展脉络看,中原地区的夏商周三代文化在融汇新石器时代多元文化的基础上,形成以礼乐文化为特色的宗法制与分封、世袭制政治制度,历经东周时期的社会变革,到秦汉时期演变为以郡县制、察举制为基础的大一统皇权专制政治制度。在这一发展过程中,虽然也受到各种外来文化因素的影响,但主要是内部文化演进的结果。

---

[1] 冯汉骥:《云南晋宁石寨山出土铜器研究——若干主要人物活动图像试释》,《考古》1963年第6期。

云南青铜时代的石寨山文化则是由云贵高原当地新石器文化发展而来，在发展过程中，尽管不断受到各种外来文化的影响，如兵器戈、矛、镞，乐器环钮编钟，用具匕、豆、尊以及一些车马饰受到中原文化的影响；短剑、动物牌饰、杖首等受到北方文化的影响；墓葬受到川西高原石板墓、大石墓的影响等[1]，但"王圈"式政治体制具有自身特色，显示石寨山文化走的是具有自身特色的文化发展和政治演进之路[2]。但随着中原汉王朝的强势而来，彻底改变了以石寨山文化为代表的云南地区青铜文化的发展轨迹，滇国统治者成为汉朝皇帝赐命的"滇王"，汉王朝设置郡县，派遣官员，滇国被纳入"大一统"的汉帝国政治体之中，曾经独立发展的滇文化汇入"多元一体"的中华文明共同体之中。这一"多元一体"的文化融汇表现在考古发现上就是汉文化典型器物，如草叶纹镜、百乳镜、昭明镜、汉初半两钱、五铢钱、熏炉、钟、弩机、汉字、"滇王"金印等出现于石寨山文化晚期墓葬之中，并最终代替石寨山文化占据主导地位。

概而言之，以石寨山文化为代表的滇文化和以商周文化为代表的中原三代文化都属于青铜时代文化，都处于早期国家阶段，两者各有源头和各自独立的发展道路，但最终殊途同归，一起汇入"多元一体"的中华文明共同体之中。

---

[1] 汪宁生：《试论石寨山文化》，《中国考古学会第一次年会论文集》，文物出版社，1980年。
[2] 从这个角度上讲，我们赞同"庄蹻王滇"不成立的观点（参见张增祺：《从滇文化的发掘看庄蹻王滇的真伪》，《贵州民族研究》1979年第4期）。我们认为"楚人庄蹻入滇建国"的文献记载具有历史传说性质，是一种后世构建的历史记忆。

# 陈列展览视域下构建秦汉时期西南地区物化话语表达体系的探索与思考

## ——以中国国家博物馆"中国通史陈列"和"古代中国基本陈列"为例

◎ 陈成军（中国国家博物馆）

"中国通史陈列"和"古代中国基本陈列"是中国国家博物馆前后相继的最重要的基本陈列之一。自1950年春国立北京历史博物馆在故宫东西朝房布置社会发展史过程的陈列即"中国通史陈列"开始，"中国通史陈列"逐渐形成著名的六条陈列原则。以六条陈列原则中关于民族关系相关论述为圭臬，自20世纪50年代筹备"中国通史陈列"到2011年推出"古代中国基本陈列"60余年的发展历程中，秦汉时期西南地区历史进程的物化表达体系随着重要考古发现及其研究的深入而变化，其形式设计和施工制作也呈现出具有差异性的时代特征。无论是几经变迁的"中国通史陈列"，还是在展的"古代中国基本陈列"，在构建秦汉时期西南地区物化表达体系方面还存在着可以继续完善的空间。本文试对上述问题进行梳理，不当之处，尚祈指正。

### 一、"中国通史陈列"六条原则的形成及其民族关系的论述

1950年春，国立北京历史博物馆开辟故宫午门外的东朝房为陈列室，开始筹备"原始社会陈列"，拉开了按照马克思社会发展史理论展示中国历史的序幕。1950年11月17日，中央人民政府文化部文物局在批复的《通知你馆各陈列室布置陈列内容》文件中，规定国立北京历史博物馆的陈列内容就是在东西朝房布置社会发展史过程的陈列，即按照马克思社会发展史的观点布置"中国通史陈列"。随后，国立北京历史博物馆根据1951年3月文物局颁布的《1951年改革方案》，修改1951年工作计划，暂停原拟在1951年继续完成"近代史陈列"的"旧民主主义时代"的设计工作，将"奴隶社会"和"封建社会"两个阶段的陈列任务改为以人物、事件为主，从夏商周时代开始，按照朝代布置。

随着"原始社会陈列"的开放和"夏商周时代陈列""秦汉时代陈列"的筹备，制定一个构建"中国通史陈列"体系的总原则已经势在必行。1953年底，北京历史博物馆拟定的《"中国通史陈列"的原则》，经文化部副部长周扬审查、组织专题会议后重新修订：(1)通史陈列必须根据历史唯物主义观点结合中国历史发展阶段的特点来进行划分历史阶段，每一阶段以"朝"为基本单元。(2)陈列的"实物"，基本上应该是有科学根据的考古发掘文物。(3)陈列中所选择的"实物""人物""事件"应有机地联系并重点突出，着重表现中国历史发展过程中每一时代的经济、政治、文化等方面的特点，其表现手法，应力求形象化，深入浅出，鲜明易懂，但要宁缺毋滥，不要勉强求全和硬凑，并避免割裂、孤立、概

念化、形式化[1]。

1958年12月10日，在《中国通史陈列大纲草稿》说明中，中国革命、历史博物馆建馆筹建小组和中国历史博物馆陈列计划审查小组提出了"中国通史陈列"内容设计总的要求，即以阶级斗争和生产斗争为红线，以历史唯物主义的观点，正确地解释和表现我国古代劳动人民的历史。根据宁精勿杂的精神，要求突出主题，明确重点，力避烦琐；深刻体现各个历史时期的发展特点和规律，全面反映我国各民族悠久灿烂的历史面貌以及对古代世界文明的伟大贡献。打破过去大汉族历史的狭隘圈子，尽可能地反映国内各族劳动人民的历史，不仅要表现反对民族压迫、民族侵略的斗争，而且要很好地表现各民族的融合与团结的情况。清除一切封建的资产阶级的历史观点的影响，革新老一套的陈列方法，以收到古为今用的教育效果[2]。在这一说明中，如何在"中国通史陈列"中处理好汉族和其他各民族的关系以及各民族劳动人民历史的表现重点都得到了较为清晰的阐释。

1959年1月，中国革命博物馆和中国历史博物馆筹建小组召开会议，研究并拟定了"中国通史陈列"著名的六条陈列原则：（1）通史陈列从原始社会开始，到1840年以前止，既按照社会发展分期，又按照朝代排列。（2）以阶级斗争为主线，并结合生产斗争表现我国历史各时期的生产力、生产关系的发展变化状况和劳动人民的斗争历史，其中突出表现历代农民起义和标志各个历史时期生产力发展水平的重要发展创造，对我国历代的文化、艺术、科学和人民生活状况也适当加以表现。（3）凡是对我国历史发展各个方面起过重大推动作用的代表人物都适当地加以表现。对代表被压迫阶级和被压迫民族的革命领袖人物和大思想家、大政治家、大艺术家都要有所表现。对统治阶级的重要代表人物，只要对历史发展起过重大作用的，也适当表现。（4）关于我国历史上的民族关系，根据历史真实情况，正确地表现以汉族为中心的、多民族的、统一的国家发展的历史，着重表现民族间的友谊团结和各民族对祖国的贡献。（5）关于我国历史上的中外关系，力求正确地表现中外经济、文化的交流和影响。关于历史疆域地图问题，凡涉及国际关系，本着既符合历史真实，又注意国际关系的精神慎重处理。（6）关于我国奴隶社会和封建社会的分期问题，以郭沫若的观点为依据[3]。从此，这六条陈列原则中的第四条成为"中国通史陈列"内容设计正确处理民族问题的圭臬。

为做好"中国通史陈列"民族部分的内容设计工作，当时的中国历史博物馆曾借兄弟博物馆历史调查组来京汇报工作之便召开座谈会，讨论在"中国通史陈列"中如何体现多民族的历史和如何表现兄弟民族历史人物事件等问题，并从兄弟博物馆那里获知许多民族文物的征集线索和应增加的少数民族历史人物的名单。1959年5月30日，邓拓、尹达在北京市委主持召开民族问题专家座谈会，主要讨论内容为：（1）博物馆如何体现中国历史是多民族的历史。（2）选重点民族表现还是所有民族都表现。（3）按地区表现还是按朝代表现。（4）对各族的民族英雄如何表现。（5）民族融合与民族斗争如何表现。（6）民族分布图是否需要画。（7）各民族发展不平衡性如何表现等问题。最后邓拓同志做了总结发言，强调民族问题在"中国通史陈列"中应千方百计地表现，并要实事求是[4]。在这次会议中，"中国通史陈列"民族部分内容设计中亟待解决的问题都得到充分讨论，为相关内容设计提供了具体的指导。

---

[1] 吕章申：《中国国家博物馆百年简史（1912—2012）》，中华书局，2012年，第39—41页。
[2] 《中国通史陈列大纲和陈列计划（草稿）说明》，中国历史博物馆筹建小组：《中国通史陈列大纲草稿》（1958.12.20），第1—3页。
[3] 《陈列中的几项原则》，见《中国历史博物馆陈列计划》（1960北京）卷首语。
[4] 历史博物馆工作组：《历史博物馆工作情况第十七次简报（5月25日—5月30日）》。

无论是"中国通史陈列"六条原则中关于民族问题的表述,还是邓拓、尹达主持的民族问题座谈会讨论的关键问题,都成为当时的中国历史博物馆和后来的中国国家博物馆在"中国通史陈列"物化话语表达体系构建过程中的基本指导和自觉遵循。即便是在20世纪70年代初的"文化大革命"期间,在"中国通史陈列"几次修改讨论中,"强调统一的多民族国家的形成、发展和巩固,强调以汉族为主体的各民族共同缔造祖国历史的贡献"[1]这一基本思想始终没有改变过。

## 二、秦汉时期西南地区物化话语表达体系的演变

早在20世纪50年代初,国立北京历史博物馆设计人员在筹备"秦汉时代陈列"时,就对如何构建秦汉时期西南地区的物化话语表达体系提出了自己的看法。他们通过"通西南夷形势图"和文翁石室说教、尹珍说教等史实,借助"永平十年堂狼洗""高颐阙"等实物和辅助图片,表达"通西南夷推广了中原文化,帮助了西南文化的发展"这一展览主旨,也表现了西南地区的物产和西南兄弟民族对中华文化的贡献[2]。这一内容设计开启了后来"中国通史陈列"如何处理好民族问题的先河。

20世纪50年代中期,云南晋宁石寨山滇人墓地等重大考古发现陆续问世,为构建秦汉时期西南物化话语表达体系提供了更多的实物支撑,但是实物不足仍是当时最大的困难。诚如当时中国历史博物馆曾提到过的"中国通史陈列"亟待解决的问题:"秦汉陈列部分中现有实物只有匈奴、楼兰、滇材料较多,其他如湖南、贵州、广东、福建、广西、四川等省各有一点实物,但尚难以明确究竟是哪一族的文物,因为各省区常有几个不同的民族存在,而乌桓、鲜卑、氐、羌等族则毫无实物,应如何办?"[3]正因为这一原因,在1958年12月20日的《中国通史陈列大纲草稿》中,为展示"汉帝国加强了各兄弟民族间的亲密团结",其核心内容只包括"汉帝国疆域图""匈奴奴隶王国""滇奴隶王国""西域楼兰、于阗、龟兹诸国"[4],西南地区完全是以"滇奴隶王国"这样的面貌出现,与展览主旨尚未建立完全契合的话语表达有关。

随着"中国通史陈列"六条原则的确立和相关民族问题的充分讨论,从单元标题、单元说明到组标题、组说明和具体文物说明,"中国通史陈列"民族部分内容设计的话语体系逐渐固定,实现了与整个展览主旨的高度契合。在1959年8月18日《中国历史博物馆通史陈列要点》第九次修正稿封建社会观中,第三部分"巩固强盛的西汉"的第三单元为"各族人民共同开发了祖国广大富饶的土地",包括"东北各族和汉族往来密切""汉与匈奴和亲""汉与西北各族交流了经济和文化""西南各族和汉族亲密相处""南方各族逐渐融合"[5]。在1960年4月印发的《中国历史博物馆陈列计划》封建社会馆中,第三部分"巩固强盛的西汉"第三单元为"各族人民共同开发了祖国,丰富了祖国的文化",其中"西南各族与汉族亲密相处"[6]的物化话语表达体系初露端倪。

---

[1]《关于中国通史陈列修改情况》(1973.11.16)。
[2]《北京历史博物馆中国通史陈列秦汉陈列计划说明书》,第8—9页。
[3]《通史陈列中待解决的有关民族问题的补充问题》(1959.5.29),科研管理处、陈列工作部:《中国通史陈列资料汇编一九六二年版》(上册),第56页。
[4]《中国通史陈列大纲和陈列计划(草稿)说明》,中国历史博物馆筹建小组:《中国通史陈列大纲草稿》(1958.12.20),第9页。
[5]《中国历史博物馆通史陈列要点》(第九次修正稿)(1959.8.18),见科研管理处、陈列工作部:《中国通史陈列资料汇编一九六二年版》(上册),第16页。
[6]《中国历史博物馆陈列计划》(1960北京),第48—49页。

1960年版"西南各族与汉族亲密相处"物化话语表达体系一览表[1]

| | 展　品 | 组　说　明 |
|---|---|---|
| 组1 | 滇王之印,七牛虎耳贮贝器,奴隶纺织贮贝器,铜女俑,铜男俑,吊人铜矛,铜鼓,伞形铜器,铜釜,鸟柄戈,兽柄戈,八分棒,牛柄斧,狼牙棒,铁铤铜镞,两捲矛,铜钺,猴柄剑,铜鱼,铜铲,铜犁,虎背鹿铜饰,玛瑙、绿松石装饰品 | 云南省晋宁县石寨山发现大批约当西汉时期的墓葬。有大量反映奴隶制生产、生活的贮贝器,独具一格的精美的工艺品和汉式"滇王之印"、铜洗、钱币等。说明自汉代在云南地区设郡后,滇人社会经济民族文化的发展与中原汉族联系加强。 |
| 组2 | 铜斧,五铢钱铜鼓,龟钮石印,大泉五十,铁刀,铜鼓,铜矛,铜杯,铜鼓,环柄铁刀,小陶罐,铁斧,铁锄,嵌金绿松石长铁剑,陶钵,铜镦于 | 在广西、湖南、贵州、四川等地出土很多约当西汉后期的文物。如广西贵州出土的铜鼓陶器,湖南出土的靴式铜斧钺,四川出土的铜镦于等,都具有鲜明的地方民族风格。说明自秦汉设郡后,汉族与各族杂居;及推广铁器的使用范围后,西南地区社会发生的巨大变革和各族文化的繁荣状况。 |

中国历史博物馆陈列部于1962年11月编辑、1963年7月付印的《中国历史博物馆中国通史陈列展品详目及说明》,反映的是1962年6月"中国通史陈列"的现状。其中封建社会馆第二部分"两汉的建立和三国的形成"第七单元为"两汉三国时期,各族人民的亲密关系和继续对祖国的开发"。其中,"西南各族和汉族亲密相处"[2]的物化话语表达体系更加完备,增加了重要展品的说明。

1962年版"西南各族和汉族亲密相处"物化表达体系一览表[3]

| | 展　品 | 组　说　明 | 重点展品说明 |
|---|---|---|---|
| 滇人文物 | 单耳斧3件,铜镞2件,铜钺,铜镦2件,铁铤铜镞,铜戈、铜戈,铜矛,单捲矛,铜矛4件,猴柄剑,铜柄铁剑2件,铜剑4件,弩机5件,铜鞘头3件,铜臂甲,马衔,铜鱼,铜斧,牛头啄,铜啄,牛柄斧,兽柄戈,兽柄戈,狼牙棒,八方棒,铜叉,穿孔石坠3件,陶纺轮2件,牛头2件,长方形铜饰,凤纹铜饰2件,铜铃2件,马饰4件,绿松石12件,虎背鹿铜饰,铜镯4件,镶嵌铜镯2件,鎏金盖弓帽5件,铜器花纹(摹绘),鎏金耳杯的耳2件,方形猴边铜扣,圆铜腹饰,五铢钱10件,石环2件,石耳环12件,玛瑙扣43件,铜柄铁斧,铜凿2件,小铜剑,铜削3件,铜铲2件,铜犁3件,方錾斧,猴边铜腹饰,各式玛瑙珠管46件,牛虎斗铜扣,鎏金四人舞俑扣饰,吊人铜矛,伞形铜器,纺织贮贝器,祭祀贮贝器,七牛虎耳贮贝器,铜女俑,铜男俑,滇王金印(模型) | 1955—1958年云南晋宁石寨山墓地出土,年代约当西汉。大量反映奴隶制生产、生活场面图景的文物,独具一格的精美造型工艺品,汉式"滇王之印"、铜兵器、铜器皿、铜洗、钱币等,说明自汉代在云南地区设郡后,滇人社会经济民族文化的发展和与中原汉人联系的加强。 | 贮贝器:<br>这是云南晋宁石寨山墓葬中出土的贮贝器,用以存放当时使用的货币——贝壳,器盖分别铸有牛群、祭祀和纺织的场面,可以帮助我们了解滇人的生产、生活和社会制度的情况。 |

---

[1]《中国历史博物馆陈列计划》(1960北京),第48—49页。
[2] 中国历史博物馆:《中国通史陈列展品详目及说明》(1963.7),第246—252页,第238页。
[3] 中国历史博物馆:《中国通史陈列展品详目及说明》(1963.7),第246—252页,第238页。

续表

| | 展　　品 | 组　说　明 | 重点展品说明 |
|---|---|---|---|
| 西南各族文物 | 铜斧8件，龟钮石印，铜带钩2件，铜小铃2件，大泉五十铜钱2件，铁刀2件，铁矛，铜杯，行灯，铜壶，虎鹿纹铜器，铜狮炉，铜兔水盂，铜篦，錞于2件，嵌金绿松石铁长剑，五铢钱铜鼓，四蟾铜鼓 | 1954—1955年广西、湖南、贵州、四川等地出土，大部年代约当西汉后期，如广西贵州出土的铜鼓、陶器，湖南出土的靴式铜斧钺，四川出土的铜錞于等具有鲜明的地方民族风格，说明自秦汉设郡后，汉族与各族杂居，推广铁器，西南地区社会发生巨大变革，各族文化亦繁荣起来。 | 五铢钱铜鼓：<br>铜鼓是西南兄弟民族的文物，面上刻有五铢钱，说明汉族与兄弟民族的文化经济交流。<br>铜斧8件：<br>这批铜斧有显著地方特色，和四川有一定关系。 |

　　从1950年春开始筹备到1961年正式对外开放，"中国通史陈列"经历了漫长的十余年的创建过程。在各时期民族物化话语表达体系建立的过程中，当时的中国历史博物馆主要采取了三种陈列方法：第一种是按地区集中表现的方法，如对西汉各族的陈列采用了按东北、西北、西南等地区为单位，照当时民族的生活习惯、生产、艺术等各方面材料综合陈列；第二种方法是按民族分别表现的方法，如清代以民族为单位综合表现；第三种方法是画民族分布示意图表，以表现各民族的融合关系和变化情况。关于民族"融合"和民族"同化"的问题，因为在理论上还需讨论研究，则暂时采用习惯说法，认为"融合"比"同化"容易为各族人民所理解[1]。秦汉时期西南地区物化表达体系的逐步确立，正是当时"中国通史陈列"艰苦探索的一个缩影。

　　20世纪80年代初和80年代中期至20世纪90年代末以及21世纪中国国家博物馆改扩建工程前后，"中国通史陈列"又进行了不同程度的修改。就秦汉时期西南地区物化表达体系而言，20世纪80年代初的版本与20世纪60年代没有本质区别；20世纪80年代中期至90年代末的版本增加了贵州赫章可乐和江川李家山等重要考古发现内容；21世纪改扩建工程结束后推出的"古代中国基本陈列"版本则大幅度删减文物数量，保留了最能体现西南地区文明发展特征和具有重要政治意义的标志性展品，并且没有将文物细分为滇文物和西南各族文物。

20世纪80年代初版"西南各族"物化话语表达体系一览表[2]

| | 展　　品 | 组　说　明 | 重点展品说明 |
|---|---|---|---|
| 西南文物 | 筰都夷王歌（书照），铜斧八件，汉归义賨邑侯金印，铜矛，嵌金绿松石铁长剑，铜錞于、錞于2件 | 贵州、四川、湖南西部等地出土的西汉时期西南各族的文物，既具有地方民族风格的铜錞于，又有汉印、铁剑等，说明自秦汉设郡后，汉族和各族相互融合，西南地区经济文化有了很大发展。 | 筰都夷王歌（书照）：<br>筰都夷是东汉时四川南部的少数民族之一。这首歌是筰都夷首领唐菆献给东汉皇帝的，以汉字记音、译意，反映了中原地区与西南少数民族的密切联系。 |

---

[1]《中国历史博物馆通史陈列工作总结（初稿）》，见科研管理处、陈列工作部：《中国通史陈列资料汇编一九六二年版》（上册），第347—348页。
[2] 中国历史博物馆通史陈列部：《中国通史陈列展品详目及说明》（1981.5），第192页，第200—202页。

续表

| | 展 品 | 组 说 明 | 重点展品说明 |
|---|---|---|---|
| 滇文物 | 七牛虎耳贮贝器，祭祀贮贝器，纺织场面贮贝器，铜女俑，铜男俑，吊人铜矛，虎背鹿铜饰（附照片），牛虎斗铜扣（附照片），石耳环12件，绿松石12件，"滇王之印"（复制品），石环2件，玛瑙和玛瑙珠管1串，鎏金四人舞俑扣饰，凤纹铜饰2件，长方形铜饰，方形猴边铜扣，猴边铜腹饰，五铢钱10枚，牛头2件，铜鱼，铜啄，铜牛柄斧，单耳斧，铜刺锤，铜楞锤，铜叉，铜戈，铜矛2件，铁铤铜镞，铜削，铜剑，铜柄铁剑，铜剑，铜犁，铜柄铁斧，铜凿，铜铲，方錾斧3件，铜铃2件，马衔，鎏金盖弓帽车饰5件 | 云南石寨山墓地出土的西汉时期滇人文物。贮贝器上的图形反映了奴隶主对奴隶的残酷压迫；"滇王之印"、五铢钱和各种工艺品，说明自汉代在云南设郡后，这个地区经济文化的发展与中原联系的加强。 | "滇王之印"（复制品）：原印金质，蛇纽，阴文篆书。公元前109年，汉武帝作为中央王朝的皇帝，封滇国王为滇王，发给金质"滇王之印"。这颗金印在云南晋宁石寨山滇王家族墓中出土，与史书上的记载相印证，说明云南地方和当时中央王朝的统属关系。 |

20世纪80年代中期至90年代末版"西南夷各族"物化话语表达体系一览表[1]

| | 展 品 | 组 说 明 | 重点展品说明 |
|---|---|---|---|
| 组1 | 虎形铜带钩，铜斧3件，"汉归义賨邑侯"金印，铜錞于，空首铜剑，无胡铜戈，陶豆，陶杯，陶豆，陶罐 | 居住在今云南、贵州及四川西部一带的夜郎、滇、邛都、筰、昆明、笮都、冉駹、白马等族，汉时统称西南夷。其中滇族处于发达的青铜文化阶段，铜器多有反映社会面貌的装饰。汉朝在西南地区设郡后，密切了西南各族与汉族之间的往来。 | |
| 组2 | "滇王之印"，男铜俑，女铜俑，诅盟场面铜贮贝器，纺织场面铜贮贝器，七牛虎耳贮贝器，贡纳场面铜贮贝器，五铢铜钱10枚，玛瑙和玛瑙珠管1串，绿松石12件，石环2件，石耳环12件，铜牛头2件，鎏金四人舞俑铜扣饰，虎背鹿铜饰，牛虎斗铜扣，凤纹铜饰2件，方形群猴边铜扣，群猴环边铜腹饰，铜铲，铜镬2件，铜柄铁ncoming剑，铜铃2件，嵌玛瑙铜剑，猴柄铜剑，铜柄铁剑及铜鞘，吊人铜矛，叶形铜矛，铜矛，铜矛，铜戈，鸳鸯纹铜戈，四兽纹铜戈，三犬纹铜戈，铜牛柄斧，方錾斧，单耳斧2件，铜楞锤，铜刺锤，铜啄，铜叉，铜鱼，铁链铜镞，铜臂甲 | 20世纪50年代，在云南晋宁石寨山滇人墓地出土大量相当于西汉时期的珍贵文物。其中铜贮贝器上的形象、奴隶铜俑、吊人铜矛等，生动地反映了当时滇人奴隶制的情景。大量精致的铜器，显示滇人青铜制造工艺水平很高。一些汉式或兼有汉式特征的文物，则说明自汉代在云南设郡后，滇人与中原汉人联系的加强。 | "滇王之印"：金质，蛇纽，阴文篆书。公元前109年，汉武帝册封滇国王为滇王，发给"滇王之印"。金印的出土，可与史书上的记载相印证。 |
| 组3 | 铜枕，立牛铜尊，三人一牛铜扣饰，铜刷形器，铜纺织工具（工形器），铜纺锤2件，卷经轴头2件，卷布轴头2件，分经棍弹片，铜打纬刀，铜钺，铜啄 | 除云南晋宁石寨山之外，在滇池区域多处都发现了滇文化墓葬。这些就是1972年江川李家山约当西汉时滇人墓群出土的部分器物。 | |

## 三、秦汉时期西南地区物化表达体系视觉系统的构建

"中国通史陈列"自问世起，就以其自成体系的内容设计和独具特色的艺术设计，成为中国博物馆基本陈列的经典之作且享誉海内外。

---

[1] 中国历史博物馆陈列部：《中国通史陈列展品详目及说明》（1993），第81—82页，第75页。

20世纪50年代初,国立北京历史博物馆在故宫午门东西朝房筹备"中国通史陈列"的艺术设计资料已不详。从现在为数不多的"夏商周时代陈列"场景照片(图一),我们可以一窥当时的陈列设计风貌:在狭窄的东西朝房,屏风成为分割不同朝代、展示版面内容的主要载体,进深略显不足的三面展柜是当时主要的柜体。无论是屏风或展柜,都是一端靠墙,构成整齐划一的排列形式。如前所述,这一时期"秦汉时代陈列"通西南夷的内容比较简略,其艺术设计应与"夏商周时代陈列"类同。

20世纪50年代后期,在天安门广场东侧的宏伟建筑里推出的"中国通史陈列"成为广大公众挥之不去的历史记忆。当时从云南省调拨的晋宁石寨山出土的文物数量大、种类多、品级高,

图一

在整个秦汉部分陈列中举足轻重,尤其是其中的民族内容陈列几乎所有调拨来的文物都赫然陈列(图二、三)。在楠木展柜中,祭祀诅盟场面青铜贮贝器被放置在正中偏后,台座上覆盖织物,用以突显这件器物的与众不同。"滇王之印"金印则被放置在该展柜居中靠前的位置,台座上同样覆盖织物,用以揭示它在整个展柜空间设计中的核心地位。大量的青铜兵器则被层次分明地陈列于另一展柜中。从此,通过文物所处不同空间位置和相关装饰来反映展品与展览主题的密切程度,揭示它们在物化话语表达系统中不同的地位和作用,进而建立突出主题、反映整个展览内容的视觉系统,成为国家博物馆基本陈列的设计特征,也代表了当时中国博物馆界陈列艺术设计的最高水平。

图二

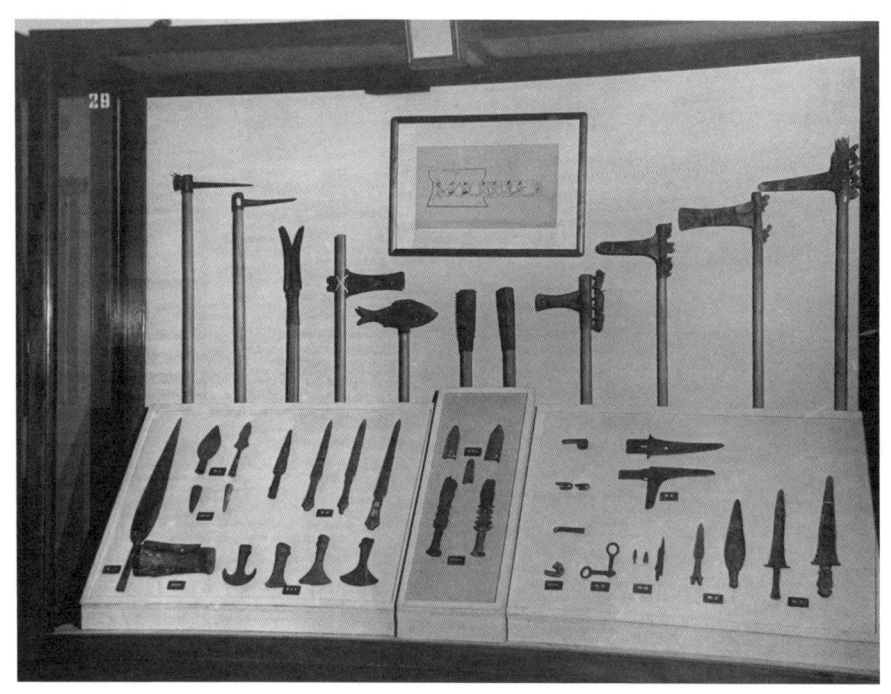

图三

20世纪90年代初期,"中国通史陈列"完成了从原始社会到三国两晋南北朝的修改任务。在这次修改中,秦汉时期的空间布局发生重要变化,即从原来的主副线设计,改为以中轴线为基准的设计,大量文物被置于展厅中部。在"汉代的少数民族"这一单元,"西南夷各族"的展品陈列于横向分布的居中的三个楠木展柜中(图四、五、六),这一空间位置使汉代其他民族的展示难以望其项背。在柜内设计方面,原有的20世纪50年代的西南各族文物与当时新调拨来的贵州赫章可乐和云南江川李家山的文物共处于一个展柜中。云南晋宁石寨山的文物则陈列于两个展柜,三件贮贝器和"滇王之印"金印在展柜中依旧处于中心位置,显示了对原有设计传统的因袭和继承。由于展品较为密集,说明牌颜色过于"直白",致使说明牌林立,严重影响了整个柜内视觉设计的浑然一体。

图四

图五

图六

进入21世纪,国家博物馆启动了"中国通史陈列"的修改工作,修改后的"中国通史陈列"更名为"古代中国基本陈列"。在这次修改中,"秦汉时期的周边各族"这一单元中的"西南各族"选用最能凸显这一地区代表性的文物,在艺术设计上摒弃以往密集的展出方式,采用散点的空间布局,将所有文物陈列于龛柜和独立柜中。这些文物整体处于"秦汉时期的周边各族"展区的中心区域,充分显示了秦汉时期西南各族历史见证物持久的艺术价值和历史价值(图七、八、九、一○)。

图七

图八

图九

图一〇

## 四、秦汉时期西南地区物化表达体系演变历史的思考

从"中国通史陈列"到"古代中国基本陈列",中国国家博物馆展示中华民族灿烂历史的使命已经前后接续了七十余年,这在中外博物馆界并不多见。每一次陈列的修改都旷日持久,受到当时政治诉求、学术研究进展和陈列设计变化的深刻影响。总的来说,每一次修改都在显示进步,但是步伐都不够大,展览设计的继承性远远大于创造性。如何结合当前关于中国历史多元一体发展进程的认知,进一步完善"古代中国基本陈列",秦汉时期西南地区物化话语表达体系演进的上述梳理为我们提供

了很多思考。

首先，无论是"中国通史陈列"的历次修改，还是"古代中国基本陈列"的推出，由于每次修改和推出的时间非常长，最终都会存在很难全面及时地反映最新学术研究成果这样一个问题。就秦汉时期西南夷地区融入汉文化系统的历史进程而言，据研究，随着秦汉统一帝国的建立与发展，巴蜀和西南夷地区土著文化的变迁大体上可以归纳为三种情况：一种是像巴蜀、滇、夜郎等土著文化在汉文化的影响下迅速发生变化，从文化并存走向文化融合，最后融入汉文化中；第二种是土著文化在受到汉文化影响但尚未融入汉文化之前便突然消失；第三种情况是迄东汉末期为止，汉文化的影响未能彻底改变有些土著文化的基本特点[1]。在构建秦汉时期西南地区物化表达体系中，即便我们无法做到将这三种学术研究成果都及时全面地反映，但是依靠现有的藏品和各种辅助展示手段，将人们较为耳熟的巴蜀、滇、夜郎等多元一体化的历史进程尽可能地交代清楚还是能够做到的。就秦汉时期西南地区物化表达体系而言，20世纪60年代版是以当时晋宁石寨山的考古发现为中心，20世纪90年代版没有能将江川李家山和晋宁石寨山的考古发掘作为一个整体来去展示，"古代中国基本陈列"版则过多地强调滇人和巴蜀等代表性物证的展示，忽视了它们融入汉文化后相关代表性物证的呈现，而夜郎等土著文化的历史见证物则被忽略掉。这种物化话语表达体系都不足以既突出重点又全面客观地反映这一地区多元一体化历史进程的一般规律和特殊表现。

"古代中国基本陈列""西南各族"物化话语表达体系一览表[2]

| 展　品 | 组　说　明 | 重点展品说明 |
| --- | --- | --- |
| "汉归义賨邑侯"金印，虎钮青铜錞于，"滇王之印"金印，诅盟场面青铜贮贝器，七牛虎耳青铜贮贝器，贡纳场面青铜贮贝器，鎏金四人舞俑青铜扣饰，方形群猴环边青铜扣饰，群猴环边青铜扣饰，吊人青铜矛，青铜枕 | 秦汉时期，居住在今云南、贵州及四川西部一带的夜郎、滇、邛都、巂、昆明、冉駹、筰都、白马等族，当时统称西南夷。其中滇族处于发达的青铜文化阶段，铜器上有很多反映社会面貌的装饰。汉朝在西南地区设郡，密切了西南各族与汉族之间的往来。 | "汉归义賨邑侯"金印：<br>賨人即巴人。这是东汉朝廷颁赐賨人首领的印信。<br>虎钮青铜錞于：<br>此錞于是汉代蜀人或巴人的遗物。<br>"滇王之印"金印：<br>公元前109年，汉武帝在滇国区域设置益州郡，赐滇王金印，使其继续统治滇民。<br>诅盟场面青铜贮贝器：<br>贮贝器是滇国特有的贮放贝币的青铜器。此器器盖上的雕塑表现了滇王杀祭诅盟的场面。<br>七牛虎耳青铜贮贝器：<br>牛在滇族社会经济生活中占有重要地位，也是衡量财富的重要标志。<br>贡纳场面青铜贮贝器：<br>此器口沿所铸雕像，表现了臣服滇国的民族向滇王纳贡的场面。<br>鎏金四人舞俑青铜扣饰：<br>青铜扣饰是滇国较具特色的器物，多用做带饰，也有些装饰在棺椁或其他竹木器上。 |

其次，在七十余年的发展过程中，中国国家博物馆在"中国通史陈列"和"古代中国基本陈列"中形成了特有的叙述体系，从单元说明、组说明到文物说明呈现出从一般到特殊、从高度概括到逐渐具体的逻辑序列，但这一特点很容易造成叙述内容的扁平化。如20世纪60年代版的两汉时期民族部分内容的单元说明为："两汉三国时期，经济、文化的迅速发展，交通范围的日益扩大，促进了汉与边疆各

---

[1]《秦汉时期边远和少数民族地区的考古学文化》，中国社会科学院考古研究所：《中国考古学·秦汉卷》，中国社会科学出版社，2010年，第900—904页。
[2]《古代中国陈列》大纲（2018.10），第392—396页。

族的关系更加密切。当时,生活在祖国边疆各地的民族与汉族在经济、文化的交流中,互相得到了发展。祖国广袤、富饶的土地,在各族人民的辛勤劳动下,继续得到了开发。"[1]这样的说明过于空泛,如果去掉"两汉三国时期"这些字眼,似乎可以适用于各个历史时期。20世纪90年代版相关的单元说明则调整为:"两汉时期国家的统一,加强了各族的联系和相互影响。当时除中原地区人口众多的汉族以外,主要有北方的匈奴族,东北的乌桓、鲜卑族,西北的羌族和西域各族,东南和南方的百越,西南的西南夷等族。各族人民创造了各具特点的文化,为多民族国家历史的发展作出了贡献。"[2]叙述内容趋于具体,避免了空泛,但是距离通过对学术研究的整体把握,形成具有丰富文化内涵、蕴含深邃学术研究成果的表述体系,尚有提升空间。

第三,自20世纪50年代到90年代,在柜内设计上,我们注意通过空间位置的前后、高低错落和装饰的差异化呈现来反映不同展品与展览主题关联的程度,但是以密集和堆积式的柜内设计为主要方式,重点不够突出,或者说重点展品往往被淹没。在国家博物馆改扩建工程结束后的"古代中国基本陈列"艺术设计中,我们依靠龛柜和独立展柜来重点展示代表性物证,但尚未完全梳理好代表性物证之间的内容关联。比如,关于滇文化的展示,"滇王之印"金印虽然单独展示,但是在空间位置上却偏于一侧,没有以这一重大历史事件的见证物为中心,合理地构建它与其余滇人文物的空间关系。这反映出我们的艺术设计人员缺少对内容设计的深入了解,或者说我们的内容设计人员未能有效地与艺术设计人员进行交流,真正实现展览内容在空间设计上的合理布局。

第四,"中国通史陈列"著名的六条原则确定后,民族内容始终是国家博物馆古代中国基本陈列重点表现的内容。但是迄今为止,包括秦汉时期西南地区物化表达体系在内的各个历史时期民族内容的陈列面积均非常狭小,这与我们始终强调中国历史是统一的多民族国家的历史,是各民族人民共同创造的历史的论调非常不相称,也与当今多元一体的中国历史发展进程的学术研究成果和现实需求不相符合。只有赋予陈列展览中的民族内容以合理的空间,我们才能真正构建秦汉时期西南地区物化话语表达体系,才能改变秦汉时期民族内容展示过多地依赖西南地区而形成的失衡的困境,才能使历史上的华夏边缘地区不再成为地理和历史记载中的边缘地区。

意大利哲学家克罗齐曾说过:"历史当然是一切都应该改革的,历史无时无刻不在力图使自己变完善,就是说,它在丰富着自己和更深入地探索自己。没有一部历史能使我们完全得到满足,因为我们的任何营造都会产生新的事实和新的问题,要求新的解决。因此,罗马史、希腊史、基督教史、宗教改革史、法国革命史、哲学史、文学史以及其他一切题目的历史总是经常被重写,总是重写得不一样。但历史革新自己时仍旧总是历史,它的发展力量恰恰在于能这样持续下去。"[3]伴随着秦汉考古与历史研究取得重要的进展,如何在国家博物馆的基本陈列中构建新的秦汉时期西南地区的物化话语表达体系,从一个小小的断面彰显中华民族多元一体的历史发展规律,我们肩负着时代的使命。

---

[1] 中国历史博物馆:《中国通史陈列展品详目及说明》(1963.7),第246—252页,第238页。
[2] 中国历史博物馆陈列部:《中国通史陈列展品详目及说明》(1993),第81—82页,第75页。
[3] 【意】贝奈戴托·克罗齐著,【英】道格拉斯·安斯利译(英),傅任敢译《历史学的理论和实际》,商务印书馆,1982年,第31页。

# 试论滇文化

◎ 戴宗品（云南省文物考古研究所）

## 一、滇文化研究历程

考古学界先后提出滇池区域青铜文化、石寨山文化、滇文化三个概念，用来描述20世纪50年代中期以来发现的以石寨山滇王墓为中心，以及周边区域近似的青铜时代墓地为主加上少部分聚落遗址的遗存所代表的考古学文化。这些概念之间的主要内涵在大部分重合的同时，也存在明显的差别，主要体现在两个方面，一是地域范围方面，二是年代方面，也因此造成了这些概念在文化内涵方面实质上的不同。概念的混乱，导致这一代表云贵高原青铜时代居于核心地位的考古学文化在进行深入研究和普及推广时，处于无所适从的困窘状态，事实上造成了考古学界以外学者和社会各界的困惑，因而有必要进行梳理分析，达成共识。

近年来在滇中区域开展的系列考古发掘工作，特别是随着通海兴义遗址[1]、石寨山大遗址群[2]、晋宁古城村遗址[3]等系列发掘工作的成果，表明滇中区域的青铜时代远在商周时期已经开始，而且存在先后的发展演变序列关系，为界定滇文化的内涵、年代等问题提供了基础性条件。

由于"滇王之印"在石寨山M6的出土，这批青铜时代遗存从发现之初开始，就与文献记载的古滇国直接联系在一起。而"滇池区域青铜文化"的概念提出得很早，1978年王大道《滇池区域的青铜文化》[4]认为"滇池区域已构成一个青铜文化类型，我们称之为'滇文化类型'，或简称'滇文化'"，但未展开论述。在后续国内外学者讨论相关内容时，多半会使用滇文化这个概念，例如前旧金山亚洲艺术博物馆策展人艾玛·邦克在讨论其与东山文化的关系时，就是使用的"滇文化"这个词。可以看出这些概念是逐渐自发产生的，有时混用，并且内涵不清晰。

汪宁生在20世纪80年代初期首次提出了"石寨山文化"这个命名[5]，但这里的石寨山文化包括了洱海、滇西北等范围，年代上限则按照剑川海门口遗存所测定的年代数据，将其定在公元前1150±90年，在文化特征上也把当时整个云南发现的青铜时代遗存都包含了进去，可见其含义是自青铜出现开始的云南主要遗存都包含在石寨山文化之内。蒋志龙从其说，在《再论石寨山文化》中进行了文化因素的分析[6]，主要区分为本地石寨山文化因素、外来文化因素两个大类，将石寨山文化分为四期，认为年代上限在春秋早期或更早；地域范围大致北起金沙江南岸，南达元江北岸，西起楚雄禄

---

[1] 云南省文物考古研究所：《通海兴义遗址》，"云南考古"网2016年11月4日。
[2] 云南省文物考古研究所：《晋宁河泊所》，"云南考古"网2020年2月14日。
[3] 云南省文物考古研究所：《云南晋宁古城村遗址》，《2021中国重要考古发现》，文物出版社，2022年。
[4] 王大道：《滇池区域的青铜文化》，《昆明师范学院学报》1984年第3期。
[5] 汪宁生：《试论石寨山文化》，《中国考古学会第一次年会论文集》，文物出版社，1979年。
[6] 蒋志龙：《再论石寨山文化》，《文物》1998年第6期。

丰,东抵宣威。后又把"石寨山文化"区别为石寨山、八塔台两个类型[1]。张增祺先生早年也使用"晋宁石寨山文化"这一概念[2],不过随后他就另外使用了"滇池区域青铜文化"来描述相同的内容[3],暗示这在当时还不是一个清晰的考古学文化概念。

近期罗二虎等所编《中国西南考古——新石器时代至西汉》教材[4],按照"滇文化"称呼,认为"滇文化的年代约在战国初期至东汉初期,延续时间约600年",并且认可将滇文化区分为石寨山、八塔台两个类型的观点。

总体来说,目前用来描述这一考古学文化的主流概念依然是"滇文化",相关文章数量多、论述内容广,包括年代问题、社会组织、习俗、族属、工具、兵器、铜鼓、金属冶铸等,不一而足;其次是使用"石寨山文化",而"滇池区域青铜文化"这个概念因江川李家山等地点不适合统称为滇池区域而逐渐弃用。

三代以来的考古发现,只要能确证其所代表的具体方国或族群,一般都有用历史上既定的名称来指代命名的传统,例如商文化、周文化、楚文化、吴文化等,本文建议固定使用"滇文化"这一名称,以走出对同一内容使用多个概念并行表述的困境,并对其分布地域、年代范围、文化内涵等相关问题进行讨论。基于近年来滇中地区新的考古发现材料,我们认识到这一考古学文化有一个发生、发展、形成的过程,对"滇文化"的正式形成与消失必须给出对应的时间范围;另外,随着"夜郎文化""昆明文化""哀牢文化""句丁文化"这些新考古学文化概念的使用,出于对应表述,在这些考古学文化中处于核心地位的应该是"滇文化"。此外,对"滇文化"的空间分布区域也有必要作进一步的探讨,以了解彼此之间的关系。

## 二、滇文化的地域概念

滇文化的中心在滇中滇池区域和玉溪三湖区域。

晋宁石寨山墓地M6出土了"滇王之印"金印,证实这里就是《史记·西南夷列传》所记载的滇王墓地。近年来石寨山周边的大遗址考古发掘,已经逐步揭露出古滇国都邑型聚落的面貌,属于有不同功能区布局的独特的台地—水系型聚落[5],加上周边滇池坝子的其他聚落,合并在一起的规模与《史记》记载"有众数万"大体吻合。滇池坝子还有呈贡天子庙、官渡羊甫头两处规模宏大的滇文化墓地,它们与晋宁石寨山墓地在考古学文化面貌上是大致统一的,但人群之间的关系还是一个需要研究的问题。

1972年江川李家山墓地发现,很自然地被划到滇文化的范围内;1992年第二次发掘,所出土随葬品的精美丰富程度,完全可以与石寨山滇王墓地相媲美,而且文化面貌区别很小。这里超出了文献记载的古滇国的地理范围,但文化面貌一致,可以判断这里存在一处不是滇国范围的另一个滇文化中心聚落,至于是否达到都邑聚落的规模,尚需作进一步考察。如此,在滇文化的中心区域构成了双中心聚落的格局,而不是以石寨山一处古滇国都邑为中心的古"滇国"集权制格局,反映出古

---

[1] 蒋志龙:《试论石寨山文化的两个类型——石寨山类型和八塔台类型》,《云南文物》2000年第2期。
[2] 张增祺:《晋宁石寨山文化与越南东山文化的比较》,《云南社会科学》1985年第2期。
[3] 张增祺:《云南滇池区域青铜文化内涵分析》,《南方民族考古》第一辑,四川大学出版社,1987年。
[4] 罗二虎、李映福:《中国西南考古——新石器时代至西汉》,科学出版社,2020年。
[5] 云南省文物考古研究所:《晋宁河泊所》,"云南考古"网2020年2月14日。

滇国源自滇文化时期高度发达的酋邦制社会形态且一直延续的特点,这是过去忽略而文献没有记录的发现。

滇文化的分布地域,是围绕滇中双中心向外扩散的,最重要的方向是面向滇东,在曲靖坝子发现的八塔台墓地就是典型的代表,这里的一批遗存在文化内涵上与滇中双中心区域大部分类似的同时,又具有较为强烈的自身特点,多数学者建议划分为滇文化的一个类型[1],也有学者认为应单独明确为八塔台文化[2],可以视为滇文化的第三个中心。

关于滇文化的分布范围,如前述在20世纪后期研究起始阶段有多种见解,其中北起金沙江南岸,南达元江北岸,西起楚雄禄丰,东北抵宣威的四至范围,其东面已到达包括兴义在内的贵州境内,这已成为共识。西面的楚雄万家坝墓地因其与祥云大波那墓地的文化一致性,且在墓葬形制、随葬器物上独具风格,已被多数学者排除在滇文化之外[3]。经过多年的发掘不断修正,滇文化的地域范围至今已成为比较流行并被多数学者认可的观点。在这一区域同时期的考古发掘出土器物确实表现出了比较多的一致性,作为一个考古学文化来概括是没有问题的。但这里出现了"滇文化"范围远远超出文献记载的古滇国地望的情况,可以理解为古滇国是滇文化的中心区域,在滇文化中晚期尤其是汉武帝以后获得了超常的发展,具备强大的文化辐射能力,在更为广大的区域内形成了比较统一的"滇文化"。

## 三、滇文化的年代

在这个确定的空间范围内,包括石寨山墓地、李家山墓地在内的滇文化的年代,一直是一个困扰学界的大问题。早年的研究成果都把年代定得很早,甚至到了西周至春秋早期[4],或者以李家山M21测年数据将滇文化一期定在"相当于春秋晚期"[5]。这是因为在很大程度上,学术界还没有认识到"滇文化"需要有准确的内涵、年代定义,而是将所有出土青铜器的遗存混在一起讨论造成的,这个影响至今没有完全解决。

李家山M21的碳十四测年结果为BP 2 575 ± 105,是1972年发掘成果的唯一碳十四测年数据,于1977年公布。由于用于测年的标本量不足,1988年昆明召开铜鼓学会国际研讨会时,法国学者米歇尔·皮拉左里质疑其年代可靠性,相关学者进而全面研究滇文化的年代问题,通过呈贡天子庙M41和文物比对,认为滇文化年代应该介于公元前250—公元50年[6]。也有学者通过层位与类型学方法进行分期研究,试图厘清滇文化的年代问题,将一期定位在"春秋早期或更早"[7]。

楚雄万家坝虽然不属于滇文化分布范围,但因为其出土器物多与滇文化所出一致,因而其测年数据被相当多的研究者引用,借以确定滇文化的年代。万家坝M1有3个数据:BP 2 375 ± 80、BP 2 310 ± 80、BP 2 350 ± 85,万家坝M23有4个数据:BP 2 450 ± 80、BP 2 340 ± 80、BP 2 640 ± 85、

---

[1] 蒋志龙:《试论石寨山文化的两个类型——石寨山类型和八塔台类型》,《云南文物》2000年第2期。
[2] 杨勇:《滇东八塔台文化墓地的特征和年代及相关问题》,《秦汉土墩墓考古发现与研究——秦汉土墩墓国际学术研讨会论文集》,文物出版社,2013年。
[3] 戴宗品:《云南船棺葬初考》,《回望山房文选》,云南人民出版社,2019年。
[4] 汪宁生:《试论石寨山文化》,《中国考古学会第一次年会论文集》,文物出版社,1979年。
[5] 王大道:《滇池区域的青铜文化》,《昆明师范学院学报》1984年第3期。
[6] 【法】米歇尔·皮拉左里:《滇文化的年代问题》,《考古》1990年第1期。
[7] 蒋志龙:《再论石寨山文化》,《文物》1998年第6期。

BP 2 635 ± 80[1]。M23后两个测年偏差比较大,因此有学者通过全滇及周边出土器物对比与墓葬分类研究,断然否定了上述碳十四测年的意义,认为滇文化"兴起年代皆在西汉早期,至西汉晚期衰落"[2]。

云南省文物考古研究所李小瑞2022年对李家山1992年出土遗留标本进行了最新年代检测,证实李家山M68年代为BP 2 100 ± 30,M50年代为BP 2 080 ± 30,M85年代为BP 2 160 ± 30,这几个测年数据的准确度较高,与器物研究分期的结论大体一致,三座墓年代均分布在西汉中期[3]。

滇文化的年代该如何确定的问题,集中在滇文化从什么时候开始这个焦点问题上,它是由如何认识滇文化的文化内涵与如何使用测年数据两个问题交织在一起形成的,并且需要清晰界定的问题。这里先讨论年代,后面再通过讨论文化内涵变化来反证,以此确定滇文化的起始年代。而滇文化消失结束的时间点,在文化面貌的转变上显而易见,定在东汉初期应基本无争议。

在确定滇文化从什么时候开始这个滇文化研究的关键问题上,有三组重要的测年数据可以参考:昆明天子庙M41的测年数据有3个,原报告认为以樟木测得数据BP 2 290 ± 70较为可靠,"年代大体定在战国中期偏晚是可信的"[4];玉溪刺桐关遗址H13经树轮校正为公元前385—前210年[5];万家坝M1为BP 2 375 ± 80[6]。这几个在滇文化中比较偏早的测年数据显示能够称为"滇文化"的时间是从战国中期开始的。

要解决滇文化从什么时候开始这个焦点问题,还需要考虑滇文化时期周围的历史背景。将滇文化的上限定在战国中期,下限定在两汉之际,是较为合理的,这符合公元前316年秦灭巴蜀,西南土著文化势力转移到滇中并忽然崛起的历史背景,李家山墓地的年代也属于这个滇文化时期。而李家山M50、M68、M85的最新测年全部在西汉中期,结合石寨山M13、M6等滇王重要墓葬的年代均在西汉中期,可以明确显示滇文化的全盛时期包括秦、西汉早期至西汉中期。

由上述分析可以认为,在描述滇文化的年代与分期时宜作出粗略的划分,大致可以分为:成长期(战国中晚期)、鼎盛期(秦—西汉早中期)、衰落期(西汉晚期至东汉初期)。

历史时期的考古学文化分析,必须考虑文献记载,按照二重证据法互相印证。二重证据法的重要性在于,历史时期的考古学文化分期,既是反映考古学文化的阶段性变化,也是描述历史史实的变迁阶段。历史时期考古资料已经反复证明,朝代更替或重大历史事件对物质文化的影响是巨大而显著的,如果对应滇文化分期,必然无法避开汉武帝封立滇王对滇文化产生的巨大影响,促成了滇文化的发展到达顶峰。

古滇国在350年左右经历了从酋邦(chiefdom)到王国(kingdom),再到帝国(empire)的剧烈变迁。通海兴义遗址与晋宁古城村的材料证实,毫无疑问这一区域的酋邦制经历了漫长的自然演变进程,这个过程大约从商代已经开始,历时超过一千年,考古学文化经历了数次大的变迁,在战国中期形成石寨山、李家山两个中心酋邦,这是滇文化整合形成的标志。而滇王国出现则是以西汉中央授予"滇王之印""滇国相印"为标志,至公元前后结束,统一的汉帝国文化占据主流,滇王国的存在仅百年而已。这些可视的考古学物质文化因素的演变,与文献记载的古滇国历史演变过程,完全可以一一对应。例如在反映滇文化消失的历史背景时,《后汉书·南蛮西南夷列传》记载"及王莽政乱,益州郡夷栋蚕、若豆等起兵杀郡守""建武十八年(42年),夷渠帅栋蚕与姑复、楪榆、梇栋、连然、滇池、建伶、昆

---

[1] 云南省文物工作队:《楚雄万家坝古墓群发掘报告》,《考古学报》1983年第3期。
[2] 徐学书:《关于滇文化和滇西青铜文化年代的再探讨》,《考古》1999年第5期。
[3] 该数据在2022年8月纪念李家山考古发现50周年大会时公布。
[4] 昆明市文物管理委员会:《呈贡天子庙滇墓》,《考古学报》1985年第4期。
[5] 云南省文物考古研究所等:《玉溪刺桐关青铜时代遗址发掘报告》,载《云南考古报告集之二》,云南科技出版社,2006年。
[6] 云南省文物工作队:《楚雄万家坝古墓群发掘报告》,《考古学报》1983年第3期。

明诸种反叛,杀长吏",后续引发一系列连锁反应,经反复平叛及人口迁移,在此过程中滇文化土著文化因素逐渐消失殆尽,文献记载的历史事实与考古学文化变迁表现出完全的一致性。

## 四、滇文化的内涵与文化渊源

萌芽时期的某些滇文化因素出现很早,例如晋宁古城村出土的圜底釜、瓮、铜削、铜凸缘镯等,出现于商代、西周时期,应归入先滇文化时期而不应归到滇文化。"石寨山文化"的一期文化分期对应的"滇文化",更多地属于逻辑存在,因为它只是包含了后续构成滇文化的一些文化因素,并不代表滇文化的整合形成。

滇文化出现的信号标志器物包括但不限于以下举例:在陶器方面表现为出现红陶盘、标准陶釜、陶尊,陶器变化非常明显,而先滇文化时期典型的盘口罐、釜形大瓮等以水器占据主要地位的特征消失;青铜器的信号标志器物为出现贮贝器或铜筒、动物纹扣饰与房屋模型、圆雕动物纹仪仗类兵器,以及铜枕、石寨山型铜鼓,这些铜器基本都是威望物品,主要用途在于彰显主人的声望与地位,完全不同于先滇文化时期小型的实用工具类铜器,当然也不排除少部分小型器物例如蛇头茎铜剑,可能在先滇文化时期已经出现。

总之,无论是陶器还是青铜器,在滇文化中都经历了一次明显的整合形成时期,时间上在战国中期。这里重点讨论整合形成滇文化的主要文化因素包含哪几类,也就是滇文化的渊源问题,因为滇文化并非简单地由本地土著文化自我进化而来,也非简单地包含土著文化因素和汉文化因素的双因素整合。这里的"土著文化因素"既包括了在通海兴义与海东、晋宁古城村等地点发现的真正的农耕渔猎"土著文化因素",也包括了后续西北—东南向移动的氐羌族群带来的草原游牧文化因素,以及同期从四川盆地南移的百濮族群文化因素,需要仔细加以辨认。

在通海兴义与海东、晋宁古城村等地点发现的真正的农耕渔猎"土著文化因素",一般认为属于广泛分布于华南的"百越"的一支,其石器主要以典型的有段、有肩石锛为特征,陶器以仿禽鸟形态、多流盘口水器为特征,在兴义遗址甚至还出土了带有仰韶文化遗风的小口尖底瓶。而大量发现于曲靖盆地及周边的八塔台、横大路、平坡等土墩墓群,以及这些墓葬随葬的大宗陶鼎,则具有浓郁的"吴风越俗",在文化属性上整体地体现了百越文化的特点。还有一些典型器物如玉玦、有领玉镯是滇中土著越人文化因素,在早于滇文化的通海兴义遗址、晋宁古城村遗址都有非常多的发现,是岭南地区百越遗存中典型的一类装饰品,在滇文化中得到继承和发展,滇人形象中屡屡出现武士佩戴有领镯的形象。因此,可以从文化渊源的角度,判断这些特征无疑同样是滇文化的底层特色,也直接地暗示滇文化族群的主要构成是古代百越的一支。

滇文化的族属问题是一个无法回避的基本问题,也是认识滇文化内涵的必要途径。早在石寨山第一次报告发表的同时,冯汉骥先生就认识到需要对出土文物的族属问题进行探讨,最早提出了椎髻的"滇族",并认为"爨氏为其一部分",还有辫发的"昆明"或"嶲"[1]。也有学者按发型分为椎髻者、辫发者、结髻者、螺髻者,分别对应"靡莫之属""昆明之属""夷越之越(黑金银齿)""盘瓠之裔"[2]。还有学者认为滇王国的主体民族是濮人,至少说明滇池区域有濮人居住。并引《永昌郡传·云南郡》

---

[1] 冯汉骥:《云南晋宁石寨山出土文物的族属问题试探》,《考古》1961年第9期。
[2] 汪宁生:《晋宁石寨山青铜器图象所见古代民族考》,《考古学报》1979年第4期。

"治云南县(今祥云县),亦多夷濮,分布山野",证明云南为百濮分布之地[1]。近年来,又有学者主张按照氐羌系统、百濮系统、百越系统的划分方法,在滇文化分布区域的族群应是先氐后濮,以濮为主[2]。

除氐羌说外,滇为濮人说似乎有不少的支持者,此外还有僰人说等但不占据主流,但有学者认为本区域的主体民族是越人,张增祺先生曾直接提出了"滇国的主体民族——越人"的明确主张[3]。由此看来,滇文化的族群构成,在语焉不详的文献记载中确实反映出了人群的多样性,不同意见背后的事实是滇文化的整合、形成有着多种不同的文化渊源因素,而通过分析先滇文化时期的考古发现材料,则可以真正窥见本区域"更早的土著文化"及其人群是华南越人与越文化。

参考近年来的新考古资料并综合既往对青铜器人物形象释读的成果分析,可知古滇国族属是一个复杂且不断变化的构成关系。通海兴义遗址揭示了相当于商周时期的"先滇文化"时期遗址,是以滨水而居的华南越文化为特征的贝丘遗存,陶器的带流水器、石器的有段有肩、巨大的螺壳贝丘是其基本特征,滇文化对此类因素有大量的继承关系。但滇文化时期的骑马人物形象、草原动物纹艺术、平底陶器的流行更多显示出川西氐羌文化居于优势地位,暗示这一时期他们已经在滇文化族群中占有了很大比例,部分已成为古滇国的统治阶层,但铜鼓、铜器线刻纹样显示越文化因素也有大量传承。海贝、印度铅螺饰片、钾钙玻璃、蚀花肉红石髓珠、胡人形象等显示出南亚、东南亚地区因素。中原文化的器物则经历了由少到多,最后居于主流的变化过程。总体看来,滇文化反映的古滇国族属与文化是变化的,也是"多源而多元的",其土著人数最多的无疑是这里最古老的越人,他们属于椎髻发型者,但在战国中期以后经过整合形成了滇文化,同时反映出大量的统治阶层人员为辫发的骑马民族即氐羌族群,所以滇文化是一种经多种文化因素交融后妥协形成的,当时的族群是以越人为主的多族群共治局面。

这个"共治局面"可以从青铜器图像的人物与相关主题性活动直观地反映出来。上一辈的学者根据石寨山、李家山两处出土铜器人物形象解读了滇文化人物的身份及场景,成果比较多[4]。李家山墓地中发现的青铜人物图像数量多达198个,有173个着衣人物图像,相关器物47件。石寨山在70余件器物上出现400余个人物形象[5]。两处遗址共同展示了古滇国时期的人物社会身份,可以明显地看出当时已经形成了统治阶层,可能由神权的祭祀阶层、世俗权的武士阶层二者共同构成,他们都以宽大的玉镯为身份标识,说明不是从事劳作的阶层,但在服装方面不同。另外,过去对一部分贮贝器装饰主体的解读多停留于"祭祀"主题,现在看其中很大一部分应解释为"宴飨""集市"这两个古滇国社会生活主题,而不论是宴飨还是集市,均有不同族群参与其中扮演不同的角色。

滇文化多元的内涵构成还表现在墓葬形制的多样性和聚落类别的区别方面。滇文化墓葬形制主要有土坑墓、土墩墓、丛葬墓,以土坑墓最为常见,例如李家山墓地全部为土坑墓,且部分大墓在填土上部覆压天然石灰岩大石为墓标;土墩墓主要分布在滇东曲靖坝子,八塔台、横大路、平坡等处已发掘墓地均属于此类墓葬,与江浙特别是宁镇地区同时期土墩墓形制较为一致,是典型的华南越人墓葬形制;丛葬墓是土坑墓的一种,是滇文化土坑墓的一种特别葬制,与滇文化典型土坑墓交错分布,在同一墓坑中由多层骨骸叠压形成,以宜良纱帽山、澄江金莲山为典型,其源头可以追溯到丽江大巨地墓葬形制[6],可能反映了这类人群的特别身份,推测可能是来自西北的滇文化氐羌武士族群。

---

[1] 胡振东:《云南型铜鼓的传播与濮人的变迁》,载《中国铜鼓研究会第二次学术讨论会论文集》,文物出版社,1986年。
[2] 杨帆:《"百濮"考》,载《中国南方古代民族》,云南人民出版社,2014年。
[3] 张增祺:《滇国的民族》,载《滇国与滇文化》,云南美术出版社,1997年。
[4] 易学钟:《晋宁石寨山12号墓贮贝器上人物雕像考释》,《考古学报》1987年第4期。
[5] 王春铃据2022年8月纪念李家山发现50周年学术研讨会发言材料统计。
[6] 据《罕见!云南丽江一足球场重建时发现春秋战国时期大型石棺墓葬》一文发表图片判断,载《环球网》2020年8月11日。

滇文化贝丘遗址在滇池及玉溪三湖地带分布数量极多,大部分可能源自先滇文化时期,在滇文化时期的小型聚落可能仍然是沿袭继承这种类型;滇文化时期,少量先滇文化时期的贝丘聚落遗址发展为城址,现在较为清楚的是晋宁河泊所遗址,已达到都邑型城址的规模,江川李家山应有类似都邑型遗址尚待识别;冶炼遗址有玉溪刺桐关、江川光坟头、华宁二龙山三处发掘与调查地点,这类遗址均处于山坡高处,地势不平,出土遗物数量巨大但类型单一,基本全部为红陶盘,反映了手工业作坊类遗址的特点,推测为滇文化青铜冶炼遗址。

## 五、小　　结

　　滇文化是战国中期至两汉之际流行于云南中东部及贵州西南部的青铜文化,经过了先滇时期百越青铜文化和中原文化、巴蜀文化、百濮文化、氐羌文化等多种外来文化因素的整合而形成。青铜贮贝器或铜筒,动物纹扣饰与房屋模型、圆雕动物纹仪仗类兵器,以及铜枕、石寨山型铜鼓等威望物品,同时有大量的图像再现是其青铜器的特征,陶器则以冶炼工具红陶盘独具特色。总之,滇文化代表了云南多源而多元的民族文化的早期格局。

# 从石寨山到河泊所

◎ 蒋志龙（云南省文物考古研究所）

石寨山是滇池边的一座小山，山体基岩为石灰石，相传梁王曾于山上扎寨练兵。

河泊所是滇池边的一个渔村，早年是滇池南边的一个码头，在20世纪有公路之前，从这个码头可以坐船到昆明。现如今倒是村中遍布的用螺蛳壳夯筑的墙体引人注目。

1956年发掘的石寨山古墓群，从文献到实物证实了司马迁对古滇国的记载。

1958年调查发现的河泊所遗址被认为是新石器时代的遗址，其代表性遗物就是红陶质地的同心圆纹盘。人们压根没有将它与古滇国联系起来。

而让我们对河泊所遗址有新的思考，源于玉溪刺桐关遗址和昆明西山天子庙遗址的发掘。在1990年玉溪刺桐关遗址的发掘，让我们对同心圆纹盘作为新石器时代遗物的认知提出了质疑。而2005年，昆明西山天子庙遗址的发掘，则彻底地摒弃了同心圆纹盘为新石器时代遗物的认识。

早在1996年我主持石寨山第五次发掘和随后的资料整理过程中，我们认识到要想在古滇国考古上取得突破，聚落遗址的发现就成为必然的选择，这是一个迈不过去的坎。但要想在这方面突破，谈何容易，此时距石寨山首次发掘已经快半个世纪了。

2008—2010年，经国家文物局批准，云南省文物考古研究所与美国密歇根大学合作进行了滇池区域史前聚落的区域系统考古调查，发现了79处滇文化和汉文化的遗址（含墓地）。这些遗址不仅有大小之别，还可能有等级之分，并初步判定河泊所遗址极可能是古滇国的都邑。这些遗址的"突然"冒出，使我们原来的认识格局一下被打开了，长期以来，滇文化只发现墓地，没有遗址发现的尴尬局面被打破。

实际上，不论你发现还是没有发现，遗址都在那里。

但真正使滇文化聚落遗址在考古学中取得重大突破，还是在2014年启动石寨山大遗址考古之后。

2008—2010年的考古调查，我们仅根据地表散落的陶片来确定遗址面积，但并不清楚遗址堆积的真实情况和遗址面积的真正大小。囿于当时的条件，河泊所片区跟绝大多数山地遗址不同，这里极少有可供观察的剖面，而且几乎全域被塑料大棚覆盖，难以在地表上对整个地区空间的起伏有个把握。村民种植所打的水井，成为我们观察遗址剖面的唯一"窗口"，而这个"窗口"通常大半都注满水，有的水井周边还安装有水泥井圈，我们无法直接观察。所以，能碰见一口裸露的井壁，是一件令调查人员十分高兴的事。而在钻探时，我们也遇到了不少的挑战，不仅螺蛳壳很少能带上来，而且还很难打下去，因螺蛳壳比较硬而且还有缝隙，即便能够打下去又能带上来的也不一定是其原生堆积。这使得工作一度陷入停顿，队员原来高涨的情绪一下变得低落。为了克服钻探难的情况，我们又引进了T型铲，虽能克服难以下钻的问题，但带上来的泥芯多是混合的，也不甚理想，而且速度相当慢。更为致命的是，我们不会辨土，不明白钻探出来的泥芯到底反映的是什么性质的堆积。2014年我们进行了初期考古发掘,国家文物局批准发掘50平方米,仅发现了一些地层堆积,并没有发现灰坑等遗迹现象。

初期在冲积平原的探索,并没有给我们带来什么底气。

我们尝试将工作的方向转向高处的低山和山腰地带,在金砂山的钻探和随后的考古发掘,使我们认识到金砂山上面不仅有与石寨山墓地第一至第五次发掘同时期的墓葬,而且还有时代更早的相当于中原商周时期的墓葬。我们在后来的研究论文中,将这类滇池盆地发现的时代更早时期的遗存,命名为石榴坝文化。

再后来,在对金砂山和附近的天女城山腰和山脚的钻探中,也未发现大面积的聚落遗址,这样,我们想在更高海拔地方寻找"滇文化"聚落遗址的企图落空了。没有找到与墓葬同时期的聚落(村落),反而发现了时代更早的大约相当于中原商至西周时期的墓地,原有的问题没有解决,新的问题又冒出来了,那我们所要找寻的那些人到底住在什么地方?

至此,我开始怀疑清代诗人孙冉翁在昆明大观楼长联上所描述的"五百里滇池,奔来眼底,披襟岸帻,喜茫茫空阔无边"的景象?滇池的水面就一直这么大吗?我们要到更高海拔的地方去寻找滇的聚落吗?

在2014—2016年初的近两年时间里,尽管我们选择在不同的地方努力用心地寻找,但我们连聚落遗址的影子都没有找到,繁重的田野任务、工作人员的缺乏、缓慢的进展状态,我们的心情十分苦闷和沮丧。

由于高处无法找到聚落遗址,即便有少量,也压在当代村落的下面,无法开展工作,于是,我们又折回冲积平原地区。怎么做?我们得想办法突破。

我们与南京大学的乌力曼教授(Wunnerman)、晏达达博士合作,通过沉积物来分析滇池环境的变迁,乌力曼教授是世界著名的湖泊研究专家,常年在中国和世界各地开展高原湖泊的研究并已取得重要成果。我们选择在不同地貌和海拔的地点钻取泥芯进行分析。

同时,我们对滇池东南岸考古调查勘探的所有区域均建立测控网,对晋城镇的安江小古城等地则通过中间的测控点建立联系。以使这一地区的所有考古发现能在一张图上呈现,从而建立这一区域的地理信息系统。

我们对滇池东南岸100余平方千米的地区进行普探,发现除河泊所—石寨山古代遗址片区外,外围还有晋城小古城片区和南山村片区、小寨片区以及滇池南岸的兴旺片区等古代居民点,弄清楚了古代聚落的大致分布格局。为了增强对钻探泥芯的辨识,2016年5月,我邀请了长期在良渚遗址进行考古钻探的技师来到工地,细化对小区域内遗址堆积的泥芯的辨识,至8月份,在钻探的区域辨识出了原生台地、次生台地和相应的水域。为了验证钻探的可靠性,我们申请了对河泊所遗址的发掘。

2016年底至2017年,我们对河泊所遗址的西王庙地点进行了考古发掘。在这里,我们发现了滇文化时期和早于滇文化时期的村落,这个村落由众多的干栏式房屋、半地穴式房屋和地面起建的房屋以及灰坑构成,他们之间有直接的地层叠压和打破关系,而汉代则仅见水井遗迹。这些遗迹现象分别属于早于滇文化时期、滇文化时期和汉文化时期。汉文化时期的地面海拔为1884米,当时的滇池水面应该比这个村子地面稍低,而先滇文化时期则水位更低。这就与环境考古的分析相印证,环境考古的结果表明,汉代之前的相当一段时期内,滇池水位都是很低的,到南朝时期开始,雨水才逐渐增多,元代达到顶峰。这也就能理解孙冉翁的大观楼长联了。

自西王庙地点的发掘开始,我们在石寨山大遗址考古方面,特别是聚落遗址的发现方面才取得真正的突破!

随着重点勘探范围的扩大,在河泊所村东、上、下西河村以西,我们发现了一系列的台地和水域,这些相间排列的台地和间插其间的水系，构成了河泊所遗址早期聚落和城址的聚落生态。

2018—2019年，我们在对台地3的发掘中，发现了与瓮棺等伴生的众多遗迹现象，在H90的发掘中，清理出了"滇国相印"封泥，与该封泥伴出的还有"王敝之印"等私印封泥。台地3上发现的主要为先滇文化时期和滇文化时期的遗存，汉代遗存相对比较少，可惜由于面积的限制，我们没有找到更多的遗迹现象。

2020年，我们对台地6进行了考古发掘，这次发掘，既发现了滇时期的遗迹，又发现了汉时期的遗迹，出土的遗物以汉代的为主。特别是汉代在该台地的中央新开凿的一条河道让我记忆深刻。

2021—2022年，我们选在上西河村西南、上蒜一小北面的台地38进行发掘，两个年度的发掘面积共2 600平方米。在这里发现了大量的汉代遗存，包括灰坑、灰沟、水井、道路和疑似大型建筑的基址以及大量的砖、瓦当和瓦类遗物，砖瓦类遗物占到整个出土物的80%以上，如此大体量的建筑遗存和遗物，特别是筒瓦的长度在50厘米左右，十分规整的铺地砖、大量的云纹和带"乐"字瓦当（极可能是"长乐未央"瓦当），这些遗物的发现，表明这一地方存在有规格很高的建筑。我们推测益州郡的郡址应该就在附近。

2021年11月21日，在对河泊所遗址发掘采集的灰坑HJ1中的土壤进行水洗的过程中，再次发现了封泥，分别是"李重（？）印""×古×印"和"臣虞印"，此后，几乎每天都发现有新的封泥，有的时候一天发现20多枚，在这些封泥中，我们发现了"益州太守章""建伶令印"和"滇池长印"等。到2022年春节前，我们发现了200余枚封泥，《汉书·西南夷列传》等记载的益州郡二十四县中更多的县名被发现。

2022年6月份，因上蒜第一小学食堂的改扩建工程，事前要进行考古勘探，在勘探中我们发现其文化堆积比较厚，于是，我们将其纳入本年度的发掘面积中，8月18日，在对H18的清理中，首次发现了木牍，不久又发现了竹简……更多的带字简牍，包括"滇池以亭行""始元四年"等具有明确纪年的简牍出土。9月28日，国家文物局在"考古中国"平台上发布了这一重大考古发现。随后，新华社等中央和云南当地的媒体相继报道了这一消息，一时间河泊所成为社会关注的焦点。

目前，我们正在湖北荆州简牍保护专家的指导下对出土简牍进行初洗，后续还有更多保护工作要做，同时，我们也与武汉大学简帛中心开展合作，进行简牍的整理和研究工作。

在做好已出土简牍的保护工作的同时，我们不能忘记我们的初心，就是寻找"滇文化"的聚落遗址和可能存在的城址。在进行考古发掘的同时，继续开展河泊所片区东南区域外围的考古勘探，弄清楚河泊所12平方千米范围内的遗址的内涵和布局。做好考古工作是建好遗址公园的前提条件，因此我们也积极配合地方政府进行石寨山国家考古遗址公园的建设。

尽管我们目前取得了一定的成绩，仅是万里长征的第一步，道阻且长，行则将至。只要我们坚持不懈地努力，相信在这一领域一定会不断有新的更大的考古发现。

感谢长期以来国家文物局对云南的关心和支持，感谢云南省文化旅游厅、省文物局和昆明市、晋宁区委、区政府的支持，感谢在实际工作中给予我们团队大力支持的云南省文物考古研究所和晋宁区文旅局、文管所以及上蒜镇、金砂村委会的领导，大家的关心和支持助力我们一路前行。

# 西南夷概念辨析

◎ 杨　帆（云南省文物考古研究所）

《周礼·夏官司马第四·职方氏》中有"乃辨九服之邦国，方千里曰王畿，其外方五百里曰候服，又其外方五百里曰甸服，又其外方五百里曰男服，又其外方五百里曰采服，又其外方五百里曰卫服，又其外方五百里曰蛮服，又其外方五百里曰夷服，又其外方五百里曰镇服，又其外方五百里曰藩服"，这是九服之制。"凡邦国千里，封公以方五百里，则四公；方四百里，则六侯；方三百里，则七伯；方二百里，则二十五子；方百里，则百男。以周知天下"。所以在卫服以内的五服中分封的是周王的亲属及亲信，公、侯、伯、子、男等有爵位的是在五服内，而蛮、夷、镇、藩这四服是安置少数民族参与武王伐纣战争后的封地，《尚书·周书·牧誓》（武）王曰："嗟，我友邦冢君，……及庸、蜀、羌、髳、微、卢、彭、濮人，称尔戈，比尔干，立尔矛，予其誓。"如庸、蜀、羌、髳、微、卢、彭、濮这些民族封侯后被安置在了蛮、夷、镇、藩这四服里。西南是方位，夷是九服中的第七服。所以当西南地区还未被归入西汉版图前，西南地区的夜郎侯、漏卧侯、句町侯等其实是周武王所封，后又根据他们的表现得到汉王朝的再次分封，但这一次分封只是名义上的，他们的地位仅相当于土司，因为汉王朝设置郡县以后这些王侯已无实权。西周时实行的是分封制，西汉实行的是郡县制，千万不要误解"西南夷"是汉代因设置郡县才纳入中央管理的版图。事实上最迟在西周"西南夷"就属于周王的封地，自然也是中央管理的版图。

在汉武帝还未将"西南夷"纳入西汉版图前，对"西南夷"君长的称谓是有差别的。滇王称"王尝羌"，夜郎称"侯多同"。《史记·西南夷列传》"窃闻夜郎所有精兵，可得十余万，……遂见夜郎侯多同。……至滇，滇王尝羌乃留，……夜郎侯始倚南越，南越已灭，会还诛反者，夜郎遂入朝。上以为夜郎王。……滇王者，其众数万人"。在这里夜郎侯的实力要远大于滇，夜郎光精兵就有十多万人，而滇只有几万人。疑惑的是司马迁却称滇为"王"，称夜郎为"侯"。夜郎是入朝后，才被封为王。在滇及夜郎还未归入西汉帝国前，司马迁明知夜郎势力远大于滇，却称夜郎为侯、滇为王，显然不是随笔而来。倘若"西南夷"君长可以泛称，司马迁会对这些君长统称为"酋王"，或者依势力的大小，大者为王，小者为侯，这样的话，该称夜郎为王，滇为侯才对。同时司马迁也意识到"西南夷"的部族"其俗或土著，或移徙"。在汉武帝收复了"西南夷"后，"西南夷君长以百数，独夜郎、滇受王印"。这里只有夜郎和滇被封为王，未提还有封侯的。

在《汉书》及以后的文献中，"西南夷"又冒出一些王、侯称谓的部族来。如《汉书·西南夷传》"至成帝河平中，夜郎王兴与句町王禹、漏卧侯俞，更举兵相攻"。这里的句町可称王，是因《汉书·西南夷传》载昭帝曰："句町侯亡（毋）波率其邑君长人民击反者，斩首捕虏有功，其立为句町王。"句町原是称侯的，但其侯位是否是汉武帝在"西南夷"初置郡县时所封不得而知。漏卧的侯位及立功前句町的侯位也不像是西汉所封赐，不然多少会有点记录。

其实，"西南夷"的这些王、侯们在被西汉纳入版图以前，他们王、侯的爵位早已有之，是破落逃亡的"王""侯",爵位是周天子所封。到东周时,随着诸侯兼并战争的愈演愈烈,他们从各自的封地上逃亡了。

《尚书·周书·牧誓》"武王曰:'逖矣西土之人。'王曰:'嗟,我友邦冢君,……及庸、蜀、羌、髳、微、卢、彭、濮人,称尔戈,比尔干,立尔矛,予其誓。'"说明氐羌庸、濮人都参与了周武王的伐纣战争。胜利以后"封诸侯,班赐宗彝"。史称武王大封天下,诸侯七百。这些参与了武王伐纣战争的羌人、庸、濮部落显然也在被封之列。周王室衰落后,诸侯间的大规模兼并战争从此开始。于是有了从汉水流域走出的楚国"始开濮地而有之"的举动,亦有了楚庄王三年"百濮"和"群蛮"试图夺回领地的危机。失败后"从此百濮各走其邑",于是成就了春秋五霸的楚庄王。需要指出的是西周末年的百濮是居住在长江中游地区的,而后来才向西南地区逃亡。战国时七雄之首的秦国快速崛起,使得氐羌民族"因畏秦之威,将其种群附落而南",而此前的氐羌一定居住在秦国的附近。由于有了东周的诸侯大兼并,于是百濮、群蛮(苗蛮)、氐羌这些曾经被周天子分封过的小诸侯纷纷向西南地区逃亡。虽逃亡,周王室并未撤销对他们的封爵,于是"庸、蜀、羌、髳、微、卢、彭、濮人"八国被后代不理解的人看成了西南夷,如孔颖达《正义》说:"此八国皆西南夷也。"他们其实原来并不在西南夷之列,原封地或在西北,或在荆地,因斗不过大诸侯们的兼并被迫向西南地区迁徙了。

故此,我们有理由相信,在《史记》或《汉书》对西南夷地区的、在西汉还未将他们纳入版图前的或称"王"或称"侯"的这些部族,他们的爵位确实存在,是周天子所封,而后西汉政府又根据他们的立功表现再次予以分封。

如上述分析可信,那么我国古代有诸侯爵位时间最早的可能要数句町了。句町是为百濮的一支,参加过武王伐纣而被封诸侯,因不敌楚的扩张,逃至西南地区。西汉时句町侯毋波因率其人民击反者有功又被汉封为王,及至王莽时又贬为侯。句町直至南朝时才被废,《云南辞典》注:"句町,南朝梁时废。"[1]句町的诸侯之爵位从西周至南朝梁,可能长达一千五百余年。

---

[1]《云南辞典》,云南人民出版社,1993年,第41页。

# 从历史与地理看滇文化的形成与发展

◎ 樊海涛（云南省博物馆）

## 一、"滇"的概念由来

"滇"的概念，最早见于司马迁笔下，但历代学者对"滇"之由来各有不同的解释。主要有以下几种：

1.《后汉书》云："其池水源深广，而[末]更浅狭，有似倒流，故谓滇池。"《正义·括地志》云："滇池泽在昆州晋宁县西南三十里。其水源深广而[末]更浅狭，有似倒流，故谓滇池。"晋代常璩《华阳国志·卷四·南中志》中记载着："滇池县，郡治，故滇国也；有泽，水周围二百里，所出深广，下流浅狭如倒流，故曰滇池。"这两种说法都是从滇池水的源广而流狭解释"滇"字，"滇池"意为池水源流"颠倒"。

2. 王先谦《汉书补注》："上林赋文成颠歌，文颖注颠县，其人能作西南夷歌，颠与滇同。然武帝前滇池县本作颠县，后人因池加水为滇耳。滇池读为颠池，以滇为义。《说文》：颠，顶也。言益州各水四面下注于卑地，此县之地与池独居高顶，当不以颠倒为义。"王先谦则考证认为滇池原为颠池，是指颠县与颠池地理位置较高而言，"滇池"意为"高地之池"，并非水流颠倒之池。

3. "滇""氐"为一音之转，"滇"是氐系民族称呼小平坝、小盆地的汉译字。滇人即氐人，滇因氐而得名[1]。此说采用了音韵学结合人类学的方法，论点较新颖。

4. 滇者"甸"也，是云南民间对坝子的俗称。"彝语称山间平地为'滇'，后或写作'甸'。今云南境内以'甸'为名之地不少，如鲁甸、寻甸、倘甸、花甸、荞滇等。滇国即因此'滇（甸）池'而得名。滇池周围本是几大片山间平地，所以被称为故名"[2]。

5. 还有的学者认为"战国后期以前的'滇池'是在今成都平原。只是由于战国后期蜀部族人的南迁，'滇池'之名才被带到今云南高原上"[3]。但这种说法并未得到大多数学者的认可[4]。

6. 还有人认为"滇"，为彝语之"鹰"，"滇池"是彝语"滇濮殊罗"之音译，意为"鹰祖之海"。滇民族为鹰崇拜的民族，滇国是彝族祖先建立的[5]。这种音义相训的孤证，聊备一说而已。

对于种种不一的解释，方国瑜先生在《滇史论丛》一书中的提法很有指导意义，他认为"'滇'字为土语音译，并不必从字而附会解说……至于'滇'区域，当初只是一个部落的名称，后来部落连接，用此称号而区域扩大"[6]。滇是云南古代一个族群的名称，正如方国瑜先生所说的是土著语言的汉字

---

[1] 杨帆：《氐与羌的差别》，《大理民族文化研究论丛》2012年第1期。
[2] 尤中：《古滇国、夜郎考》，《史学史研究》1989年第1期。
[3] 周宏伟："滇池"本在成都平原考》，《西南师范大学学报（人文社会科学版）》2005年第5期。
[4] 郭声波、鲁延召、许之标：《成都平原'滇池'说商榷——从古地理学、考古学角度》，《西南大学学报（社会科学版）》2009年第1期。
[5] 彭先和：《"庄蹻王滇"考辨》，《昆明大学学报》2012年第1期。
[6] 方国瑜：《滇史论丛》，上海人民出版社，1982年。

音译,具体何义已不可考,如果从汉字的音义去解释"滇"字,未免南辕北辙,难中肯綮。聚居在滇池附近的古代民族就是滇人,滇池因滇人而得名。因"滇人"而得名的还有"滇马""滇僰"等。

滇池区域青铜文化的起源,目前大多数学者认为是从本地新石器时代文化延续而来。"滇池区域新石器文化具有浓厚的地方特点,表明它是起源于本地而又有别于云南其他地区新石器时代文化的一种土著文化"。商周时期,"滇池区域新石器文化便逐渐跨入铜石并用时代且缓慢地向青铜文化发展,晋宁石寨山滇王及其家族墓地直接叠压在当地新石器时代遗址之上,即是难得的地层证据"[1]。近些年来,云南省文物考古研究所多次对滇文化遗址玉溪刺桐关、昆明西山龙门天子庙、晋宁区(县)上蒜镇的小平山、澄江金莲山、学山、东川玉碑地、通海兴义、晋宁上西河等进行了调查、发掘。滇池区域青铜文化在战国时期的迅速发展,一些研究者认为与"庄蹻入滇"有关,但目前发现的考古材料尚不能完全证明这一观点。

2008年至2010年,云南省文物考古研究所与美国密歇根大学人类学系联合进行滇池地区史前

图一 滇池龙门村的贝丘遗址

聚落遗址考古调查,在环滇池地区发现的古滇文化遗址达数十处。2016—2017年,蒋志龙先生在晋宁石寨山以南1千米处金砂村上西河遗址乙区(西王庙)进行了考古发掘,共清理发掘面积1 500平方米,首次在滇池地区的冲积平原地区发现的石寨山文化的聚落。时代最早可以推到商周时期。在洪积层之下发现汉代的地层堆积和水井等遗迹。清理的水井数量达13眼,并在汉代堆积的下面,发现了石寨山文化(古滇)时期的房屋基址和灰坑、灰沟等堆积。清理的房屋基址总共有40座、灰坑470个、灰沟62条、墓葬3座。上西河遗址中发现了大量房屋柱洞、灰坑和灰沟,还有许多陶片、石器和骨器,房屋有半地穴式和干栏式两种。在汉代堆积的下面发现了时代更早的石寨山文化的聚落。最有代表性的遗迹就是水井,在约200平方米的范围内发现了13眼水井。这是以往从未发现过的,为研究古滇历史文化之源提供了重要的资料。滇池盆地的冲积平原地区,出现了公元前14世纪的遗存,这或许就是石寨山文化的根源[2]。

根据对河泊所和西王庙遗址的试掘,考古工作者得出了基本的认识——"河泊所遗址群作为滇池东南岸核心区域的遗址群,最早建立于公元前1000年左右,并一直延续至战汉时期。但年代和石寨山墓地不能完全对应,且聚落遗址要比石寨山墓地早500年以上。鉴于此,我们推测在石寨山墓地出现和司马迁所记述的政治组织———滇国的形成之前,'滇'作为一个文化或社会实体就早已存在"[3]。

---

[1] 阚勇:《滇池区域青铜文化渊源初探》,《云南师范大学学报(哲学社会科学版)》1984年第3期。
[2] 主要参考蒋志龙先生《近年来石寨山文化考古的新进展》,载秦始皇帝陵博物院:《铜铸滇魂——云南滇国青铜文化展》,西北大学出版社,2018年。
[3] 云南省文物考古研究所、美国芝加哥大学:《云南晋宁河泊所和西王庙青铜时代贝丘遗址试掘简报》,《江汉考古》2019年第2期。

## 二、滇文化与石寨山文化

现在研究云南青铜文化总说到"滇文化",但"滇文化"定义本身就具有不确定性。广义的"滇文化"是既可泛指"云南文化",又可指从商周到东汉这一时间跨度内的云南青铜文化;狭义的"滇文化"则是指春秋战国至东汉时期滇池区域及其附近的青铜文化。本文所提到的"滇文化"是以"滇人"的活动范围为基础,即以滇池为核心,包括抚仙湖、星云湖、杞麓湖等相邻区域的青铜文化,是"滇人"所创造的青铜文化,具体地理位置即司马迁笔下曾记载过的"滇国"故地,但其时间上下限并不完全与滇国的存亡同步。它发轫于商周之际,勃兴于战国,在西汉中期达到鼎盛,东汉初逐渐走向没落。由于它以青铜器为主,又被称为"滇青铜文化"。

在考古学文化上,"滇文化"与"石寨山文化"是两个紧密联系而又有所区别的概念,他们自身的内容定义也随着时间的推移而发生了变化。1980年汪宁生先生明确提出"石寨山文化"的概念。他认为石寨山文化"是云贵高原上的一种青铜文化,但分布又未达云贵高原的东缘,分布密集的则是洱海、滇池,云南中部和北部地区"[1]。他指出,石寨山文化的特点是土坑葬、木制棺椁、青铜器为主,有玉石器、金银器、陶器,后期出现了铁器。青铜器中武器数量种类较多,包括不少生产工具,反映了青铜冶铸业的高度发展。"人物或动物形象均以现实主义手法来表现"。其典型器物包括了青铜尖头锄、粗茎剑、空首钺、铜鼓、房屋模型、圆牌饰及玉制的手镯、扣饰等。时代在公元前12世纪到公元1世纪,延续时间1 000年以上[2]。

随着考古材料的不断丰富,学术界对石寨山文化定义有了新的界定。1998年蒋志龙先生提出了以石寨山墓地所反映的文化面貌为代表的遗存,才是典型的石寨山文化。具体而言,即以"铜蛇首式剑、杵首式剑、一字格剑、柳叶矛、长条形斧、尖叶形(心形)锄、长胡方内戈、有銎戈、爪镰、双耳釜、壶、尊、葫芦笙、枕、鼓、鼓形贮贝器、筒形贮贝器、执伞俑、干栏式房屋模型、各种人物动物浮雕扣饰,以及陶壶、釜、侈口罐和同心圆纹盘等为代表的遗存,才是真正意义上的石寨山文化"。地域范围"北起金沙江南岸、南达元江北岸、西起禄丰楚雄、东抵宜威的滇东高原的广大盆地和低山丘陵地带均有分布"。时间上限目前可以推定在春秋早期,下限则一直到东汉[3]。蒋志龙先生的"石寨山文化"定义是以滇池区域及其附近的青铜文化为核心,并包括了以石寨山墓地所反映的文化面貌为代表的其他遗存,体现了考古学文化定义的指导性。

对于考古学文化的定名规范,夏鼐先生指出,考古学上的"文化",是考古学遗址中所观察到的共同体。考古学文化的命名方法,通行的办法,是以第一次发现的典型遗迹的小地名为名。一种文化必须有一群的特征;共同伴出的这一群类型,最好发现不止一处;我们必须对这一文化内容有相当的了解[4]。汪宁生、蒋志龙两位先生定义"石寨山文化"时都遵循了夏鼐先生的方法。因为汪、蒋两位先生的时代差别以及对考古资料揭示程度不同,对"石寨山文化"的定义也有所不同。

1981年王大道先生提出"滇文化"的概念[5],他认为"滇池区域已可构成一个青铜文化类型,我们称之为'滇文化类型',或简称'滇文化'",其分布范围按当时的材料"东北到曲靖、南不过元江,西界至禄丰即与滇西青铜文化衔接"。王大道先生提出的"滇文化"也属于考古学文化的定义,以"滇池区域"为地域核心,以"滇王之印"印证的由滇人创造的青铜文化为考古学文化的定义范围。

---
[1] 汪宁生:《试论石寨山文化》,《中国考古学年会第一次年会论文集》,文物出版社,1980年。
[2] 汪宁生:《试论石寨山文化》,《中国考古学年会第一次年会论文集》,文物出版社,1980年。
[3] 蒋志龙:《再论石寨山文化》,《文物》1998年第6期。
[4] 夏鼐:《关于考古学上文化的定名问题》,《考古》1959年第4期。
[5] 王大道:《滇池区域的青铜文化》,载云南省博物馆:《云南青铜器论丛》,文物出版社,1981年。

王大道先生提出的"滇文化类型"明确了滇池区域的青铜文化属性,体现了考古学家对该区域考古学文化的研究与总结。考古学文化是为探究历史真实提供论据的,在无法明确其文化属性时不妨用考古学文化定义方法形成的概念来指代。"滇文化"比起其他无法确指的如"三星堆文化"并不相同。它的主体非常清楚,这也是滇文化研究的一个关键之处。

蒋志龙先生与王大道先生对于"石寨山文化""滇文化"的定义比较看来,蒋志龙先生的"石寨山文化"范围更广泛,包含了王大道先生的"滇文化";而王大道先生的"滇文化"则明确了地域、族群等文化属性,是理论层面对石寨山文化主要承担者的确认。至于两者是否应该重新表述或重新定义,目前尚无新的研究成果。

"石寨山文化"在表述上吻合考古学的传统,专业性强、具有指导意义,但在表述上也不是必须用"石寨山文化"来取代"滇文化""滇青铜文化"等词汇[1]。"滇王之印"已经明示了"石寨山文化"的主体。近年来两者也已逐渐显示出"融合"的趋势。2014年3月出版的由王巍主编的《中国考古学大辞典》也收纳了"滇文化"的词条,其定义是:"云南地区青铜时代考古学文化。主要分布在云南省滇池周围古代滇人生活的区域。以青铜器最丰富也最具特色。年代为战国至东汉初。"一些考古学家认为滇文化可以视为"石寨山文化"的俗称,也认可了两者实质上的一些重叠[2]。

直到今天,云南仍简称为"滇"。可见滇文化影响之大。据不完全统计,云南现已经超过76个县160多个地点发现了青铜器,出土青铜器数量超过一万件。总体看来,云南青铜器无论数量、质量、影响力,都以滇中地区为核心,呈现出一种向四周辐射的分布状态。这与史籍中对"西南夷"以及"滇国"的记载是相吻合的。

## 三、滇文化的地理观察及对外交流

滇文化为什么会出现?为什么又如此的辉煌?我们不得不从其特殊的地理位置以及文化交流的视角来认识[3]。纵观世界文明史,各种文明的诞生及发展基本上都以优越的自然地理条件为基础,尤其是大多数与水源地接近。不是说优越的自然地理条件必然诞生文明,但不可否认相对优越的自然地理环境是文明孕育诞生的重要条件之一。滇中自古以来就是云南最适合人居的地区。云南全省面积在一万平方千米以上的盆地多达1 442个。根据海拔的不同,坝子又分为:高坝(海拔高程大于2 500米)、中坝(海拔高程1 300—2 500米)、低坝(海拔高程小于1 300米)3种[4]。"中坝主要分布在云南省中部的广大地区,亚热带气候条件的坝子都属此类,坝内气温年较差小,日温差大,冬暖夏凉,干湿季分明,降水量适中,水利条件良好,农作物一年两熟(即大春和小春两熟制),南部地区可实现一年三熟或两年五熟,是云南省主要粮食作物工作区,省内一些重要的大坝子多属此类,如昆明坝、玉溪坝、曲沽坝、陆良坝、宜良坝、大理坝。"[5]可以说中坝是古代族群最集中,也相对最繁荣的地区,与今

---

[1] 注:在考古学文化类型研究层面,"石寨山文化"的表述方式可能更符合惯例,但此之外的研究或表达,也不必拘泥于"石寨山文化"的唯一表述方式。
[2] 云南省文物考古研究所:《石寨山文化考古研究论文集》,科学出版社,2018年。
[3] 注:关于滇文化内生动力的形成,因考古学对滇文化早期遗址的文化谱系建立及分析较少,目前讨论缺乏足够的材料。随着滇文化早期遗址的更多发现与研究,这是一个必须深入研究的重要课题。
[4] 资料采自云南省地方志编撰委员会总撰、云南师范大学地理系等编撰:《云南省志·卷一·地理志》,云南人民出版社,1998年,第240页。
[5] 资料采自云南省地方志编撰委员会总撰、云南师范大学地理系等编撰:《云南省志·卷一·地理志》,云南人民出版社,1998年,第240—241页。

无异。除大理坝之外,昆明坝、玉溪坝、曲沽坝、陆良坝、宜良坝都可视为滇文化的核心区域和主要的分布区,先天条件可谓得天独厚。换言之,云南地理条件中特别适合人类生存的居住点不少,但总体面积不大,滇中是关键区域,滇文化之所以出现,具有一定的必然性[1]。此外,滇中也是铜、锡、铅等矿产资源相对丰富的地区,青铜文明的诞生、发展、辉煌有资源上的优势[2]。滇池和抚仙湖周围的罗次、禄丰、广通、安宁、寻甸、易门等州县一直到17世纪后期至19世纪中期都是云南铜矿的主要分布点[3]。滇中产盐也是一个关键性的因素。汉武帝设益州郡时,置连然县(今安宁),设立盐官管理盐政,可见当时生产规模已不小。《汉书·地理志》记载"益州郡连然(今安宁县境)有盐官"。《华阳国志·卷四·南中志》还记载安宁"有盐泉,南中共仰之"。直到清代,安宁盐井资源才逐渐枯竭[4]。

另一方面,滇文化的对外交流互动是其不断发展壮大的强大助力。滇中地区自石器时代以来一直到青铜时代,多种文化的播迁不断为其文化发展提供了活力,尤其在战国、西汉两个重要时间段主要接受了北方草原文化和汉文化,"文武双全",兼容并包,形成了辉煌的青铜文化[5]。简示如下:[6]

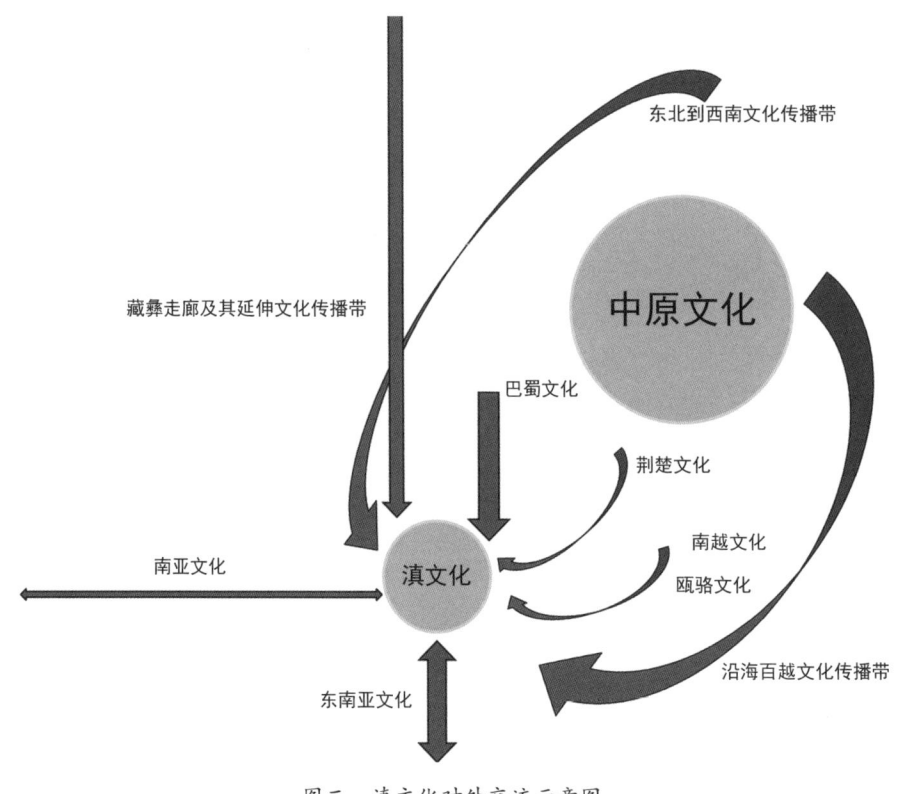

图二 滇文化对外交流示意图

---

[1] 尹绍亭先生提出了云南青铜文化的"三角中心"论,"三角中心"即滇中联结大理、江川、曲靖三点形成的三角形地区,他敏锐地从历史地理的条件来分析云南青铜文化发生的必然性。他"中心论"主要地域就是云南最大的两个高原湖泊附近——滇池与洱海地区。参见其《云南青铜文化地理初论》,载《云南社会科学》1986年第6期。
[2] 薛步高:《云南主要金属矿产开发史研究》,《矿产与地质》1999年第2期;刘弘、胡婷婷:《青铜矿产资源与西南夷社会结构和多民族分布格局》,《中华文化论坛》2014年第7期。
[3] 高宏:《清代中前期云南铜矿的开发及对交通的影响》,《边疆经济与文化》2007年第8期。
[4] 20世纪80年代,安宁发现新型特大盐井,就是今日云南省昆明盐矿。
[5] 科技考古证明商代滇东北地区的铜矿料已被开采并冶铸成铜料块运输到中原地区,但从考古发现来看,滇东北对滇中及云南其他地区的青铜冶铸影响还没有重大发现。滇中青铜文化的发达,自西而来的影响很明显,但从理论推测,也不能排除自东、北而来的作用。滇中青铜文化的起源,近年来考古新发现较多,但材料未完全公布。该青铜文化必然存在深厚的基础,才能在战国西汉时期绽放出最炫目的光彩。目前云南发现的具有早期特征的青铜文化遗址多位于滇西北、滇西地区。
[6] 此处仅是示意,文化传播与发展变化的实际要复杂得多。

从近距离的影响交流来看,滇文化受到了长江流域巴蜀、荆楚文化的主要影响,因为地邻关系,巴蜀文化影响更重;受到了珠江流域南越文化、瓯骆文化的影响;因为红河的存在,滇文化与东南亚文化交流互动很明显,东山文化可以说是滇文化的"并蒂花",但其影响远逊于滇,这是由滇文化重要的地理位置决定的。滇文化的存在异常关键,就好似一个"水电站",汇聚了上游四面八方的"水源"而又从高到低决定了它下游其他文化的发展[1]。它在交流互动中形成了自己的文化特色并不断对外传播,对周边其他文化造成了不小的影响。铜鼓的播迁就是滇文化对外交流互动的一个典型案例。只有从这样的角度分析,才能解释汉代"西南夷"中"滇"的势力排在"夜郎"之后,但从考古学文化来看,"滇"的影响力却远超"夜郎"之上。

从远距离的影响交流来看,滇文化与南亚文化的接触是肯定存在,"瘤牛"就是一个典型的文化共性[2],而"南方丝路"也一直是学术界讨论的重要课题。具体的交流达到了怎样的程度与规模,因为缺乏考古学特别是境外考古的关键证据,还需做更多的探讨与研究[3]。目前比较肯定的是,滇文化地处三大文化传播带的交汇点与落脚点:分别是从东北到西南的文化传播带;沿海地区百越文化传播带;从北到南的藏彝走廊及其延伸文化传播带。因为中原文化的强势类似"强光源",对其他文化无形中形成了巨大压力,不得不沿着"强光源"的"边缘"向外播迁、移动。这三大文化传播带实际上就是多种文化向外播迁的重要途径。因为云南特殊的地理位置、滇中地区优越的地理环境,所以它们不约而同地在滇池区域形成了汇聚点和落脚点。

云南位处中原文化的边缘位置,两者既有联系又存在隔离,它相对巴蜀地区不是很优越、很集中的地理环境反而有利于"保留"在中原文化强势下被动播迁的其他多种族群与文化,多元汇聚一方形成了共存共处共融的独特文化现象。滇人族群是滇中地区势力最强大者,多种文化通过不同"文化传播带"的播迁对滇文化的形成与发展不断"输血",使其博采众长而自成一家。所以我们看到的滇文化遗址面貌复杂而多样,这是典型的文化播迁融汇现象造成的。战国秦汉时期,来自滇西地区的"昆明人"一直作为"滇人"的敌人存在。"出则无敌国外患,国恒亡",在与"昆明人"的战争中,滇国国家机器逐渐形成、完善和强大起来,从这一点说,"昆明人"于滇人、滇文化的发展壮大实有"激励"之功。

云南特殊的地理区位以及三大文化传播带的客观存在,一方面汇聚了多族群的文化,另一方面也把云南作为历史上边疆的地位牢牢确定。这种文化归属感的形成,甚至比地理上的划分更为紧密,更深入血脉。云南自古以来就是祖国不可分割的一部分,这有历史的、地理的、民族的、文化的深刻原因。汉武开滇,功不可没,但滇文化的存在本身就是一个多民族文化的熔炉与稳定器。

---

[1] 滇国对于多重文化的吸纳是"精神层面",它对于人口、矿产的占有是"物质层面",当时的云南、东南亚地区,滇国堪称是"大国"。中原—四川—云南—东南亚,从地理位置来看是以中原为中心逐渐从中心向边缘的过渡,但对中原、四川、云南、东南亚来说,前者分别又是后者的中心,后者在文化上向前者靠拢,同时又保持自己的相对独立性。四川、云南作为重要的两个中间环节,形成了以三星堆、石寨山为代表的两大文化遗址。随着地理单元的推移,时间序列的转换,几者间文化面貌的演变都存在一定的逻辑关系。从这一点来看,三星堆、石寨山文化的存在和发展具有很多共性,东山文化也应作如是观。这种"中心—边缘—边缘之外"相互间的文化传播、交流、互动的现象值得我们深入思考讨论。黄剑华先生曾做过一些讨论,参见其《略论蜀与滇的文化关系》,载《地方文化研究》2017年第1期。
[2] 俞方洁:《滇文化瘤牛形象研究》,《民族艺术》2016年第3期。
[3] 蒋廷瑜先生认为"东汉以前云贵高原的对外交流,主要是北方、东方和东南方"。参见其《西林铜鼓墓与汉代句町国》,《考古》1982年第2期。云南抗战时期修筑的"滇缅大道",其核心价值就在于连接云南与外界的战略公路。

## 四、云南古代族群多元文化的传播模式

云南青铜文化多样性以及滇文化"多样统一"的审美特征的形成或还应从族群移动特征和文化传播特性的角度来考虑。我们必须注意多元文化传播在云南特殊地理板块中所具有的共性与特性。

云南地势北高南低,高低悬殊;山地高原为主,谷坝镶嵌其中;地貌类型众多,地域组合复杂;垂直差异明显,自然环境复杂多变[1]。地理、自然、气候的特殊导致了文化传播中的不完全性、间断性和在长距离长时段传播过程中的变异。就好像不同的"水流"在经过山地、沙丘、沼泽等不同的地方奔向一个大的汇聚地。在"水流"流动过程中,难免羼杂了不同的水源或杂质,有的"水流"在某一"凹陷区"形成了新的小池塘,有的则被蒸发后而又降雨重新落到地面上继续奔流,最终到达终点的"水流们"在"汇聚地"的模样已经和其本来面目大相径庭了。万涓成水,而"成水"后就不再是原来的"万涓"。简示如下[2]:

对于汉代西南夷这一地区的古代族群移动与文化传播模式,一些考古学家认为该地区族群移动也存在类似公元前第二个千年期的中叶欧亚大陆的族群移动"推背行"式的连串反应。它的特殊一面在于,"土著居民和新进入的民族散布于广阔的西南天地间,由于各自历史发展进程的不一致,加上西南地区独特的地理条件,很难形成强有力的统治中心,从而为族群移动提供了宽广的纵深和活动的余地"[3]。而一些染色体研究者从Y染色体的研究结果中提出了云贵高原存在"丛林过滤"的效应理论,可供参考[4]。

除了特定的历史阶段如战国、西汉等,迫于外来的压力(氐羌系族群的南下、汉武帝开西南夷的政策实施等),云南地方的多族群不同文化在交通干道沿线地区共存共处共融速度规模加快加大。其他时段从云南之外因播迁传入的众多族群文化因受到云南复杂的地理、气候的"分割"或"阻碍",他们是"共存"多于"共融"。"十里不同天""一山不同族"。从宏观来看,战国秦汉时期西南夷地区的社会组织、社会文化的变迁并不是整体性或同步的,而是局部范围的渐变带动了整体社会组织、社会分化的变化,但"大

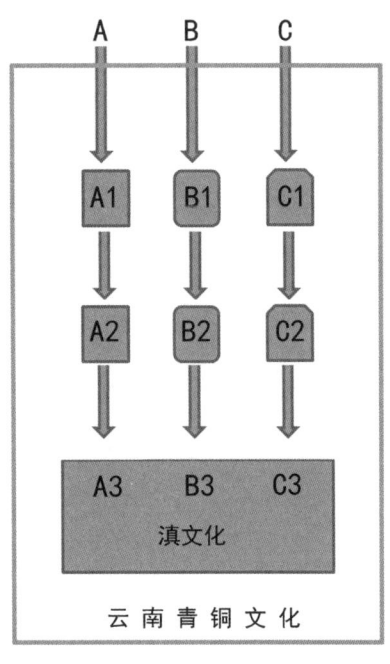

图三 多元文化在云南传播示意图

分散,小聚居"的特征始终保留。云南古代众多族群的复杂存在在世界史上都是罕见的。今天云南民族多元的现实,也基于地理、自然、气候上的特殊复杂以及历史上的多族群迁徙、各种文化播迁互动的影响。

---

[1] 资料采引自张怀渝:《云南省经济地理》,新华出版社,1988年,第1—3页。
[2] 此处仅是示意,族群迁徙、文化传播与发展变化的实际要复杂得多。
[3] 霍巍、赵德云:《战国秦汉时期中国西南的对外文化交流》,巴蜀书社,2007年,第17—19页。
[4] 现代遗传学研究成果发现,人类进入东亚始于南方,东南亚可能是非洲进入东亚的第一站。云贵高原是群体迁徙的重要通道与"过滤层"。这种至少在16 000年前的迁徙与"丛林过滤"效应,造就了东亚人群区别于东南亚群体独特的体质特征和遗传结构;在春秋时期(距今约2 600年)藏缅群体展开了大规模南迁,通过藏缅走廊进入南亚语系人群的分布区,该区域可能分布着侗傣语系和苗瑶语系的人群……这一记载与遗传学证据相一致……参见李辉、金力:《Y染色体与东亚族群演化》,上海科学技术出版社,2015年,第179—182页。

近些年滇文化的考古发现证明，滇文化包括云南青铜时代的其他文化具有很多以前学界未注意到的新特征，如通海兴义贝丘遗址的发掘提示我们，在云南青铜文化的形成发展过程中，一个相对区域内古代族群的变迁是频繁且非单一族群所形成的。而滇池地区的冲积平原上发现的第一个石寨山文化聚落——晋宁上西河遗址时代最早的甚至到了公元前14世纪，早期文化面貌与我们熟知的滇文化并不雷同。讨论滇文化的起源必须要对"先滇文化"的面貌进行更多探索研究，这样才能在对比中发现异同，有利于我们更深入地解剖滇文化的来龙去脉。随着考古学的进步、新遗址的陆续发现，滇文化的来源及形成发展脉络必将会逐渐清晰起来。

对滇文化的形成与发展应该有几个基本的认识：

1. 滇文化是古代滇中众多族群在漫长的历史过程中逐渐形成和发展起来的，而非突然"变"出来的。滇人是一个大的族群概念，包括了多个小的群体组织。

2. 滇文化的形成发展过程与中原特别是地域邻近的四川、贵州、广东、广西等一直联系与互动，是中华文化"多元一体"的重要组成部分。它与异域文化的交流、融汇也是一大特点。

3. 因为地理位置的特殊性和社会发达程度的限制，滇青铜文化具有相对的滞后性，同时又保留了多种"文化原生态"，是世界文化史上的一个青铜奇迹。

4. 西汉时期"西南夷"中滇国实力仅次于夜郎，影响力首屈一指，文化辐射远超其疆域，甚至对南亚、东南亚地区都产生了较大的影响，在前5世纪至公元前后都是亚洲的青铜文明的一个核心区。

# 云南师宗县大园子墓地出土铜器的科学分析

◎ 张　颖（中国社会科学院大学考古系）
◎ 刘　煜（中国社会科学院科技考古与文化遗产保护重点实验室）
◎ 林俊伶（北京科技大学科技史与文化遗产研究院）
◎ 杨　勇（中国社会科学院考古研究所）
◎ 金海生（师宗县文物管理所）
◎ 包淑滨（郭沫若纪念馆）

  云南大园子墓地位于云南省师宗县西北部的漾月街道新村社区。2014年，中国社会科学院考古研究所西南第二工作队在考古调查中发现该墓地，根据有关迹象和信息初步判断是一处战国秦汉时期与"西南夷"有关的土著青铜文化遗存。后经报请国家文物局批准，中国社会科学院考古研究所、云南省文物考古研究所、曲靖市文物管理所、师宗县文物管理所等单位合作，于2015年和2016年先后对大园子墓地进行了两次发掘，揭露面积共350平方米，清理墓葬402座，出土青铜器、玉石器等随葬品600余件（组）[1]。

  大园子墓地出土的青铜器数量较多，器类丰富，有剑、戈、矛、钺、锛、戚、镡、削刀、镯、铃、扣饰、簪、泡饰等，是研究西南夷有关青铜器文化及工艺技术的重要材料。2021年中国社会科学院考古研究所科技中心对大园子墓地出土的青铜器进行取样，对213件铜器进行了无损的便携式X荧光仪成分检测，对40件铜器样品进行了金相与成分分析，对56件铜器样品进行了铅同位素检测，以期更全面地了解大园子墓地出土青铜器的制作工艺以及矿料来源，并在此基础上探讨云南战汉时期青铜器的技术水平及资源流通情况。

## 一、器物形貌观察及成分的无损分析

  我们首先对这批青铜器进行了形貌观察，并进行描述和记录，观察到的器类主要有兵器，如剑（图一）、戈、矛、钺、戚（图二）、镡等；工具，如锛、削刀（图三）等；装饰品，如镯、簪、扣饰、泡饰、铃（图四）等。剑多为空首一字格曲刃剑，也有少量镂空扁圆茎剑或蛇头茎剑。戈多为饰牵手人纹的条形无胡戈，另有一些带翼无胡或有胡戈。矛长短不一，部分曲刃。很多兵器呈弯折或断裂状态，发掘者认为这是"毁器"习俗所致[2]。镯的保存状态最差，不少因为腐蚀呈碎片状。铜镯大部分为细条环状，少数

---

[1]　中国社会科学院考古研究所、云南省文物考古研究所、曲靖市文物管理所、师宗县文物管理所：《云南师宗县大园子墓地发掘简报》，《考古》2019年第2期。
[2]　中国社会科学院考古研究所、云南省文物考古研究所、曲靖市文物管理所、师宗县文物管理所：《云南师宗县大园子墓地发掘简报》，《考古》2019年第2期。

图一　M388∶1铜剑 　　　图二　M59∶1戚 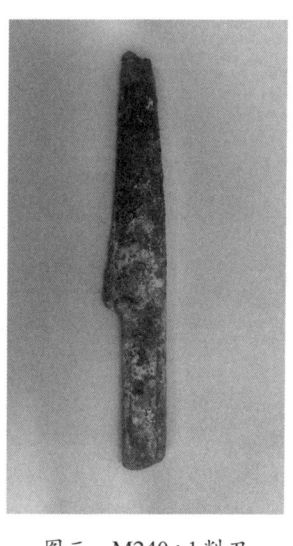　　　图三　M240∶1削刀 　　　图四　M180∶7铜铃

为宽片环状，后者镶嵌孔雀石片。扣饰有圆形、长方牌形和浮雕状动物造型等多种形制，圆形扣饰正面镶嵌孔雀石片或有纹饰，有些制作成动物面具状，浮雕状动物造型主要有牛、虎、蛇、猴、鸟等。

使用美国尼通XL3t950手持式便携式X射线荧光仪对大部分比较完整的铜器进行了成分检测，为保护文物面貌，直接在铜器表面检测，检测前并未除锈，因此该检测主要是定性分析，以期全面了解大园子墓地铜器的合金类型。

共检测213件铜器，其中有128件锡青铜，3件铅青铜，77件锡铅青铜，5件纯铜器。总体而言，大园子铜器以铜锡二元合金为主，铜锡铅三元合金占其次，铅青铜与纯铜较少。

## 二、青铜样品的金属学分析

### （一）取样过程

如前所述，便携式X荧光仪只能给出这些青铜器的合金类型的定性成果，无法确知其具体的定量的成分。因此，本文采集了56件铜器锈样及40件铜器的金属样品，对其进行金属学分析。采样器物包括戈、剑、矛、戚、锛、镈、削刀、扣饰、铜镯、铜铃等不同器型，分属兵器、工具和装饰品三个大类。器物大多来自不同的墓葬单位，年代为战汉时期。取样工作依照既避免对器物整体形貌产生影响，又能满足分析需要的原则进行。取样器物多为残损器物，样品尽可能小，取样部位均在器物的残损处，并拍照记录。

### （二）分析方法

金属样品沿截面用树脂冷镶制样，后用砂纸打磨，再进行抛光处理，用三氯化铁盐酸酒精溶液浸蚀后进行金相观察。金相观察所用仪器为徕卡（Leica）DM4000M金相显微镜。进行完金相观察后，重新磨样抛光，样品进行喷碳处理，后使用Tescan Vega Ⅲ XMU型扫描电子显微镜及Bruker XFlash® 6 | 10能谱仪对样品进行微观结构和化学成分的分析。分析条件为加速电压20 kV，工作距离15 mm，采谱活时间60 s。按青铜文物合金成分研究惯例，以某元素含量百分比是否超过2%划线，作

为判断其是否属于合金元素的标准。

铜锈样品在北京大学考古文博学院实验室中完成样品的前处理工作，将样品置于聚四氟乙烯的烧杯中，加入一定量的硝酸并加热使样品溶解。待样品完全溶解并澄清后，转移至容量瓶，加去离子水至100 ml，之后取其中清液使用电感耦合等离子体原子发射光谱仪（ICP-AES）测量其铅含量。待铅含量调整至标准值后完成样品的预处理工作，后期分析工作委托北京大学地球与空间科学学院进行检测，所用仪器为VG Elemental型多接收电感耦合等离子体质谱仪（MC-ICP-MS）。

## 三、分析结果及讨论

### （一）大园子出土铜器的制作工艺

1. 大园子出土铜器的合金配比

本次实验的40个样品中，所有样品的合金元素成分总量均在90%以上，样品保存状况较好，具体数据详见表一。

表一 铜器成分分析结果及附图

| 序号 | 器物编号 | 器物名 | 合金成分（Wt%） | | | | | | | 金相结果 |
|---|---|---|---|---|---|---|---|---|---|---|
| | | | Cu | Sn | Pb | Fe | O | S | As | |
| 1 | M2:3 | 戈 | 85.1 | 12.2 | | | 2.7 | | | 锡青铜。锈蚀较重，仍可见部分α固溶体树枝晶，铸造组织。 |
| 2 | M4:4 | 锛 | 94.4 | 4.3 | | | 1.3 | | | 锡青铜。α固溶体树枝晶，存在明显的枝晶偏析，少量夹杂物弥散分布。铸造组织。 |
| 3 | M5:2 | 镯 | 90.9 | 7.8 | 0.3 | | 1.0 | | | 锡青铜。α固溶体等轴晶孪晶组织，少量夹杂物弥散分布。热锻组织。 |
| 4 | M6:1 | 镯 | 93.9 | 4.4 | 0.3 | 0.2 | 1.2 | | | 锡青铜。α固溶体树枝晶，存在明显的枝晶偏析。铸造组织。 |
| 5 | M13:2 | 削刀 | 92.3 | 5.9 | 0.6 | | 1.2 | | | 锡青铜。α固溶体树枝晶，存在明显的枝晶偏析，大量夹杂物弥散分布。铸造组织。 |
| 6 | M17:2 | 剑 | 91.7 | 6.2 | 1.0 | | 1.1 | | | 锡青铜。α固溶体等轴晶孪晶，晶粒分布仍可见早期树枝晶结构，并存在明显变形。样品可能在铸造成形后首先经过冷锻，之后再经不完全退火，因此在重结晶形成等轴晶晶粒后仍保留有未完全均匀化的树枝晶结构。 |
| 7 | M18:1 | 矛 | 94.8 | | | 4.2 | 1.0 | | | 纯铜。α固溶体等轴晶，晶粒沿加工方向拉长变形，晶界处存在大量颗粒状的高铁物相。高铁粗铜冷锻组织。 |
| 8 | M22:2 | 扣饰 | 84.1 | 4.5 | 7.1 | | 2.0 | | 2.3 | 锡铅青铜。α固溶体树枝晶，存在明显的枝晶偏析。大量铅颗粒弥散分布。样品为典型低锡高铅青铜的铸造组织。 |

续 表

| 序号 | 器物编号 | 器物名 | 合金成分（Wt%） | | | | | | 金相结果 |
|---|---|---|---|---|---|---|---|---|---|
| | | | Cu | Sn | Pb | Fe | O | S | As | |
| 9 | M40:3 | 无格剑 | 86.9 | 10.9 | | | 1.6 | | 0.6 | 锡青铜。α固溶体等轴晶孪晶组织，少量夹杂物弥散分布。仍能观察到铸造形成树枝晶晶体的残余形态。样品为铸造成形后受热，未完全均匀化组织。 |
| 10 | M41:3 | 扣饰 | 78.5 | 19.8 | | | 1.7 | | | 锡青铜。α固溶体树枝晶，大量(α+δ)共析体网状分布。铸造组织。 |
| 11 | M58:1 | 戈 | 94.1 | 3.5 | 1.1 | 0.2 | 1.1 | | | 锡青铜。α固溶体树枝晶，存在枝晶偏析。铸造组织。 |
| 12 | M59:1 | 戚 | 89.1 | 9.3 | | | 1.5 | | | 锡青铜。α固溶体树枝晶，存在枝晶偏析。铸造组织。 |
| 13 | M79:1 | 铜剑 | 77.1 | 13.3 | 8.3 | | 1.3 | | | 锡铅青铜。α固溶体树枝晶，(α+δ)共析体岛屿状分布。铸造组织。 |
| 14 | M79:2 | 戈 | 90.4 | 8.7 | | | 0.9 | | | 锡青铜。α固溶体等轴晶孪晶组织，少量夹杂物弥散分布。热锻组织。 |
| 15 | M119:1 | 铜爪镰 | 94.8 | | | 3.8 | 0.6 | 0.8 | | 纯铜。α固溶体等轴晶，大量岛屿状分布的Cu-Fe-S夹杂物。粗铜铸造组织。 |
| 16 | M180:3 | 铜钺 | 88.6 | 10.0 | | | 1.4 | | | 锡青铜。α固溶体树枝晶，枝晶偏析不明显。铸后受热组织。 |
| 17 | M180:7 | 铜铃 | 90.9 | 7.1 | 0.6 | | 1.4 | | | 锡青铜。α固溶体树枝晶，枝晶偏析明显，少量夹杂物和铅颗粒弥散分布。铸造组织。 |
| 18 | M180:13 | 镈 | 89.1 | 6.0 | | 3.2 | 1.7 | | | 锡青铜。α固溶体等轴晶，大量夹杂物弥散分布，存在大量团聚的球状高铁物相。粗铜铸造组织。 |
| 19 | M206:1 | 有胡戈 | 84.2 | 14.4 | | | 1.4 | | | 锡青铜。α固溶体树枝晶，枝晶偏析不明显，少量(α+δ)共析体沿晶界分布。铸后受热组织。 |
| 20 | M206:2 | 矛 | 84.0 | 15.5 | 0.5 | | | | | 锡青铜。α固溶体等轴晶，少量(α+δ)共析体沿晶界分布。铸后退火组织。 |
| 21 | M206:3 | 无格剑 | 86.7 | 6.2 | 5.1 | | 2.0 | | | 锡铅青铜。α固溶体树枝晶，枝晶偏析明显，少量夹杂物和大量铅颗粒弥散分布。铸造组织。 |
| 22 | M226:1 | 铜剑 | 88.7 | 10.1 | | | 1.2 | | | 锡青铜。α固溶体树枝晶，枝晶偏析明显。铸造组织。 |
| 23 | M228:1 | 戈 | 85.4 | 8.1 | 0.3 | 4.0 | 1.6 | 0.1 | 0.5 | 锡青铜。α固溶体等轴晶孪晶组织，少量夹杂物弥散分布。热锻组织。 |
| 24 | M228:2 | 剑 | 86.0 | 12.4 | | | 1.2 | 0.2 | 0.2 | 锡青铜。α固溶体等轴晶孪晶组织，晶粒内存在大量滑移线。大量夹杂物和铅颗粒弥散分布。热锻后冷锻组织。 |

续　表

| 序号 | 器物编号 | 器物名 | 合金成分（Wt%） | | | | | | 金相结果 |
| --- | --- | --- | --- | --- | --- | --- | --- | --- | --- |
| | | | Cu | Sn | Pb | Fe | O | As | |
| 25 | M235:2 | 曲刃矛 | 92.3 | 5.8 | 0.3 | | 1.2 | 0.4 | 锡青铜。α固溶体树枝晶，枝晶偏析明显。铸造组织。 |
| 26 | M240:1 | 削刀 | 92.1 | | | 6.2 | 1.7 | | 纯铜。α固溶体，偏析明显，存在一定沿加工方向的变形。大量夹杂物弥散分布，存在大量团聚的球状高铁物相。粗铜铸造后轻微冷锻组织。 |
| 27 | M240:2 | 镯 | 85.9 | 11.5 | 0.5 | | 1.8 | 0.3 | 锡青铜。α固溶体等轴晶孪晶，存在滑移线。热锻后冷锻组织。 |
| 28 | M257:1 | 镯 | 81.0 | 17.8 | | | 1.2 | | 锡青铜。α固溶体树枝晶，大量(α+δ)共析体网状分布。铸造组织。 |
| 29 | M260:2 | 矛 | 85.6 | 12.4 | | 1.7 | 0.5 | | 锡青铜。α固溶体等轴晶孪晶，少量(α+δ)共析体和夹杂物岛屿状分布，存在滑移线。热锻后冷锻组织。 |
| 30 | M266:2 | 镯 | 83.0 | 12.6 | | | 4.4 | | 锡青铜。α固溶体等轴晶孪晶，大量夹杂物弥散分布，存在滑移线。热锻后冷锻组织。 |
| 31 | M283:1 | 戚 | 93.3 | 4.3 | | 2.4 | | | 锡青铜。α固溶体，偏析明显。大量夹杂物弥散分布，存在大量团聚的球状高铁物相。含锡粗铜铸造组织。 |
| 32 | M285:1 | 削刀 | 90.4 | 6.0 | 0.6 | 1.0 | 1.2 | 0.8 | 锡青铜。α固溶体树枝晶，枝晶偏析明显，大量夹杂物弥散分布。铸造组织。 |
| 33 | M327:5-1 | 玛瑙扣 | 80.0 | 18.6 | | | 0.9 | 0.5 | 锡青铜。α固溶体树枝晶，大量(α+δ)共析体网状分布。铸造组织。 |
| 34 | M338:1 | 铜剑 | 82.7 | 12.1 | 3.2 | 0.9 | 1.1 | | 锡铅青铜。α固溶体等轴晶孪晶，大量夹杂物弥散分布，存在滑移线。热锻后冷锻组织。 |
| 35 | M343:1 | 戈 | 79.7 | 13.3 | 6.0 | | 1.0 | | 锡铅青铜。α固溶体等轴晶孪晶，大量夹杂物弥散分布，存在滑移线。热锻后冷锻组织。 |
| 36 | M350:1 | 无格剑 | 85.7 | 9.7 | 2.7 | 1.1 | 0.8 | | 锡铅青铜。α固溶体等轴晶孪晶，大量夹杂物弥散分布，存在滑移线。热锻后冷锻组织。 |
| 37 | M378:1 | 有胡戈 | 86.9 | 10.7 | 1.2 | | 1.2 | | 锡青铜。α固溶体等轴晶孪晶，大量夹杂物弥散分布，存在滑移线。热锻后冷锻组织。 |
| 38 | M378:2 | 铜扣饰 | 82.7 | 16.1 | 0.6 | | 0.6 | | 锡青铜。α固溶体树枝晶，大量(α+δ)共析体网状分布。铸造组织。 |
| 39 | M386:1 | 铜戈 | 87.8 | 5.8 | 4.4 | | 1.3 | 0.7 | 锡铅青铜。α固溶体树枝晶，枝晶偏析明显，大量夹杂物和铅颗粒弥散分布。铸造组织。 |
| 40 | M393:1 | 铜戈 | 84.1 | 11.5 | 2.8 | | 1.6 | | 锡铅青铜。α固溶体等轴晶孪晶，大量夹杂物弥散分布。热锻组织。 |

从成分分析结果可以看出，大园子墓地经检测的铜器共有29件锡青铜，8件锡铅青铜，3件纯铜，合金组成以锡青铜二元合金为主。锡青铜二元合金的铜平均含量为87.8%，锡含量在3.5%—19.8%之间，锡平均含量为10.1%。锡铅三元合金铜器的铜平均含量为83.5%，锡含量在4.5%—13.3%之间，锡平均含量为9.6%，铅含量在2.7%—8.3%之间，铅平均含量为5.0%。

本次分析中，处于大园子墓地一期，即战国晚期至西汉早期的铜器样品共18件。处于大园子墓地二期，即西汉中晚期的铜器样品共22件。一期平均锡含量10.6%，铅含量2.0%；二期平均锡含量8.1%，铅含量0.5%。大园子铜器中3件含铁的纯铜器中1件处于大园子一期，另2件处于大园子二期。大园子铜器从一期至二期铅锡含量整体略有下降。前文中8件锡铅青铜，有7件为大园子一期铜器，大园子二期仅1件铜器含铅。部分器型如铜剑在一期时均为锡铅青铜，至二期时铜剑中已不再加入铅。大园子随时代的发展，铜兵器的铅含量呈明显下降趋势。

大园子墓地出土铜器与中原地区同时代遗址出土铜器相比，合金化程度相对偏低，没有发现成分超过20%的超高铅或超高锡铜器，但其整体青铜合金工艺相对稳定，有明显的滇文化传统。结合前人所分析的同时期云南铜器可以发现，低铅或无铅的锡青铜为主导是当地铜器的特色，这也与被分析的器类有一定关系，大部分铜器为工具兵器类，少见铜容器，这会使铜器的整体铅含量偏低，锡含量偏高。

大园子墓地出土铜器的显微组织中普遍含有铜铁硫化物夹杂（图五、图六），且铁含量较高，说明其冶炼所用铜矿为硫化矿，这表示当时的工匠已经掌握了火法炼铜技术，开始冶炼比氧化矿石含铜品位更低的硫化铜矿[1]。

大园子铜器中有12件含铁，其中包括三件纯铜器M18∶1矛（图七、图九）、M240∶1削刀（图八、图一〇）和M119∶1铜爪镰在内，部分铜器铁含量较高，在3%—6%之间。在同时代的云南羊甫头墓地和薛官堡墓地同样发现了此类特殊的含铁铜器，均为红铜制品或是低锡青铜，研究者们认为这种含铁量在4%—6%之间的高铁相是由于制作时使用了没有精炼的粗铜所致[2][3]。其中崔剑锋认为薛官

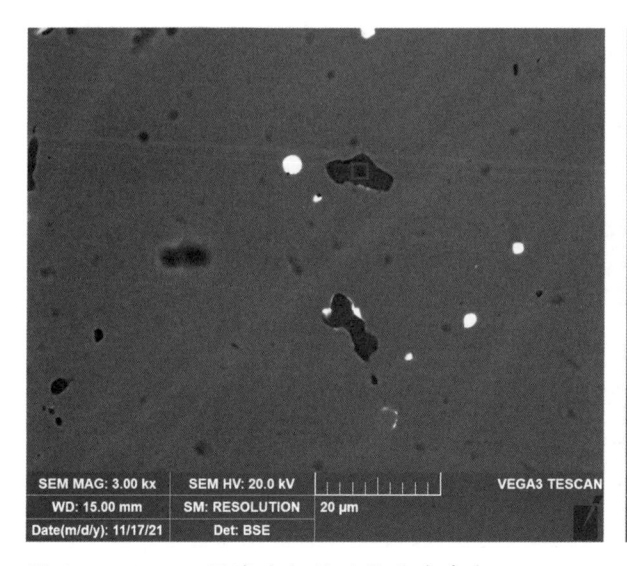

图五　M13∶2-1区域为铜铁硫化物夹杂（S 24.3%；Fe 13.3%；Cu 61.8%）

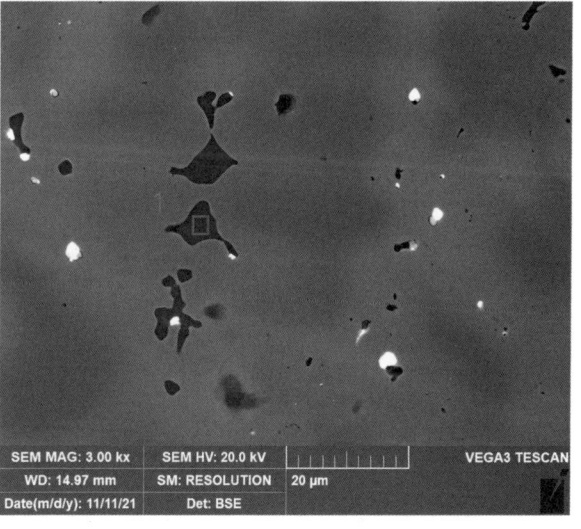

图六　M59∶1-1区域为铜铁硫化物夹杂（S 25.6%；Fe 12.4%；Cu 60.8%）

---

[1]　李延祥、洪彦若：《炉渣分析揭示古代炼铜技术》，《文物保护与考古科学》1995年第1期。
[2]　李晓岑、韩汝玢、杨帆：《昆明羊甫头出土金属器的初步研究》，《中国冶金史论文集》第四辑，科学出版社，2006年。
[3]　崔剑锋、杨勇、朱忠华：《云南陆良县薛官堡墓地出土铜器的金属学分析及相关研究》，《南方民族考古》2015年第0期。

图七　M18∶1矛

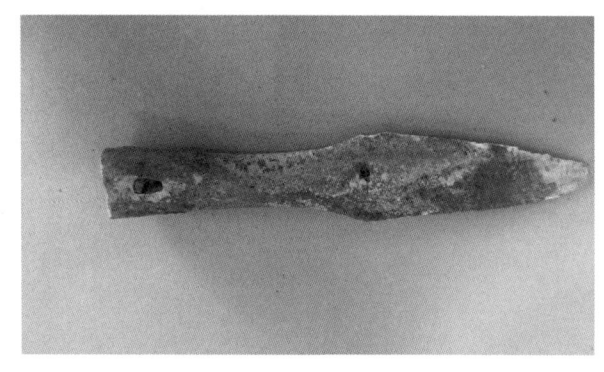

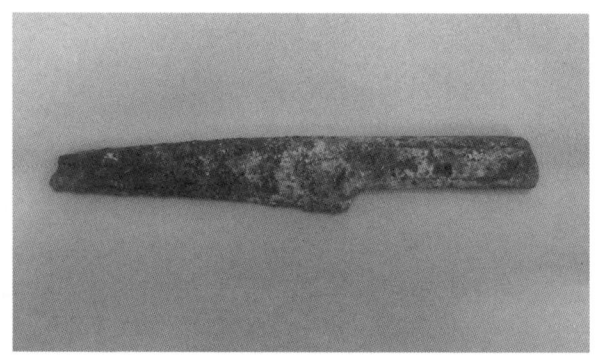

图八　M240∶1削刀

图九　M18∶1矛金相照片

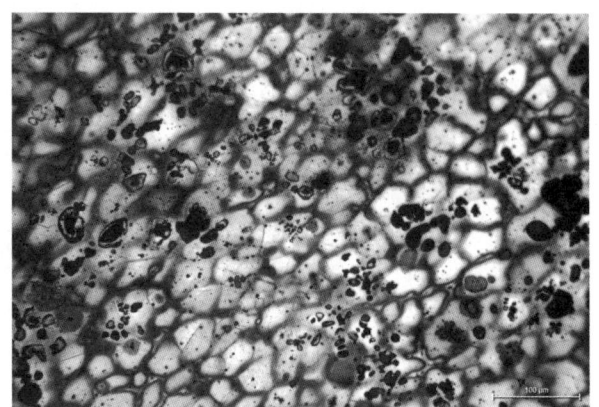

图一〇　M240∶1削刀金相照片

堡墓地的两件高铁相红铜制品是同批制作，器类差别较大，可能是明器而并非实用器，所以未考虑其功能与用途。大园子墓地出土的这几件高铁相铜器同样器类不一，为明器的可能性较大。

2. 大园子出土铜器的金相分析

这40件样品可分为兵器、工具及装饰类三大类。兵器类共有9件戈、8件剑、4件矛、2件戚、1件钺和1件镦。

9件铜戈中，4件为铸造，5件为热锻工艺制成，部分还存在热锻后的冷加工痕迹。铜戈大多是二元锡青铜，即使有部分铅锡青铜，铅含量也仅在2%—6%之间。值得注意的是M58∶1戈（图一一）和M228∶1戈（图一二）均检测出少量的铁，这两件铜戈同时也存在明显的弯折变形，大园子墓地随葬品存在不少"毁器"现象[1]，结合前文分析，这种含铁的铜器应是专为"毁器"而制作的明器。

铜剑一半为锡青铜，一半为锡铅青铜，铅含量在2%—8%之间。铜剑是所有器类中锡铅青铜占比最多的器物。这可能与其表面装饰较多，纹饰较为精细有关，增加一定的铅含量，可以提高铜液的流动性，从而呈现出更好的纹饰效果。铜剑既有铸造成形也有热锻成形，部分存在冷加工痕迹。其中M40∶3铜剑有铸后受热的迹象（图一三），这件铜剑弯折严重（图一四），这种铸后受热应该是"毁器"导致。

铜矛均不含铅，其中M260∶2、M18∶1两件含铁，其器形相近，与另两件有一定区别，可能为同批制作。矛的制作工艺多样，热锻、铸造、冷加工及退火均有。另有4件戚、钺和镦均为铸造成形，其中1

---

[1] 中国社会科学院考古研究所、云南省文物考古研究所、曲靖市文物管理所、师宗县文物管理所：《云南师宗县大园子墓地发掘简报》，《考古》2019年第2期。

图一一　M58∶1 戈

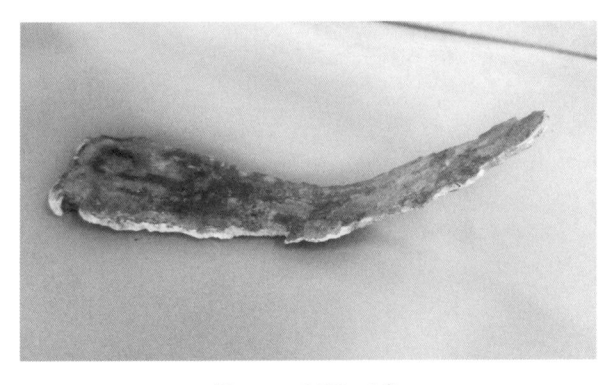

图一二　M228∶1 戈

图一三　M40∶3 无格剑金相照片

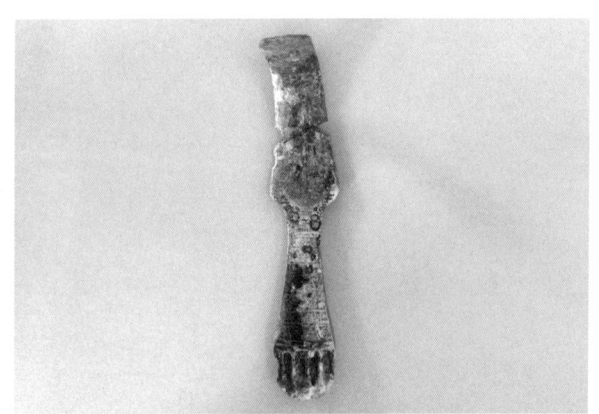

图一四　M40∶3 无格剑

件戚和1件镈为含锡的粗铜铸造而成。

观察兵器的分期，大园子一期时共有15件兵器，其中8件采用了热锻制作，占了兵器总数一半以上。至大园子二期时，10件兵器中仅1件为热锻制作，说明随着年代愈晚，大园子墓地逐渐抛弃了热锻制作兵器的方法。

工具类共有5件，除1件铜爪镰外，其余均处于大园子二期。工具种类较少，仅有削刀、锛和爪镰。其中2件为高铁纯铜器，其余均为锡青铜。所有工具均为铸造成形。

装饰类共有10件，有4件扣式，5件铜镯和1个铜铃。除2件扣饰外，均为大园子二期铜器。扣饰与铜铃均为铸造而成。这些装饰类铜器均为锡青铜，且锡含量普遍高于其他器类。M22∶2扣饰（图一五）较为特殊，其铅含量为7.1%，锡含量为4.5%，是仅有的含铅量高于含锡量的锡铅青铜。观察其表面纹饰，可见其凸面铺满由细线条和同心圆组成的繁密纹饰，其铅含量高于锡含量的原因可能与前文的铜剑类似，是为了浇铸出复杂纹饰刻意为之。5件铜镯中有2件是铸造而成，3件采用热锻工艺，其中2件还有冷加工痕迹。

图一五　M22∶2 扣饰

## (二) 大园子出土铜器的铅同位素分析结果

大园子墓地铜器的铅同位素结果（附表1）显示56件铜器样品中，4件为高放射成因铅铜器，$^{207}Pb/^{206}Pb$比值在0.738 5—0.818 6之间，$^{206}Pb/^{204}Pb$比值在19.194 1—21.355 7之间。其余55件铜器样品属于普通铅范畴，$^{207}Pb/^{206}Pb$比值在0.841 2—0.864 1之间，$^{206}Pb/^{204}Pb$比值在18.138 5—18.698 4之间（图一六）。

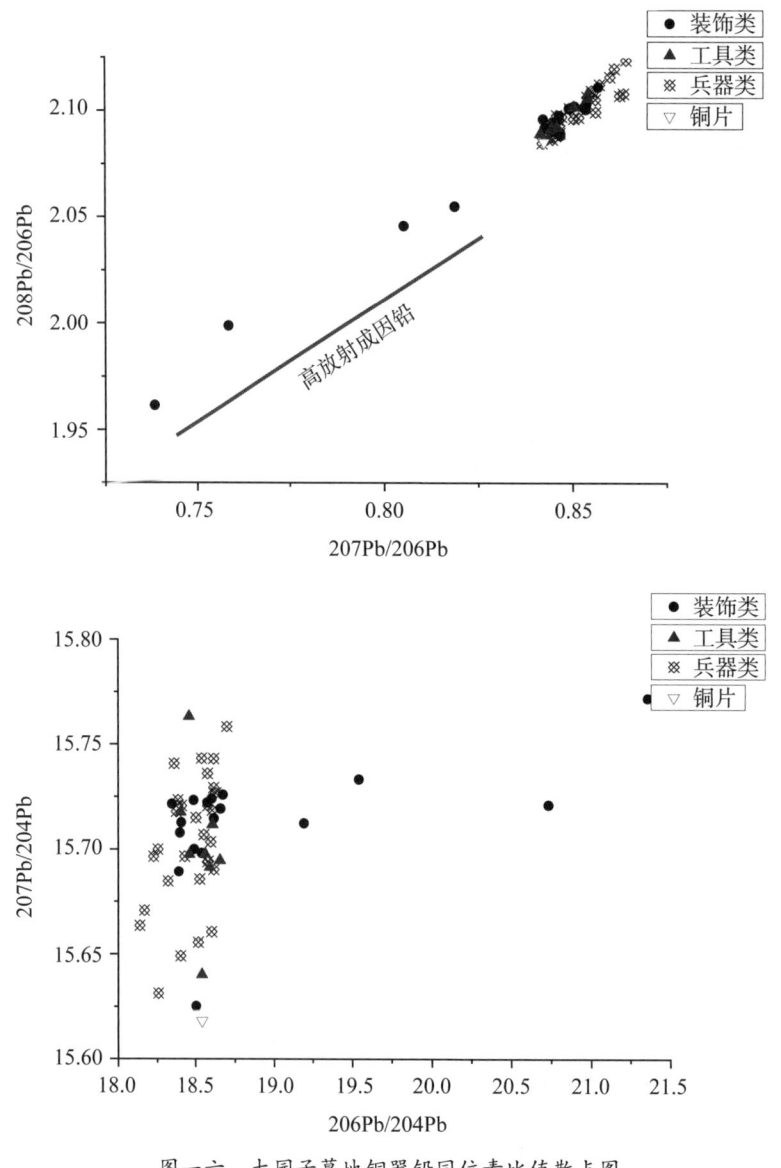

图一六　大园子墓地铜器铅同位素比值散点图

### 1. 高放射成因铅

大园子墓地样品中的高放射成因铅铜器分别为1件铜铃（M180∶7）和3件铜扣饰（M324∶1、M36∶3、M378∶2），其中2件铜器（M378∶2、M180∶7）含铅量均为0.6%，另2件不明。这几件铜器的铅同位素很有可能指向的是铜料的铅同位素信息。大园子墓地中的高放射成因铅铜器一期（战国晚期至西汉早期）时便出现，直至二期晚段（西汉中期偏晚至西汉晚期）一直存在（图一七）。两件高放

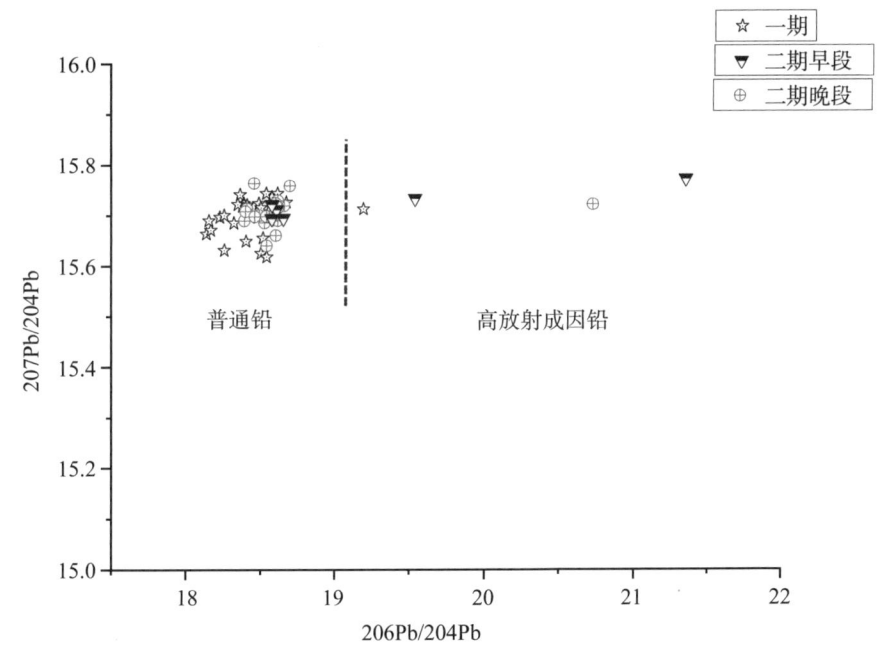

图一七　大园子墓地铜器铅同位素分期比对图

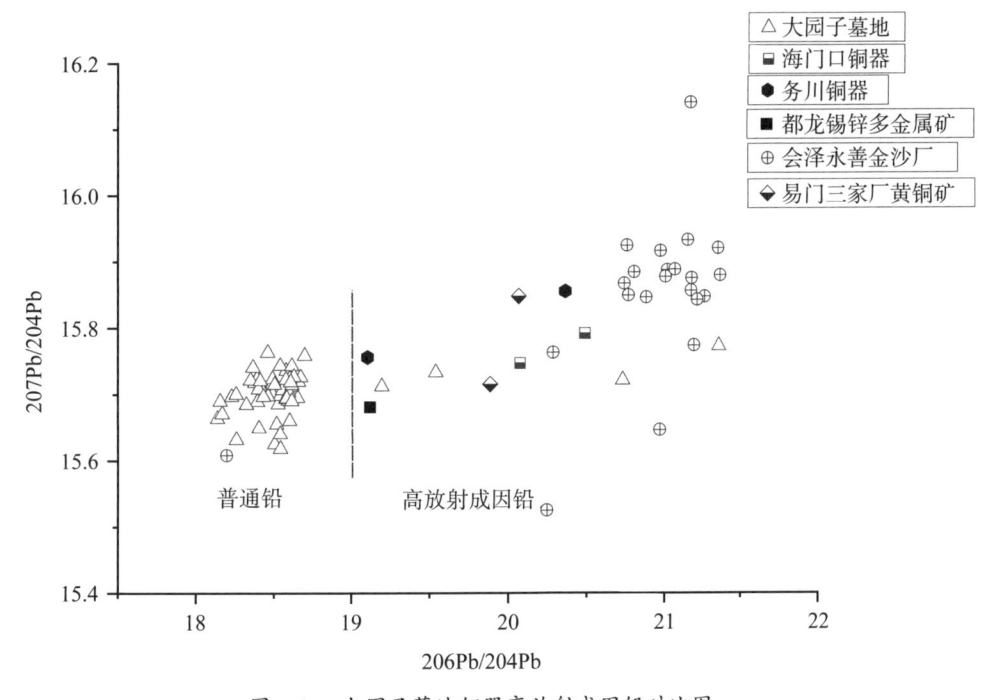

图一八　大园子墓地铜器高放射成因铅对比图

射成因铅铜扣饰圆形内凹，镶嵌有绿松石小片（图一九、二〇），这是滇文化的典型器物之一[1]，从其文化因素看，本地生产铸造的可能性较高。务川东汉墓曾发现1件鎏金铜耳扣具有高放射成因铅特征，并认为其铅料可能产自滇东北昭通一带的高放射成因铅矿[2]。图一八为大园子高放射成因铅铜器与

---

[1] 杨勇：《云贵高原出土青铜扣饰研究》，《考古学报》2011年第3期。
[2] 黄梅、吴晓桐、陶莉、史焘：《贵州务川出土东汉时期青铜器的矿料来源研究》，《有色金属》（冶炼部分）2022年第4期。

图一九　铜扣饰（M324：1）　　　　　图二〇　铜扣饰（M36：3）

云南其他高放射成因铅铜器和矿料的对比[1]，由图可见，大园子铜器与务川、海门口发现的高放射成因铅数据略有差距，与滇东北的会泽、永善等矿床也有一定差距。这种差距在一定程度上会受到样品量等因素的影响。综合以上情况，大园子墓地的高放射成因铅来源还有待更多数据支撑讨论。

2. 普通铅

大园子墓地中55件铜器样品属于普通铅范畴，且数据都集中在一个非常小的区域内，大园子铜器的矿料应来自云南本地。依据数据跨度和聚合程度可分为A、B两组。由图二一可见，A区域的铜器有其明显特征，$^{206}Pb/^{204}Pb$比值在18.3以下，均为兵器，且为热锻制作。B区域的铜器数据则更为多样，各个器类与各种制作工艺均聚集在B区，并未显示出明显的规律性。图二二显示，大园子铜器在一期（战国晚期至西汉早期）时，A、B两区均有出现，到大园子墓地二期（西汉中晚期）时，A区已不再使用，铜器仅在B区可见。图二三为大园子铜器与云南其他战汉时期遗址出土铜器[2]的对比图，从图中可以看出，A区域除呈贡遗址的一例铜器外，并未有其他遗址的铅同位素数据落在此区域。而B区域中大园子铜器与呈贡、羊甫头、海门口、文山等遗址的部分铜器高度重合。

综上所述，我们认为A区和B区所指示的是不同的矿源，B区集中了较多云南战国秦汉时期各个遗址的铜器，矿产资源应用较为广泛，可能是一处较为大型并大规模开发的矿床。A区矿源则应用较少，除大园子墓地外，几乎未被云南其他遗址所用。

为探明大园子铜器的矿料来源，我们将云南地区各个矿床的铅同位素数据[3]与大园子墓地青铜器的铅同位素数据进行比较，结果见图二四，各个矿床之间的位置示意图如图二五所示。大园子墓地56

---

[1] 崔剑锋、吴小红：《铅同位素考古研究——以中国云南和越南出土青铜器为例》，文物出版社，2008年。
[2] 崔剑锋、吴小红：《铅同位素考古研究——以中国云南和越南出土青铜器为例》，文物出版社，2008年。
[3] a. 张乾：《云南金顶超大型铅锌矿床的铅同位素组成及铅来源探讨》，《地质与勘探》1993年第5期。
　　b. 高子英：《云南主要铅锌矿床的铅同位素特征》，《云南地质》1997年第4期。
　　c. 肖晓牛、喻学惠、杨贵来、杨伟光、莫宣学、曾普胜：《滇西沧源铅锌多金属矿集区成矿地球化学特征》，《岩石学报》2008年第3期。
　　d. 韩润生：《从元阳金矿铅同位素组成特征论矿床成因》，《昆明工学院学报》1990年第6期。
　　e. 伍勤生：《个旧含Sn花岗岩的Sr、Pb同位素特征及其找矿标志》，《矿产与地质》1983年第3期。
　　f. 李文博：《云南会泽铅锌矿田成矿物质来源Pb、S、C、H、O、Sr同位素制约》，《岩石学报》2006年第10期。
　　g. 金灿海：《滇东北火德红铅锌矿矿床地质特征及成矿物质来源》，《矿物岩石》2016年第4期。
　　h. 何芳：《云南都龙锡锌多金属矿床铅同位素组成—成矿金属来源制约》，《矿物岩石》2015年第3期。
　　i. 郭欣：《滇东北地区铅锌矿床成矿作用与成矿规律》，中国地质大学博士学位论文，2011年。

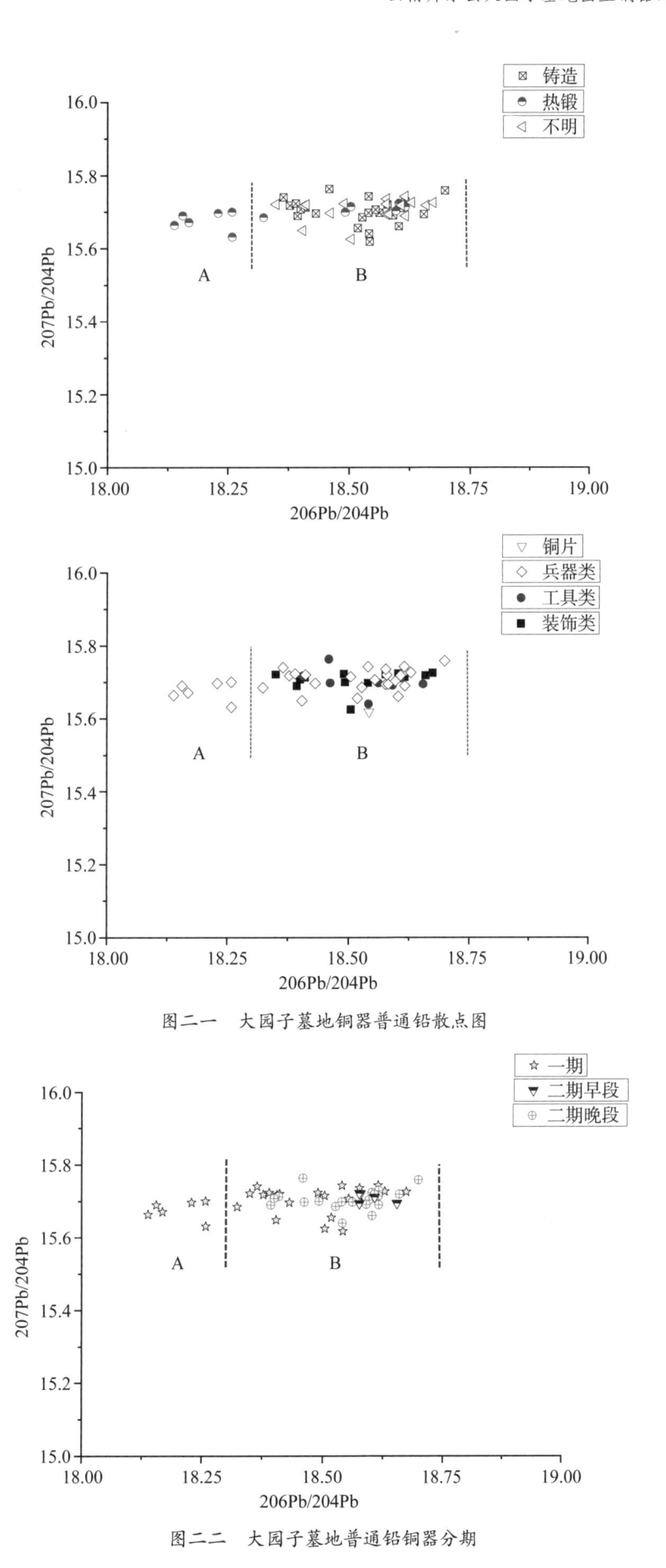

图二一　大园子墓地铜器普通铅散点图

图二二　大园子墓地普通铅铜器分期

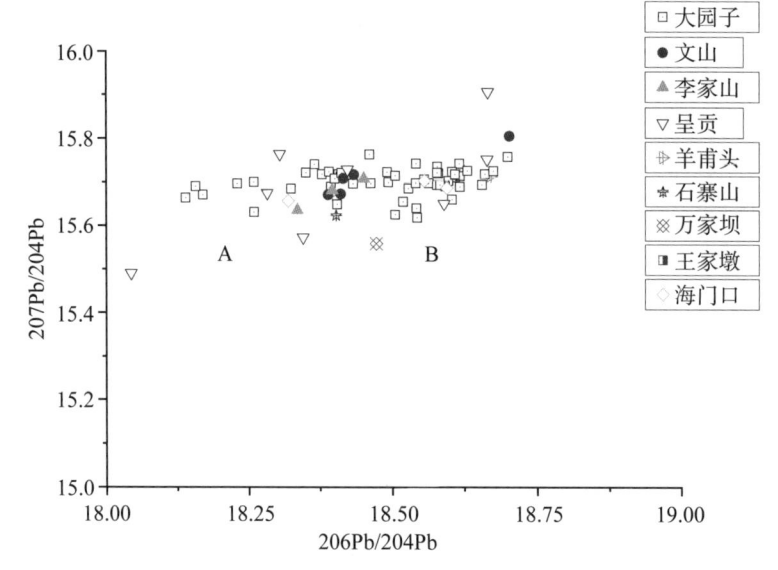

图二三　大园子墓地铜器与同时期其他遗址铜器对比图

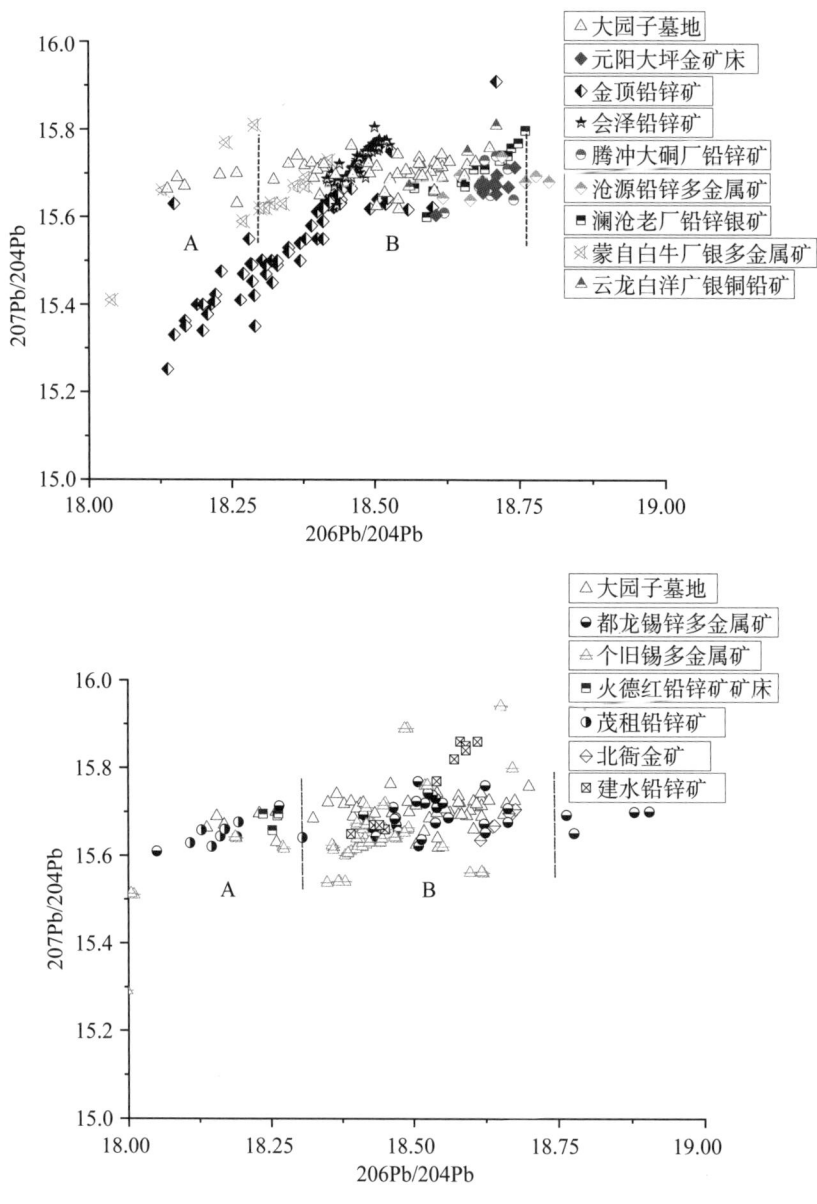

图二四　大园子墓地铜器与云南各个矿床对比图

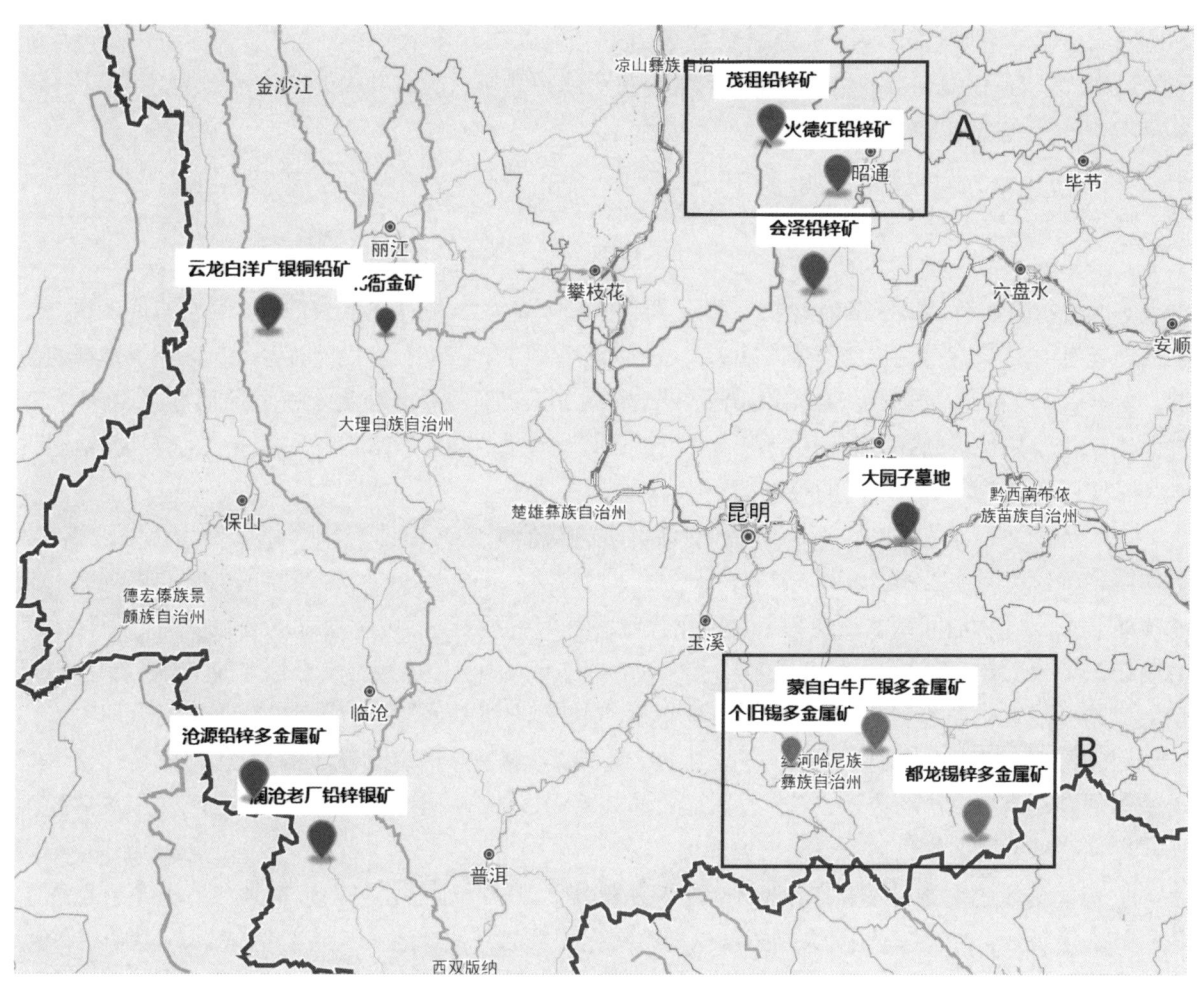

图二五　大园子墓地与云南各个矿床位置示意图

件样品中,18件未检测成分,其余38件样品中,仅有8件为铅青铜,其中3件在A区,5件在B区。铅含量在2.7%—8.3%之间,考虑到铜器样品整体铅含量较低,铅锌矿床数据的对比结果可能有一定误差。

A区范围内的矿床较少,大园子铜器A区的铅同位素组成与茂租铅锌矿和火德红铅锌矿矿床的数据基本一致。B区内大园子铜器与都龙、个旧、蒙自白牛厂、火德红、会泽等矿床均有重合,但考虑到B区内大园子铜器铅含量极低,与铅锌矿床的铅同位素数据对比会产生一定误差,所以与大园子铜器铅同位素更为拟合的是都龙、个旧与蒙自白牛厂的多金属矿床。如图二五所示,B区与大园子铜器拟合的矿床均位于滇东南,A区与大园子铜器一致的矿床均位于滇东北。值得注意的是,都龙锡锌多金属矿床中有部分样品的 $^{206}Pb/^{204}Pb$ 比值较高,有一例 $^{206}Pb/^{204}Pb$ 比值超过19, $^{207}Pb/^{206}Pb$ 的比值为0.82,基本接近高放射成因铅的范围,且此矿的数据与大园子一例高放射成因铅铜器数据较为接近(图一八),该地区矿床若能有更多的地球化学证据,或许能给大园子铜器高放射成因铅的矿料来源问题提供新的思考方向。

综上所述,我们认为大园子铜器的矿料来自云南本地,且至少有两个矿料来源,分别来自滇东北和滇东南,其中滇东南矿料的使用横贯整个大园子墓地一二期,并被云南各遗址大规模使用,体现了该时期云贵高原内部的经济、文化交往密切,滇文化区域内部资源流通广泛。而滇东北的矿料罕见于其他遗址,仅在大园子墓地一期时专门用于锻造兵器,至大园子墓地二期时不再使用该区矿料。这表明大园子墓地在早期时可能由于技术或等级因素,存在专供矿料来进行专门化生产的行为。大园子墓地晚期由于政治格局的变动、资源的流失等原因，滇东北矿料便不再使用。结合前文对铜器合金成分的讨论，大园子铜器到二期铅含量下降可能与失去滇东北铅锌矿料有很大的关系。

## 四、小　结

本次分析的40件大园子墓地出土青铜器，器物类型主要为兵器、工具和装饰器。合金组成以锡青铜二元合金为主，合金成分与器物类型之间的关系较为明显，锡含量高时，有助于提升工具兵器类铜器的性能。少量铅锡青铜器是因为铜器纹饰的需要，铅含量高则有助于提升流动性，铸造纹饰时能减少缺陷。

硫铁化合物较多，说明其使用冶炼难度更大的硫化矿作为矿料来源，特殊的含铁纯铜器，说明其制作时使用的是精炼水平不高的粗铜。

大园子墓地铜器采用了铸造、热锻和冷锻等多种成形工艺。40件铜器中有12件为热锻而成，热锻铜器比例较中原地区铜器偏高，集中在矛、剑、戈、镯这4个器类。这符合西南夷当时的青铜加工技术传统。大园子墓地的铜器在金相上显示出大量冷加工的痕迹，这种冷加工痕迹不仅源自当时工匠的制作加工，还可能来自使用或者发掘过程中受外力造成的变形，包括大园子墓地的"毁器"举动，都会形成这种冷加工痕迹，往往需要根据器物类型和取样部位以及器物的保存状况来判别冷加工痕迹的成因。前文中提及大园子铜器从一期至二期，锡铅含量略有下降且含铁粗铜铜器略有增多，这可能与明器的制作有关联，大园子一期有毁器行为的墓葬约占7.0%，至大园子二期比例上升至16.1%。[1] 非实用性明器的增多导致这一现象出现。

大园子墓地的铜器在其制作技术上，尚未发现其他滇文化铜器常见的镀锡现象。但不管是加工成形技术还是合金配比工艺上，大园子墓地与滇文化区域的其他遗址[2][3][4]均保持了高度的一致性，即火法炼铜技术、粗铜制作的明器、低铅且合金化程度不高的配比技术、多种加工技术的结合使用以及焚烧毁器的随葬传统等。这说明大园子墓地铜器所反映的科技内涵与其考古学文化一致，都具有显著的西南夷族群特征。

大园子墓地有两个以上的矿料来源，分别来自滇东北和滇东南。滇东南矿料在大园子一二期时被广泛使用，也常见于云南同时期各遗址。滇东北的矿料则罕见于其他遗址，仅在大园子墓地一期时专门用于制作热锻兵器，至大园子墓地二期时不再使用，表明大园子墓地在早期时有使用专供矿料来进行专业生产，其复杂的矿料来源既显示了滇文化区域内部资源流通广泛性，也体现了大园子墓地矿料来源的独特性。

**说明**：本研究为国家"十四五"发展规划重大学术文化工程《（新编）中国通史》纂修工程科技史卷阶段性成果。主要数据见于中国社会科学院考古研究所、云南省文物考古研究所：《师宗大园子墓地》，科学出版社，2024年。

---

[1] 该数据出自大园子墓地发掘资料。
[2] 李晓岑、韩汝玢、杨帆：《昆明羊甫头出土金属器的初步研究》，《中国冶金史论文集》第四辑，科学出版社，2006年。
[3] 崔剑锋，杨勇，朱忠华：《云南陆良县薛官堡墓地出土铜器的金属学分析及相关研究》，《南方民族考古》2015年第0期。
[4] 赵凤杰、李晓岑、刘成武、康利宏：《云南曲靖八塔台墓地铜器分析》，《中原文物》2013年第1期。

# 李家山墓地出土管形耳铜铃及相关问题

◎ 赵德云（四川大学考古文博学院）

江川李家山墓地1972年第一次发掘过程中出土4件铜铃，报告归类为马饰，最突出的特征是上端两角各突出一圆管[1]，形制特殊，引人注目；在第二次发掘中又发现8件[2]。类似标本其后在川、滇、黔不同地区汉晋时期考古发现或传世文物中可觅踪迹，分布范围广，流行时间长，甚至可能与近现代彝族毕摩[3]使用的"神铃"存在联系，可谓源远流长。

关于这类器物的定名，过去有学者或因其体形较大，称钟或角钟。但不少标本发现铜舌或木舌，说明其发声的方式是靠舌与内壁的撞击，与敲撞外壁的钟不同，还是应称为铃。因其最为突出的特征是管状双耳，已有学者命名为"管形耳铜铃"[4]，我们认为是合适的。李家山墓地出土的12件标本，是迄今科学发掘的单个墓地中出土数量最多且年代较早者，对于探讨其功用、流变等问题十分重要。本文即拟从这批资料入手谈谈自己的粗浅认识，不妥之处，尚祈批评指正。

一

李家山墓地第一次发掘出土5件铜铃，报告合并介绍，但M3:55为半环纽，则实际应为4件管形耳铜铃，分别出自第二类墓的M1和第三类墓的M26、M27，从附表可知M27出土2件。报告描述为"皆扁圆体，平口，上端两角各突出一圆管"，并推测圆管的功用是"用以穿带"。M26:11，高9.1厘米，铜舌尚存；M1:44，高7.2、宽6.2厘米。其余2件的规格不详。4件标本中，只有M1:44公布了黑白照片。

第二次发掘出土8件，分别出自M47（3件）、M51（2件）、M57、M85、M86五墓。报告将包括其他类型在内的15件铜铃分为两型，管形耳铃属于AⅢ式，一并描述为："顶部低较平，两侧如角般斜伸出两短圆筒"，并推测这两个圆筒是用来"穿绳系舌挂铃"，与第一次发掘报告的意见相近。报告正文仅介绍了M86:2、M51:30、M47:246等3件标本的具体情况，不过从附表三六《铜铃登记表》可以获知其余标本的基本信息。从规格上看，除了残碎的M47:188及4件残损的标本（M47:226-2、M51:30、M51:35、M85:92-1）之外，高分别为7.7（M47:246）、9.5（M57:219）、10.3厘米（M86:2）。

---

[1] 云南省博物馆：《云南江川李家山古墓群发掘报告》，《考古学报》1975年第2期。
[2] 云南省文物考古研究所、玉溪市文物管理局、江川县文化局：《江川李家山第二次发掘报告》，文物出版社，2007年，第151页。在第二次发掘报告中，实际还包括了1994年发掘的M85，1997年发掘的M86。
[3] 彝族传统宗教中的祭司。
[4] 张元：《贵州发现的汉代铜铃》，《考古》2006年第3期。

图一 李家山墓地M86出土管形耳铜铃
（取自《江川李家山第二次发掘报告》彩版一二一）

M47∶246、M47∶226-2、M51∶30、M51∶35、M57∶219等5件标本铃内发现木舌，作圆柱杵形，上端有一小孔。8件标本，仅公布M86∶2的线图及彩色照片（图一）。

两次发掘所获总计12件管形耳铜铃，总体形制应较为一致，M1∶44铃身似较M86∶2略为外鼓，高宽比更小一些。规格从保存完整标本的情况看，在7—10厘米之间。

第一次发掘出土管形耳铜铃的3墓，均位于李家山西南坡，分属报告划分的二、三类墓，规格大小基本相同，墓口长度约在2.4—3米之间，小于一类Ⅰ型墓，大于一类Ⅱ型墓，属于中型墓。第二次发掘中出土管形耳铜铃的5墓，除M76墓口长度为2.7米，属于中型墓之外，其余4墓长度均在4米以上，M85达到了5.82米，属大型墓的范畴。尽管如此，李家山墓地出土管形耳铜铃的8座墓，并不属于最大规模的一批，与长达6.8米的M68、6.76米的M69等尚有一定差距。

第二次发掘对墓主性别进行了判断，出土管形耳铜铃的5墓均为男性墓，其中M47和M85为二男合葬。第一次发掘尽管没有明确对墓主性别进行判断，但4墓均出土铜、铁兵器，与仅出纺织工具及各类装饰品的M11、M17、M18、M22等形成鲜明对比。有理由认为，管形耳铜铃均出自男性墓内。

这些墓葬的年代，第一次发掘报告指出上限不会早于西汉中期，下限至东汉早期；第二次发掘的M47、M51、M57属于第二期，年代在西汉中至晚期；M85属于第三期，年代在西汉晚期至东汉初期；M86属于第四期，年代在东汉初期。李家山墓地第一次发掘报告的年代判断，尽管过去曾经有过一些争议[1]，但主要是针对早期墓葬。由于出土管形耳铜铃的M3出有铜镜、带钩，M26出有五铢钱，M26、M27出有釜甑、镰斗等汉式器物，M1叠压于M2之上，年代问题应不存争议。第二次发掘的M47、M51、M57、M86出有铜镜、带钩，M85出有铜镜、卮、弩机等汉式器物，报告对于墓葬年代的判断完全可以信从。

由于出土管形耳铜铃的8墓，均出土衔、镳、节约、三通管、策、马珂等成套马具，两次发掘的报告编写者推断其为马具是有充分理由的。第二次发掘报告还明确指出，大铃可能"系挂于牲畜身上，既可用于马，也用于牛"。系挂的方式，可能即如两次报告推测的，用绳一类有机质材料穿过管形耳，再缚系于马身革带上。

要之，李家山墓地出土管形耳铜铃的墓葬年代，约在西汉中期至东汉初期之间；均出土于具有一定身份地位（但不见得是最高等级）的男性墓；应该主要是作为马铃来使用，管形耳是用来穿缀绳索用于悬挂于马身；铃内悬挂木舌或铜舌以发声，就现有的资料看，木舌似多于铜舌。

二

李家山墓地出土的管形耳铜铃并非孤例，在周边云、贵、川地区西汉中期至东汉时期的墓葬中也有不少发现。

---

[1] 参见杨勇：《战国秦汉时期云贵高原考古学文化研究》，科学出版社，2011年，第97—98页。

曲靖潇湘平坡墓地M181出土1件，扁圆形，弧顶，口沿略有弧曲，内有木舌，通长8.6厘米（图二，1）[1]。由于该墓共出镳饰、节约、三通管等成套马具，报告将其作为马饰。与李家山墓地所出管形耳铜铃有所不同的是，从线图观察，管形耳的外端是封闭的，耳上有三道凹槽，是目前所见管形耳铜铃中唯一的一例。看来其使用方式与李家山墓地出土品不同，可能是将有机质绳索缚系于耳上的凹槽内，再悬挂于马身革带上。该墓在同墓地中属于规模较大、出土物较为丰富者，被归为第四期，年代在西汉晚期。

陆良薛官堡墓地M35出土1件，扁圆筒状顶部两侧有管形耳，铃内有圆柱形铜舌，舌上部有麻缕缠绕。口径5.6、高7.8厘米（图二，2）[2]。该墓出有铁削、五铢钱等，年代为西汉中晚期。会泽水城墓地M19规模不大，随葬器物仅有陶壶1件、铁刀1件、铜钱数枚及管形耳铜铃1件（图二，3）。该墓被归为墓地第一期，年代在西汉中晚期[3]。

贵州威宁中水张狗儿老包地点M2出土1件"钟"，圆筒状，断面椭圆形，顶部伸出空心两耳。高10、最大径7.5厘米（图二，4）。该墓共出"张光私印"、铜带钩和西汉五铢钱等，年代被断定在西汉末至东汉初[4]。此墓地后来被称为银子坛墓地，李飞先生将其命名为"管耳铜铃"[5]，无疑是正确的。

澄江金莲山墓地2006年度发掘的M97出土标本编号M97②：9，器形规整，顶部两侧对称各有一"短柱状纽"（即管形耳），纽横剖面为椭圆形，器身两侧及底平直。该墓为同墓地规模和出土物最为丰富（有马策）的墓葬，被划为最高等级的Ⅰ类墓。年代属墓地晚期，大致相当于中原地区的自公元前109年至西汉末期[6]。

除了上述分出5处墓地的5件标本外，还有一些采集或窖藏出土品与之特征接近。

昆明羊甫头墓地T1708采：1整体形制与上述出土品有所不同，上小下大，顶部有管形耳，铃内悬

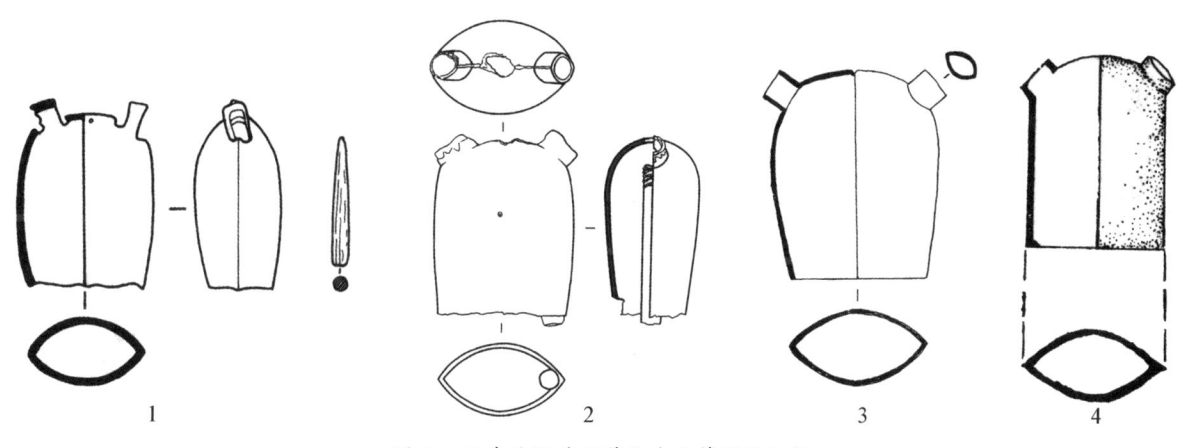

图二 云贵地区其他墓地出土管形耳铜铃

1. 曲靖潇湘平坡墓地M181　2. 陆良薛官堡墓地M35　3. 会泽水城墓地M19　4. 威宁中水张狗儿老包地点M2
［未按比例，1取自《云南考古报告集》（之二）；2取自《陆良薛官堡墓地》；
3取自《会泽水城古墓群发掘报告》；4取自《考古学报》1981年第2期］

---

[1] 云南省文物考古研究所、曲靖市麒麟区文物管理所：《曲靖市麒麟区潇湘平坡墓地发掘报告》，云南省文物考古研究所编：《云南考古报告集》（之二），云南科技出版社，2006年，第1—59页。
[2] 中国社会科学院考古研究所等：《云南陆良县薛官堡墓地发掘简报》，《考古》2015年第4期；中国社会科学院考古研究所等：《陆良薛官堡墓地》，文物出版社，2017年，第97页，第98页图四-34：4。
[3] 云南省文物考古研究所：《会泽水城古墓群发掘报告》，科学出版社，2014年，第90页，第92页图六八，1，第116页。
[4] 贵州省博物馆考古组、威宁县文化局：《威宁中水汉墓》，《考古学报》1981年第2期。
[5] 李飞：《贵州威宁银子坛墓地分析》，四川大学硕士学位论文，2006年。
[6] 蒋志龙：《金莲山墓地研究》，吉林大学博士学位论文，2013年，第41页，第38页图二-25：17。

挂铃盂(舌),高约8厘米,被认为是马具(图三,6)[1]。从线图来看,铃身有镂空装饰。

李发耀先生在贵州贞丰县发现一批青铜器,共66件,据称出自望谟县石屯镇巧散村,集放于一土坛之内。其中包括"角钟"13件,横断面呈椭圆形,券顶并伸出两个空心的对称直角,上部较下部略大,下部敞口(敛口?)。每一个钟面有+、〇、△等孔符[2]。对于这批铜器,贵州省博物馆高度重视,1999年张元先生等赴望谟县石屯镇巧散村调查文物出土的有关情况,并进一步介绍了发现标本。66件青铜器包括54件铜铃,可分两型四式,A型13件管形耳铜铃中,公布了5件线图,高7.4—9.9厘米。与包括李家山墓地所出在内的前述标本不同的是,多数铃身两正面对穿圆孔,也有十字孔和三角孔,纠正了李发耀先生"孔符"的提法,可能意味着使用方式的不同(图三,1—5)[3]。

贵州镇宁良田乡顶坛村坝包组田脚脚遗址调查采集有1件铜铃,通高4.1厘米,内有小铜圈一,舌缺失(图三,7)[4]。调查者将该遗址的年代笼统地定为汉至宋明,根据其后的正式发掘,其年代上限或在魏晋时期[5]。

上述出土品或采集品,基本素面无纹。昆明羊甫头采集和望谟巧散村窖藏出土品则有不同形制的镂孔,且管形耳伸出的角度较平,值得注意。出土品的年代明确,均在西汉中晚期至东汉初,与李家

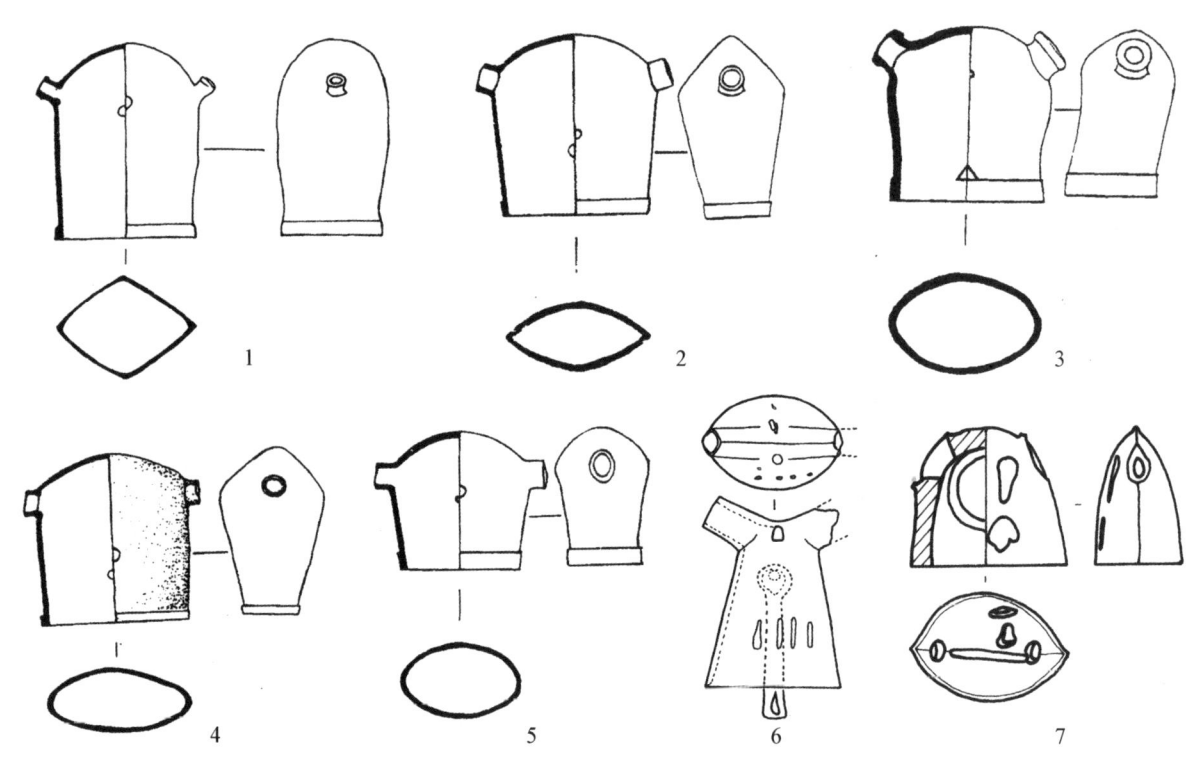

图三 云贵地区采集的管形耳铜铃

1—5. 望谟县石屯镇巧散村窖藏发现(96WA5、96WA10、96WA7、96WA3、96WA2) 6. 昆明羊甫头墓地T1708采集
7. 贵州镇宁良田乡顶坛村坝包组田脚脚遗址采集

[未按比例,1—5取自《夜郎研究》;6取自《昆明羊甫头》图六九〇;7取自《贵州田野考古报告集(1993—2013)》]

---

[1] 云南省文物考古研究所、昆明市博物馆、官渡区博物馆:《昆明羊甫头》卷三,科学出版社,2005年,第854页,图六九〇:2。
[2] 李发耀:《贵州北大盘江畔汉代青铜器初探》,《贵州文史丛刊》2000年第1期。
[3] 张元:《望谟出土的夜郎青铜器》,99夜郎学术研讨会论文集编辑委员会:《夜郎研究》,贵州民族出版社,2000年,第132—145页。
[4] 贵州省文物考古研究所:《董箐田脚脚遗址调查报告》,贵州省文物考古研究所:《贵州田野考古报告集(1993—2013)》,科学出版社,2014年,第177—178页。
[5] 贵州省文物考古研究所:《贵州董箐考古发掘报告》,文物出版社,2012年,第140页。

山墓地相同。曲靖潇湘平坡墓地M181、澄江金莲山墓地2006年度发掘的M97两座墓均有马具与管形耳铜铃共出，与李家山墓地情况也是一致的。但需要注意的是，贵州威宁中水张狗儿老包地点M2、陆良薛官堡墓地M35、会泽水城墓地M19等三墓则仅见管形耳铜铃，其功用失去共出马具的参照，还应进一步斟酌。

## 三

除了上述标本之外，在云南昭通、贵州西部及四川凉山等地，还存在一批传世或采集品，形制规格基本一致，不同的是器身满布较为抽象的花纹，似乎是在表现某种场景。笔者翻检资料，并结合实地考察所见，略述如下。

张希鲁先生捐赠给昭通文管所的"铜钟"，据传出自威宁一带，椭圆筒形，高10、最大直径8厘米。正面主体纹饰为供祭场面，供案上树竹数根，竹叶、节清晰可辨，右下有一持供者。背面底铸波纹，以上是燕、犬变形纹。游有山先生将其上的竹子与夜郎竹王相联系[1]。昭通洒渔乡涅果寨采集3件铜铃，平面近方形或长方形，椭圆形腔，两面较平，花边底，通体饰各种较为抽象的动物、植物纹饰，高分别为8.2、6.9、6.7厘米（图四）[2]。

张元先生收集贵州威宁观风海和牛棚、六枝抵簸、兴仁牛场等地发现的管形耳铜铃进行介绍，其中观风海3件、牛棚1件、抵簸1件面有繁缛纹饰，内容与上述昭通的4件传世和采集品相近；牛棚1件、抵簸6件、牛场1件为素面，与李家山墓地等出品近似[3]。

陆良县文管所藏1件管形耳铜铃，编号LBC:18，据传发现于龙海乡双菁口村羊钻菁豹子洞，顶部为同向双鱼纹，铃身可见各种动植物纹及其他抽象图案或符号，可辨纹饰有马、狗、鸡、树等。通高9.4厘米（图五）[4]。

图四　昭通洒渔乡涅果寨采集的3件管形耳铜铃
［取自《昭通田野考古（之一）》彩版四三］

---

[1] 游有山：《介绍一件馆藏文物》，《云南文物》1985年12月总第18期。
[2] 昭通市文物管理所：《昭通田野考古》（之一），云南人民出版社，2012年，第244页。
[3] 张元：《贵州发现的汉代铜铃》，《考古》2006年第3期。
[4] 中国社会科学院考古研究所、云南省文物考古研究所、曲靖市文物管理所、陆良县文物管理所：《陆良薛官堡墓地》，文物出版社，2017年，第354页。

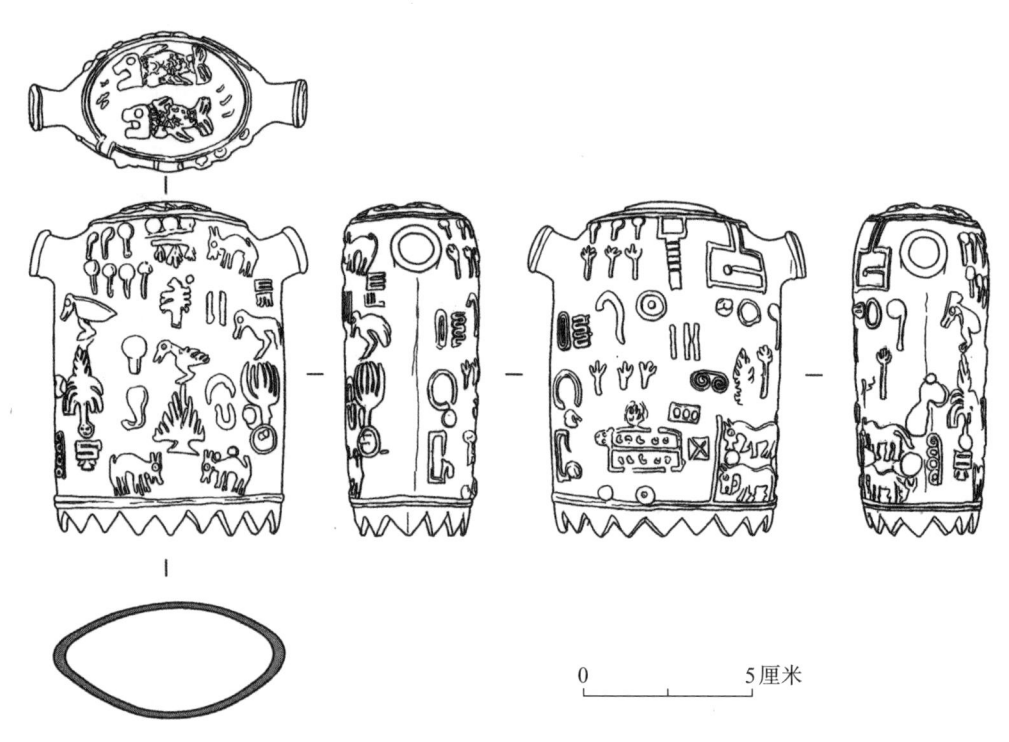

图五　陆良县文管所藏管形耳铜铃
（取自《陆良薛官堡墓地》图附 2—5）

2009年，笔者在四川凉山彝族自治州美姑县文管所陈列室见到1件管形耳铜铃，体形较大，由于陈列于橱窗内，无法测量，估计高度在15厘米左右。该器顶部中央有一孔洞，可能是用来装木柄之用。管形耳较短，不甚突出，铃身下缘为锯齿形。器表纹饰十分繁缛，可见成排树木（树木呈"丫"字形）、抽象动物及桌案等图案，桌下似有表现数人席地而坐的场面。这件标本的来源不详。

2013年，笔者在贵州考察时于赫章县文管所见到4件管形耳铜铃，大小不一，高度约在5—10厘米之间。其中一件顶部较平，中央置一小穿系；另一件器身较矮，侧缘伸出双"足"，十分特别。较小的两件，管形耳伸出的角度基本水平于铃身。器表均装饰各种抽象动物、植物纹饰，底缘均锯齿形或波浪形。据文管所同志介绍，4件标本均系赫章县珠市乡前进村村民意外发现于一山洞。

这些传世或采集品与李家山等地墓葬所出相比，除了抽象动物、植物、人物等纹饰有无的区别外，还在于：铃身较为平直，出土品则多数下部内收，铃身略鼓；铃身下缘多作锯齿形或波浪形，有的管形耳外缘亦制成锯齿形，出土品则均为平齐；管形耳的位置更靠下，伸出的角度较平，约在15°以内，有的甚至接近0°，而出土品上翘的角度更大，有的接近45°；管形耳较短，不甚突出；顶部往往有系纽或可能用来装木柄的孔洞。尽管存在这些差异，但它们共同的特征也十分明显，即均为扁圆管状，高度在7—15厘米之间，以10厘米左右居多；最具特征的管形耳尽管在位置、上翘程度、凸出程度及装饰特征上具有一些区别，但基本造型一致，显然共性更大。我们认为，上述一些细节的差异可能是年代早晚的原因造成的。

采集或征集品由于缺乏相关信息，年代判断上较为困难。李发耀先生认为望谟县石屯镇巧散村出土铜铃的年代在西汉早期[1]；张元先生则认为六枝扺簸发现的铜铃形制与威宁中水墓葬中出土的

---

[1]　李发耀：《贵州北大盘江畔汉代青铜器初探》，《贵州文史丛刊》2000年第1期。

管形耳素面铜铃相似,年代可确定为西汉;观风海铜铃的时代与抵簸铜铃的时代应大体相当或稍晚,属西汉中晚期,最晚可至东汉[1]。六枝抵簸铜铃的形制与李家山等地墓葬出土者下缘平齐的情况迥异,恐怕不能等同视之。采集品中,尚有兴仁牛场、威宁牛棚征集者为素面,前者管形耳位置靠下,较短且上翘角度不大,与其他有纹饰者接近;后者则未制出管形耳,只有两个对称的孔洞。这样的特征,与前述墓葬出土品不同。

从器物类型学的角度或许可以为管形耳铜铃的发展大致勾勒出一个粗疏的脉络。李家山等墓地出土品的年代如前所述在西汉中晚期至东汉初期,之后其形状应出现一些变异,如六枝抵簸铜铃下缘分叉的状况,又如威宁牛棚铜铃管形耳的阙如,再如兴仁牛场铜铃前述管形耳的变化,加上昆明羊甫头墓地T1708采:1的特殊形制等。更新的变化或许发生在望谟县石屯镇巧散村发现的13件标本上,开始出现圆形、十字形和三角形孔洞。张希鲁先生捐赠给昭通文管所的那件标本、昭通洒渔乡涅果寨采集的3件标本中的2件(采:2、采:3)等纹饰繁缛,但下缘及管形耳外缘尚保持平齐,应是发展变化的下一阶段。管形耳铜铃的最终形态,应为昭通洒渔乡涅果寨采:1、赫章县文管所藏4件标本及美姑县文管所藏品,不仅纹饰繁缛,铃身下缘及管形耳外缘均制成锯齿形或波浪形。

综上,管形耳铜铃的发展脉络大致应为:形制上,由铃身下部内收向平直发展,铃身下缘及管形耳外缘由平齐向不规则再向锯齿形、波浪形发展,管形耳的位置由上至下移动,上翘的角度及凸出的程度由大到小变化;纹饰上,由素面到镂空再到繁缛纹饰变化。由于具有明确出土单位的早期管形耳铜铃的年代集中在西汉中晚期至东汉初期,这几个阶段都应晚于东汉初,下限极有可能要进入魏晋南北朝时期。进一步的认识,尚有待于更多资料尤其是有明确年代信息的共出物的发现。

## 四

李发耀先生和张元先生都认为望谟县石屯镇巧散村出土铜铃应是夜郎文物[2];张元先生推测威宁观风海和牛棚、六枝抵簸、兴仁牛场等地的发现很可能是夜郎民族的遗物,管形耳铜铃的分布地域,或许提供了夜郎文化分布的重要线索[3]。如上分析,管形耳铜铃早期主要分布于云南地区,以李家山墓地最为集中,其他尚有会泽水城墓地、陆良薛官堡墓地、澄江金莲山墓地及曲靖潇湘平坡墓地等,从地望上说显然与夜郎无涉;其余的采集或征集品,年代都在东汉早期及以后,其时夜郎已为汉政权强力打压。这批特殊的物品,恐不能与文献记载中的夜郎挂起钩来。

不过张元先生同时指出,铜铃上图案的寓意可能已超越一般的装饰,很可能与某些特殊的信仰有关,却是很有道理的。王继超先生列举了大量管形耳铜铃被发现于彝族毕摩手中,近世仍在使用的例子,公私收藏(包括前述美姑、赫章两县文管所收藏品)的标本也不少[4]。铜铃特征鲜明,不致混淆,如王继超先生所述不误,前述汉代考古发现及各地采集或征集的管形耳铜铃与近代彝族毕摩所使用的铜铃居然可以联系在一起,颇为出人意料。无独有偶,前述美姑文管所陈列室展出的铜铃,被认为是彝族伟人毕摩阿苏拉则[5]的法铃。传说法铃是阿苏拉则参加法术比赛获胜的奖品。在进入美姑县城

---
[1] 张元:《贵州发现的汉代铜铃》,《考古》2006年第3期。
[2] 李发耀:《贵州北大盘江畔汉代青铜器初探》,《贵州文史丛刊》2000年第1期。
[3] 张元:《贵州发现的汉代铜铃》,《考古》2006年第3期。
[4] 王继超:《彝族神器铜铃及其历史文化信息承载属性探析》,《乌蒙论坛》2009年第5期。
[5] 据说阿苏拉则为整理彝文经书文献做出了巨大贡献,法力广大,抗击强暴,救助弱小。关于其生活的时代,则有南宋、元明等不同说法。

必经的山道上，建有一座高大的汉式牌坊，其上对联为："古侯曲涅[1]的身影若隐若现，阿苏拉则的铃声忽远忽近"。尽管我们不必深信这类民间传说，其间必然少不了附会的成分，但其事实上已经将两千年前的出土文物与近现代毕摩法具联系起来，是一个值得重视的文化现象。

从最早作为马具在滇文化区域出现的管形耳铜铃，到成为彝族传统宗教的法铃，可以注意的迹象，首先是前述传世或采集品"顶部往往有系纽或可能用来装木柄的孔洞"，这些具体形制的变化，意味着使用方式的变化；此外，最早的一批标本均出土于墓葬，其后多发现于窖藏（望谟县石屯镇巧散村发现的13件）或山洞（赫章县珠市乡前进村发现的4件、六枝抵簸镇斗篷村发现的7件、陆良县文管所收藏的1件等），瘗埋环境的改变，显然也是有意义的线索。但这些迹象十分模糊，缺漏的环节不少，无法断言转变发生于哪个时期，更无法勾勒转变发生的清晰脉络。

无论如何，管形耳铜铃从滇文化区马具到彝族毕摩法具的发展历程，转型之大，延续时间之长，就目前所知，是西南地区独一无二的存在，其间蕴藏着丰富的历史学、民族学信息，今后在更多材料的基础上细致钩沉，必将对相关问题的探究起到积极作用。

---

[1] 古代彝族的两支部落，相传原本生活于云南境内，后渡过金沙江向凉山地区迁徙，于美姑境内分道扬镳。

# 滇文化中鸮形主题的识别认定

◎ 干小莉［云南民族大学云南省民族研究所（民族学与历史学学院）］

近期笔者在翻阅昆明呈贡石碑村古墓群考古简报的过程中，被三件随葬青铜兵器上的纹样吸引，进而开始关注滇文化青铜器所呈现的鸮形主题，对这一主题的识别、认定是摆在面前的首要问题，本文正聚焦于此。

石碑村简报中提到了三处孔雀纹[1]。M42∶11（图一，1）为双面刃方銎铜斧，长9.9厘米，简报称"銎正面饰孔雀噬蛇图案"。M2∶2（图一，2）为单面刃方銎铜斧，长17.7厘米，简报称"銎身正面阴刻双旋纹、孔雀纹一组"。M8∶1（图一，3）为一字形格剑，长21.8厘米，简报称"刃后宽平，饰孔雀纹"。

M42∶11图案纹样表现的是禽鸟噬蛇的场景，禽鸟头部为侧视视角，喙部尖而微勾，眼睛由一个小圆点来表示，双翅斜向上方展开，尾巴很长、末端收窄变尖，简报将之视为一只展翅拖尾的孔雀并无不妥，孔雀也确实能捕食蛇。

但简报所称的其他两处"孔雀纹"跟M42∶11的完全不同。先看M2∶2的图案纹样：禽鸟为单只，呈现的形象为正视视角。头面部正面呈圆形，着重表现的是一双正视前方的大圆眼睛，单从这一显著特征就可以将之识别为猫头鹰，因为其他禽鸟的双眼分布在头部两侧，并不处在一个平面，更不

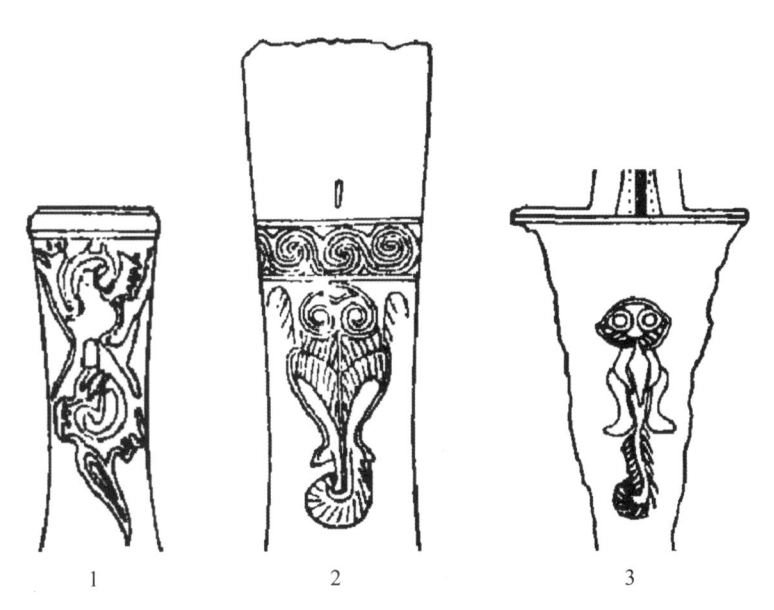

图一　石碑村古墓群出土青铜兵器
1. M42∶11　2. M2∶2　3. M8∶1

---

[1] 昆明市文物管理委员会：《昆明呈贡石碑村古墓群第二次清理简报》，《考古》1984年3期。

可能双眼同时正视前方。肩部左右两侧各有一根上翘的长羽毛，突出表现了禽鸟的普遍特征。双腿呈蹲立状，双足跟靠拢、足尖外撇。毛茸茸的尾巴长过双足。从头部、躯干、尾巴三部分的比例关系看，其作为猫头鹰的特征也是很突出的，其他禽鸟头部的大小都很难占到全部身体的三分之一。可以说，简报将之识别为孔雀是没有多大道理的。

M8∶1的图案纹样与M2∶2的很类似，仅在细节表现上更为简化，将之一并识别为猫头鹰也是合适的。如肩部没有表现长羽毛，除头、面部和尾巴外，身体也没有表现出禽鸟羽毛的质感。

古滇人在艺术制作中，对动物的关注是显而易见的，且动物造型较为写实，之前辨认出的动物种类就有数十种之多，其中就包括猫头鹰，见于江川李家山和昆明上马村出土的两件青铜扣饰。江川李家山M20∶30为一件长方形扣饰，左、上、右三个边沿铸浮雕猫头鹰，左右边沿各有两只、上边沿有四只，整件扣饰共有八只猫头鹰环绕。猫头鹰刻画写实、造型生动、比例恰当，原报告已准确识别[1]。昆明上马村M1∶15为一件不规则扣饰，该扣饰表现的是虎蛇相噬的场景，虎尾立一猫头鹰，原报告也识别出来了[2]。这次笔者从呈贡石碑村古墓随葬的青铜兵器上又识别出两处猫头鹰的图案纹样。滇文化还有没有其他鸮形主题的艺术制作呢？带着这个问题，笔者对滇文化考古发掘材料又进行了再学习，初步新识别出鸮形主题的三种表现形式，分别是鸮面圆形扣饰、鸮纹兵器和鸮纹工具。

滇文化中的青铜扣饰历来受学界关注，学者对扣饰的类型、题材、功能、年代、族属、工艺、起源等一系列问题都有讨论。有一类圆形扣饰正面浮雕大眼圆睁的兽面图案，鼻隆喙尖者多被识别为鹰，鼻喙部特征不甚明显的常被识别为虎、狐、猴等，有的还被识别为人面。年代较早、写实性很强的一件为羊甫头墓地出土的M19∶220（图二，1），原报告根据凸目隆鼻的典型特征，将扣饰正面纹饰准确地识别

图二　羊甫头墓地出土青铜扣饰
1. M19∶22　2. M309∶10　3. M373∶6

---

[1] 云南省博物馆：《云南江川李家山古墓群发掘报告》，《考古学报》1975年2期；张增祺：《滇国青铜艺术》，云南美术出版社，2000年，第221页。
[2] 云南省文物工作队：《昆明上马村五台山古墓清理简报》，《考古》1984年3期。

为鹰面[1]。该墓地还出土了两件人面形扣饰,除表现了向两侧咧开、牙齿充分暴露的嘴部和佩戴饰物的耳部以外,最值得关注的是对眼睛的表现方式,两件扣饰M309∶10(图二,2)、M373∶6(图二,3)上的人眼均为左右两端收尖的杏核形状,而并非M19∶220那件鹰面上的正圆形大眼睛。据此判断,眼睛表现方式的不同是可以将鹰面和人面明确区分开来的。换句话说,滇文化中正圆大眼的兽面图案不宜识别为人面纹。如前论证,笔者认为以正视前方的大圆眼睛这一显著特征,就可以将圆形扣饰上的鹰面进一步识别为猫头鹰,鸮面圆形扣饰是滇文化鸮形主题艺术创作的一个大类。当然受年代早晚、区域差异等因素影响,圆形扣饰上表现的鸮面有一定差别,有些较为简略,但这类主题的关联脉络还是清晰的,统一识别认定为鸮面圆形扣饰是合适的,这类扣饰即杨勇划分的Aa型青铜扣饰,见于安宁太极山、呈贡天子庙、江川李家山、晋宁石寨山、昆明五台山、昆明羊甫头、泸西石洞村、蒙自鸣鹫中学、曲靖八塔台、曲靖横大路、曲靖平坡、嵩明凤凰窝等地,曲靖八塔台墓地出土数量最多,共计有13件[2]。

除鸮面圆形扣饰外,青铜兵器上的鸮纹主题是另一大类。前文论述中已在呈贡石碑村出土的青铜斧、青铜剑上识别出两处单只猫头鹰。据笔者观察,曲靖八塔台、晋宁石寨山、江川李家山、华宁小直坡等地出土青铜兵器上的图案组合中也有可以识别为猫头鹰的。图案组合承载的内容信息更加丰富,有助于日后对鸮形主题文化内涵的深入解读。鸮、蝮蛇、蛙人、太阳是这类图案组合中四个主要元素,其中鸮和蝮蛇的组合是最基本的,复杂一些的是四个元素俱备的。

八塔台出土的三件兵器对我们正确识别滇文化中蝮蛇特别是蛇头的表现手法很关键[3]。M246∶2-2(图三,1)与M69∶14(图三,2)是造型、纹饰基本完全相同的铜剑鞘,器身满饰若干蛇纹。

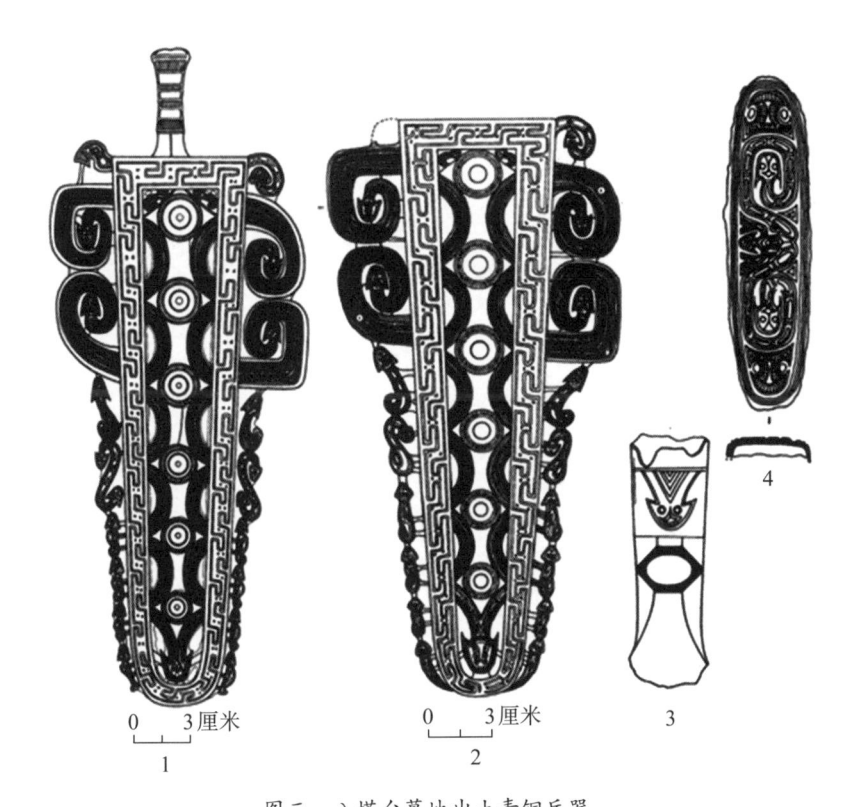

图三 八塔台墓地出土青铜兵器
1. M246∶2-2  2. M69∶14  3. M279∶1  4. M279∶12

---

[1] 云南省文物考古研究所、昆明市博物馆、官渡区博物馆:《云南昆明羊甫头墓地发掘简报》,《文物》2001年4期。
[2] 杨勇:《云贵高原出土青铜扣饰研究》,《考古学报》2011年3期。
[3] 云南省文物考古研究所:《曲靖八塔台与横大路》,科学出版社,2003年。

全部蛇纹均突出了三角形的蛇头，这是蝮蛇的典型特征。M246剑鞘还表现了双头蝮蛇的形象，蛇头上眼睛、嘴巴清晰可见，有拟人化的表现风格。这种拟人化的表现风格在M279出土铜斧（图三，3）和箭箙（图三，4）上更加明显。

蝮蛇有剧毒，可对早期人类的生命安全构成很大的威胁，在滇人的日常生活中存在感一定很强。滇文化表现了很多蛇的形象，这些蛇基本都是头部呈三角形的蝮蛇。青铜兵器图案组合中的猫头鹰和蝮蛇，表现的是震慑者与被震慑对象。圆形扣饰中间的鸮面常被一圈S形图案缠绕，经过综合比对，可以判断，S形图案表现的也是蝮蛇，S形的首尾两端有的呈箭头状，这是三角形蛇头的一种图案化表现手法。

滇青铜器中不乏实用工具，华宁小直坡墓地出土的青铜锛、凿、锤、卷刃器上均有可识别为鸮纹的[1]。虽然有些纹样抽象化程度比较高，但通过多方比对，其表现内容还是可以识别认定的。

小直坡M293∶4（图四，1）、M241∶7（图四，2）、M349∶5（图四，3）三件铜锛正面均为单只猫头鹰，虽然表现手法偏卡通，不如呈贡石碑村的材料写实性强，但大圆双目及羽毛花纹的表现还是准确把握住了猫头鹰的典型特征。小直坡原报告将以上三件铜锛正反两面的纹饰都描述为双勾螺旋纹、弦纹、菱形点纹、回纹、三角齿纹等几何图形，这是小直坡墓地随葬铜器纹饰图案化的一种反映，但以上几何

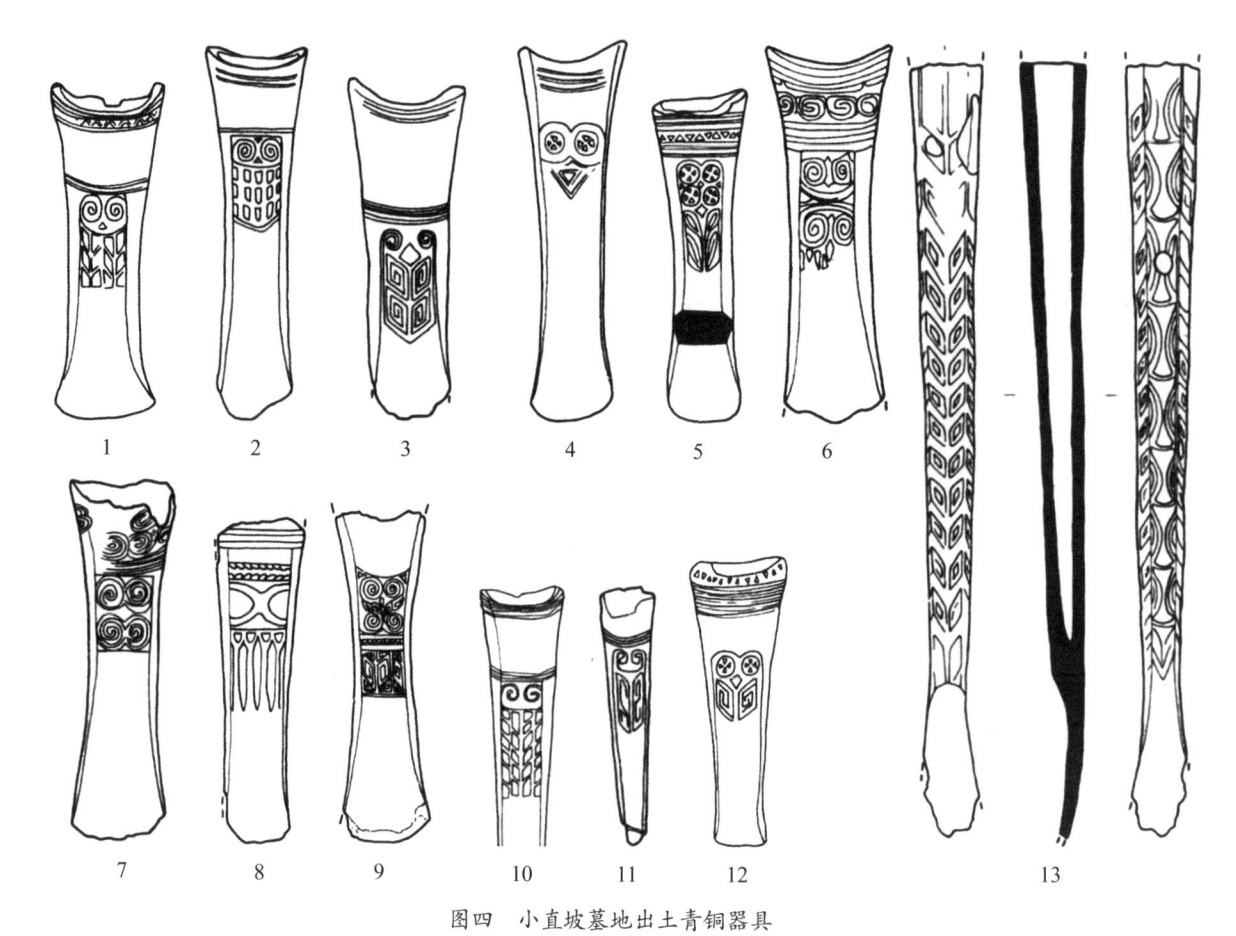

图四　小直坡墓地出土青铜器具
1. M293∶4　2. M241∶7　3. M349∶5　4. M228∶3　5. M263∶4　6. M306∶6　7. M398∶6　8. M239∶3　9. M343∶4
10. M235∶5　11. M347∶2　12. M233∶6　13. M409∶5

---

[1] 云南省文物考古研究所等：《华宁小直坡墓地》，云南人民出版社，2014年。

图形组合在一起，准确生动地表现了猫头鹰与蛇的固定搭配。双勾螺旋纹表现的是猫头鹰的大圆双目，菱形点纹和回纹表现的是猫头鹰的羽毛花纹，三角齿纹表现的是蜿蜒的蛇身，横向弦纹是一种图案分隔。M228∶3（图四，4）、M263∶4（图四，5）、M306∶6（图四，6）、M398∶6（图四，7）、M239∶3（图四，8）、M343∶4（图四，9）这几件铜锛突出表现了猫头鹰的大圆双目，对鸮身的表现很简略甚至完全省略。以鸮目指代猫头鹰，这种表现方式抽象化程度更高。铜凿上的纹饰跟铜锛是一致的，有以几何图形对单只猫头鹰的图案化表达（M235∶5；图四，10、M347∶2；图四，11），也有简略鸮身，仅以鸮目指代猫头鹰的情况（M233∶6；图四，12）。需要指出的是，在铜凿、卷刃器（图四，13）等长条形器物上，出现了正面为成组多双鸮目、反面为成组多个鸮身轮廓的表现形式，其中器物正面的鸮目形式与当下滇南哈尼族少女坎肩（图五）上的图案如出一辙。

哈尼族认为猫头鹰可以驱邪避害。在儿童或少女的帽檐、衣襟等部位缝绣出代表猫头鹰双目的回旋图案，就可以使夜行的鬼魅不敢作祟，起到避退阴邪之物的作用。猫头鹰是罕见的夜行性禽鸟，将之视为儿童及少女的夜间保护神是恰如其分的。滇青铜器与哈尼族服饰饰有表现形式基本完全一致的成组鸮目，不论两者反映的文化内涵有何区别和联系，单说将滇青铜器上的这组图案识别为猫头鹰的指代，还是可以肯定的。

综上，鸮形主题在滇青铜文化的艺术制作中占有一席之地，在扣饰、兵器、工具上均有表现。这类主题的来源、流布及所承载的文化内涵值得日后深入探究。

图五 哈尼族少女坎肩
（云南省博物馆馆藏，引自网图）

# 滇文化青铜器人物服饰研究

◎ 王春铃（广汉市文物保护研究所）

滇文化主要分布在滇池区域，遗存多为墓葬，以晋宁石寨山、江川李家山、昆明羊甫头、呈贡天子庙等墓地为代表。滇文化的青铜器中有大量写实性的人物形象作为装饰题材，这些人物造型千姿百态，所着服饰亦形制多样，对研究滇国的服饰文化具有无可替代的作用。根据已发表资料显示，李家山墓地中发现的青铜人物图像数量多达198个，除去裸体形象和严重锈蚀无法辨认服饰的以外，李家山墓地出土青铜器上有173个着衣人物图像，相关器物47件。主要出自M13、M14、M17、M18、M24、M22、M23、M47、M51、M57、M68、M69、M71，另有3件采集品[1]。石寨山墓地出土青铜器上的人物图像则多达400余个，相关器物70余件，主要出自M1、M3、M4、M6、M7、M10、M12、M13、M17、M18、M20、M71[2]。另外，在羊甫头墓地的M33、M113、M554、M578、M698、M781[3]和天子庙墓地的M33、M41[4]也有发现数十个人物图像。

这些人物形象以铸像、浮雕、刻纹或铸纹来表现，除独立铸像持伞俑外，其余多见于兵器、扣饰、杖头、贮贝器和铜鼓上作为装饰物，个别铜斧、铜鱼、勺子、纺织工具上也偶有发现。其中扣饰、贮贝器和铜鼓上的人物多成组出现，用以表现生产生活场景。本文基于以上四个墓地所发现的青铜器着衣人物形象，分别从滇文化主体族群的服饰、其他族群的服饰、服饰所见滇文化与其他文化的双向交流和纵向演变四个部分进行阐述。

## 一、滇文化主体族群的服饰

### （一）女性

持伞铜俑是最能体现滇文化主体服饰的器物。在李家山墓地出土8件持伞俑，6男2女；石寨山墓地出土11件持伞俑，5男6女。8件持伞女俑中有5件所着服饰大同小异，内搭圆领裙，外穿对襟长衣，衣袖宽大及肘，衣襟、衣袖和中线位置多复杂的纹饰，梳银锭髻，耳戴玦，手戴多钏，跣足。如李M69∶166，持伞女俑（图一）梳银锭髻，戴多个耳玦，依大小从前往后排列，手腕多钏叠戴。内着圆领及踝长裙，上部饰锯齿纹、菱形纹等组合图案，膝部饰锯齿纹、菱形纹各一道，外穿对襟宽袖长衣，袖侧

---

[1] 云南省博物馆：《云南江川李家山古墓群发掘报告》，《考古学报》1975年第2期。云南省文物考古研究所、玉溪市文物管理所、江川县文化局：《江川李家山第二次发掘报告》，文物出版社，2007年。
[2] 云南省博物馆：《云南晋宁石寨山古遗址及墓葬》，《考古学报》1956年第1期；《云南晋宁石寨山古墓群发掘报告》，文物出版社，1959年。云南省文物考古研究所、昆明市博物馆、晋宁县文物管理所：《晋宁石寨山第五次发掘报告》，文物出版社，2009年。
[3] 云南省文物考古研究所、昆明市博物馆、官渡区博物馆：《昆明羊甫头墓地》（卷一、卷二），科学出版社，2005年。
[4] 昆明市文物管理委员会：《呈贡天子庙滇墓》，《考古学报》1985年第4期。

由肩至袖口饰多条锯齿纹、雷纹、三角纹等组合图案,跣足。

与持伞女俑所着服饰形制相同且同等华贵的妇人还见于贮贝器器盖、铜剑茎首、杖首等。如李M69∶139纺织场面贮贝器器盖中央跪坐于鼓上的妇人,通体鎏金,梳银锭髻,内穿圆领短衣,外穿对襟长袖长衣,襟沿、袖口、袖肘、后背中线饰雷纹,下穿长裙。李M69∶157鼓形贮贝器器盖铸播种祭祀场面,中有一通体鎏金的妇人坐在肩舆上,亦着对襟长衣。还有石M12∶26、石M20∶1杀人祭铜鼓场面上坐于肩舆内的妇人。在铜剑(李M24∶85)和杖头(石M18∶6)上也有发现梳银锭髻、着对襟窄袖长衣跪坐于鼓上的妇人形象。此类妇人身份应为滇国贵族女性,是重大祭祀仪式的主持者和生产劳作的监督者。

在贮贝器上还能发现很多梳银锭髻、着对襟衣的妇人,她们从事着服侍贵族、生产劳动等活动,衣服形制与鎏金贵妇并无差别,仅是未佩戴任何身体装饰品或佩戴少量装饰品,衣物纹饰为简单的横条纹,或是限于布料幅宽而呈竖条纹状。此类妇人应为滇国的平民。

## (二) 男性

李家山出土一件持伞男俑(M51∶260),形象为梳圆髻于头顶,耳戴玦,项上三条珠链,前臂佩臂甲。内着左衽圆领衣,袖长及肘,衣长及膝。外着披风,系带于胸前,饰蟠蛇纹,背部有横条纹。披风外束金腰带,饰卷云纹和曲线纹,腹前配圆形扣饰,左腰佩剑,剑带负于右肩,跣足(图二)。石寨山出土的5件持伞男俑亦是头梳螺髻,披罽,戴项链,腰间束带,左腰佩短剑,腹前挂一圆形扣饰,跣足。石寨山和李家山两地共出的11件持伞男俑服饰大体相同,都是背上披罽,颈戴项链,腰佩扣饰和短剑。此外,石寨山出土的骑士镂花铜扣饰和铜剑上的骑士皆头戴帽或盔,披罽。李家山出土5件以人物图像为饰的铜斧上所见的骑马者均头后束髻,戴耳玦,披罽,腕戴多钏。这些人物形象或骑马、或衣着华丽佩戴首饰,俨然为滇国贵族形象。

在李家山的两件铜鞘饰上出现男女对坐,共执一壶的图像。石寨山出土的持伞女俑中有3件女俑梳高髻,佩短剑,这些器物中的女性形象均着持伞男俑服饰;而石寨山M71所出的持伞男俑贴身着上述贵族女性所穿的对襟长衣。可以认为,以持伞俑为代表的服饰搭配应为滇国贵族男女服饰通用的基本款式。

在李家山出土的8件多人捕猎场景的扣饰中,有6件扣饰上的男子形象所着服饰大体相同,均束髻于头顶,髻根甚大,束髻的发带垂于后背,身穿对襟无袖及股长衣,及膝短裤或未穿裤,束腰带,前臂

图一　李M69∶166持伞女俑　　　　　　　　图二　李M51∶260持伞男俑

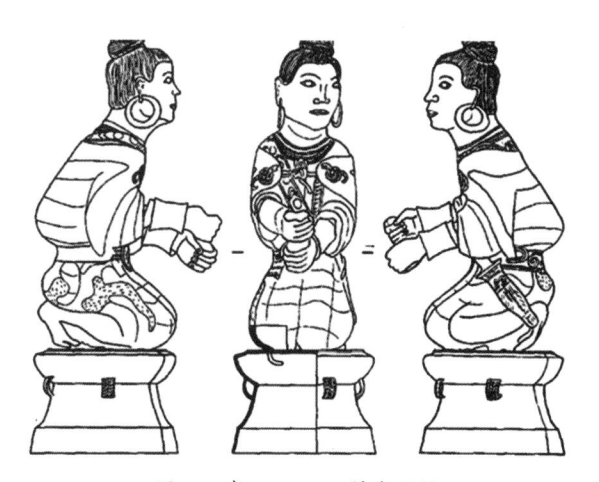

戴臂甲,跣足。这与身为贵族的骑士狩猎不同,多人围猎往往是平民和奴隶自发的或在滇国贵族驱使下所进行的活动。再从扣饰中的男子服饰来看,其衣着简朴,无身体装饰品,应为平民或奴隶。

通过上述铜器上的人物图像分析,可以看出滇人服饰的基础形制是椎髻,着对襟上衣,下穿短裙或短裤,跣足。不同的是,贵族往往衣着华丽,佩戴首饰,有的还有披罽;平民则衣着朴素,几乎无饰品。

## 二、其他族群服饰

在滇文化的青铜器人物服饰中,除主体服饰椎髻、对襟衣以外,还有几种风格差异很大的服饰。早在20世纪60年代,冯汉骥先生就对石寨山第二次发掘出土的青铜器人物形象做出了系统的分析,将石寨山前两次发掘出土的人物形象区分为男子七组和女子七式,对滇国的服饰与族群进行了开创性的研究[1]。此后,汪宁生先生又在冯先生的基础上对石寨山前两次出土的人物形象做出更加细致的研究与划分,按照发髻的不同分为了四个大类,再以服装不同分为十组,并将文献记载和今天的民族传统进行对勘,以寻找古今民族之间的相似性与联系性[2]。珠玉在前,本节仅从人物服饰差异的角度,对滇文化铜器上的人物形象进行简单的区别。

### (一) 长衣、长裤、着鞋

李M69∶157播种祭祀场面上脑后梳圆髻的男子,着紧身的长袖上衣和及脚背的长裤,上衣饰半圆圈纹,长裤饰菱形纹,腰间佩长剑,足上穿鞋。再看滇文化铜器上的其他人物,几乎都是及膝的宽大短裤,甚至不穿裤,也不穿鞋,即使是狩猎、战场杀敌这样的危险性活动,上身全副武装,足上仍不穿鞋,可知滇人习俗便是如此。长衣长裤的搭配在石寨山亦有发现,石M13∶38双人舞盘铜扣饰,两人亦是穿紧身的长衣长裤,腰间佩长剑。还有石M13∶2纳贡场面贮贝器(报告作赶集场面贮贝器),器盖上就有三人蓄有胡须,发髻束于头顶,着紧身长衣长裤,其中两人左腰佩长剑,另有一人以头负箩筐(图三)。这与滇池区域宽松肥大的服饰风格完全不同,更像是寒冷地区为御寒保暖所服。可以认为着长衣长裤的是来自北方草原的其他族群。

图三 石M13∶2纳贡场面贮贝器

### (二) 梳辫、披发、单衽皮裘

石寨山和李家山都出土过的纺织场面贮贝器上就有正在理线的梳辫妇女,头戴发箍,内穿右衽交领窄袖衣,袖长及肘,外穿单衽皮裘,皮裘外束腰带,左侧开叉,衣长及胫(图四)。李M69∶157播种祭祀场面上也有3位梳辫妇

图四 李M69∶139纺织场面贮贝器

---

[1] 冯汉骥:《云南晋宁石寨山出土文物的族属问题试探》,《考古》1961年第9期。
[2] 汪宁生:《晋宁石寨山青铜器图像所见古代民族考》,《考古学报》1979年第4期。

人,服饰与纺织场面上的相同。梳辫发式在石M13∶2上也有发现。《史记》记载"昆明"人"皆编发,随畜迁徙"。事实上,梳辫的人物形象在滇文化中不算稀奇,铜斧、铜矛等兵器上的人头像,杀人祭祀场面上的人牲和战争场面上被杀死或被俘虏者等都是梳辫或披发的形象。此类辫发、披发人群当是与滇国经常交战的昆明人。

## (三) 缠头帕

滇文化的铜器上有不少缠头帕的人物形象,多见于骑士猎鹿的浮雕扣饰上。如李M51∶272扣饰上的骑士束髻于顶并缠头帕一周,头帕两端向上支出,身穿对襟短袖长衣,裤长及胫,裤腿肥大,衣裤有直条纹,右手戴大圆环,腰间束带。李M69∶157播种祭祀场面上束髻于头顶并缠头帕的男子(图五),身上所穿衣物与李M51∶272骑士相同。播种祭祀场面上此类男子既有骑马者,也有劳作者。石M13∶2纳贡场面上抬物来献的为首者也是束髻于顶并缠头帕一周,头帕一端于额上支出,身穿长袖紧身衣,衣长及股半,披风曳地,腰间束带,左腰佩中长剑。天子庙M33∶1五牛盖贮贝器腰部也有缠头帕并披曳地披风的妇女,着宽袖长裙,裙长及膝,肩扛长矛做巡逻状。在滇文化的青铜器中,缠头帕的人物形象较多,所着衣物有与滇人相同者如骑士猎鹿扣饰,也有不同者如纳贡场面贮贝器上的纳贡者和五牛盖贮贝器上的巡逻妇女,涉及的人物身份地位既有骑士、邑君,又有普通劳作者。因此,此类缠头帕者应该单独属于一种族群。

## (四) 额前大螺髻

额前挽大螺髻的人物形象数量极少,主要见于纺织场面贮贝器上从事纺织工作的妇女。李M69∶139纺织场面贮贝器上有两位梳大螺髻妇人:一是跪坐捻线的妇人,额前挽大螺髻,余发编两辫垂于胸前,着直条纹对襟短袖长衣,腰间束带;二是用腰机织布的妇人,头发前梳于额前挽做大髻,穿短袖紧身上衣和及膝短裤。石M1纺织场面贮贝器上发现一人,额前挽大螺髻,余发披于后背,上身对襟宽袖长衣,下穿及踝长裙(图六)。此种发髻数量虽少,但与滇人发髻差异甚大,或单独为一种族群。

## (五) 衣着尾

滇文化铜器上的人物多披短披风,如铜戈、铜斧、铜鞘饰上的人物图像,但李M69∶162铜鼓上的舞女外着长披风,下沿两侧长至地面略后拖,中间半圆形上弧及膝后,露出覆在股后带尾和后腿的

图五　李M69∶157鼓形贮贝器　　　　　　图六　石M1纺织场面贮贝器

虎皮，虎尾曳地。与之相似的舞女还见于石M17：23，舞女背上披风长至后膝，下端缀一带尾的兽皮。在石寨山出土的铜鼓M12：1、M12：2上的刻纹图像中，也见有抬肩舆者（图七）、放牧者披这种拖地的披风。事实上，披风下摆并未全部拖地，而是在后幅系上带尾兽皮拖于地上。这种曳地披风应该就是古文献上说的濮人"衣着尾"[1]。滇国贵族男女的披毳与这种曳地披风有所不同，凡披此种曳地披风者，多从事杂事劳动，或为滇国下属的其他族群。

图七 石M12春播场面贮贝器

## 三、服饰所见滇文化与其他地区的文化交流

### （一）与北方草原的联系

李M69：162鼓面铸4名舞女，其中两人戴高筒尖顶帽，帽筒正面饰兽面纹，后面饰雷纹和云纹，帽后垂长条宽带（图八）。石M13：64四人乐舞铜饰物上的4个舞女也戴高筒尖顶帽，顶上及沿边缀有带柄小圆花，帽后分垂两条飘带，帽前面饰回旋花纹。此外，在盐源地区的三女背水铜杖首有见过类似的高尖帽[2]（图九）。然而，这种帽子多见于欧亚草原的历史文化遗迹之中，甚至是草原上一种普遍的服饰文化现象[3]。新疆扎滚鲁克墓地出土尖顶毡帽（图一〇），以两片毛毡缝合而成，顶部填充毡块，帽檐外翻，是流行于西北地区的一种暖帽[4]。哈萨克斯坦伊塞克湖金人墓出土的金人，头戴高通尖顶帽，帽上装饰有动物雕像、树枝、羽翅、几何形牌饰等[5]。石寨山骑士镂花铜饰物和李M51铜鼓上有戴盔帽的人物形象，头盔近似锥形，有帽檐，形状也与毡帽相似[6]。

在中国西南地区，气候温暖湿润，极少用御寒保暖的毡帽，故滇文化铜器上的高筒尖顶帽、毡帽形头盔应是受北方草原上的斯基泰文化影响所致。事实上，滇文化与斯基泰文化之间有着千丝万缕的联系，除服饰外，还体现在兵器、动物搏斗纹饰、马饰等方面。盐源地区所发现的尖顶帽正是北方草原青铜文化向西南地区影响下，体现在服饰方面的产

图八 李M69：162铜鼓

---

[1] 张增祺：《滇国与滇文化》，云南美术出版社，1997年，第139页。
[2] 凉山彝族自治州博物馆、成都文物考古研究所：《老龙头墓地与盐源青铜器》，文物出版社，2009年，第129页。
[3] 吴妍春、王立波：《西域高尖帽文化解析》，《西域研究》2004年第1期。
[4] 高春明：《中国历代服饰文物图典》，上海辞书出版社，2018年。
[5] 吴妍春、王立波：《西域高尖帽文化解析》，《西域研究》2004年第1期。
[6] 翟国强：《北方草原文化南渐研究——以滇文化为中心》，《思想战线》2014年第3期。

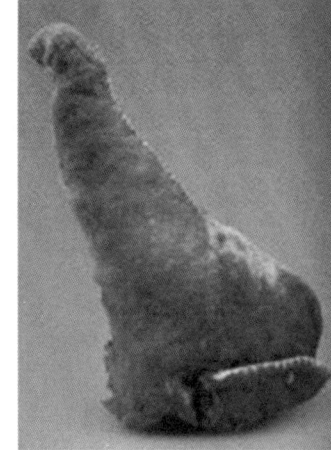

图九　盐源三女背水铜杖　　　　图一〇　扎滚鲁克出土尖顶帽

物。盐源地处川西高原,是西南地区与西北地区文化交流的过渡地带,滇文化中的滇式兵器、铜鼓、铜钟等文化因素在此地也有诸多发现[1]。

## （二）与中国东南地区、东南亚的联系

滇国服饰文化中常见的饰品搭配为耳戴玦、腕戴钏或镯。滇人好耳饰,无论男女,几乎都佩戴耳玦,滇文化中有两种较为特殊的耳玦：一是新月形耳玦,中孔偏于缺口处；二是近方形玉玦。滇文化中的新月形耳玦和近方形耳玦在两广、浙江、湖南等地多有发现,且年代都早于滇文化时期[2]。

有领玉镯是滇文化中数量较多且极具特色的一类手镯,报告中将其描述为宽边镯。玉镯环面内缘两面突起唇一圈,其横截面呈"T"字形,有学者称其为"T"字形环[3]、有领镯[4]、突沿镯[5]、有领环等。有领环早在新石器时代晚期在山东、河南地区就有发现[6]。商周时期,有领环迅速发展,向南扩散至湖南、江西、福建和两广地区。成都平原的三星堆文化和十二桥文化的遗址有大量出土与之类似的铜瑗、石瑗和玉瑗,但是成都平原的铜瑗多出土于祭祀性质的遗迹之中,应作为祭祀和礼器使用,与作为手镯功能的有领镯不同。到战国秦汉时期,西南夷地区普遍出现作为手镯使用的有领玉镯,并且在凉山喜德拉克四合大石墓[7]、威宁中水墓地[8]还出现了有领铜镯。东南亚大陆的新石器时代晚期也开始出现有领玉石镯,越南的梅波文化和下龙文化即有完整的有领石镯出土[9]。冯原文化中期,开始出现有领玉镯[10]。此外,在泰国和马来西亚也有零星发现。有领玉石镯在东南亚地区一直延续到铁器时代。

---

[1] 周志清：《浅析川西南青铜时代的管銎兵器——兼论川西高原在欧亚草原和北方文化传播带中的地位》,《成都考古研究（三）》,2016年,第146—158页。
[2] 杨建芳：《云贵高原古代玉饰的越文化因素》,《考古》2004年第8期。
[3] 吉开将人著,陈德安译,石应平校：《中国与东南亚的"T"字形环》,《四川文物》1999年第2期。
[4] 贵州省文物考古研究所、四川大学历史文化学院考古系、威宁县文物保护管理所：《贵州威宁县吴家大坪商周遗址》,《考古》2006年第8期。
[5] 赵美、张扬、王丽明：《滇国玉器》,科学出版社,2003年。
[6] 吉开将人著,陈德安译,石应平校：《中国与东南亚的"T"字形环》,《四川文物》1999年第2期。
[7] 童恩正、张西宁：《四川凉山喜德拉克公社大石墓》,《考古》1978年第2期。
[8] 贵州省博物馆考古组、威宁县文化局：《威宁中水汉墓》,《考古学报》1981年第2期。
[9] 张强禄：《再论东南亚大陆的"T"字形环》,《南方民族考古》第十七辑。
[10] 四川省文物考古研究院、陕西省考古研究院、越南国家历史博物馆：《越南义立——冯原文化遗存发掘报告》,文物出版社,2016年,第151页。

从年代和器物特征上看，有领镯从北方地区经华南地区传至越南北部，滇文化的有领玉镯可能来自华南地区，并与东南亚广泛分布的有领玉石镯之间或许存在联系。而滇文化所常见的玉玦也是受华南地区玉玦的影响，此地又是"百越"的分布地。因此，滇文化中的耳玦和有领玉镯是受了越文化因素的影响或是越人西迁之后的结果[1]。

### （三）与中原的联系

西汉武帝置益州郡，大量的汉人、汉式器物进入云南地区。滇文化中的汉式器物很多，在服饰方面有带钩和身着曲裾的人物形象，石M6：13骑士镂花铜饰物上的女骑士（图一一），发髻盘于脑后，正身衣服随衣襟旋绕卷裹于身，衣长及脚面，长宽袖，收袪，腰间系带。石M1纺织场面贮贝器上捧物的侍女，脑后梳圆髻，一绺头发拖于后背，衣襟旋绕裹身长至脚面，腰间束带。同样穿着的还有石M20杀人祭祀场面上俯伏在地的妇女。这种服饰与滇人短袖、短裤的风格迥然不同，而是中原地区流行的曲裾。与滇王金印同出一墓的鎏金女骑士，其身份非同寻常，沈宁认为石M6：13的女骑士与汉朝对滇进行和亲政策有关[2]。这些都说明了在战国至西汉时期，云南和中原地区在政治、经济、文化等方面都有紧密的联系。

图一一　石M6：13鎏金女骑士铜扣饰

## 四、服饰所见滇文化的纵向演变

### （一）披毡

披毡和披罽在滇文化出土的铜戈、铜鞘饰、铜鼓和铜俑上就有很多发现，最典型的形象就是持伞俑。披毡在滇人服饰中所用甚广，实际上已经成为滇人服饰构成的一部分。《后汉书·西羌传》引郭义恭《广志》记载羌人"女披大华毡，以为盛饰"，说明披毡乃是氐羌族群的盛装，氐羌族群游牧为生，居于西北高寒地区，以披毡御寒。李M51：262铜鼓上的3个骑士（图一二），高眉深目，双肩披带毛的动物革甲，下着虎皮短裤，但其余身体装饰品与滇国服饰风格无异，极可能是久居滇国的氐羌族群。在昭通后海子霍承嗣墓的西壁下层壁画中有汉族与少数民族部曲的形象（图一三），其中、下两排少数民族部曲共27人皆披毡，赤足[3]。在南诏、大理时期，云南地区依旧流行披毡[4]。直到今天，四川凉山地区的彝族流行的"察尔瓦"与昔日滇国流行服饰披毡仍可见相似之处。

### （二）跣足

滇文化铜器上的人物几乎都不着鞋，不管是在庄严的祭祀场所主持祭祀的贵妇人，还是田间

---

[1]　杨建芳：《云贵高原古代玉饰的越文化因素》，《考古》2004年第8期。
[2]　沈宁：《人类学视角下的女性文化遗产——石寨山青铜扣饰的记忆》，《博物院》2020年第2期。
[3]　云南省文物工作队：《云南省昭通后海子东晋壁画墓清理简报》，《文物》1963年第12期。
[4]　翟国强：《北方草原文化南渐研究——以滇文化为中心》，《思想战线》2014年第3期。

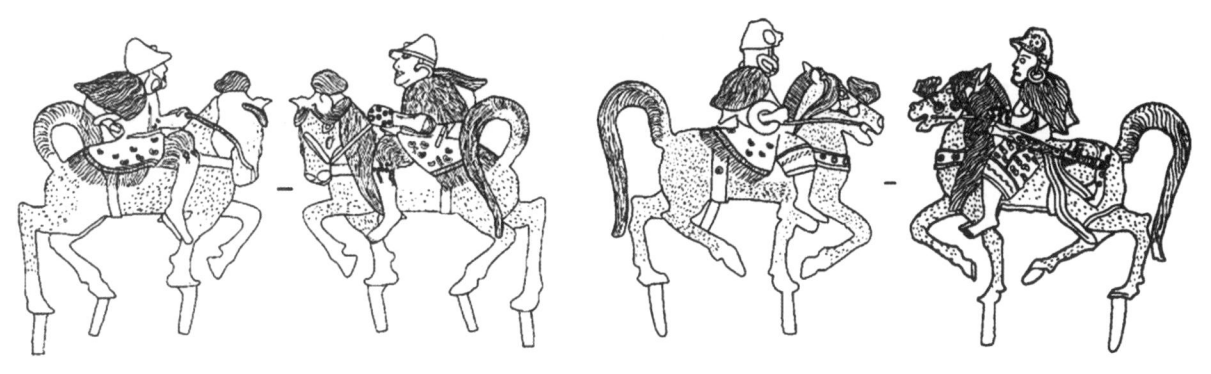

图一二　M51∶262铜鼓（局部）

图一三　霍承嗣墓西壁下层壁画（局部）

地头播种的平民百姓都是跣足。李 M69∶157 播种祭祀场面贮贝器上有一人身穿长衣长裤，足上穿靴，脚尖上翘。这种翘头靴最早起源于北方草原地带，战国时期赵武灵王"胡服骑射"方才传入中原地区。囿于山川地貌，滇国时期的穿靴者应该不是自中原而来，而是来自南迁的北方草原游牧民族[1]。

跣足在云南少数民族地区具有悠久的历史，上可追溯至战国秦汉时期的滇人。至南中时期，云南少数民族部曲也有跣足的习俗。大理国《张胜温画卷》上，也可见到有武将全副武装却依旧光脚。到近现代，仍有很多少数民族仍有光脚的习俗。

（三）披兽皮

虎皮、豹皮是滇文化铜器上常见的服饰。李 M69∶162 铜鼓上的舞女全身饰以兽皮，肩背处在披风外挂虎皮一张，虎皮的前肢披在双肩上，后肢和尾垂于股后；腹前挂圆形扣饰，扣饰下如围腰般挂

---

[1] 张增祺：《滇国与滇文化》，云南美术出版社，1997年，第139页。

虎皮一张，虎皮后肢和尾垂于裆膝。李M51∶262铜鼓上的3个骑士也身穿虎皮长衣，双肩披带有动物毛皮的革甲。缚牛浮雕扣饰（图一四）上也有男子下身穿虎皮短裙，或是将带尾虎皮围在身后。唐樊绰《蛮书》记载南诏有"大虫皮衣"的官服制度，《新纂云南通志·金石考》所载的《南诏碑》也有"军将赏紫袍金带兼大虫衣刘望"等残句。《蛮书》还记载乌蛮的一支磨蛮"男女皆披羊皮，俗好饮酒歌舞"。近现代，在滇中南地区的彝族还有举行大祭的崇虎习俗，男女巫腰插虎尾进行表演。至今天，云南氐羌族群的部分民族仍有衣兽皮的习惯，而大理一带的白族妇女，在制作上衣时一般后幅长于前襟，白语作"衣物崩（东）"，即"衣尾巴"，仍可看出衣着尾的遗风[1]。

图一四　李M68X1∶51-3十一人缚牛浮雕扣饰

### （四）裹腿

滇文化的铜器中，还有不少人物形象是裸体，但又并非不着寸缕。铜矛（李M24∶43-3，李M24∶75）、铜戈（李M57∶181）和祭祀场面扣饰（李M24∶90）上的男子或于腰间系布条，或于膝上绑带，或是右肩至左腰斜系宽带以为饰。此外，还有身穿短衣短裤捕猎的男子、披披风出门狩猎的骑士，都有在膝盖处绑带的发现。这种绑带或许是出于保护腿部避免在狩猎时被荆棘划伤的目的，又称为"裹腿"[2]。且狩猎或劳作时不穿裤，只是腿上绑带更利于行动。至近现代，在云南贵州一带的苗族仍有胫部裹腿的习惯[3]。

## 结　论

在战国秦汉时期，云南分布着氐羌、百濮、百越三大族群。氐羌族群本是生活在西北高寒地区的游牧族群，部分南迁之后主要生活在滇西地区。随着洱海区域昆明人的不断东渐，在滇池流域也有氐羌族群的生活迹象。滇池区域冬暖夏凉的气候条件，决定了此地的主体服饰是无季节性差异的椎髻、对襟衣、短裙短裤和跣足的搭配，与北方草原游牧民族的以御寒保暖为主的服饰风格大相径庭。

滇池流域生活着许多其他民族。有梳辫、披发的昆明人，有"衣着尾"的濮人，有长衣长裤的游牧族群，还有缠头帕、额前挽大螺髻的其他族群。多个族群汇聚一堂，共同生活在"河土平敞……有盐池田渔之饶，金银畜产之富"的滇池流域。

滇西地区河流众多，与山脉相间而成南北走向的大河谷，自古以来就是不同文化交流与传播、民族迁徙的重要通道。滇文化的服饰中出现北方草原文化因素表明早在战国秦汉时期，云南地区与北

---

[1] 黄俊敏：《云南百濮、百越、氐羌三大族群服饰的"胎记"——以佤族、傣族、彝族服饰构成为例》，昆明理工大学，2007年。
[2] 张增祺：《滇国与滇文化》，云南美术出版社，1997年，第139页。
[3] 鸟居龙藏著，杨志强译：《西南中国行纪》，商务印书馆，2020年，第111页。

方草原既已有着长期密切的联系。云南与华南地区和东南亚地区地缘相接,亲近的地理关系使得两地长期保持着密切的双向文化交流。

服饰是民族文化传承的重要载体,是民族文化的构成要素之一[1],能够体现民族状况、社会面貌以及文化的交流与传承。秦汉时期,生活在滇池地区的各个族群的服饰在表达古代民族文化的个性与特色方面已经成型,并且长时间地保留了下来。在今天的云南少数民族服饰中,仍然可以发现古代族群衣着服饰的遗风。

---

[1] 戴平:《中国民族服饰文化研究》,上海人民出版社,2000年,第4页。

# 绿松石、孔雀石或磷铜石

## ——古滇国几种珠子原料及珠形嵌片分析

◎ 王丽明（云南省博物馆）

## 引　言

根据云南60余年考古发掘古滇国的考古遗存，最著名的是三处墓地：晋宁石寨山，江川李家山，以及官渡羊甫头，出土的串珠饰品中有丰富的绿松石串饰品，其中一类形制一致的绿色串珠及珠形嵌片饰品，所有考古无一例外地将这种绿色饰品的材质描述为绿松石和孔雀石。

近几年通过观察出土的"绿松石"及埋葬特征相异产生的疑问，根据所了解的绿松石、孔雀石、磷铜矿特性，以及采集古滇国出土"绿松石"样品，请北京大学崔剑锋团队检测的结论，综合进行分析，对古滇国各类绿色珠子的制作材料得出了新的结论。

## 一、古滇国墓葬出土的"绿松石"饰品种类

经整理大部分资料后可知，古滇国墓中的常见绿松石等绿色饰品，主要有算珠形珠、管珠、细小管珠、异形管珠、乳突形扣、异形扣、珠形嵌片、不规则形嵌片等，其性状也有区别。

第一类：具备绿松石特征的为稍大的珠、扣。珠径超过0.3厘米，珠管长1厘米左右，乳突形扣底面平，大小不一，直径1—2.8厘米，除了呈现松石绿、不透明、有蜡状光泽，有的珠扣还可见蓝绿—浅黄绿—淡绿或淡蓝—豆绿或湖蓝色自然过渡及不规则沟缝、暗纹等明显绿松石特征（图一—五）。

第二类：细小的管珠和珠形嵌片则缺少明显绿松石特征。此类饰品数量最多，管珠状，长短不一，珠径不超过0.3厘米；珠形嵌片厚度只在0.2厘米以内。保存条件好的表面有玻璃光泽，但整体石色呈蓝绿、翠绿色、浅黄绿等，凭肉眼看与绿松石或孔雀石珠、扣并无区别（图六—七）。

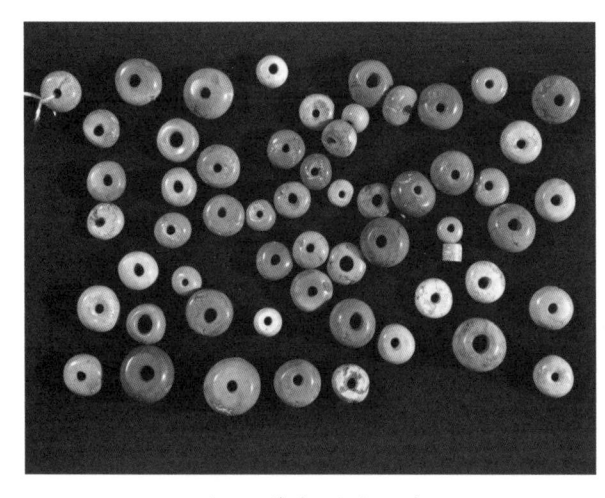

图一　算珠形绿松石珠

图二 绿松石管珠 石M12:193

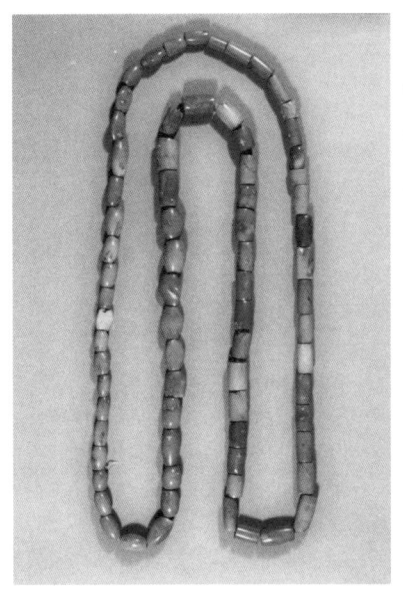

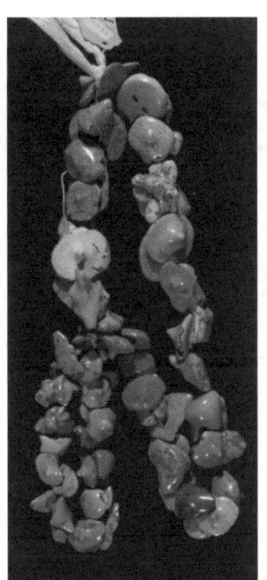

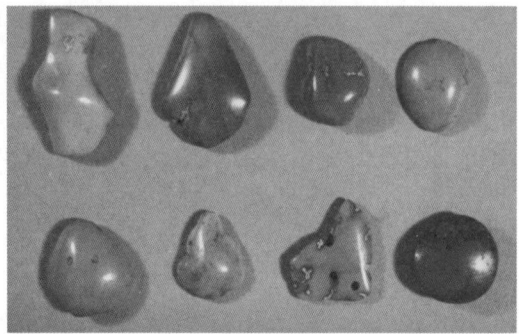

图三 绿松石扣

图四 铜鼓形绿松石珠

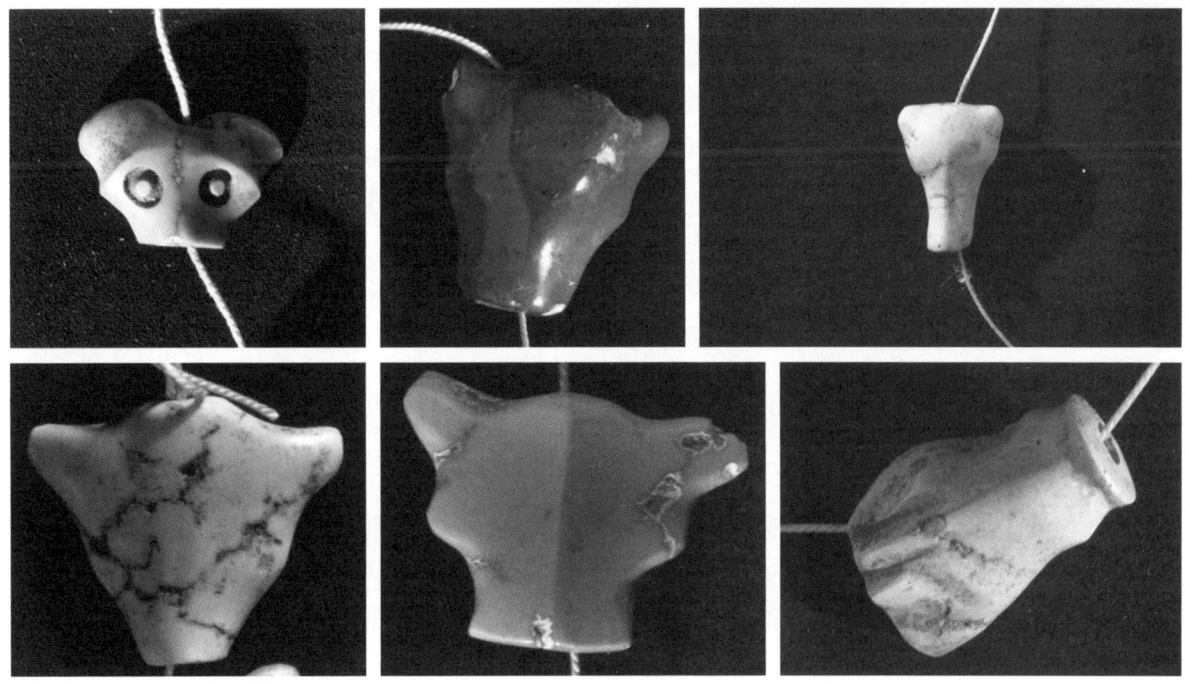

图五 绿松石兽首形珠6件

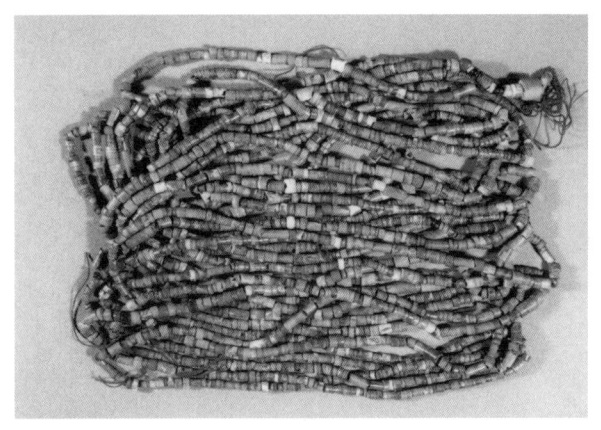

图六　石M无号绿松石细小珠串

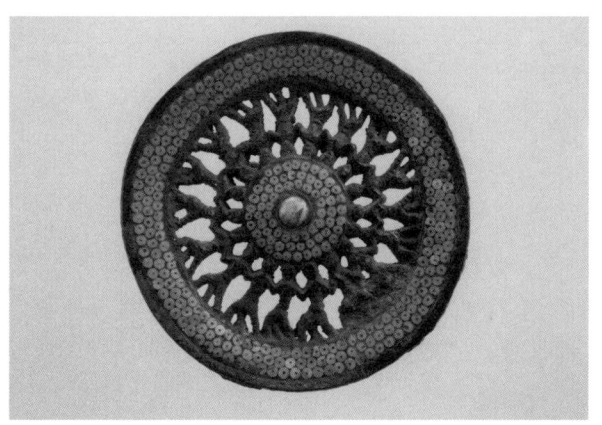

图七　江李M24出土的有珠形嵌片镶嵌的铜扣饰

保存条件不甚好的细小珠子虽是绿色，出土时大多绿中泛暗淡灰白，无光泽、不自然。仔细观察，依稀可见绿色条痕，但表面粗糙，珠子质地疏松，触之还会不断脱落或掉渣；多数铜扣饰上镶嵌的珠形嵌片也脱落比较严重，绿色嵌片由绿色——灰白、白色过渡。（图八——一○）

图八　石M24出土绿色石珠

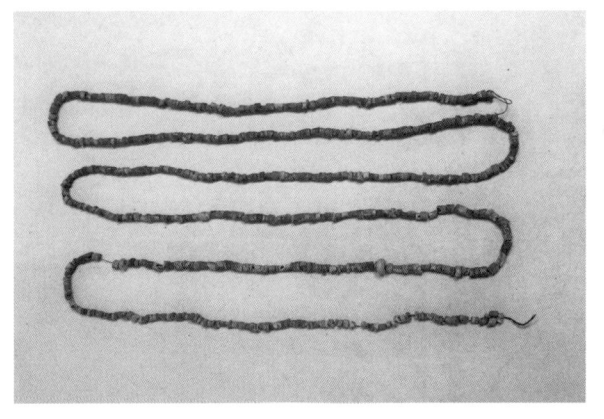

图九　江川李家山M11出土绿色石珠串

图一○　晋宁石寨山M13出土的镶绿松石雕牛头圆形扣饰

## 二、绿松石、孔雀石珠子制作材料的疑问

在自然环境下的绿松石稳定性高，经过数千年的埋藏仍然保持其特征，本质依旧，不易误读；为什么古滇国墓出土的细小管珠、镶嵌在铜扣饰上的珠形嵌片有说是绿松石，又有说是孔雀石？再者，在自然环境下的绿松石稳定性高，经过数千年的埋藏色泽依旧，肯定不会因保存环境差出现出土时的灰白色，且质地疏松、无光泽，常呈碎粉脱落，明显与绿松石特性相悖。

章鸿钊《石雅》言："云南产者明人每称碧瑱子（即绿松石），今云南尚未闻产绿松石，若孔雀石则

铜矿中处处有之，非其属欤。"[1]由此说会理（元明时期称"会川"）、安宁出的"碧瑱子"，其实是将孔雀石误读为绿松石了。1980年版《中国古代矿业开发史》的夏湘蓉等人以章鸿钊的言论为依据，其理由就是1975年第2期《考古学报》上指出（李家山出土绿松石珠）"经昆明工学院地质系初步鉴定，绿色饰珠是孔雀石。据此，可见古代云南所产碧甸子（碧甸）或碧瑱子（碧瑱）无疑都是孔雀石"。而且认为楚雄万家坝古墓群出土的88颗绿松石珠"有可能和李家山出土的一样都是孔雀石或硅孔雀石"[2]。湖北地质学会专家郝用威认为"基于绿松石与孔雀石各自特征极为明显易辨……但原为绿松石绝不会成为孔雀石"。由此可见古滇国墓葬出土的"只能是绿松石"[3]。其文章中指出绿松石是铜铝含水磷酸盐类矿物，而孔雀石是属含铜碳酸盐类矿物，前者在自然界不同环境中的稳定性高，而孔雀石相对较低。

难怪出土数千年前新石器时代的绿松石饰品，色彩依然鲜绿，夏、商、周三代，春秋、战国及其后的古墓葬出土的绿松石饰物，更是闪烁着独特的蓝绿、天蓝色。

江川李家山24号墓"珠襦"复原模型图（图一一），于20世纪80年代我馆赴欧洲的第一次云南青铜文明展览时制作。这些看似绿松石质的细小管珠，数量巨大，经历两千年埋藏，光泽度差、分量轻，大多粉状脱落，特别是珠体内核可见灰白色粉末等，这些与绿松石特征相左（图一二——四）。正是因为这些特点，令人怀疑它们是绿松石和孔雀石的真实性。在肯定不是绿松石、孔雀石珠、松石和孔雀石嵌片的同时，曾怀疑是人工制造的费昂斯珠及珠形嵌片。但作为费昂斯或古玻璃的关键数据取决于二氧化硅（$SiO_2$）指数，2020年11月我馆与北京大学考古文博学院的崔剑锋团队（崔剑锋、姜晓晨阳、刘念）合作，完成了我馆馆藏21件珠饰品的检测分析工作。检测数据否定了"费昂斯"说[4]，却得出了"磷铜矿"———一种在现代世界较罕见的铜矿石的结论[5]。

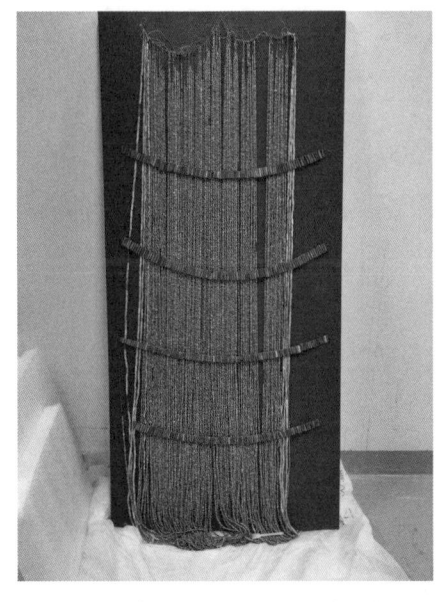

图一一 李家山M24出土的珠襦复原　　图一二 李家山M24出土的珠襦复原局部图

---

[1] 章鸿钊：《石雅》，百花文艺出版社，2010年。
[2] 夏湘蓉等：《中国古代矿业开发史》，地质出版社，1980年。
[3] 郝用威：《诠释元代甸子、突厥玉、碧瑱子》，《中国地质学会地质史专业委员会第23届学术年会论文集》，2011年。
[4] 王丽明：《滇国古墓中的绿色饰品：被误读的"费昂斯"》，《美成在久》第30期。
[5] 刘念、崔剑锋、王丽明：《云南省博物馆馆藏》，《云南文物》2022年第1期。

图一三　李家山M24出土的珠襦复原局部图 　　　　图一四　李家山M24出土的珠襦复原局部图

在21件样品的检测报告中,有10件为"磷铜矿",有3件为"绿松石",有8件为人工制造的"古玻璃珠"。

## 三、大自然对古滇国的馈赠:磷铜矿

1. 北大考古文博学院检测珠子样品的结果

在北大考古文博学院检测珠子样品中,送检样品中的12件来自石M1无号"绿松石"残碎品(图一五),经检测有8件为古玻璃珠,有2件为绿松石珠,有2件为磷铜石珠;另外也有一件出土于石寨山1号墓、编号为石(一)45的珠子,经鉴定为绿松石。

其余取自李家山无号珠被模型珠2枚,石寨山无号珠串上2枚,江李M11:20珠串上珠2枚,石M13:62圆形铜扣饰嵌片2枚,经检测鉴定为磷铜石珠6枚,磷铜石珠形嵌片2枚。

2. 自然界中磷铜矿——一种绿色的铜矿石

图一五　石M1绿色石小珠碎片

自然界的磷铜矿(Libethenite)是一种较罕见的铜矿石,一般产于铜矿氧化带,常伴生矿物有孔雀石、石英、褐铁矿、橄榄铜矿等。化学组成为$Cu_2(PO_4)(OH)$;其矿物晶体为斜方晶系结构,柱状和针状形态。呈树脂至玻璃光泽,半透明。主要颜色为墨绿、橄榄绿色,其间有浅绿色条痕。硬度为4,相对密度为3.97,无解理,可用于提取铜、铁。

根据与北京大学崔剑锋团队合作检测数据看,古滇国墓葬出土的磷铜石珠饰品是浅绿色的,应属于橄榄绿色的磷铜矿石,与绿松石、孔雀石的外观极其相似。特别是暗含浅绿色"条痕",与孔雀石相比很难辨别。

无论孔雀石、磷铜石,都是铜矿石,即金属矿物。

孔雀石是含铜的碳酸盐矿物,作为一种铜矿石,其韧性极差,易碎,遇酸性和碱性物质极易被腐蚀。所以郝用威发表论文认为"在工艺技术上很难加工成中间穿孔的小管珠、小圆薄片,更不可能在地下保存两千多年来没被变色而保存完好"。

绿松石、孔雀石或磷铜石　87

表一　鉴定为磷铜石的样品检测数据

| 序号 | 样品编号 | 照片 | SiO$_2$ | Al$_2$O$_3$ | Fe$_2$O$_3$ | MgO | CaO | Na$_2$O | K$_2$O | MnO | P$_2$O$_5$ | TiO$_2$ | Sb$_2$O$_3$ | CuO | PbO | CoO | BaO | SnO$_2$ |
|---|---|---|---|---|---|---|---|---|---|---|---|---|---|---|---|---|---|---|
| 1 | 6-1 |  | 0.38 | 0.2 | 0.11 | 0.01 | 0.65 | 0.1 | 0.06 | 0 | 28.62 | 0.03 | 0 | 69.41 | 0.13 | 0 | 0.19 | 0.05 |
| 2 | 6-2 |  | 0.5 | 0.27 | 0.13 | 0.02 | 0.29 | 0.02 | 0 | 0 | 26.03 | 0.04 | 0 | 72.38 | 0.11 | 0 | 0.12 | 0.06 |
| 3 | 7-1 |  | 1.09 | 0.66 | 0.26 | 0.03 | 0.24 | 0.02 | 0.08 | 0 | 24.88 | 0.05 | 0 | 72.57 | 0.06 | 0 | 0.01 | 0.02 |
| 4 | 7-2 |  | 1.38 | 0.88 | 0.31 | 0.04 | 0.26 | 0.01 | 0.09 | 0 | 25.23 | 0.06 | 0 | 71.55 | 0.11 | 0 | 0.01 | 0.04 |
| 5 | 8-1 |  | 2.81 | 1.94 | 0.73 | 0.07 | 6.13 | 1.43 | 1.53 | 0.01 | 38.56 | 0.09 | 0 | 46.37 | 0.08 | 0 | 0.17 | 0.01 |
| 6 | 8-2 |  | 2.14 | 1.34 | 0.57 | 0.04 | 0.22 | 0.10 | 0.18 | 0.01 | 26.11 | 0.09 | 0 | 69.12 | 0.03 | 0 | 0.01 | 0.02 |
| 7 | 9-1 |  | 2.04 | 1.46 | 0.49 | 0.05 | 0.13 | 0.02 | 0.20 |  | 26.49 | 0.07 | 0 | 68.90 | 0.12 | 0 | 0.01 | 0.01 |
| 8 | 9-2 |  | 1.76 | 1.22 | 0.40 | 0.05 | 0.07 | 0.02 | 0.17 |  | 26.30 | 0.05 | 0 | 69.83 | 0.09 | 0 | 0.01 | 0.01 |
| 9 | 10-1 |  | 1.31 | 0.69 | 0.36 | 0.04 | 0.45 | 0.07 | 0.16 | 0 | 26.24 | 0.07 | 0 | 70.56 | 0.02 | 0 | 0.01 | 0.01 |
| 10 | 10-2 |  | 0.37 | 0.06 | 0.03 | 0.01 | 1.11 | 0.02 | 0 | 0 | 27.57 | 0.02 | 0 | 70.76 | 0.02 | 0 | 0 | 0.01 |

表二 鉴定为绿松石的样品检测数据

| 序号 | 样品编号 | 照片 | $SiO_2$ | $Al_2O_3$ | $Fe_2O_3$ | MgO | CaO | $Na_2O$ | $K_2O$ | MnO | $P_2O_5$ | $TiO_2$ | $Sb_2O_3$ | CuO | PbO | CoO | BaO | $SnO_2$ |
|---|---|---|---|---|---|---|---|---|---|---|---|---|---|---|---|---|---|---|
| 1 | 3-2 | | 0.98 | 42.87 | 2.26 | 0.02 | 0.32 | 0.02 | 0.04 | 0 | 42.37 | 0.05 | 0 | 10.62 | 0.13 | 0 | 0.14 | 0.04 |
| 2 | 5-2 | | 3.21 | 44.32 | 0.79 | 0.14 | 0.47 | 0.03 | 0.11 | 0.01 | 41.67 | 0.12 | 0 | 8.72 | 0.13 | 0 | 0.09 | 0.06 |
| 3 | 11 | | 2.19 | 44.84 | 0.48 | 0.02 | 0.27 | 0.02 | 0 | 0.01 | 43.04 | 0.04 | 0 | 8.44 | 0.13 | 0 | 0.34 | 0.04 |

表三　鉴定为古玻璃珠的样品检测数据

| 古玻璃珠8枚 | | 照片 | SiO₂ | Al₂O₃ | Fe₂O₃ | MgO | CaO | Na₂O | K₂O | MnO | P₂O₅ | TiO₂ | Sb₂O₃ | CuO | PbO | CoO | BaO | SnO₂ | 备注 |
|---|---|---|---|---|---|---|---|---|---|---|---|---|---|---|---|---|---|---|---|
| 1 | 1-1 | | 60.69 | 2.23 | 2.12 | 2.09 | 5.21 | 0.17 | 19.1 | 0.12 | 4.02 | 0.25 | 0 | 3.19 | 0.56 | 0 | 0.09 | 0.04 | 钾玻璃 |
| 2 | 1-2 | | 58.9 | 1.95 | 2.1 | 2.18 | 4.86 | 0.15 | 20.99 | 0.09 | 3.37 | 0.23 | 0 | 4.57 | 0.28 | 0.01 | 0.16 | 0.06 | 钾玻璃 |
| 3 | 2-1 | | 72.83 | 2.71 | 0.54 | 0.19 | 2.65 | 0.4 | 15.1 | 0.02 | 1.65 | 0.12 | 0 | 2.09 | 0.07 | 0 | 0.02 | 1.53 | 钾玻璃 |
| 4 | 2-2 | | 64.3 | 1.41 | 0.43 | 2.53 | 5.59 | 18.3 | 1.78 | 0.01 | 0.94 | 0.09 | 2.51 | 1.4 | 0.12 | 0 | 0.06 | 0.09 | 植物灰型钠钙玻璃 |
| 5 | 3-1 | | 65.18 | 1.59 | 0.42 | 2.3 | 4.71 | 18.65 | 1.5 | 0.01 | 0.81 | 0.09 | 2.78 | 1.35 | 0.10 | 0 | 0.04 | 0.09 | 植物灰型钠钙玻璃 |
| 6 | 4-1 | | 71.84 | 0.77 | 0.53 | 0.16 | 2.45 | 0.06 | 17.73 | 2.56 | 1.01 | 0.08 | 0 | 1.84 | 0.02 | 0.01 | 0.82 | 0.03 | 钾玻璃 |
| 7 | 4-2 | | 74.01 | 0.79 | 0.56 | 0.2 | 2.48 | 0.05 | 15.40 | 2.57 | 1.14 | 0.08 | 0 | 1.76 | 0.02 | 0.01 | 0.82 | 0.04 | 钾玻璃 |
| 8 | 5-1 | | 31.19 | 0.29 | 0.13 | 0.13 | 0.36 | 4.03 | 0 | 0 | 0.16 | 0.02 | 0.09 | 0.42 | 46.45 | 0.01 | 16.44 | 0.03 | 铅钡玻璃 |

磷铜矿（Libethenite）也是一种铜矿石，含磷较高。作为一种铜矿石，比较孔雀石耐久一些，但按自然法则，金属材料受埋藏环境影响而风化，呈现灰色、灰白色、结构疏松的砂状、泥状物如渣子般掉落，理应在所难免。

### 3. 金属锈蚀或腐蚀的启示

古代青铜器，尤其是考古发掘的青铜器，由于长期埋藏在地下，受土壤中或大气中的氯化物影响，会起化学反应而形成锈蚀。既有有害锈，如俗称"粉状锈"，还有许多无害锈。"它们在青铜器表面形成了保护层，使之不再继续遭受腐蚀，并增添了青铜器的古雅色调"。"金属的锈蚀是化学的或电化学反应的结果，它实际上就是(金属器)向较稳定的矿物质转化的过程"[1]。孔雀石、磷铜石都是一种金属矿石，在经历长期埋藏的过程中是会"受土壤中或大气中的氯化物影响，会起化学反应"的，即受"腐蚀"发生变化也就在情理之中。

所以推测滇国墓中出土大量的被误读为绿松石、孔雀石的细小绿色管珠及珠形嵌片，肯定不是绿松石珠，而是智慧的古滇工匠在铜矿石中选择孔雀石、磷铜石代替绿松石的结果，只是比较而言孔雀石不如磷铜石耐久，这些含磷较高的珠子(磷铜石珠)经历千年埋藏，高强度的"腐蚀"风化后而损毁最多，才会呈现光泽度差，结构疏松，虽多数为浅绿色，但夹杂灰色、灰白色的砂状、泥状物等现状。

尽管现代世界矿物中称磷铜矿为"一种罕见的铜矿石"，并不能代表距今2 000年的世界矿物也是如此，例如网上史料：世界上最古老的绿松石矿山，位于西奈半岛，但是绿松石的产量从来不大，最高年产量约为400千克。孔雀石、锰、铜矿石是矿山的副产品，大约到1903年便被采掘一空了，在西奈半岛不会再有集绿松石、孔雀石、锰、铜矿石在一起的矿山了。由于没有文字记载，汉代云南滇中及滇东地区的铜矿区是不是有集绿松石、孔雀石、磷铜矿等在一起的矿山？从现代世界矿藏可以看到，至今云南滇东及滇中地区的铜矿、磷矿资源仍然很丰富。虽然历史文献很少见孔雀石作为珠宝开采利用的原料，但是可以看到，孔雀石多作为炼铜的原料加以使用，如广东石菉铜矿山，主要工业产品为铜精矿、粗铜和电解铜。早年云南易门铜矿中的孔雀石也是做了炼铜原料。直到近年来人们才认识到了孔雀石的宝石价值并开始回收、利用。

《新纂云南通志·铜矿》[2]记载，滇中区包括云南（今昆明）、澄江、曲靖、临安（今建水）等府，以易门、路南、蒙自等县为盛。据《汉书·地理志》记载，当今的江川、澄江、玉溪、文山等地都产铜。著名的东川（古代属东川府的会泽）铜矿开采，最早可追溯到汉代。截至目前在自然界已发现的铜矿物达167种，主要矿物16种。目前我国生产的铜主要取自黄铜矿，其次是辉铜矿、斑铜矿、孔雀石。铜矿作为云南有色金属中的优势矿种，分布很广。总的三个矿藏区之一——滇中滇东地区，"主要矿床有东川落雪、汤丹、易门三家厂，新平大红山，人姚六苴、大村，牟定郝家河等，是云南蕴藏量最多的地区，占全省铜储量的65%"[3]。磷矿也"是云南的优势矿产，在国际和国内都占有十分重要的地位，早寒武世梅树村期是云南最主要的成磷期（距今约6亿年），预测磷矿资源总量为223.06亿吨，占全国预测磷矿资源总量的74.3%，全省磷矿探明储量59.88亿吨，居全国首位。"磷块岩，是一种富含磷酸盐矿物的沉积岩。主要矿物成分为氟氯磷灰石、细晶磷灰石、胶磷矿。混入物有沙、粉沙、黏土、白云石、方解石、石英、海绿石和有机质等。质量较高的磷块岩含磷酸盐矿物在90%以上，$P_2O_5$含量在30%以上。磷灰石，含$P_2O_5$ 40%—42%，属六方柱状晶体，集合体呈粒状，致密块状，颜色不一，以灰色、褐色、淡绿

---

[1] 国家文物局：《博物馆藏品保管工作手册》，群众出版社，1992年。
[2] 《新纂云南通志卷一百四十六·矿业考·铜矿》，《新纂云南通志》（第七册），云南人民出版社，2007年。
[3] 《云南100种矿产资源》，云南科技出版社，2000年。

色等最为常见,硬度5,比重3.2,云南磷块岩主要由生物和生物化学沉积而成,常呈隐晶质块体或结核状,通称胶磷矿"[1]。

类似的绿色石珠在楚雄万家坝古墓葬群、曲靖八塔台墓葬群、呈贡天子庙等都有出土(图一六——一八),珠子体量较小(长短不一,珠径0.3至0.5厘米),这样类似的绿色石珠在云南多个地点都有出土,所以推断磷铜矿、孔雀石原料就来自滇中及滇东地区的铜矿氧化带之中。只是对古人而言,因没有现代的矿物检测设备和技术,只能通过肉眼观测表象,依据矿物表面的颜色来鉴宝、识宝,将磷铜矿、孔雀石都归入制珠的珠宝。而后居滇之人开采铜矿,只求取用铜原料,没有做珠子的需要,完成铜料提取,其他便作"渣"丢弃了!

图一六　楚雄万家坝M82出土的绿色石珠串

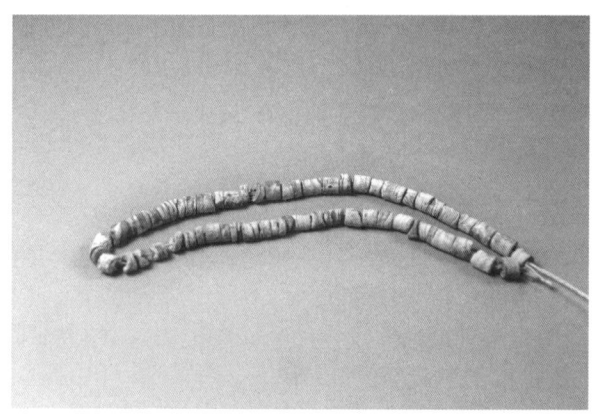

图一七　曲靖八塔台M73出土绿色石珠串

图一八　呈贡天子庙出土的绿色石珠串

---

[1]《云南100种矿产资源》,云南科技出版社,2000年。

# 滇池地区青铜时代的玉玦：身份与性别的考古学研究

◎ 于　兰（云南大学艺术与设计学院）
◎ 杨小彝（四川大学文博考古学院）

## 前　言

玦，是一种有缺口的玉石饰物，常常有"如环而缺""环之不周""如环，缺而不连"等的解释。从这些描述中，可以看到"玦"是一种形如环而有缺口的器物，多作为耳饰。玦的名称记载，在文献中一直就有，如韦昭的《国语注》中称"如环而缺"；徐楷的《说文解字系传》"环之不周"；顾野王的《玉篇》云："如环，缺而不连"。清末古玉学家吴大澂在《古玉图考》中把一种如环而缺的玉器称为玦。从这些记载中，可以看到玦的特点：圆形，如环状，且有缺口。

根据现有的考古材料，玦最先在新石器时代中期的兴隆洼文化和查海文化中出现，到新石器时代末期，在中原、长江流域、东南沿海地区等地都有玉玦的身影，至商西周、春秋时期玉玦发展到最盛，战国时期走向式微，汉代以后，就几乎不见玉玦。

云南滇池地区从春秋早期开始出现少量玉玦，战国晚期到西汉中期，玉玦大量出现，到西汉晚期至东汉初期，玉玦无论是在数量上，还是在型式上，都达到一个新的高度，形成独特的"滇式玉玦"。东汉初期以后，就很少见到玉玦的出现。

自20世纪50年代开始发掘晋宁石寨山墓地，至今，滇池地区青铜时代墓地至少有17处，清理墓葬1 900多座，出土玉玦超过1 000余件，其中60%的玉玦出在31座大型墓中。最典型是江川李家山墓地的M69，出土了127件玉玦，是目前出土玉玦数量最多的一座墓葬，该墓墓主为女性。中型墓也有一定数量的玉玦出土。小型墓数量最多，据不完全统计，至少有1 800多座，但出土玉玦数量最少，不到100件。由此而来的问题是，滇池地区青铜时代的玉玦是否仅仅是单纯的装饰品？是否也有身份地位的象征？使用玉玦是否有性别的差异？等等。本文在梳理了滇池地区青铜时代的墓葬中出土的玉玦的基础上，尝试对相关问题进行讨论。

## 一、玉玦的出现及发展概况

"环之不周""环而有缺"的玦，最早出在距今约8 000—7 500年前的新石器时代中期的兴隆洼文化和查海文化中。到距今约7 000—5 500年左右，在长江三角洲的河姆渡文化、马家浜文化、崧泽文化等；长江中下游的大溪文化、北阴阳营文化、凌家滩类文化遗存等；华南地区的壳丘头文化等诸新石器时代晚期文化，出土了玉石玦。其中马家浜文化、崧泽文化、北阴阳营文化、大溪文化等出土的玉石玦数量较多。到新石器时代末期（距今约5300—4000年），玉石玦的出土范围更大，浙江南部、安徽、河南、山西、湖南、湖北、江西、广东、香港等地的墓葬遗址中，都有玉石玦出土。

进入商代，北方的河南安阳、柘城、河北武安、藁城、山西吕梁、山东泗水，长江流域的湖北宜昌，湖南宁乡、双峰、江西新干，华南地区的广东曲江石峡上层文化、揭阳、饶平、香港石壁、屯门、南丫岛、大鸦洲、大屿山，东南沿海地区的台湾台北芝山岩，台东卑南、东河北等地出土了玉石玦。

西周时期，玉玦继续流行，如河南浚县、新郑、信阳，山西洪洞，陕西长安、宝鸡、岐山、武功、米脂，甘肃的甘谷，山东曲阜、滕县、临沂，江西清江，安徽屯溪，江苏镇江，浙江衢州，福建武夷山等地出土数量较多的玉石玦。

春秋时期是中国玉玦发展历史上的重要时期，不仅样式多，数量更多，范围进一步扩大。如河南三门峡、洛阳、新郑、辉县、信阳、南阳、光山、新野、淅川；河北徐水；山西长治、侯马；陕西长安、户县、宝鸡、凤翔；甘肃陇县、灵台、甘谷；山东历城、沂水、蓬莱、滕州、长岛，江苏江阴、吴县，安徽舒城，湖北随县、襄阳、应山，湖南资兴、耒阳，江西九江，广东和平、深圳、大埔、博罗、普宁，香港过路湾，广西武鸣，台湾南投曲冰等地的墓葬中，普遍出现了以玉石玦随葬的情况，而且有的墓地出土数量更多。如山西侯马春秋墓地出土玉玦多达400余件。战国中期之后，曾经常常出现玉玦的一些地方，如河南、山西、陕西、甘肃、山东、河北、湖南、湖北、江苏、江西、安徽、广东、广西等地却逐渐少见，到战国晚期，几乎不见玉玦的出土。

云南滇池地区的青铜时代，即从春秋时期早期开始出现玉玦，战国中期至西汉晚期这一阶段，玉玦发展到一个前所未有的阶段，不仅数量多，其型式与其他地区有明显的不同，呈现出浓郁的地域特色，到东汉初期以后又很快消失。

## 二、玉玦研究综述

玦，最基本的形态是圆环形，有缺口，即"如环而缺""环之不周"，但在不同发展阶段中，形态差异还是比较大的，有璧形、环形、算珠形、带角形、钳形、三角形、兽形、圆柱状等不同形状。每一种形状的玦既有大小的不同，内孔的位置、缺口的形状等也有差异。从玉玦的发展历史来看，形制简单、素面光洁的玉玦，包括石玦是最多的，从加工制作的角度来看，一般并不太复杂。因此一些地理位置相距很远的早期的玉玦有可能是各自独立起源的，进入到青铜时代以后，不同地区的玉玦则可能存在着形制上的传承与影响关系。

对玉玦的研究，最早可以上溯至20世纪初期。1917年日本大阪府国府遗址第二次发掘时，在10多座墓葬中位于死者头骨的两侧，发现了C字形的石器，日本学者注意到这种独特的器物，并参照中国古籍的记载，称其为玦状耳饰，并认为与中国有密切关系，由此展开了玦饰的讨论。

国内对玉石玦的研究开始较晚。1971年，中国台湾地区的学者黄士强对中国、日本、东南亚的史前玦做了较全面细致的介绍，尤其对台湾地区出土的玉石玦进行详尽的介绍与分类研究，并发表了《玦的研究》一文，该文被认为是最早的、比较详尽的专题研究[1]。1983年，夏鼐先生在《汉代的玉器》

---

[1] 黄士强：《玦的研究》，《台湾大学考古人类学刊》，1971年，37/38，第44—67页。

一文中，提出作为耳饰的玉玦，始于殷代，汉代消失[1]。杨建芳[2]、安志敏[3]等学者广泛收集各地出土的玉石玦材料，对中国玉玦的起源、分布、器型发展和影响等问题，做了细致的讨论。邓聪根据内蒙古兴隆洼文化遗址出土的材料，认为玦饰源于东北亚，并逐步向四方扩散。同时他还对玦饰的制作技术系统、玉料的来源、香港及环珠江口地区的玦饰的起源、编年、类型及技术结构变化等内容做了专题探讨[4]。陈星灿整理了中国史前玉石玦材料，对史前玉石玦的类型、分布与分区和渊源作了讨论，提出璧形玦、环形玦、算珠形玦、带角形玦、钳形玦、三角形玦、兽形玦等七种史前玉玦主要来源于东北地区、长江中下游地区和东南沿海地区[5]。杨晶在《中国史前玉器的考古学探索》一书中，将玉玦作为典型器物，专设一节对各地区史前时期玉石玦的出现、发展、形制特点、使用方式等作了较详尽的梳理与讨论，特别是通过表格，将各地出土的玉石玦一一列出，非常详尽，这对后续的研究尤为有用[6]。此外，邓淑萍、杨美莉等学者也进行了相关的研究[7]。

总之，对玉石玦的讨论主要集中在新石器时代，所涉问题主要是玉玦的起源、分布、器型的演变、影响，以及中国新石器时代的玉石玦与东南亚玦饰的关系如何等等。对商周时期的玉石玦虽有涉及，但多偏于综述，专题性的讨论较少。

对滇池地区青铜时代的玉玦，鲜有学者关注。杨建芳在《耳饰玦的起源、演变与分布：文化传播及地区化的一个实例》和《云贵高原古代玉饰的越文化因素》两篇论文中，对云南地区的玉石玦作了一定程度的讨论，认为"云贵高原的古代玉雕，如玉玦、玉钏（有领玉环）和蘑菇形剑首，或渊源于两广地区乃至我国东南地区的古代越人玉雕，或是越人西徙直接传播的结果。"并称云南地区出土的玉玦为滇式玉玦[8]。这是目前讨论云南青铜时代玉石器仅有的两篇文章。但对玉玦所蕴含的性别、身份象征等问题未有涉及。

本文在梳理滇池地区青铜时代墓地中出土相关材料的基础上，从性别身份的角度来探讨滇池地区青铜时代玉玦的相关问题，或许能有一些新的认识。在讨论滇池地区青铜时代玉玦与两性关系问题时，要考虑到青铜时代滇池地区社会文化与中原地区有很大的差异，更侧重于出土材料进行讨论。

## 三、滇池地区青铜时代墓地中出土玉玦情况

从20世纪50年代至今，在滇池地区及玉溪三湖地区发现了17处青铜时代的墓地：晋宁石寨山、晋宁金砂山、昆明官渡羊甫头、昆明大团山、昆明上马村五台山、嵩明凤凰窝、呈贡天子庙、呈贡石碑

---

[1] 夏鼐：《汉代的玉器》，《考古学报》1983年第2期。
[2] 杨建芳：《中国史前五种玉器及其相关问题》，香港《新亚学术集刊》第4卷（中国艺术专号），1983年；《耳饰玦的起源、演变与分布：文化传播及地区化的一个实例》，"中研院"历史语言研究所出版品编辑委员会，臧振华：《中国考古学与历史学之整合研究》（上册），1997年；《云贵高原古代玉饰的越文化因素》，《考古》2004年第8期。
[3] 安志敏：《长江下游史前文化对海东的影响》，《考古》1984年第5期。
[4] 邓聪：《东亚玦饰四题》，《文物》2000年第2期；《东亚玦饰之路》，《人类文化遗产保护》（辑刊）2003年；《环状玦饰研究举隅》，邓聪：《东亚玉器》，香港中文大学中国考古艺术研究中心，1998年；邓聪、邓学思：《新石器时代东北亚玉玦的传播——从俄罗斯滨海地区鬼门洞遗址个案分析谈起》，《北方文物》2017年第3期。
[5] 陈星灿：《中国史前的玉（石）玦初探》，《东亚玉器》（全3册）第2册，香港中文大学中国考古艺术研究中心，香港正山堂基金，1998年，第61—71页。
[6] 杨晶：《中国史前玉器的考古学探索》，社会科学文献出版社，2011年，第89—139页。
[7] 邓淑萍：《试论中国新石器时代的玉器文化》，《中国艺术文物讨论会论文集》（器物下），1992年；杨美莉：《谈中国古代带缺环形玉器——玦》（台北）《故宫文物月刊》总119期。
[8] 杨建芳：《耳饰玦的起源、演变与分布：文化传播及地区化的一个实例》，"中研院"历史语言研究所出版品编辑委员会，臧振华：《中国考古学与历史学之整合研究》（上册），1997年，第935页；《云贵高原古代玉饰的越文化因素》，《考古》2004年第8期。

村、呈贡小松山、呈贡黄土山、安宁太极山、宜良纱帽山、江川李家山、江川团山、澄江金莲山、华宁小直坡墓地（滇文化墓葬）、通海四街碧山等，17处墓地清理墓葬约有1 938座。大体上分为早期、中期、晚期，另外还涉及早期铁器时代，即西汉武帝之后至东汉初期的墓葬（见表一）。

表一　滇池地区青铜时代墓地的分期

| 早期（商末至春秋早期） | 中期（春秋早中期至战国中期） | 晚期（战国中期至西汉武帝以前） | 早期铁器时期（西汉武帝以后至东汉早期） |
| --- | --- | --- | --- |
| 晋宁金砂山墓地山顶区域墓葬 晋宁石寨山第五次发掘的小型墓 | 昆明上马村五台山墓地 昆明大团山墓地 呈贡石碑村墓地西区第一次发掘第一期墓 澄江金莲山墓地早期墓 | 华宁小直坡墓地滇文化墓葬 昆明羊甫头墓地第一期至第三期墓葬（238座墓） 呈贡天子庙墓地 呈贡石碑村墓地第一次发掘的第二期墓、第二次发掘的第一、二期墓 晋宁石寨山墓地第一次发掘的墓葬、第二次发掘的第Ⅰ类墓、第Ⅱ类墓、第五次发掘的M71 江川李家山墓地第一次发掘的第一类墓、第二次发掘的第一期墓 金莲山墓地中期墓 宜良纱帽山墓地的第一、二期墓葬 呈贡黄土山墓地第一类墓 安宁太极山墓地早期墓 呈贡小松山墓地 嵩明凤凰窝墓地 | 晋宁石寨山墓地第二次发掘Ⅲ类、Ⅳ类墓，第三次发掘的12座墓葬，第四次发掘的16座墓葬 江川李家山墓地第一次发掘的第二类、第三类墓，第二次发掘的第二期、第三期 昆明羊甫头墓地滇文化第四期墓 晋宁金砂山墓地东坡 澄江金莲山墓地晚期 宜良纱帽山第三、第四墓葬 呈贡黄土山墓地第二类墓 安宁太极山墓地晚期墓 呈贡石碑村墓地第二次发掘的65座墓 |

　　滇池地区青铜时代早期的墓葬发现不多，目前一处是晋宁石寨山墓地，另一处是晋宁金砂山墓地。晋宁石寨山墓地第五次发掘时，清理小型墓34座，无玉玦出土。根据34座小型墓出土的器物，其年代为春秋早期。2015年再次发掘晋宁金砂山墓地的山顶，清理了31座墓葬，除一座是砖室墓外，其余30座墓均为土坑竖穴墓，墓室面积最大的是6.51—7.32平方米，最小的只有1.53平方米。有16座墓无随葬品出土，14座墓中出土的随葬品有铜剑、铜钺、铜凿、铜锛、铜铍、铜卷刃器、铜镞、铜镦、铜泡钉等一类的兵器、生产工具。但种类少，数量少，有的墓只出1件，多者仅9件，因此30座墓葬为小型墓。玉石制品有玉镯、玉玦、石坠、玛瑙管饰等。在M24、M25、M29、M37和M42共出土14件玉玦，M37中出土数量最多，为5件玉玦（见图一）。发掘者对M29出土的素面双翼无胡戈，以及31座墓中出土的铜刻刀、铜镦及"T"形玉镯等器物进行研究，认为金砂山墓地山顶墓葬的年代为春秋早期[1]。因此金砂山墓地山顶墓葬出土的玉玦是目前滇池地区玉石玦年代最早的材料。

　　滇池地区青铜时代的中期相当于春秋中期至战国中期，这一时间段的墓地不多，且多是小型墓，有昆明上马村五台山墓地、昆明大团山

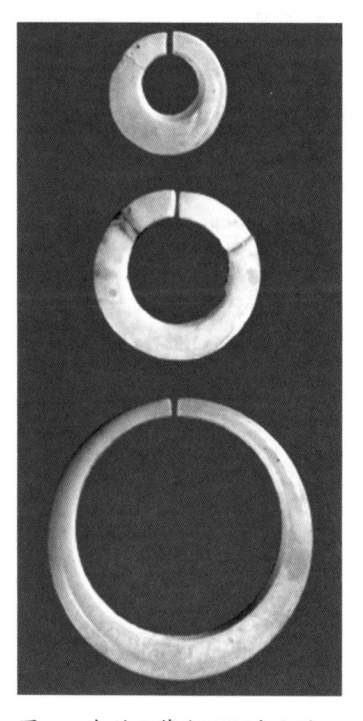

图一　金砂山墓地M37出土的一组3件玉玦

---

[1]　云南省文物考古研究所、晋宁区文物管理所：《昆明市晋宁区金砂山墓地2015年发掘简报》，《考古》2021年第3期。

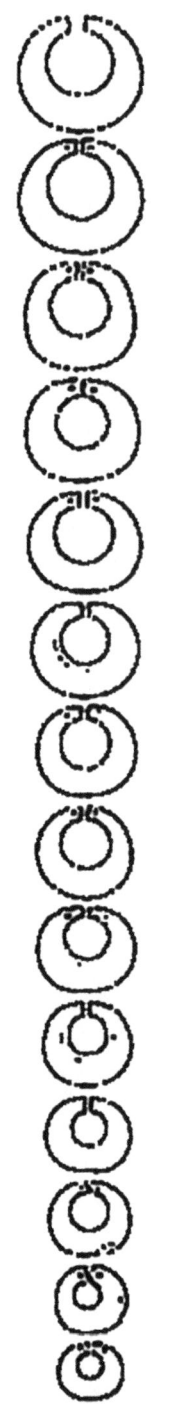

墓地、澄江金莲山墓地早期墓，呈贡石碑村墓地西区第一次发掘的第一期墓葬，总计51座墓葬，只在昆明上马村五台山墓地的一座墓中出土过1件玉玦。

滇池地区青铜时代的晚期，即战国中期至西汉武帝以前，这个阶段的墓葬有晋宁石寨山墓地第一次发掘的M1、第二次发掘的第Ⅰ类墓4座和第Ⅱ类墓10座、第五次发掘的M71，总计16座墓葬；江川李家山墓地第一次发掘的第一类墓23座、第二次发掘的第一期墓11座，总计34座墓葬；呈贡天子庙墓地战国中期至西汉武帝以前的62座墓葬。昆明羊甫头墓地第一期至第三期的墓葬，总计238座墓葬，由于被盗情况严重，羊甫头墓地的大型墓中只有M19、M113两座墓有出土玉玦，但多残碎，完整者数量只有6件。中型墓有玉玦出土，但具体不详。以上总计350座墓葬，出土玉玦约324件，又6包（见图二）。

此外呈贡石碑村墓地第一次发掘的第一期、第二期的30座墓，第二次发掘的一期墓11座，总计41座；金莲山墓地中期墓71座；宜良纱帽山墓地第1期与第2期墓的12座墓；呈贡黄土山墓地62座墓；呈贡小松山墓地4座墓；嵩明凤凰窝墓地82座；通海四街碧山墓地15座墓；江川团山墓地11座墓；华宁小直坡墓地滇文化墓葬5座；安宁太极山墓地17座墓。这10处墓地总计320座墓葬，均为小型墓，年代为战国中期至西汉武帝以前，出土玉玦50多件[1]。

滇池地区早期铁器时代相当于西汉武帝时期至东汉初期，这个时期的墓葬有晋宁石寨山墓地第二次发掘Ⅲ类墓、Ⅳ类墓6座，第三次发掘的12座墓、第四次发掘的16座葬，总计34座葬；江川李家山墓地第一次发掘的第二类、第三类墓4座，第二次发掘的第二期墓27座、第三期墓16座墓、第四期墓1座，总计47座墓葬；昆明羊甫头墓地滇文化第四期161座墓葬；晋宁金砂山墓地东坡12座墓葬；澄江金莲山墓地晚期35座墓葬；宜良纱帽山墓地第Ⅲ期、第Ⅳ期24座墓葬；呈贡石碑村墓地第一次发掘的第三期墓12座墓，第二次发掘的第二期墓39座墓葬。总计364座墓，出土玉玦346件，又1包。

就玉玦的出土情况，主要集中在晋宁石寨山墓地和江川李家山墓地。晋宁石寨山墓地总计五次发掘，出土玉玦348件；江川李家山墓地两次发掘，出土玉玦334件；羊甫头墓地滇文化墓葬中出土玉玦多有残碎，完整的玉玦约104件；呈贡天子庙墓地76座墓葬，出土玉玦40件；澄江金莲山墓地410座，出土玉石玦34件；晋宁金砂山墓地42座，出土玉玦19件；呈贡黄土山墓地62座，出土玉玦23件。总计902件，另有9包。《滇国玉器》提到玉玦统计，说1包按15件计算，9包大约有135件玉玦[2]。因此滇池地区青铜时代墓葬中出土的玉玦已有1 000多件。

滇池地区青铜时代的玉玦有自己的特点，其形状大体分为璧形玦、环形玦、宽扁椭圆形玦、异形玦4种。

璧形玦，整体形状与玉璧相似，肉的最宽处（边宽）大于好（内孔径）的玦。内孔靠近缺口处——偏心圆。玦扁平而薄（见图三，1）。

图二 晋宁石寨山墓地M71出土的玉玦

---

[1] 由于玉玦属小件器物，早期报告并未有更详细的情况介绍，现在的数字是根据报告中器物登记表所做的统计。另外据蒋志龙的博士论文《金莲山墓地研究》，金莲山墓地出土玉玦33件，但由于发掘报告未正式公开，故进行统计时暂不涉及金莲山墓地的材料。

[2] 赵美、张扬、王丽明：《滇国玉器》，科学出版社，2003年，第14页。

环形玦，整体形状如圆环形，肉（边宽）的宽度小于好即内孔的半径，玦口间距窄。内孔一般居正中。从断面看，肉的形状有不同，或两面扁平或一面扁平，一面有突起（见图三，2）。

宽扁椭圆形玦，最大特点是整体呈横长椭圆形，显得宽扁；玦口处或有对钻的穿孔，或无对钻的穿孔；玦的下方或平直或略有内凹或呈圆弧。从形状上看，与环型玦、璧型玦有很大差异，暂时根据其形状来定名。这种宽扁椭圆形玦为滇池地区特有的玉玦（见图三，3）。

异形玦，其基本形状为圆形，但又不甚规整。肉宽扁而平，玦口之间的距离较宽，与前面的三种形状的玦差异较大，故暂称为异形玦，也是滇池地区特有的一种玦（见图三，4）。

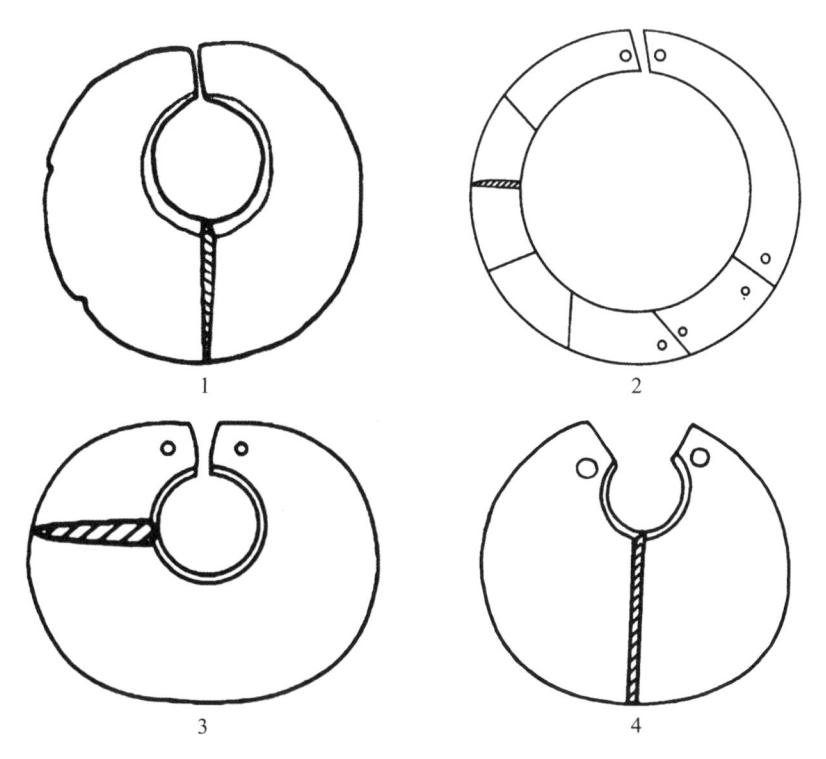

图三 滇池地区四种形式的玉玦
1. 璧形玦（羊甫头墓地M582出土） 2. 环形玦（李家山M69出土） 3. 宽扁椭圆形玦（李家山M51出土） 4. 异形玦（羊甫头墓地M24出土）

玉玦是滇池地区青铜时代的典型器物之一，有自己的特点。

第一，玉玦形式独特。有璧形玦、环形玦，宽扁椭圆形玦和形状特别的异形玦。尤其是后两种玉玦为云南地区特有，尚未在云南以外的其他地区见到，杨建芳称宽扁椭圆形玦和异形玦为"滇式玉玦"[1]。

第二，玉玦扁平而薄。以晋宁石寨山墓地M11出土的玉玦为例，最薄者达0.08厘米。薄，意味着在进行加工制作时，需要高超的切割技术，需要耗费更多的时间与精力，当然这更反映出青铜时代滇池地区的玉石加工技术与众不同，玉石加工业非常发达，有专门的匠人从事玉石器制作。

第三，滇池地区青铜时代的玉玦，除了无穿孔的玉玦，还有很多玉玦是有穿孔的。带穿孔的玉玦更方便穿系，同时有自己的佩戴方式。而云南以外其他地区出的玉玦，几乎没有穿孔。有穿孔的玉玦

---

[1] 杨建芳：《耳饰玦的起源、演变与分布：文化传播及地区化的一个实例》，臧振华：《中国考古学与历史学之整合研究》（上册），"中研院"历史语言研究所出版品编辑委员会，1997年，第935页。

也是滇式玉玦的独特之处。

第四，将多片的玦穿缀在一起的则为串饰玉玦，这种串饰玉玦是滇池地区青铜时代非常有特点的器物，可以认为是典型器物。串饰玉玦左右两组为一对，每组少则数件，多者十多件，最多的是22件为一组，两组共计44件（见图四）。

春秋早期，滇池地区青铜时代开始玉玦出现，但数量少。战国中期至西汉晚期，玉玦出土的数量最多，形式多样，特点突出，有独特而鲜明的地域特色，是滇式玉玦发展的鼎盛时期。此后玉玦出土数量突然减少，东汉初期以后则几乎不见。

## 四、滇池地区青铜时代的玉玦：身份与性别的考古学研究

英国考古学家肯·达柯在谈到关于墓葬的社会考古学时说道："也许，利用墓葬证据就是最正式的重建社会结构的研究，通常采用的方法就是研究墓葬的一个或多个方面（如墓内或附近储存的人工制品、墓的形式或规模、墓地的位置或地点），然后将这些情况与阶层或地位相联系。"[1]

滇池地区青铜时代的玉玦，有几点值得注意，一是玉玦集中出在大型墓中，男性墓与女性墓中均有出现，而且女性拥有玉玦的数量并不比男性的少，是否可以认为玉玦具有表明身份与地位的功能？二是中小型墓，尤其是小型墓里，玉玦多与陶纺轮同出，很少与兵器同出。而陶纺轮被认为是与纺织有关的工具，成为判定墓主性别的重要标志器物之一，玉玦是否也可以成为判定小型墓墓主性别的标志物？

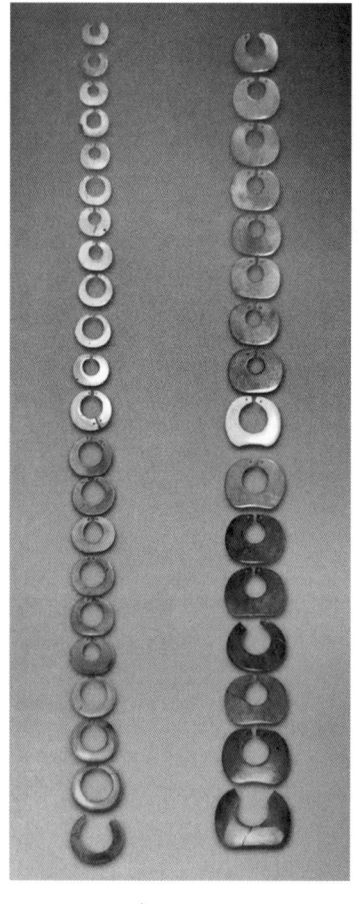

图四　江川李家山M69出土的串饰玉玦

### （一）墓葬性别与玉玦

蒋志龙在《江川李家山墓地的社会结构解析》一文中，根据墓葬随葬品形制和组合以及墓葬的叠压打破关系，把江川李家山墓地86座墓葬分为早晚两个阶段，每个阶段的墓葬有不同的等级[2]。本文参考蒋志龙对江川李家山墓地86座墓葬的等级划分，将滇池地区青铜时代的墓葬分为三类：大型墓、中型墓、小型墓，每一类型中的墓葬，因墓葬的形制、随葬品的多寡、代表性的器物等不同，存在着身份差异。大中小型墓的墓主身份有高低等级差别，就如同金字塔般，位于塔尖的大型墓，墓主身份最高的是滇王，次为显贵与中小贵族，再次是自由平民、士兵、工匠等，金字塔的最底部是那些空无一物的墓主，处于整个社会阶层中的最底层。

1. 大型墓与性别

判断大型墓，要考虑几个方面，一是墓葬形制，包括规模、面积大小，有无葬具等；二是随葬品的种类与数量是否丰富与多样；三是有无代表身份与地位的典型器物出土。对滇池地区青铜时代的

---

[1]【英】肯·达柯著，刘文锁、卓文静译：《理论考古学》，岳麓书社，2005年，第101页。
[2] 蒋志龙：《云南江川李家山墓地的社会结构解析》，《南方文物》2014年第4期。

墓葬而言,有无铜鼓、贮贝器、杖头饰、铜牛或牛头饰物、执伞铜俑、铜案、铜枕、金银器与玉石器等,是判断大型墓最重要的因素。结合这几点,滇池地区青铜时代的大型墓集中分布在晋宁石寨山墓地和江川李家山墓地两处,分别有18座和13座。其次是昆明羊甫头墓地有6座,呈贡天子庙墓地有1座,总计38座。其中晋宁石寨山墓地的M69、羊甫头墓地的M28、M99、M100、M142虽为大型墓,但因盗毁严重,墓中的随葬品很少,具体情况不明。天子庙墓地的M41和羊甫头墓地的M113似为夫妻合葬墓。因此在具体讨论时仅对31座大型墓做分析(表二)。

表二　滇池地区大型墓的性别及出土玉玦统计表

| 18座男性墓中出土的玉玦 | | 13座女性墓中出土的玉玦 | |
| --- | --- | --- | --- |
| 晋宁石寨M3 | 玉玦1包 | 晋宁石寨山M1 | 玉玦1包 |
| 晋宁石寨M6 | 玉玦1包 | 晋宁石寨M11 | 玉玦28件 |
| 晋宁石寨M7 | 无玉玦 | 晋宁石寨M12 | 玉玦14件,又1包 |
| 晋宁石寨M10 | 玉玦1包 | 晋宁石寨M14 | 玉玦4件 |
| 晋宁石寨M13 | 玉玦31片 | 晋宁石寨M17 | 玉玦6件,又1包 |
| 晋宁石寨山M15 | 玉玦4件 | 晋宁石寨山M18 | 无玉玦 |
| 晋宁石寨M16 | 无玉玦 | 晋宁石寨M19 | 玉玦1包 |
| 晋宁石寨M22 | 无玉玦 | 晋宁石寨M20 | 玉玦2包 |
| 晋宁石寨M71 | 玉玦8组,73件 | 江川李家山M17 | 玉玦14件 |
| 江川李家山M21男 | 玉玦10件 | 江川李家山M18 | 玉玦4件 |
| 江川李家山M24男 | 玉玦12件 | 江川李家山M22 | 玉玦9件 |
| 江川李家山M47男 | 玉玦23件 | 江川李家山M23 | 玉玦23件 |
| 江川李家山M50男 | 无玉玦 | 江川李家山M69 | 玉玦127件 |
| 江川李家山M51男 | 玉玦53件 | 13座女性墓中,有12座墓出土玉玦,总计221件,又6包。 | |
| 江川李家山M57男 | 玉玦11件 | | |
| 江川李家山M68男 | 玉玦51件 | | |
| 江川李家山M85男 | 无玉玦 | | |
| 羊甫头M19 | 完整6件,另有残碎玉玦 | | |
| 18座男性墓中有12座墓出土玉玦,总计274件,又3包。 | | | |

大型墓的随葬品数量多,品种多样,既有表明身份地位的器物,如拥有铜鼓、贮贝器、杖头饰、铜牛或牛头等的墓主,也有表明性别的男女铜俑、纺织工具和兵器等,同时还有一些器物应该是既具有性别含义,也能表明身份的装饰品,如玉玦、玉钏等玉石饰品。

31座大型墓中有18座的墓主被定为是男性或者倾向是男性,随葬品的共同特点是出土了大量的铜兵器、执伞或持杖的男铜俑,贮贝器上的人物形象多为男性,如骑士,还有圆形扣饰或浮雕人物与动物形扣饰、马具等,没有出现纺织工具。其中有12座墓出铜鼓,计18件。13座墓的墓主为女性或倾向是女性,随葬品的共同特点是出土了持杖或执伞的女铜俑,贮贝器上有女性贵族人物形象雕塑、纺织工具,兵器的数量与种类较少,同时多出玉玦、玉钏等玉石饰品。其中有7座墓出土铜鼓,计15件。

总之,男性大型墓18座,有12座出土玉玦274件,又3包,女性大型墓13座,有12座出土玉玦221件,又6包。按照《滇国玉器》的统计,1包中有玉玦(耳环)15件[1],3包为45件,6包为90件,18座男性大型墓与12座女性大型墓出土玉玦(耳环)分别为319件和311件。对比两性墓中出土玉玦的情况,13座女性墓中有12座墓出土玉玦,占92.30%,18座男性墓中有12座墓出土玉玦,占比66.67%,表明女性拥有玉玦的比率高于男性。

2. 中型墓与性别

滇池地区青铜时代中型墓主要集中在晋宁石寨山、江川李家山、羊甫头、呈贡天子庙这四处墓地,除合葬与因被盗性别难辨的20座墓葬外,约有43座中型墓可供观察。

中型墓的规模、随葬品的丰富程度介于大型墓和小型墓之间,同时在不同阶段,中型墓大小有差异。以江川李家山墓地的中型墓为例,墓室一般长2—3米,宽1米以上,深多超过1米。中型墓的随葬品种类与数量虽不如大型墓,但远多于小型墓。个别墓有些特殊,如晋宁石寨山M23,墓主为女性,墓室面积25.38平方米,出土漆器、铜器、玉石器等90多件,数量较多。

男性中型墓中多出兵器、马具、铜扣饰、生产工具、陶器和少量的玉镯、玉管、玉玦等饰品。女性中型墓绝大部分为饰品,有铜钏、纺轮、绿松石小珠和玉管、玉玦等,基本不出兵器。如江川李家山M44,墓主为女性,出土41件玉玦,是中型墓中出土玉玦数量较多的一座墓。23座男性墓中有4座墓出土玉玦,占比为17.39%,21座女性墓中有11座墓出土玉玦,占比为52.38%。就总体情况看,男性墓出土玉玦数量明显少于女性(表三)。

表三 滇池地区中型墓的性别及出土玉玦统计表

| 男性墓出土的玉玦 | | 女性墓出土的玉玦 | | 合葬墓及情况不明的墓 | |
|---|---|---|---|---|---|
| 晋宁石寨山M9 | 无 | 晋宁石寨山M23 | 玉玦14件 | 羊甫头墓地M27 | 无 |
| 晋宁石寨山M21 | 无 | 江川李家山M11 | 玉玦5件 | 羊甫头墓地M42 | 无 |
| 江川李家山M1 | 无 | 江川李家山M29 | 玉玦2件 | 羊甫头墓地M49 | 无 |
| 江川李家山M3 | 无 | 江川李家山M31 | 无 | 羊甫头墓地M57 | 无 |
| 江川李家山M13 | 玉玦10件 | 江川李家山M40 | 无 | 羊甫头墓地M59 | 无 |
| 江川李家山M15 | 无 | 江川李家山M44 | 玉玦41件 | 羊甫头墓地M112 | 无 |
| 江川李家山M20 | 玉玦17件 | 江川李家山M49 | 玉玦2件 | 羊甫头墓地M115 | 无 |
| 江川李家山M26 | 无 | 江川李家山M58 | 无 | 羊甫头墓地M151 | 无 |
| 江川李家山M45 | 无 | 羊甫头墓地M24 | 玉玦4件 | 羊甫头墓地M152 | 无 |
| 江川李家山M52 | 无 | 羊甫头墓地M30 | 玉玦4件 | 羊甫头墓地M465 | 无 |
| 江川李家山M53 | 无 | 羊甫头墓地M34 | 无 | 呈贡天子庙M6 | 无 |
| 江川李家山M56 | 无 | 羊甫头墓地M108 | 无 | 呈贡天子庙M9 | 无 |

---

[1] 赵美、张杨、王丽明:《滇国玉器》,科学出版社,2003年,第14页。

续　表

| 男性墓出土的玦 | | 女性墓出土的玦 | | 合葬墓及情况不明的墓 | |
|---|---|---|---|---|---|
| 江川李家山M61 | 无 | 羊甫头墓地M202 | 玦若干,完整者2件 | 呈贡天子庙M20 | 无 |
| 江川李家山M64 | 无 | 羊甫头墓地M326 | 玦若干 | 呈贡天子庙M23 | 无 |
| 江川李家山M71 | 无 | 羊甫头墓地M401 | 玦1件 | 呈贡天子庙M36 | 无 |
| 江川李家山M72 | 无 | 羊甫头墓地M571 | 无 | 呈贡天子庙M37 | 无 |
| 江川李家山M78 | 无 | 羊甫头墓地M589 | 无 | 呈贡天子庙M42 | 无 |
| 江川李家山M86 | 无 | 羊甫头墓地M610 | 无 | 呈贡天子庙M29 | 无 |
| 羊甫头墓地M101 | 无 | 羊甫头墓地M688 | 无 | 晋宁石寨山M69 | 1件 |
| 羊甫头墓地M102 | 玦4件 | 呈贡天子庙M12 | 有,但多残碎,数量不详 | | |
| 羊甫头墓地M106 | 无 | 呈贡天子庙M21 | 无 | | |
| 羊甫头墓地M150 | 无 | 21座女性墓,有11座墓出土玦,约75件,又1包,有的墓中出土有若干件玦,但无具体数字。占比为52.38%。 | | 合葬及墓室被毁不明者总计20座,未进行统计。 | |
| 呈贡天子庙M33 | 玦8件 | | | | |
| 23座男性墓,有4座墓出土玦,总计39件。占比为17.39% | | | | | |

另外呈贡天子庙墓地的M33虽被定为中型墓,但很特殊,从墓葬形制来看,有二层台,墓底有棺穴。随葬品以青铜器为主,此外还有陶尊、罐、玉器、玛瑙器等,与同一墓地的大型合葬墓M41相同。M33还出了一件小型铜鼓和一件贮贝器。M41与M33的年代均在战国中期。因此M33是否是为大型墓应再讨论,本文暂将M33放在中型墓类中。

3. 小型墓与性别

小型墓广泛分布在晋宁石寨山、江川李家山、昆明羊甫头、昆明上五台山、安宁太极山、呈贡天子庙、呈贡黄土山、呈贡石碑村、呈贡小松山、澄江金莲山、江川团山、晋宁金砂山、嵩明凤凰窝等17处墓地、1830多座墓葬中,占全部墓葬的94%左右。小型墓墓口长度大多为2米左右,宽度不到1米,深1米左右,且几乎是单人葬。小型墓的随葬器物少,数件至十余件不等,器类不多,有的墓甚至无随葬品,习惯上称为"空墓"。随葬品一般多是生活用具和生产工具,如陶纺轮、陶罐、陶釜等,有的是1件或数件青铜器,多为生产工具或兵器,如斧、钺、戈、剑、矛等。

观察1830多座小型墓,有几个情况值得注意。

其一是出纺轮的墓一般不出兵器,出兵器的墓不出纺轮,同时陶纺轮还经常与玦同出,或者是只出玦,玦与兵器同出的墓较少。

其二是判定为女性的小型墓中,有一类墓常常同时出现陶纺轮与爪镰、玦,陶纺轮被认为是与女性关系密切的器物。而被认定为是男性的墓,出铜剑、戈、斧、镞、扣饰等器,却几乎不出玦和爪镰。这与大型墓、中型墓有明显的不同。如呈贡石碑村182座墓均为小型墓,观察墓中所出随葬品,可以分成两类,一类是出土陶纺轮的墓,一类是出土兵器的墓。出陶纺轮的墓,还常常出土玦,但出兵器的墓几乎不出玦。以昆明官渡羊甫头墓地为例,有770座小型墓,其中女性墓410座,有31座出土共计55件玦,最多一座墓中出土了9件,一般是一墓一件。男性墓250座,有26座出土共计28件玦,一般是一墓一件。女性拥有玦数量明显多于男性。

图五 晋宁石寨山M18出土执伞铜女俑 　　图六 江川李家山M51出土三骑士铜鼓上一骑士佩戴的耳环 　　图七 江川李家山M51出土三骑士铜鼓上一骑士佩戴的玉耳环

其三需要注意的是滇池地区出土的青铜人物雕塑中，男性与女性在佩戴耳饰方面有明显区别，女性多佩戴玉玦，男性多佩戴玉环。例如晋宁石寨山M18中出土的一件执伞铜女俑，其耳朵部所戴的耳环应为玉玦，该墓的墓主为女性（图五）。江川李家山M51出土的三骑士铜鼓上骑士所戴为玉环，该墓墓主为男性（图六、七）。

## （二）玉玦与身份

《周礼》中载："以玉作六器，以礼天地四方。"六器是璧、琮、圭、琥、璋、璜。在中国玉器发展史上，玉玦始终不比璧、琮、圭、琥、璋、璜那样，有着显赫的地位，只是一种个人饰件。但在青铜时代的滇池地区，玉玦在滇人生活中占有重要位置，尤其是大型墓中出土数量众多的玉玦，不仅具有表明性别的属性，更具有表明身份的属性。

滇池地区青铜时代的铜鼓，被认为是礼器和重器，相当于中原商周时期的钟、鼎、彝器，是权力地位等的象征。晋宁石寨山M1、M3、M10、M11、M14、M13、M15、M17，江川李家山M24、M17、M23、M69、M47、M51、M57、M50，羊甫头M19等19座墓中均出铜鼓，其中晋宁石寨山M11和江川李家山M69各自出土3件铜鼓，江川李家山M24出土4件铜鼓，是目前出铜鼓数量最多的两座墓，判断墓主身份应该属王一级。江川李家山M69墓主为女性，晋宁石寨山M11墓主也倾向于是女性，这两座墓中同时出土数量较多的玉玦，特别是江川李家山M69出土127件，是所有大型墓中出土玉玦数量最多的一座墓。

大型墓中出土的玉玦，多以串饰为主，一组少者数件，多者十数件，左右两组为一对。晋宁石寨山M13出土的串饰玉玦，一组为14件，两组共计28件，其中最小的玉玦外廓1.7—2.1、孔径0.6—0.7、厚0.1—0.2厘米，最大件外廓3.5—4.4、孔径1.5—1.9、厚0.2—0.09厘米（图八、九）。串饰玉玦制作精美，特别是玦的"肉"，即边宽厚度为0.09厘米，相当薄。玦上有穿孔，可以穿系绳子。串饰玉玦已经不是普通的、单纯用来佩戴的耳饰，是具有特殊性质的饰品，具体表现在以下几点：

1. 制作玉玦所用材料的珍贵和稀有，自古以来，透闪石——阳起石玉一直是古人所喜爱和珍视的石料，被用来制作各种形状的器物，既能满足审美，又有特殊的文化内涵。

2. 乳白色的玉玦组合穿缀成串饰，佩戴在身上，其明亮的色泽既引人注目，又能达到标明身份与地位的目的。

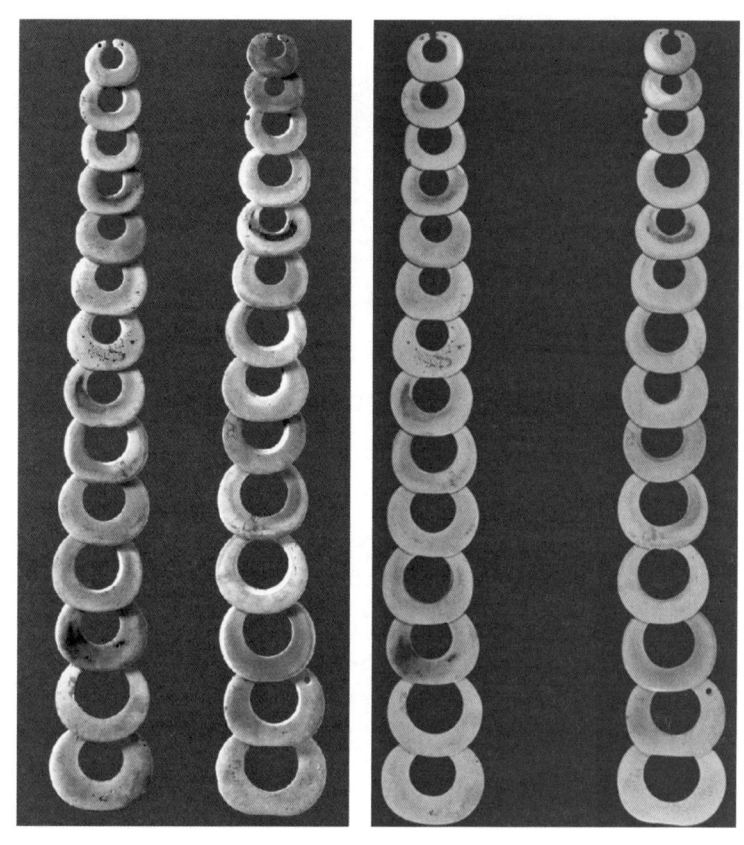

图八　晋宁石寨山M13出土串饰玉玦　　图九　晋宁石寨山M13出土串饰玉玦

3. 滇池地区青铜时代的玉玦极薄，如上文所述，晋宁石寨山M13出土的串饰玉玦，最大件玉玦的厚度只有0.09厘米，是目前所见玉玦中最薄的。意味着这类玉玦既需要投入大量的时间去制作，又要有专业化程度很高的工匠以精湛的技术制作，可推测此类串饰玉玦并非日常生活中佩戴的、单纯的装饰品，而更多的是在特殊情况时使用，如宗教祭祀、礼乐宴饮等重要活动。使用者的身份应非同一般，是位于金字塔塔尖上的阶层，如王、王后。

4. 串饰玉玦是珍贵稀有的、有价值的、可以被继承与被赠予和转让的。如江川李家山M44墓主为两女性，结合随葬品，墓主有可能是地位较低的贵族，但墓中出土了44件玉玦，这个情况在中型墓中少见，应该存在着从身份更高的人那里获得的可能，或者是继承与赠予等等。

大型墓的墓主之间地位是有差异的，但在青铜时代整个滇池地区社会中，整体地位是最高的，有可能是从滇王到显贵再到普通贵族。玉玦与铜鼓、贮贝器、铜枕、铜执伞俑、珠饰等一同构成表明身份地位的物品序列，地位越高，拥有的玉玦数量越多，尤其串饰玉玦，是属王一级阶层特别拥有的物品。而在中型墓与小型墓中，玉玦除了象征身份，更有性别含义，即女性把玉玦当作单纯的个人饰品，穿戴在身上，久而久之，玉玦就成为女性的常用的饰物，以示与男性不同。当然，玉玦还有财富的象征。

## 五、结　语

对滇池地区青铜时代1 000多件玉玦进行整理、分析，玉玦，尤其是成组的串饰玉玦只出现在大型墓中，与铜鼓、贮贝器、铜枕、铜伞、执伞持杖铜俑（男俑/女俑）等器物组成标志性随葬品，衡量各墓主身份高低。

玉玦不唯独大型男性墓墓主拥有，大型女性墓墓主也同样拥有。尤其发展到西汉晚期至东汉初期，上层女性拥有数量更多的、成串成组的玉玦，既具有表明身份作用，更有与男性相区别的意味，同时还影响到中型墓和小型墓的女性墓主。中小型墓出玉玦多是单件或两件，很少见成组成串的串饰玉玦。中小型墓中的女性墓出土玦的数量多于男性墓，因此玉玦有表明身份地位的属性，还有表明性别的功能。这是根据随葬品的情况做出的判断。

另外，在即将完成本文时，又看到孙周勇先生的新书《玦出周原——西周手工业生产形态管窥》，书中对玉玦的使用人群、身份及性别进行了讨论。很遗憾因为时间的问题，未能将最新的研究成果及时借鉴补充，留待以后作进一步讨论。

# 李家山古墓群出土金器研究*

◎ 杨承默（云南大学历史与档案学院）

## 一、出土情况[1]

1972年，云南江川李家山古墓群（以下简称"李家山"）第一次发掘，清理墓葬27座，出土青铜器1 300余件及大批铁器、玉器等随葬器物，未出土金器。1991年底至1992年第二次发掘及其后的零星清理，共清理墓葬60座，出土铜器2 395件，铁器和铜铁合制器344件，金银器6 373件，重约9 000克，玉器3 968件，石器21件，以及数以万计的玛瑙、绿松石、琉璃器、海贝和少量的水晶珠、蚀花石髓珠、琥珀珠等，其中，玛瑙器13 979件，绿松石2 495件，海贝50余千克，竹器和漆器73件，陶器37件。

李家山金器集中出土于M47、M50、M51、M57、M68、M69、M85等大型墓，可以分为身体装饰、兵器装饰、马具装饰、礼仪器装饰以及生活用具装饰。

1. 身体装饰

身体装饰包括首饰和服装配饰，其中金簪5件、金泡形头饰2件、金钏55件、金指环2件、金镖3件、金夹8件、框形金饰11件、圆形金片饰2件、心形金片饰7件、鼓形金饰5件、金葫芦形饰9件、圆片金挂饰32件、长方形金片饰54件、卷边长方形金饰255件、金腰带2件、金泡221件、甲虫形金泡5件，数量最多的是"珠襦"上的饰品。其中，金珠约3 000粒、连珠条形金饰1 560件、金花形饰185件、神兽形金片饰48件、云形金饰2件。此外，还有包金边圆形铜扣饰1件、鎏金铜钏1组11件、鎏金花形铜饰2件、鎏金铜珠饰30件、鎏金铜圆片挂饰12件、鎏金神兽形铜片饰5件、鎏金贝形铜饰35件、错金铁铜泡2件。另有鎏金圆片形铜器18件，用途不明，根据造型判断，作为身体装饰的可能性较大。

2. 兵器装饰

兵器装饰可细分为剑饰、盾饰、护甲。其中金鞘饰58件（组）、金镖1件、金盾饰4件，鎏金铜剑3件、鎏金铜首铁剑1件、鎏金铜格铁剑1件、鎏金铜茎铁腊剑4件、包金铜茎铁腊剑4件、错金铜茎铁腊剑10件、鎏金铜镖8件、鎏金铜盾饰8件、鎏金铜胫甲7件、鎏金铜臂甲4件。

3. 马具装饰

马具装饰包括鎏金铜当卢1件、鎏金铜面具2件（可能为当卢）；鎏金铜辔饰1组13件、鎏金铜节约2件、鎏金铜三通筒1件、鎏金铜策2件、鎏金铜马珂18件、鎏金铜泡钉41件、鎏金铜泡93。

---

\* 本文系云南大学第一届专业学位研究生实践创新重点项目《被遗忘的珍宝——古滇国的黄金、玉器和珍宝》原创展览研究与实践"阶段性成果。

[1] 云南省博物馆：《云南江川李家山古墓群发掘报告》，《考古学报》1975年2期；云南省文物考古研究所、玉溪市文物管理所、江川县文化局：《江川李家山——第二次发掘报告》，文物出版社，2007年。以下如无特别注明，所有出土资料均依据这两部发掘报告。

#### 4. 礼仪器装饰

礼仪器装饰包括鎏金铜鼓形器座1件,器座通体鎏金;四舞俑鎏金铜鼓1件,四舞俑鎏金;祭祀铜贮贝器1件,贮贝器器盖上铸有35人,唯女主祭一人通体鎏金;纺织场面铜贮贝器1件,贮贝器器盖上铸有10人,唯贵妇一人通体鎏金;鎏金铜牛头1件;鎏金铜鹿头3件;鎏金铜杖头饰2件,顶端为铜鼓形,一件的鼓面上铸一跪坐的女佣,一件的鼓面铸相缠绕的水鸟与蛇,通体鎏金。

#### 5. 生活用具装饰

生活用具装饰包括漆器装饰和铜器装饰。漆盒鎏金铜钉1件、漆盒鎏金铺首衔环1件、漆盘鎏金铜钉及錾耳1件、漆器金钉1件、漆器金盖饰8件、漆器金钮饰1件、漆器鎏金钮饰1件、漆器鎏金铜环3件、漆器鎏金铜片1件、漆器鎏金铜圈足2件、漆器鎏金铜器盖1件。鎏金铜壶2件、鎏金铜盒1件、鎏金铜罐1件、鎏金铜卮1件。另有,鎏金铜锥形器2件,用途不明,考古报告称可能为取化妆品或者香料的小勺的柄镦。

## 二、制 作 工 艺

#### 1. 锤鍱工艺

锤鍱工艺是李家山金器最主要的成型工艺,出土金簪、金钏、金腰带、金鞘饰以及绝大部分的金片饰均采用了锤鍱工艺。金匠充分利用金质地柔软、富有延展性的特点,用锤子反复捶打金块使其成为厚薄适中的金片,然后,既可以根据需要直接裁剪出相应的形状,也可以借助预制的模具捶打出所需要的图案或器形。李家山出土金鞘饰是锤鍱工艺的代表,将锤鍱后的金片附在已经錾刻好图案的模板上,贴合模板再经过反复的捶打,就形成了凸凹有致的浅浮雕式花纹。锤鍱之后往往伴随着錾刻、磨光等工艺。

#### 2. 范铸工艺

李家山出土金泡型头饰、金鍱、金镖、金葫芦形饰、鼓形金饰、甲虫形金泡以及部分细金珠均采用了范铸工艺,先依照需要制作的器物制模翻范,有的直接铸有简易图案,然后将融化后的金水倒入范中,冷却后将器物取出。范铸工艺可批量制作统一形制的器物,但存在一定量的黄金损耗,因而范铸工艺的使用不及锤鍱、鎏金工艺广泛。

#### 3. 磨光工艺

金器初步成型后,表面是粗糙的,一般先采用羊肝石、朴炭等打磨掉粗糙部分,再使用玛瑙、皮革、头发团等在器物表面反复擦拭,直至平整、圆滑、光亮。李家山出土金器表面光滑,色彩光亮,甚至金鞘饰上凸凹不平的浮雕式花纹也打磨得十分平滑,体现了成熟的磨光工艺。

#### 4. 鎏金工艺

李家山对鎏金工艺的使用范围很广,除了身体装饰、兵器装饰以纯金装饰为主,马具装饰、礼仪器装饰、生活用具装饰都以鎏金装饰为主,既节省黄金用量,又获得了光彩熠熠的装饰效果。李晓岑团队曾对李家山出土金属器进行过分析和研究,明确李家山出土鎏金器物使用的是汞鎏金技术。鎏金层厚4—10 μm,相差约3倍,晋宁石寨山鎏金铜器鎏金层厚度相差达10倍[1]。这一实验结果表明,李家山出土金器的鎏金工艺水平相对稳定。

---

[1] 李晓岑、张新宁、韩汝玢、孙淑云:《云南江川县李家山墓地出土金属器的分析和研究》,《考古》2008年第8期。

5. 錾刻工艺

李家山出土金器的纹饰相对简单，錾刻使用最多的是用圆形錾头錾出的突泡，李家山金器上使用最为广泛的图案就是均等分布排成圆形、直线或其他形状的突泡，金钏、金腰带、金夹、金泡等都使用突泡进行装饰。金鞘饰上的浅浮雕效果，也可以通过錾刻来完成，除此之外，没有出现更为复杂的錾刻图案。但同期出土的银夹上，却錾刻出了形神俱佳的神兽纹。金显然比银更易于錾刻，因此出土金器的錾刻工艺并不能代表李家山錾刻工艺的最高水平。

6. 镶嵌工艺

李家山出土金器中部分原本有镶嵌物，但由于黄金质地柔软，抓附力不够，镶嵌物基本脱落。目前出土器物中只有7件心形金片饰内镶嵌有绿松石头，做法是先将金片剪成心形形状，再从片中心位置进行锻打，锻打凹陷后嵌入绿松石，绿松石经过打磨后存在圆形拱面，轻轻敲打贴合绿松石的凹陷口边沿，使其逐渐收缩并包裹住绿松石拱面边缘，最后在四周锻出一周小圆泡，底部凿出对称的两个小孔用以穿系之用。整个镶嵌过程相当于现代镶嵌工艺中的包镶工艺，主要受限于黄金材质和绿松石形状大小，牢固度不高。

7. 包金、贴金工艺

李家山对包金工艺的使用并不多见，出土有1件包金边圆形铜扣饰，4件包金铜茎铁腊剑和42枚包铜胎的金泡。包金工艺相对于范铸工艺，能够节省黄金用量，但李家山出土包金器物比鎏金器物数量要少很多。李家山对于贴金工艺的使用很少见，仅在铜茎铁腊剑的装饰上有极小量的使用。

8. 错金工艺

李家山出土了10件错金铜茎铁腊剑、2件错金铁泡，还有1件器形不明的错金铁器。错金工艺在春秋时期开始运用于青铜器上，战国时期已经十分盛行和成熟，李家山没有出土单体的错金铜器，而是将这一工艺用在了代表先进生产力的铜铁合制器、铁器上。错金工艺用于铜茎铁腊剑的装饰，错金部位通常在剑首、茎、格，并与包金、鎏金、镶嵌等工艺共同作为铜茎铁腊剑的装饰，足见李家山兵器装饰工艺的精细。

9. 掐丝工艺

李家山未见明确使用掐丝工艺的金器出土。M47出土的云形金饰由直径2毫米的金丝盘曲而成，金丝长约75毫米，且两端头尖细，可能是掐丝工艺的萌芽阶段。

## 三、纹饰造型

1. 几何纹

李家山出土金器的纹饰以几何纹为主，通过点、圆、直线、曲线、折线的重复、变形、组合的运用形式创造出不同的图案，包括圆圈纹、回旋纹、云纹、雷纹、水波纹、羽状纹、栉纹、涡纹、三角形纹、三角齿纹、"城堞"纹、连珠纹等。李家山出土A型金鞘饰（图一，1—4），采用了三段式的构图方式，上段是牛头纹与麦穗纹，中段是"城堞"纹，下段是圆圈纹和回旋纹，构图逻辑可能与信仰、政权、自然三层含义相关。出土B型金鞘饰（图一，5—8）则是利用几何纹的对称和重复进行装饰。另外，几何纹的组合还构成了生动的动物和植物造型（图二，1—3；图三，1—7）。线条的疏密、图案的对称，以及创作时对内容层次结构的安排，使得简单的图案和图案组合显得细致、饱满、和谐，展现出独特的民族审美趣味。

图一　金鞘饰

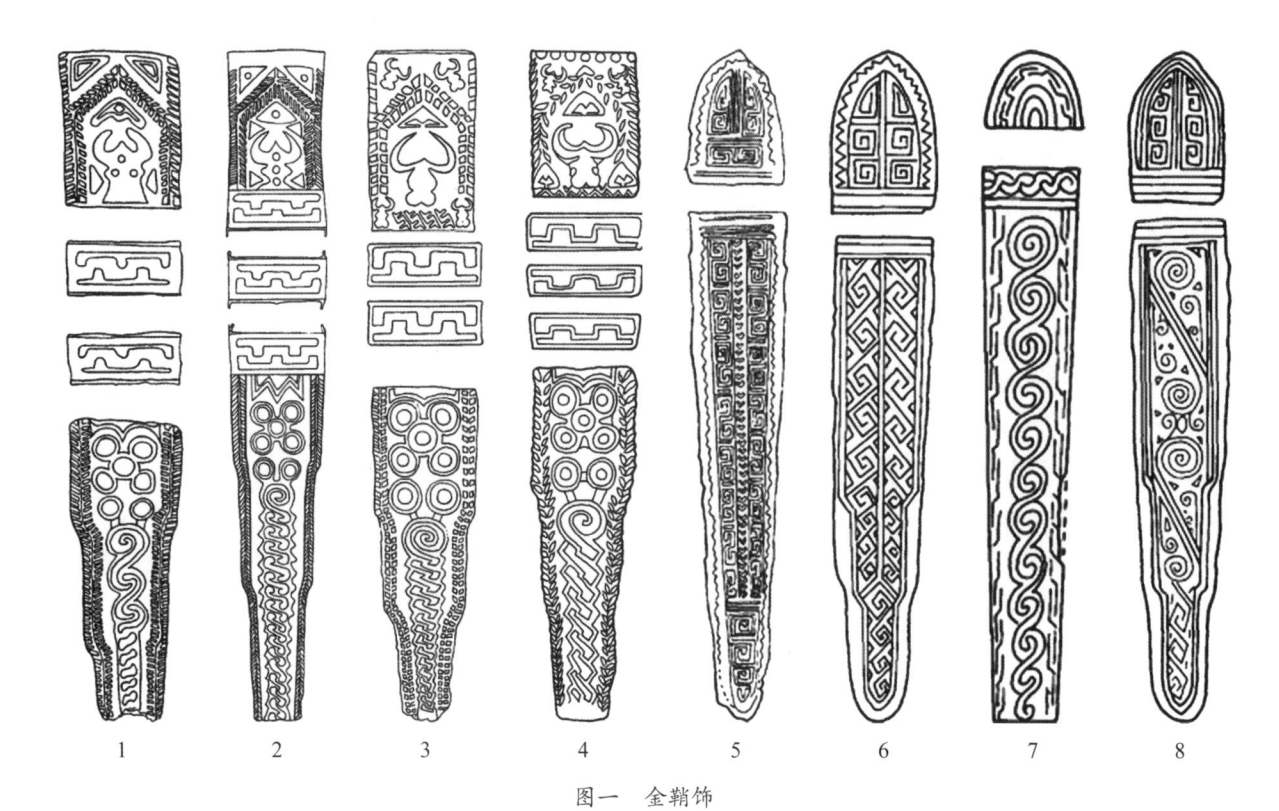

1. A型Ⅰ式M68:299　2. A型Ⅰ式M51:109-2　3. A型Ⅱ式M47:190-2　4. A型Ⅱ式M85:82-2
5. B型M69:73-1①　6. B型M69:115-3　7. B型M69:73-4　8. B型M69:115-1

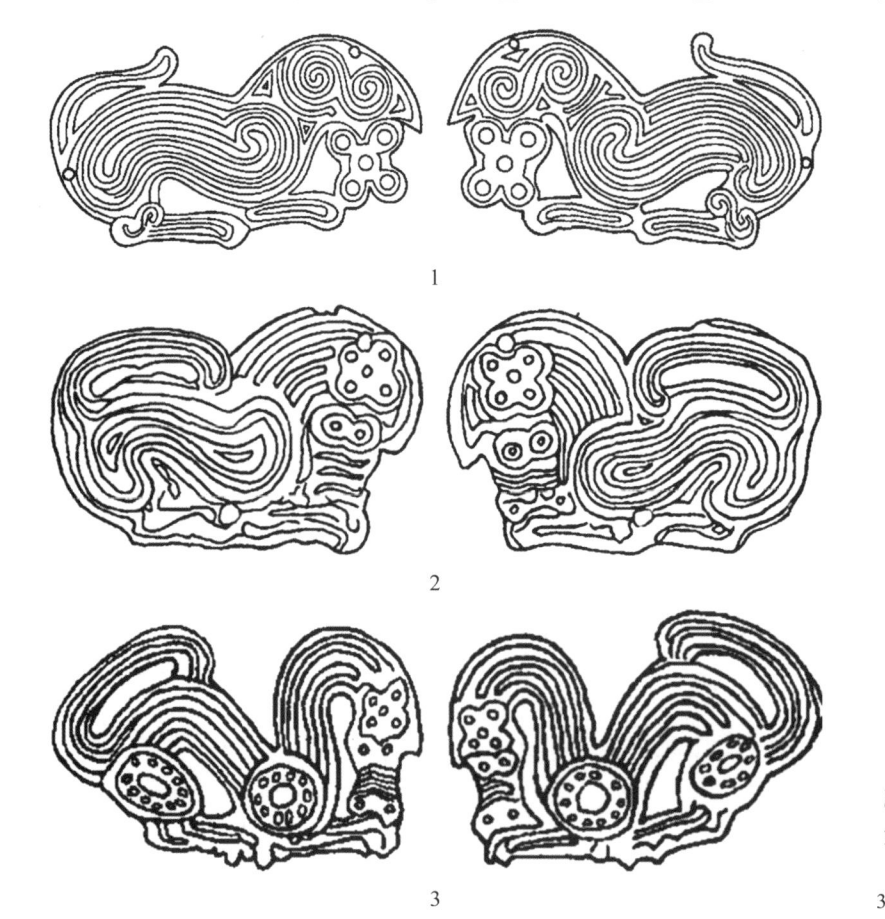

图二　几何纹构成的动物造型

1. A型Ⅰ式神兽形金片饰M69:63
2. A型Ⅱ式神兽形金片饰M50:2
3. A型Ⅲ式神兽形金片饰M51:174

图三  几何纹构成的植物造型
1. A型金花形饰M68∶103  2. B型金花形饰M47∶41-1  3. B型金花形饰M47∶41-2  4. C型金花形饰M69∶60
5. D型金花形饰M51∶76  6. D型金花形饰M69∶92  7. D型金花形饰M69∶140-1

2. 动物纹

李家山出土金器的动物纹有牛头纹、神兽纹、甲虫纹（图一，1—4；图四；图五）。牛头纹、神兽纹见于金鞘饰，甲虫纹见于甲虫型金泡。牛头纹采用简笔画的手法，与其他抽象的几何纹组合非常和谐。金鞘饰上的神兽纹身形似虎，肌肉健硕有力，有锋利的爪牙，最为明显的特征是头上长有一角，可

图四  金鞘饰上的独角兽纹
1. C型 M68∶250-2  2. E型 M68∶360-2  3. E型 M51∶116  4. E型 M51∶181-2

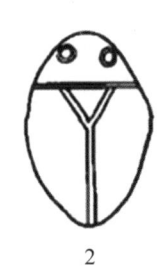

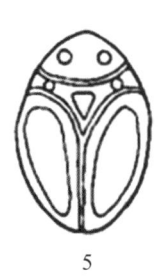

图五　金泡上的甲虫纹
1. 甲虫形金泡M47∶60　2. 甲虫形金泡M69∶63-2　3. 甲虫形金泡M69∶63-1
4. 甲虫形金泡M69∶63-4　5. 甲虫形金泡M69∶63-3

统归为"独角兽"一类，李家山金器上的独角兽纹身形似虎，有锋利的爪牙，是"独角兽"与众不同的一种形态。金刚教授曾从语言文化学角度考证神化动物独角兽之称[kiat](~kian)及其诸变体和异称，确认独角兽原型为虎类猛兽，其独角则源于犀角，独角兽可视为犀角虎身的动物[1]。从形象特征上看，李家山金器上的独角兽形象与"犀角虎身"的形象十分吻合。古代云南一直有犀牛分布，直到20世纪才绝迹于云南，犀牛在西汉时期的云南并不罕见，所以李家山金器上的独角兽纹取犀角的元素不难理解，反而是与虎身的元素相结合应该成为关注的重点。

3. 人物纹

李家山出土金器上的人物纹仅见于一件金鞘饰（图六），考古报告描述："横空五人，头足相随，侧身侧面。长带束发，耳戴大环，无袖长衣，外扎腰带，配圆扣饰。蹁跹起舞，姿态各异，宛若飞仙。人前即上端一圆桶状物，上下两面各有一半环钮。"与李家山出土的四舞俑铜鼓上的舞俑形象对比，同样耳戴大环，束腰带，佩圆扣饰，披长披风，梳髻系飘带，只在发髻的高低上有差别，但目前所能辨认的只有第五个人双手合抱一圆形物蹁跹起舞，结合筒状物似有液体流出，更有可能与饮酒有关。

图六　金鞘饰C型M68X1∶9-2

## 四、用金习俗

1. 游牧民族的用金传统

秦汉时期，中原地区主要将纯金制成金饼、马蹄金、麟趾金，也用于车马器、兵器、漆器以及青铜器的装饰，但用作身体装饰的情况十分少见。南方地区出土了纯金制作的手镯、戒指、金珠一类的小件人身装饰品，但纯金使用最多的还是货币。北方地区流行纯金制作的人身装饰品。李家山出土金器是西南地区的典型代表，喜爱用纯金制作成身体装饰品和用来装饰兵器。随身穿戴和方便携带以象征财富和地位，是其使用黄金这一珍稀资源时最首要的考虑因素。青铜时代以降，中亚草原的部族首

---

[1] 金刚：《图腾动物独角兽原型考》，《内蒙古大学学报》（人文社会科学版）2005年1期。

领或贵族就形成了以黄金装饰人身、兵器、马具以象征地位和权势的习俗,这种佩戴黄金饰品的习俗在夏商之际传入中国北方地区,并在西周时期被一些汉地贵族所模仿。春秋至战国早期,在中国北方地区逐渐流行,并在战国晚期融入汉地造型艺术之中[1]。李家山出土金器情况表明,其用金传统与同时期的中原地区和南方地区存在一定的差异,但与北方地区、中亚草原游牧部落呈现出一致性。

从李家山出土金器的工艺类型来看,以纯金制品为主,鎏金制品的数量不少。制作纯金制品时,主要采用锤鍱和錾刻工艺,少部分采用范铸工艺。鎏金工艺处于发展阶段,工艺日趋成熟,但不占据主导地位,错金工艺尚处于兴起阶段,平脱、炸珠工艺还未出现。秦汉时期,中原地区和南方地区以鎏金工艺为主,错金工艺和平脱工艺已经十分精湛,南方地区还出现了特有的多面金珠[2]。北方地区主要以锤鍱工艺为主,结合打磨、压制、抛光、焊接、掐丝、镶嵌等多种工艺[3]。李家山金器的工艺传统与北方地区相同,但整体工艺水平不及北方地区。

从李家山出土金器的纹饰来看,构图都非常抽象简单,注重组合关系,比较具有代表性的纹饰组合有三种:牛头纹和几何纹的组合,几何纹中的圆圈纹组合,以及动物纹中的独角兽纹组合。这三种纹饰组合几乎不见于中原和南方地区出土的金器。在北方地区还没有发现金器上有类似牛头纹、"虎身犀角"的独角兽纹,但李家山将动物成对运用的方式,如对虎纹、双马纹等纹饰在北方地区出土铜器上常见,圆圈纹组合(五联圆圈纹)在北方地区出土铜器上也比较常见[4]。

2. 金玉并存的文化传统

李家山金玉共出,几乎同样的造型纹饰,金、玉皆可制作,与中原以玉为贵的文化有所不同,李家山没有出现重金轻玉或是重玉轻金的价值倾向(图七)。单独成器时,金器有仿玉器情况;金镶玉时,玉是金的点缀,滇国对玉的喜爱持有开放的态度,上等玉器和黄金共同为贵族所有,用于身体和兵器装饰以象征财富和地位。

李家山金玉组合最具代表性的是出土的珠襦,在两次发掘的87座墓葬中,M24、M17、M47、M51、M57、M68、M69、M85等大墓中,都发现了大量用玛瑙、绿松石、琉璃、水晶、蚀花石髓、琥珀和黄金等制成的珠、管、扣等遗物,这些珠饰的色彩、形状、材质各不相同,矿料来源和加工地点也可能来自多个不同地域。根据目前的考古资料,在埃及旧王朝时期(公元前2686年—前2181年)的墓葬中,多是用蓝色的费昂斯珠和管子穿缀成网络状,覆盖在包裹好的木乃伊上。这种用珠子穿缀的、寓意"守护"木乃伊的敛葬物也在埃及新王朝(公元前664年—前525年)时期被使用。在两河流域的苏美尔文明(公元前2500年),乌尔王陵的普阿比(Puabi)王后墓出土了由数千颗黄金、青金石、红玉髓等材质的珠子串联而成的珠子斗篷[5]。李家山出土的珠襦在珠子材质和串联方式上与二者定然存在很大差异,并且时间和空间距离跨度太大,不能直接证明切实存在某种关联,但是在采用金玉珠饰守护墓主人的方式上是一致的(图八)。

李家山出土的枣核型金珠在普阿比(Puabi)王后墓出土的珠子斗篷上有几乎相同形制的珠子发现。金花形饰和云形金饰则与《THE WORLD-WIDE HISTORY OF BAEDS》中描述的"The quadruple-spiral beads"在形制上基本相同(图九)。Lois Sherr Dubin认为这种珠子最早起源于公元3000年前的苏美尔和伊朗高原,并在数千年的时间里在广泛的地理范围包括北方草原和南亚被模仿

---

[1] 马健:《黄金制品所见中亚草原与中国早期文化交流》,《西域研究》2009年第3期。
[2] 江楠:《中国早期金银器的考古学研究》,吉林大学博士学位论文,2015年,第224—280页。
[3] 齐东方、陈灿平:《中国古代物质文化史·金银器》,开明出版社,2019年,第59页。
[4] 祝铭:《从金银饰看欧亚草原文化对滇文化的影响》,《草原文物》2019年第2期。
[5] 朱晓丽:《中国古代珠子》,广西美术出版社,2013年,第192—195页。

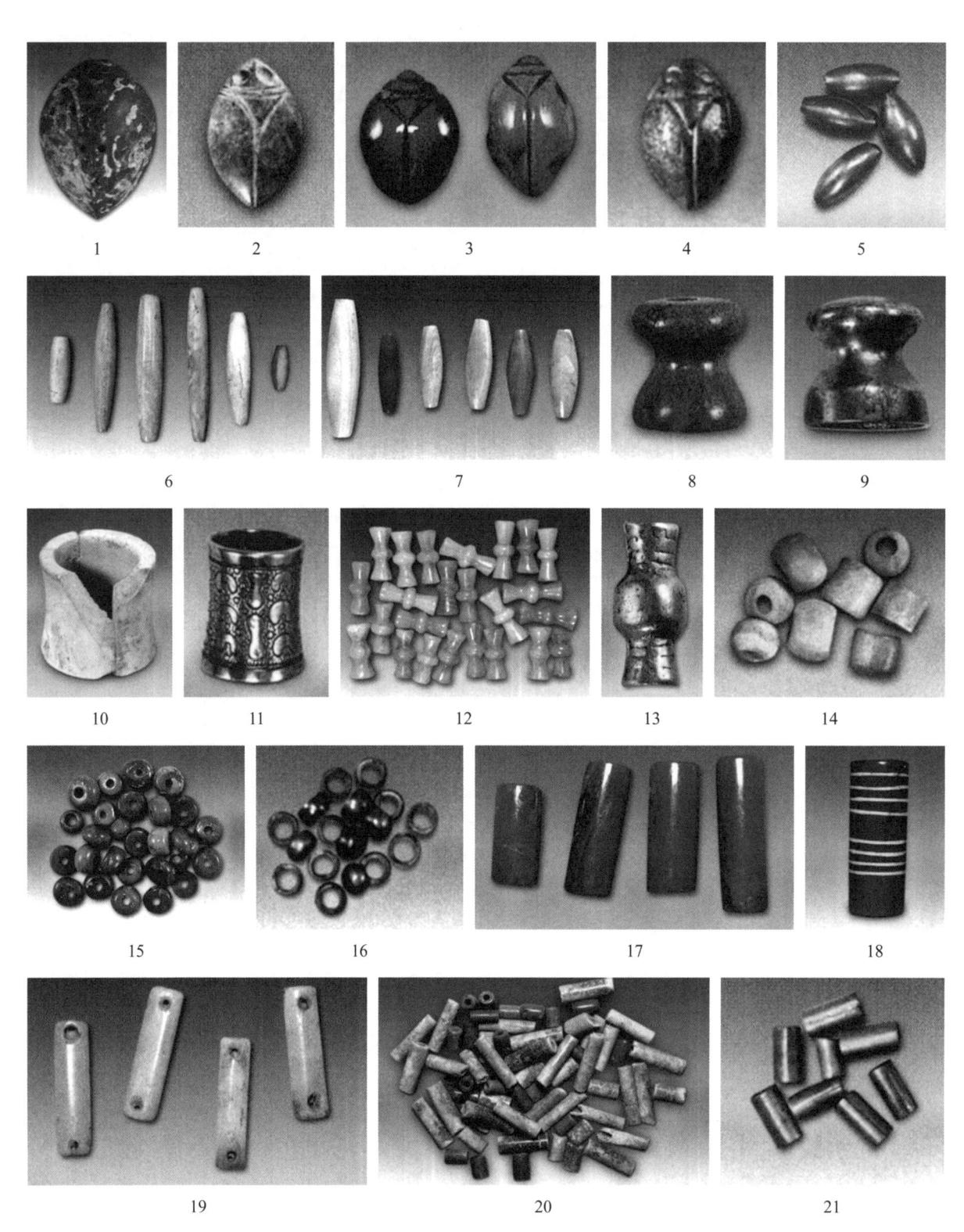

图七　李家山出土金玉饰品呈现出的金玉共存现象

1. 石甲虫饰 M69：182　2. 玉扣 M82：15　3. 绿松石扣 M69：64　4. 甲虫形金泡 M69：63-2　5. 枣核形金珠 M57：80
6. 玉管 M69：62-1　7. 玛瑙管 M44：17-1　8. 绿松石珠 M82：24　9. 鼓形金饰 M68：248　10. 玉鲽 M51：297-2
11. 金鲽 M68：302-3　12. 玛瑙管 M68：23-1　13. 金葫芦形饰 M68：222　14. 玉珠 M57：79-2
15. 绿松石珠 M69：132-1①　16. 环状珠 M47：47-3　17. 玛瑙管 M69：67-1　18. 蚀花石髓珠 M69：67-2
19. 玛瑙管 M47：133-1　20. 琉璃管 M47：184-1⑤　21. 管状金珠 M68：22-1

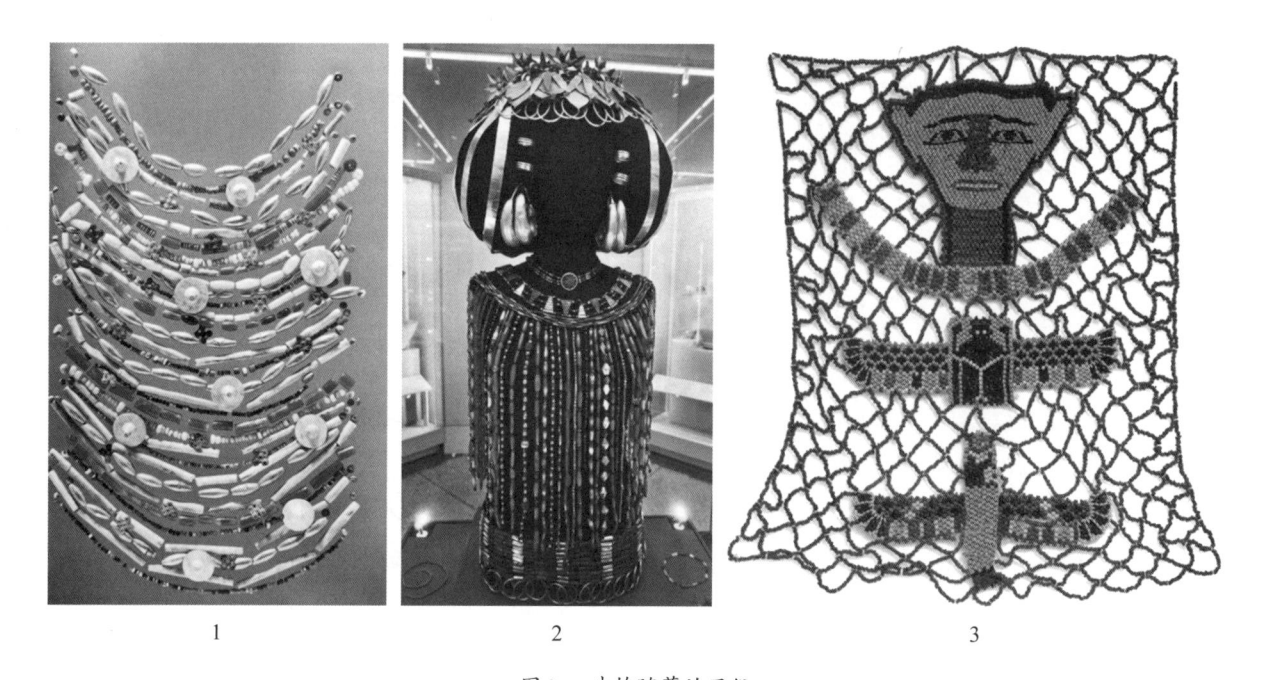

图八　珠饰随葬的习俗
1. 云南省博物馆复原的李家山 M47 珠襦模型图　2. 宾夕法尼亚大学博物馆复原的普阿比（Puabi）王后的珠衣
3. 埃及第 26 王朝的木乃伊网套

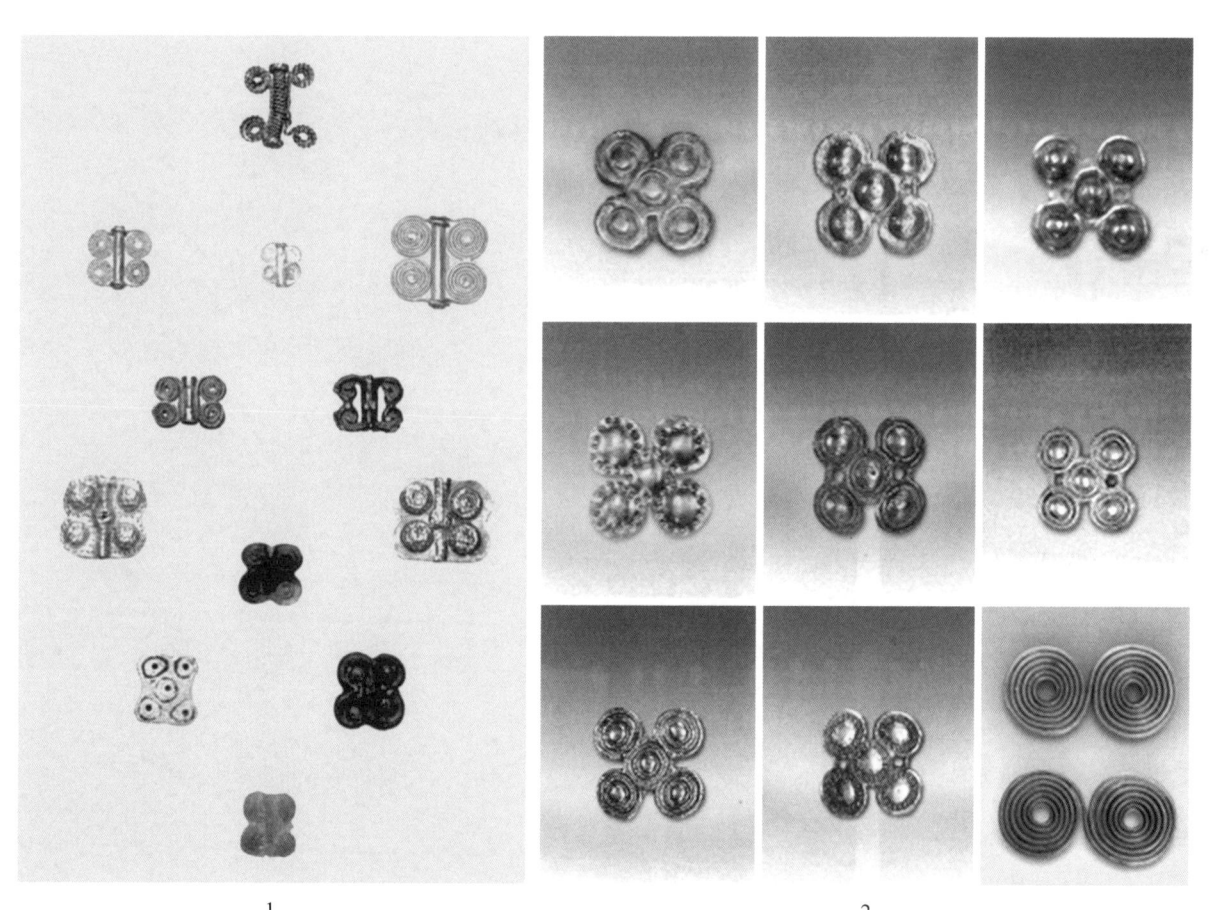

图九　金花形饰、云形金饰与 The quadruple-spiral beads
1. The quadruple-spiral beads　2. 李家山出土的金花形饰、云形金饰

和复制出来,并且认为这种珠子流传的时间和地域之广,表明这种形制具有重要的宗教意义[1]。李家山出土的金花形饰和云形金饰很可能是来源于同一种母题在传播过程中衍生出的不同变体,并在李家山出土青铜器上也有频繁的使用。

## 五、结　论

李家山出土金器情况表明,纯金优先用于身体和兵器装饰,锤鍱和錾刻工艺的使用最为普遍,五联圆圈纹和动物成对运用的方式常见于中国北方地区出土的铜器上。从功能、工艺和纹饰上均充分体现出了游牧民族的用金传统。几何艺术的运用又见滇人独特的民族审美趣味。

李家山出土金鞘饰和珠襦上的神兽纹,身形似虎,有锋利的爪牙,头上长有一角。结合前辈学者的研究成果以及云南自然生态情况,可进一步将神兽纹理解为"犀角虎身"的独角兽纹。

李家山金玉共出,出土珠襦以五彩斑斓的颜色、各式各样的造型和翻空出奇的组合,呈现出滇人活泼、开放、包容的审美态度,成为李家山金玉共存文化的代表。

---

[ 1 ]　Lois Sherr Dubin, *The World-Wide History Of Baeds*. Thames & Hudson Press, 2015: 45.

# 滇文化珠饰分期研究

◎ 王一岚（云南大学历史与档案学院）

## 一、引　言

珠饰是历史悠久的装饰品，早在旧石器时代，北京周口店山顶洞人遗址已有石灰岩和兽骨、兽牙制作的珠饰出土。进入新石器时代以后，玉质和各种彩石质珠饰出土更加广泛，如大汶口、北阴阳营、良渚等新石器文化均发现了玉珠、玉管组成的串饰（图一）。青铜时代的珠饰形制、使用方式和文化内涵受到了新石器时代的深刻影响，并在此基础上不断发展，于周代形成了礼制化的组玉佩珠饰。

珠饰从审美意识、制作工艺、文化交流等多个方面反映了中国在不同地域、不同时段的社会面貌和发展变化。滇文化是云南青铜时代最具代表性的文化，自1956年石寨山古墓群发掘至今，滇文化出土了大量造型奇特、色彩明艳的珠饰，质地以玛瑙、绿松石为多[1]，同时也不乏金属和人造玻璃珠饰，其年代从东周一直绵延至东汉，整体风格较之中原既有共性，也有差异。

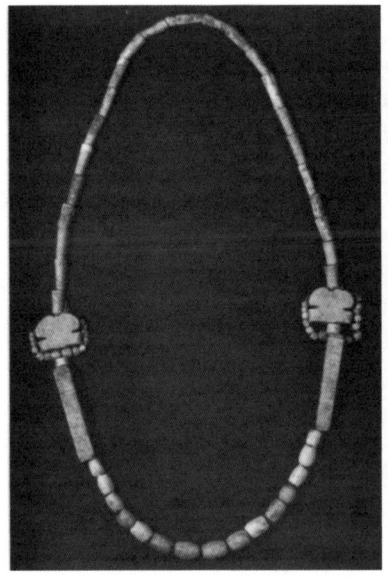

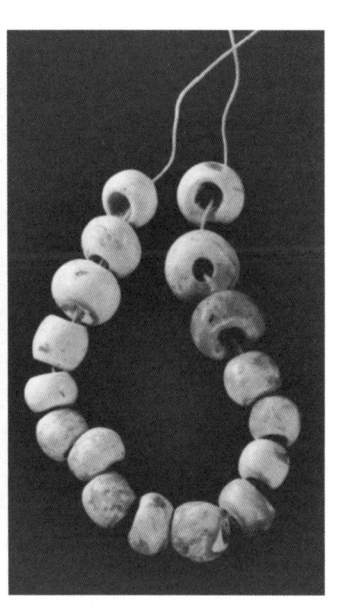

图一　北阴阳营、大汶口、良渚文化出土玉串饰[2]

---

[1] 根据张蓓莉：《系统宝石学》，地质出版社，2006年，第376页所述，玛瑙、玉髓均为隐晶质石英质玉石，滇文化考古发掘的玛瑙珠饰实际上有相当一部分属于红玉髓或白玉髓，但本文仍依照发掘报告的惯例，统一归为玛瑙。另，有学者指出滇文化出土部分绿松石珠饰实为孔雀石或费昂斯，在此亦不作讨论，全部以发掘报告记述为准。

[2] 图片来源：中国玉器全集编辑委员会：《中国玉器全集·原始社会》，河北美术出版社，1992年，第31、46页；古方：《中国出土玉器全集·浙江》，科学出版社，2005年，第98页。

## 二、滇文化出土珠饰墓葬分布

滇文化出土珠饰最密集、器型最丰富的地区当属滇池区域,也即滇文化的核心区域。基于现有的考古发掘报告、发掘简报及其他出版物,自战国中期至东汉初期,滇池区域主要有以下墓葬出土珠饰:

星云湖畔的江川李家山墓地52座墓葬出土玛瑙珠饰22 058件、绿松石珠饰数万件、玉珠饰5 614件、琉璃珠饰数万件、金银珠饰3 730件,并有水晶、琥珀等罕见珠饰,这些墓葬的规格囊括大、中、小三类,年代自西汉中晚期至东汉前期。李家山墓地出土珠饰的种类非常丰富,滇文化已知的珠饰器型几乎都有发现,包括极具本土文化特色的尊形管、鼓形珠等[1]。

在滇池北岸,昆明羊甫头墓地64座墓葬出土了丰富的绿松石、玛瑙、软玉珠饰,还发现了少量琉璃珠饰。这些墓葬规模不一,既有大型墓,也有中小型墓,年代自战国中期一直持续到西汉末期[2]。羊甫头出土珠饰器型多样,数量也相当可观。呈贡天子庙墓地也有珠饰出土,虽然遭遇墓地损坏、文物流失等问题,但天子庙M41等4座墓葬仍出土有绿松石珠上万件,玛瑙珠、玛瑙扣约百件,玉珠、玉管近300件,年代大多在战国中期至晚期[3]。

滇池东岸的晋宁石寨山墓地M71、M13、M6等20余座墓葬有珠饰出土,质地包括玛瑙、绿松石、金银、玉、孔雀石、琉璃等,数量在万件以上,墓葬规模大小不一,年代跨度自西汉早期持续到东汉初期[4]。

抚仙湖北岸的澄江金莲山墓地M181、06M1等30余座墓葬有珠饰出土,包括玉管、玛瑙扣、管、珠、绿松石扣、管、珠、孔雀石珠共100余件套。据研究,这些墓葬的年代在战国至西汉时期[5]。

与金莲山年代相仿的呈贡黄土山、宜良纱帽山,在14座墓葬中出土了玛瑙和绿松石质的珠、管、扣,玉质的珠、管、坠,孔雀石质串珠,以及少量的蚀花石髓珠、料珠和铜管饰。年代稍晚的呈贡龙街石碑村至少5座墓葬发现了玛瑙、绿松石、玉质的珠、管和扣饰,并有少量料珠。

舍此之外,昆明上马村、安宁太极山、江川团山、呈贡小松山、玉溪刺桐关、晋宁金砂山等墓地均有一定数量的珠饰出土[6],后文将作补充介绍。以上发掘地点大多在"三湖一海"(滇池、抚仙湖、杞麓湖、阳宗海)一带密集分布(图二)。在地理位置稍远的曲靖坝子地区,曲靖八塔台30多座墓葬随葬玉管、玉坠、玛瑙珠、管、扣数十件,绿松石珠、管近千件,料珠数百件,以及少量蚀花石髓珠和琥珀珠[7],

---

[1] 张增祺、王大道:《云南江川李家山古墓群发掘报告》,《考古学报》1975年第2期;云南省文物考古研究所、江川县文化局、玉溪市文物管理所:《江川李家山第二次发掘报告》,文物出版社,2007年。以下有关江川李家山发掘资料均出自以上两部报告。

[2] 云南省文物考古研究所、昆明市博物馆、官渡区博物馆:《昆明羊甫头墓地》,科学出版社,2005年。以下有关昆明羊甫头发掘资料均出自这部报告。

[3] 胡绍锦:《呈贡天子庙滇墓》,《考古学报》1985年第4期。以下有关呈贡天子庙发掘资料均出自这部报告。

[4] 云南省博物馆:《云南晋宁石寨山古墓群发掘报告》,文物出版社,1959年;云南省文物考古研究所、昆明市博物馆、晋宁县文物管理所:《晋宁石寨山第五次发掘报告》,文物出版社,2009年。以下如无特别说明,有关晋宁石寨山发掘资料均出自这两部报告。

[5] 蒋志龙、吴敬、杨杰、何林珊、周然朝:《云南澄江县金莲山墓地2008~2009年发掘简报》,《考古》2011年第1期;蒋志龙:《金莲山墓地研究》,吉林大学博士学位论文,2013年。以下有关金莲山的发掘资料均出自这两部文献。

[6] 云南省文物考古研究所:《石寨山文化考古发掘报告集》,科学出版社,2016年。以下有关上马村、黄土山、纱帽山、石碑村、太极山、团山、小松山、刺桐关、金砂山、平坡的发掘资料均出自这部文献。

[7] 云南省文物考古研究所:《曲靖八塔台与横大路》,科学出版社,2003年;康利宏、吴沄、余晓靖、刘忠华:《云南曲靖市八塔台墓地2号堆第七次发掘简报》,《考古》2018年第12期。以下有关八塔台的发掘资料均出自这两部报告。

图二　部分出土珠饰的滇文化墓葬分布（图片来源：奥维地图）

并有年代较早的铜泡饰出土[1]。曲靖潇湘平坡、陆良薛官堡[2]也有少量珠饰出土。

## 三、春秋战国时期的滇文化珠饰

根据目前发表的考古发掘资料，在春秋至战国早期的滇文化墓葬中，滇池区域只有石寨山和上马村有珠饰出土。其中石寨山M51出土1件玉管和数件孔雀石珠、M53出土一串孔雀石珠；上马村M1随葬玉管、玛瑙管各5件，绿松石珠百余件。曲靖八塔台第一期M279、M280出土有芒纹、蛇纹及其他种类的铜泡饰（图三），玉料也有发现，但很少用于制作珠饰，仅M296发现2件玉管。相似地，第二期M203、M216、M219、M243出土珠饰也是以铜泡饰和铜管饰为主。

图三　曲靖八塔台M279∶7蛇纹铜泡饰[3]

---

[1] 泡饰一般认为是衣饰或靴饰，国内外珠饰研究学者常将泡饰纳入珠饰之列，本文依此惯例。
[2] 杨勇、朱忠华、王洪斌、张逊：《云南陆良县薛官堡墓地发掘简报》，《考古》2015年第4期。以下有关薛官堡的发掘资料均出自这部报告。
[3] 图片来源：云南省考古研究所：《曲靖八塔台与横大路》，科学出版社，2003年，第97页。

滇文化珠饰的广泛出土始于战国中晚期墓葬。在这一时段，昆明羊甫头第一期M19、M97、M101出现绿松石扣饰和玛瑙扣饰，有斗笠形和圆锥形两种类型；绿松石扁圆形珠、圆锥形管出现在M24和M30；M30同时随葬了扁圆形玉珠、圆锥形玉管以及玛瑙质扁圆形珠、圆柱形管、纺锤形管、尊形管（图四）。在战国后期至秦汉之际，羊甫头二期16座墓葬有珠饰出土，其中最流行的器型为圆柱形玉管、扁圆形玛瑙珠和斗笠形或圆锥形玛瑙扣，与一期同类珠饰外形特点相同。玛瑙和绿松石的出土位置通常是墓主人身侧或足端（图五），扣饰常位于铜剑附近。

澄江金莲山墓地在这一时段出土了丰富的珠饰，如玉管、绿松石珠、玛瑙珠、玛瑙扣、孔雀石、骨管、水晶饰等。呈贡黄土山也有玉管和玛瑙珠、管、扣饰，值得注意的是，M50发现了1件圆球形海蓝色料珠和1件蚕形肉红色带蚀金色平行线的蚀花石髓珠。呈贡天子庙一期M41发现了数以万计的绿松石珠以及26件玉珠、200余件玉管，同期及稍晚的M33、M36有数千件绿松石珠和5件玉珠、45件玉管。曲靖八塔台三期M119、M143发现的珠饰仍以铜泡饰为主，但M183和M119分别有玛瑙扣和玉管随葬，M143同时出土了玉管、玛瑙扣、玛瑙管、绿松石管和铅管，2号堆中期墓葬也发现了相似的珠饰组合，M19、M29、M132、M133出土了铜泡、玉管和数量较大的绿松石串珠。此外如纱帽山M1、M4出土绿松石珠、玉珠和骨管，团山出土绿松石珠、玉管和料珠，年代也大致在战国中晚期。

图四　羊甫头M19∶183-3、M19∶104-2、M30∶9-1、M30∶9-2、M30∶9-3、M30∶18-1玛瑙扣、绿松石扣、玉管、玛瑙珠、玛瑙管、绿松石珠[1]

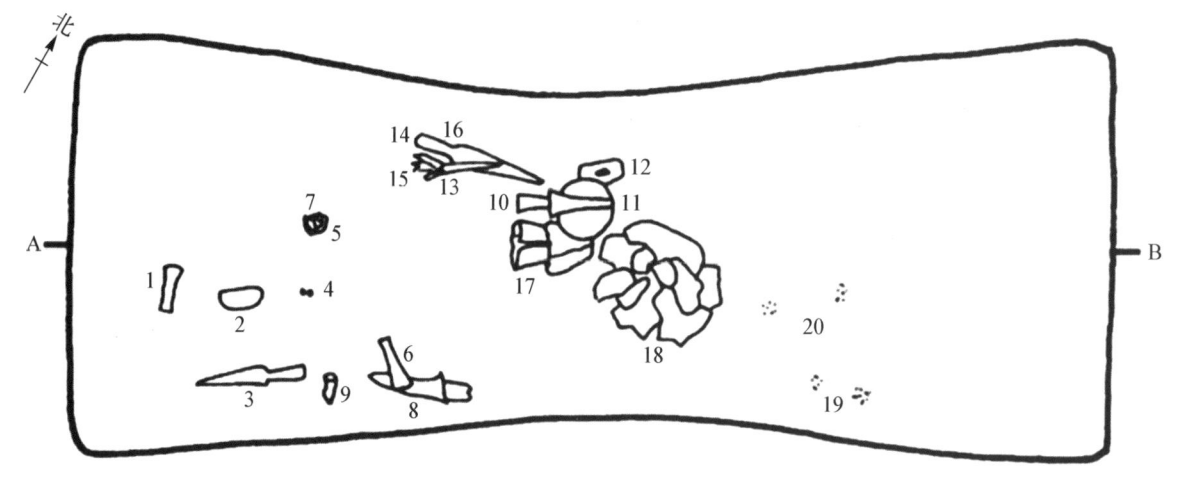

图五　羊甫头M619平面图[2]

1.铜锛　2.铁爪镰　3、9.铜矛　4、5.玉玦　6.铜斧　7.纺轮　8.铜戈　10、16.铜剑　11、12.铜腰扣　13.玉管　14.石坠　15.铜削　17.陶罐　18.陶釜　19、20.玛瑙珠

---

[1]　图片来源：云南省文物考古研究所、昆明市博物馆、官渡区博物馆：《昆明羊甫头墓地》，科学出版社，2005年，第155、267页。
[2]　图片来源：云南省文物考古研究所、昆明市博物馆、官渡区博物馆：《昆明羊甫头墓地》，科学出版社，2005年，第436页。

## 四、西汉早期的滇文化珠饰

战国之后，汉武帝置益州郡之前，大致可划为西汉早期。在这个时段，江川李家山第一次发掘的Ⅰ类墓葬和第二次发掘的第一期墓葬出土珠饰较多，质地亦趋向多样，如第一次发掘出土的玛瑙扣既有红玉髓、白玉髓，也有带明显纹理的缟玛瑙，个别玛瑙管还存留有雕刻痕迹（图六），M22发现1件浅蓝色透明六棱柱形玻璃器，为此前所罕见。不同规模的墓葬出土的珠饰组合亦有明显差别，较大的墓葬如M17、M18、M21—M24，多以玉管、玛瑙扣、珠、管和绿松石珠随葬；较小的墓葬如M6—M10、M32，则以少量的玛瑙扣或绿松石珠随葬。

昆明羊甫头三期16座墓葬发现珠饰，玉管、玛瑙珠和玛瑙扣仍然占据较大比例，玛瑙器的数量和种类都有所增加，如M113同时随葬了斗笠形、圆锥形两种玛瑙扣，圆柱形、纺锤形和尊形玛瑙管，扁圆形、矮腰鼓形、高腰鼓形玛瑙珠（图七）。相似地，绿松石珠饰的器型较之第一、第二期也更加丰富，如M113：105-5斗笠形扣、M568：4-1不规则形扣、M582：16-2圆柱形管、M37：2纺锤形管等。

图六　李家山第一次发掘出土的部分玛瑙器[1]

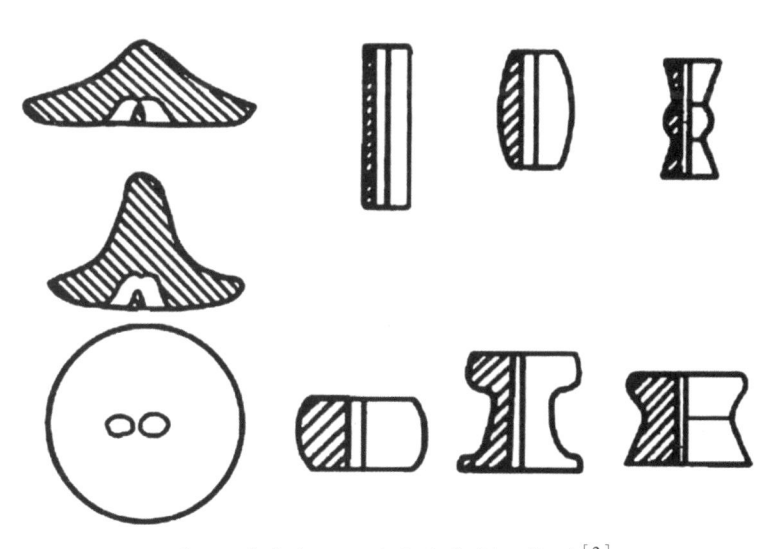

图七　羊甫头M113出土的玛瑙扣、管、珠[2]

---

[1] 图片来源：张增祺、王大道：《云南江川李家山古墓群发掘报告》，《考古学报》1975年第2期。
[2] 图片来源：云南省文物考古研究所、昆明市博物馆、官渡区博物馆：《昆明羊甫头墓地》，科学出版社，2005年，第251—252页。

晋宁石寨山 I 类处于西汉早期，随葬珠饰以玛瑙珠、玛瑙扣为主。年代稍晚的 M71 出土了丰富的珠饰，其中金银类珠饰有葫芦形金珠、枣核形金珠、斗笠形金银扣共 121 件（图八）[1]，软玉类珠饰有玉珠、玉管、玉坠共 198 件，玛瑙和绿松石类珠饰的器型与羊甫头和李家山相似，大致分为珠、管、扣三类，共 480 件，其中发现了较为少见的半圆形玛瑙扣。M71 的金银、玉石珠饰在墓葬中层集中排列，可能是直接覆盖在墓主人身上的，发掘者认为此即汉代敛服"珠襦"。年代略晚的石寨山 II 类墓葬基本都有珠饰随葬，珠饰类别与 M71 相似，如 M10 出土了葫芦形金珠、枣核形金珠，可能是缝缀在"珠襦"上；M13 出土的玛瑙、绿松石珠饰包括扁圆形珠、鼓形珠、水滴形珠、圆柱形管、纺锤形管、尊形管、斗笠形扣、动物形扣和各种不规则形扣，滇文化几乎所有种类的玛瑙器和绿松石器都可以在石寨山 M13 找到样本（图九）。由于石寨山第一次发掘时间较早，发掘报告相对简略，故这批墓葬出土珠饰的具体数量尚不明确。

图八　石寨山 M71∶115、M71∶116、M71∶122 出土金珠饰和银扣饰、银泡饰[2]

图九　石寨山 M13∶355 出土玛瑙珠、管、扣[3]

---

[1]　李家山还有多种金银片饰出土，在此不纳入珠饰范围。
[2]　图片来源：云南省文物考古研究所、昆明市博物馆、晋宁县文物管理所：《晋宁石寨山第五次发掘报告》，文物出版社，2009 年，彩版八八—八九。
[3]　图片来源：云南省博物馆：《云南晋宁石寨山古墓群发掘报告》，文物出版社，1959 年，第 225 页。

同时段呈贡天子庙M28发现有8件玉管和大量绿松石珠。小松山、太极山、纱帽山、潇湘平坡有少量玛瑙扣、铜泡饰、玉珠和玉管出土。

## 五、西汉中晚期的滇文化珠饰

江川李家山二期的年代约当汉武帝置郡（前109年）之后直至西汉晚期，本期有9座墓葬出土珠饰，种类非常丰富。以M47为例，出土金银珠饰包括球形珠、枣形珠、甲虫形珠、灯笼形珠、细珠、管及4种泡饰；软玉珠饰包括管、球形珠、管形珠、觿形饰、横条、扣饰；玛瑙和绿松石珠、管、扣均有多种亚型，尤其是动物形绿松石扣饰极具特色；烧料器得到大量使用，在M47中发现90件琉璃管；相对罕见的琥珀珠、蚀花石髓珠亦有一定数量的出土（图一〇）。M51、M57、M68三座较大墓葬出土的珠饰种类与M47相似，出土数量都在千件以上。M51出土的琉璃珠存在类似眼睛的图案，具有蜻蜓眼式珠饰的特征；另有连珠形铜珠饰30件，表面鎏金，比较少见。规模较小的墓葬如M34、M41、M70—M72，多以少量玛瑙扣和绿松石小珠随葬，这与西汉前期的李家山墓葬相似。

本时段对应昆明羊甫头墓地第四期，共24座墓葬有珠饰出土。软玉珠饰较第三期明显减少，仅M390、M194、M197、M710各有1件玉管出土；绿松石和玛瑙珠饰相对主流，扁圆形珠、圆柱形管、纺锤形管、斗笠形扣均有一定数量出土，各种不规则形绿松石扣饰常见，M543还随葬了绿松石横条和其他不规则饰品；M297出土一批琉璃珠，有浅绿色、蓝色、棕色、黑色几种，有圆珠形、管珠形，与李家山同期所出琉璃器略同。M342随葬的玛瑙珠放置在一件陶釜中，这种现象在羊甫头并非孤例，M589、M630也存在类似的放置方式（图一一）。

晋宁石寨山Ⅲ类墓葬以M6为代表，出土了铜泡饰、金珠子，此外发掘报告称发现"玛瑙珠扣4包"，实际不止玛瑙器，还包括其他种类的珠饰，如蓝色料珠，一种为"扁圆形，中央穿孔，直径最大的一颗为1.1厘米，深蓝色，嵌有浅蓝色圆点六个"，应为蜻蜓眼式玻璃珠。赵德云指出这类珠子"在中国流行的年代主要为战国中晚期，地域上似以南方地区为主"[1]，另一种为"十字齿轮状，中央穿孔"，在滇文化墓葬中仅发现此一件。M40、M43均有浅蓝灰色和红色玛瑙扣穿缀排列在剑附近[2]。

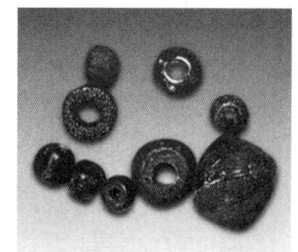

图一〇　李家山M47∶51-1、M68∶21-3、M47∶184-1、M68X1∶52-2、M51∶209-2出土的琥珀珠、蚀花石髓珠、琉璃管、琉璃珠[3]

---

[1] 赵德云：《中国出土的蜻蜓眼式玻璃珠研究》，《考古学报》2012年第2期。
[2] 孙太初：《云南晋宁石寨山古墓第四次发掘简报》，《考古》1963年第9期。
[3] 图片来源：云南省文物考古研究所、江川县文化局、玉溪市文物管理所：《江川李家山第二次发掘报告》，文物出版社，2007年，彩版一七六—一七七。

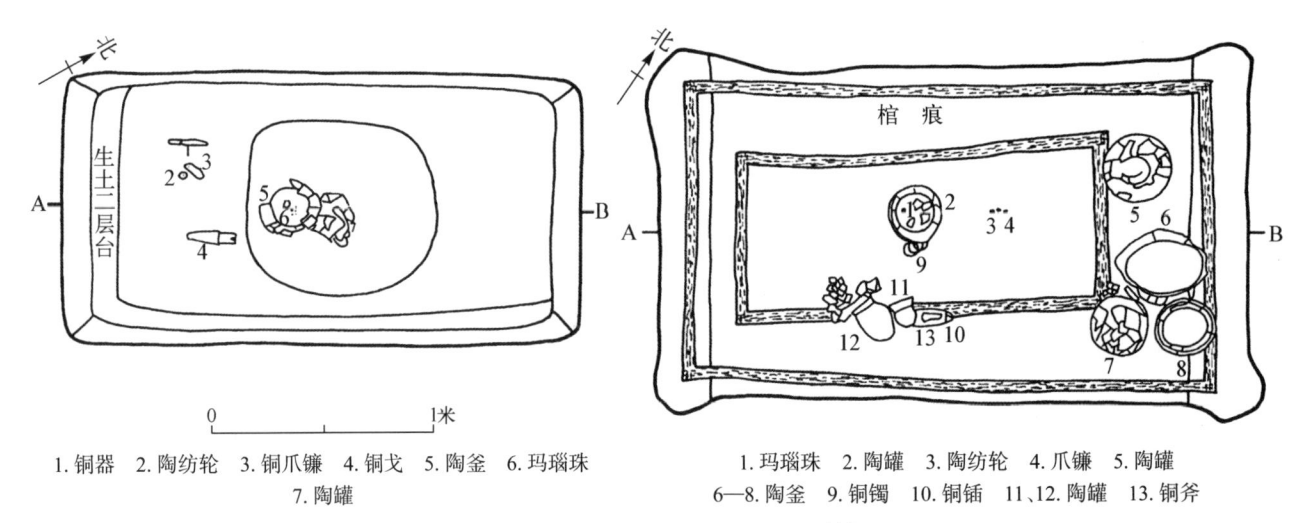

1. 铜器  2. 陶纺轮  3. 铜爪镰  4. 铜戈  5. 陶釜  6. 玛瑙珠
7. 陶罐

1. 玛瑙珠  2. 陶罐  3. 陶纺轮  4. 爪镰  5. 陶罐
6—8. 陶釜  9. 铜镯  10. 铜锸  11、12. 陶罐  13. 铜斧

图一一　羊甫头 M630、M589 平面图[1]

曲靖八塔台四期有部分墓葬发现珠饰。随葬珠饰较丰富的当属 M41，玉管、玉坠、玛瑙珠、管、扣、绿松石珠、管、琥珀珠和蚀花石髓珠都有出土；随葬珠饰规模较小的墓葬约有10座，珠饰组合似乎没有明显规律，如 M52、M47、M36、M5 分别随葬玛瑙管、珠、绿松石珠和玉管，与滇池区域中小型墓葬相似；M4、M6、M13、M31 分别随葬铜管、蓝紫色料珠、陶珠和铜泡饰，这在李家山、石寨山等典型滇文化墓地并不常见。

西汉中期至晚期，宜良纱帽山 M7、M39 分别发现了铜管和孔雀石珠。陆良薛官堡 M38 出土 2 件不规则形绿松石扣、3 件玛瑙珠、5 件淡蓝色玻璃珠。呈贡龙街石碑村 M14 出土玉管。潇湘平坡 M181 发现铜泡饰和"由若干蓝色、绿色、褚红色细小珠子穿缀而成"的料珠串饰。金莲山 M166 也有穿孔玻璃珠出土。

## 六、西汉末期至东汉的滇文化珠饰

江川李家山三期的年代约当两汉鼎革之际，至少 13 座墓葬有珠饰出土，玛瑙扣、绿松石珠等仍是各个墓葬最常见的随葬珠饰，相对少见的蚀花石髓珠和琥珀珠也有出土，如 M82、M44 等墓葬。李家山三期最具代表性的墓葬当属 M69，发掘者认为墓主人尸体覆裹了"珠襦"，多种铜泡、金珠、金管、玉珠、玉管、玉觿形饰都有发现，玛瑙和绿松石质珠、管、扣出土约 4 000 件，分 9 个型、3 个亚型，同时有蚀花石髓珠、琥珀珠（图一二），以及 24 件琉璃管、3 件琉璃珠，可能也是"珠襦"的组成部分。

宜良纱帽山 M21、M30、M33 出土玛瑙扣、绿松石珠和孔雀石珠。呈贡龙街石碑村 M18、M34、M61 也有珠饰出土，主要是玉管、玛瑙扣和玛瑙珠。曲靖八塔台 2 号堆 M65、M94 则有少量玉管和近千件绿松石珠出土。

进入东汉时期以后，滇文化墓葬数量和随葬品都已明显减少，大部分墓葬不再以成规模的珠饰随葬，只有李家山四期的 M39、M49、M86 仍有一定数量的珠饰出土，尤以 M49 为多。M49 棺内西侧共清理 52 件珠饰，包括金珠、玉管、玛瑙珠、绿松石珠、管、水晶珠、琥珀珠、琉璃珠。

---

[1] 图片来源：云南省文物考古研究所、昆明市博物馆、官渡区博物馆：《昆明羊甫头墓地》，科学出版社，2005年，第330、694页。

图一二 李家山M69∶132-1、M69∶67-2出土绿松石珠、管和蚀花石髓珠

基于以上资料，整理春秋战国至东汉时期滇文化墓葬出土珠饰表格如表一。

## 七、结　语

根据现有的考古资料及以上分期观察，滇文化珠饰的发展历史大致可划分为萌芽、发展、繁荣、衰退四期。

春秋时期为萌芽期，滇池沿岸仅发现少量孔雀石珠、玛瑙珠、绿松石珠和玉管，可能均用于身体装饰，具有滇文化典型特征的器型尚未出现。远在曲靖的八塔台墓地有一定数量的铜泡饰出土，但是否属于滇文化范畴尚可商榷。

战国时期为发展期。战国中晚期，滇文化珠饰迅速走向兴盛，滇池北岸的羊甫头一期、天子庙一期、抚仙湖畔的金莲山二期等早期墓地出土大量玛瑙和绿松石质珠、管、扣，且分化出了尊形管、鼓形珠等复杂的亚型，加上玉珠、玉管的普遍使用，奠定了此后滇文化约300年珠饰历史的基本器型组合。曲靖八塔台出土珠饰亦明显增多，其中相当一部分为滇文化常见的玛瑙扣和绿松石扣。发展期末段向繁荣期过渡的时段，黄土山、团山出现了人工烧造或加工的料珠、蚀花石髓珠，体现了滇文化珠饰多样化的趋向。本时段滇文化珠饰大多用于身体装饰，种类可能包括项饰、腕饰和足饰。

西汉初期至晚期为繁荣期。在繁荣期前段，滇池沿岸的羊甫头二期、羊甫头三期、石寨山Ⅰ类、石寨山Ⅱ类墓葬均有成千上万件珠饰出土，金银珠饰开始涌现，多个墓葬发现十数枚玛瑙扣在青铜剑附近有序排列，代表以玛瑙扣装饰剑带的风俗已经流行开来。"珠襦"从这一时段出现于滇文化墓葬中，代表滇人开始使用大量珍贵的珠饰用于敛葬。部分中小型墓葬以玛瑙珠置于陶釜中随葬，似乎也意味着珠饰不再单纯用于装饰，而拥有了其他功能。此时羊甫头、石寨山南北并立，繁华竞逐，而星云湖畔的李家山也开始崛起，软玉、玛瑙、绿松石和琉璃珠饰都有出土。繁荣期后段，羊甫头出土珠饰墓葬仍有24座之多，玛瑙器的类型有所减少，但绿松石饰品较此前更加丰富多样；石寨山Ⅲ类墓葬所出珠饰品类有衰退迹象；相比之下，李家山已进入全盛时期，出土了青铜、金银、软玉、玛瑙、绿松石、琥珀等珠饰，质地多样，器型丰富，几乎覆盖了滇文化所有的珠饰类型。这一时段人工加工的蚀花珠数量增加，人工烧造的琉璃珠大量出现，推测滇文化扩大了与外界的交流，从而开辟了大量输入加工珠饰

表一 滇文化诸墓葬出土珠饰一览表

| 年代 | 墓地 | 墓号 | 青铜 | | 金银 | | 软玉 | 玛瑙 | | 绿松石 | | 烧料 | 其他 |
|---|---|---|---|---|---|---|---|---|---|---|---|---|---|
| | | | 泡 | 珠管 | 珠管 | 泡扣 | 珠管 | 珠管 | 扣 | 珠管 | 扣 | 珠管 | |
| 春秋早期 | 石寨山 | M51、M53 | | | | | | | | | | | 孔雀石珠 |
| 春秋中晚期 | 八塔台 | M296、M279、M280 | √ | | | | | | | | | | |
| 春秋中晚期 | 八塔台 | M203、M216、M219、M243 | | √ | | | | | | | | | |
| 春秋中晚期 | 上马村 | M1 | | | | | √ | | | √ | | | |
| 战国时期 | 金莲山 | M39、M181、M28、M77、06M71、M151、06M73、06M84、06M69、06M113、06M88、M210、M87、06M1、06M6 | √ | | | | | √ | | √ | | | 骨管、孔雀石珠、水晶饰 |
| 战国中期 | 羊甫头 | M19、M24、M30、M97、M101 | | | | | √ | √ | √ | √ | | | |
| 战国晚期至秦汉 | 羊甫头 | M106、M108、M290、M9、M497、M72、M102、M150、M104、M619、M570、M90、M527、M546、M580、M520 | | | | | √ | √ | √ | √ | √ | | |
| 战国中晚期 | 天子庙 | M33、M36、M41 | | | | | √ | √ | √ | √ | | | |
| 战国中晚期 | 纱帽山 | M1、M4 | | | | | | √ | √ | √ | | | |
| | 黄土山 | M26、M46、M50、M56 | | | | | √ | √ | √ | √ | √ | √ | 蚀花珠 |
| 战国时期至西汉初期 | 八塔台 | M78、M119、M143、M165、M177、M178、M183、M192、M19、M29、M132、M133 | √ | | | | √ | √ | √ | √ | √ | | 铅管 |
| | 团山 | M6—M8、M10 | | | | | √ | √ | √ | √ | | √ | |
| 西汉早期 | 李家山 | M4、M6—M14、M17—M24、M32、M59 | | | √ | √ | √ | √ | √ | √ | √ | √ | |
| 西汉早期 | 羊甫头 | M113、M582、M568、M644、M724、M740、M610、M37、M618、M5、M187、M204、M170、M634、M630、M401 | | | | | √ | √ | √ | √ | √ | | |
| | 石寨山 | M3、M10—M22 | | | √ | | √ | √ | √ | √ | √ | | |
| | 天子庙 | M28 | | | | | √ | | | √ | | | |

续 表

| 年代 | 墓地 | 墓号 | 青铜 | | 金银 | | 软玉 | 玛瑙 | | 绿松石 | | 烧料 | 其他 |
|---|---|---|---|---|---|---|---|---|---|---|---|---|---|
| | | | 泡 | 珠、管 | 珠、管 | 泡、扣 | 珠、管 | 珠、管 | 扣 | 珠、管 | 扣 | 珠、管 | |
| 西汉早期 | 纱帽山 | M5 | | | | | | | | | | | |
| | 平坡 | M120 | | | | | | | | | | | |
| 西汉早中期 | 小松山 | M22、M32 | ✓ | | | | | | | | | | |
| | 太极山 | M1、M10 | ✓ | | | | | | | | | | |
| | 李家山 | M34、M41、M47、M51、M57、M68、M70—M72、M83 | | ✓ | ✓ | ✓ | ✓ | ✓ | | ✓ | | ✓ | 蚀花珠、琥珀珠 |
| | 羊甫头 | M390、M536、M543、M10、M157、M297、M340、M342、M552、M164、M209、M33、M155、M326、M194、M275、M68、M122、M137、M197、M710、M131、M518、M818 | | | | | ✓ | ✓ | ✓ | ✓ | | ✓ | |
| 西汉中晚期 | 石寨山 | M4—M7、M40、M43 | ✓ | | | | ✓ | ✓ | ✓ | | | | |
| | 八塔台 | M3—M6、M13、M22、M31、M32、M36、M41、M47、M52、M69 | ✓ | ✓ | | | ✓ | ✓ | ✓ | ✓ | | ✓ | 陶珠、蚀花珠 |
| | 金莲山 | M166 | | | | | | ✓ | | | | ✓ | |
| | 纱帽山 | M7、M39 | | ✓ | ✓ | | | | | | | | 孔雀石珠 |
| 西汉晚期 | 薛官堡 | M38 | | | | | | | ✓ | ✓ | | ✓ | |
| | 平坡 | M181 | ✓ | | | | | | | | | ✓ | |
| 西汉末期到东汉初期 | 李家山 | M29、M37、M38、M44、M45、M50、M53、M60、M62—M64、M69、M76、M82、M85 | ✓ | | ✓ | | ✓ | ✓ | ✓ | ✓ | ✓ | ✓ | 蚀花珠、琥珀珠 |
| | 纱帽山 | M21、M30、M33 | | | | | ✓ | | ✓ | ✓ | | | |
| | 八塔台 | M65、M94 | | | | | ✓ | ✓ | ✓ | ✓ | | | 孔雀石珠 |
| | 石碑村 | M18、M34、M61 | | | | | ✓ | ✓ | ✓ | | | | |
| 东汉前期 | 李家山 | M39、M49、M86 | | | ✓ | | ✓ | ✓ | | ✓ | ✓ | ✓ | 水晶珠、琥珀珠 |

的渠道（或者获取了加工珠饰的技术）。繁荣期以羊甫头、石寨山、李家山为滇文化三大珠饰中心，纱帽山、小松山、太极山、金莲山、薛官堡等较小的聚落分布在其周边，同中有异的出土珠饰，体现了它们与珠饰中心地的微妙关系。

西汉末期至东汉前期为衰退期。时值公元元年前后，滇池沿岸趋向式微，羊甫头、石寨山不再有成规模的珠饰随葬，只有呈贡龙街石碑村还有少量绿松石和玛瑙器出土。李家山三期仍有较多的珠饰出土，但器型和数量均呈现减退趋势，"珠襦"亦有所简化，不复往日之富丽。进入东汉前期，滇池沿岸和曲靖的滇文化珠饰已全部消失，只有李家山四期尚有最后一批出土，随着滇式器物的减少、汉式器物的增多，李家山M49的52件珠饰成为滇文化珠饰的绝唱。

（本文系云南大学第一届专业学位研究生实践创新重点项目"《被遗忘的珍宝——古滇国的黄金、玉器和珍宝》原创展览研究与实践"阶段性成果）

# 李家山M24的年代问题探讨

◎ 李小瑞(云南省文物考古研究所)

## 一、李家山M24基本情况

李家山古墓群位于玉溪市江川区龙街镇温泉村,地处滇中高原南部,星云湖北岸,抚仙湖南端西侧。古墓群北距晋宁石寨山古墓群约40千米,东北距团山古墓群约3千米,东南约20千米抚仙湖南端的湖旁台地上有甘棠箐遗址和光坟头遗址(图一)。

李家山古墓群面积约4万平方米,于1972年、1992年两次发掘,1994年、1997年又各发掘一座墓葬,共计发掘87座。发掘的墓葬主要分布在李家山山顶和西南坡,M24即位于山顶部正中,保存完整,是1972年第一次发掘的27座墓葬中墓圹规模最大、随葬品数量最多的一座(图二)。

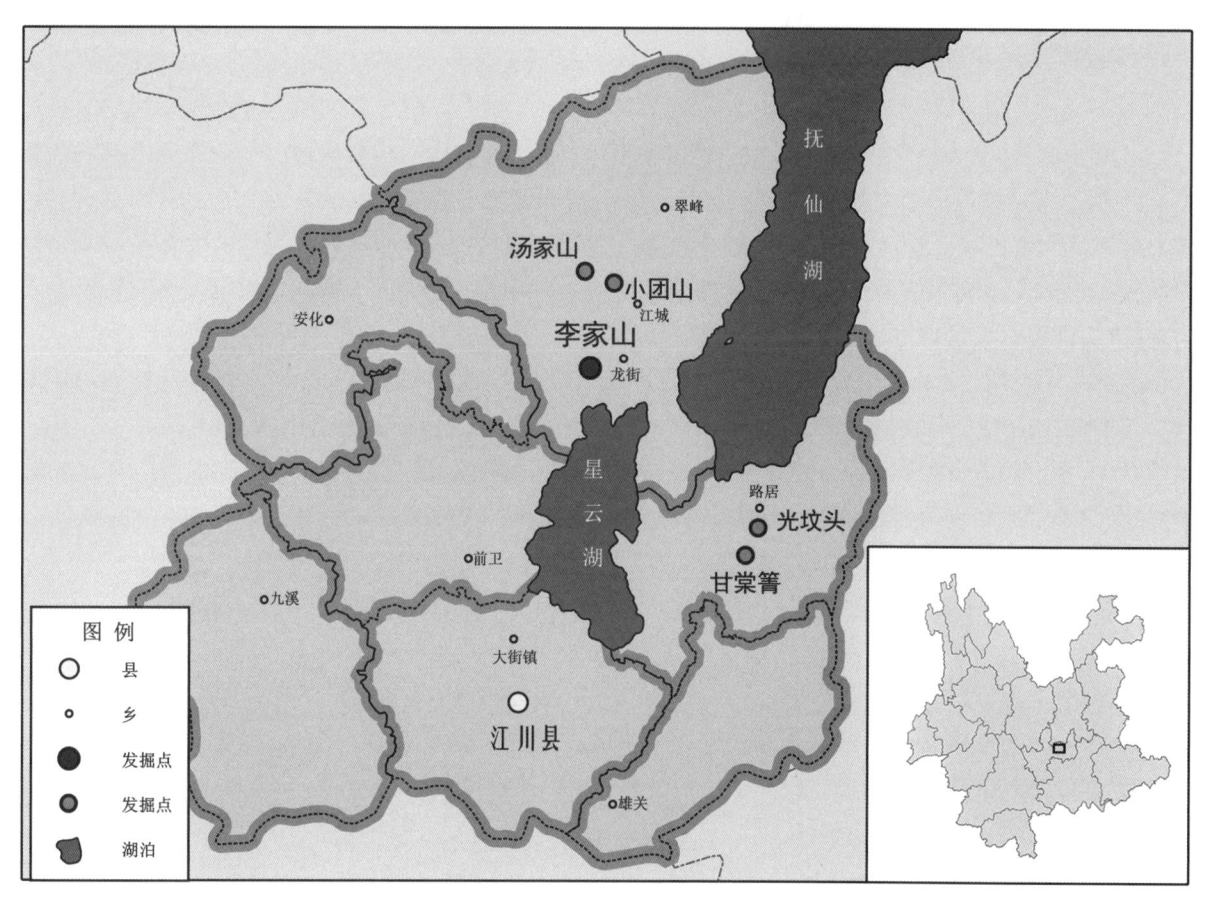

图一 李家山古墓群位置示意图

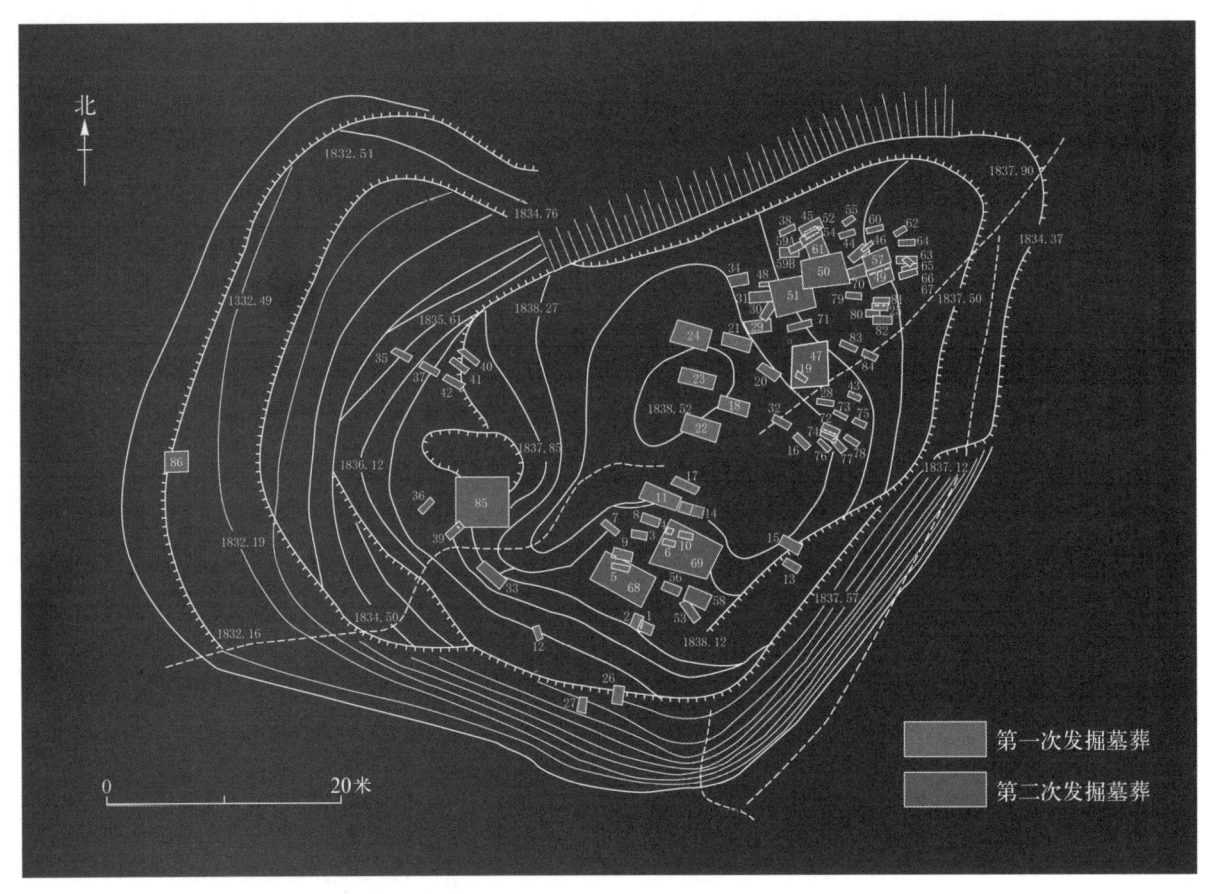

图二　M24位置示意图

M24墓口长4.6、宽3米，墓底长4.26、宽2.63、深2.7米。墓底中间放置木椁，已朽，依板灰痕迹，椁长3.27、宽2米。棺放椁内南侧，棺长2、宽约1.1米。随葬器物大多放在东、西、北三面的棺椁之间，包含大量兵器。铜枕和装饰品放在棺内，铜伞盖和一部分兵器放在棺外，棺外两端各放大铜鼓一个，牛虎铜案位于棺外北侧。棺内骨架已朽，骨架痕迹上有一件用数以万计的玛瑙、软玉、绿松石连缀而成的珠襦，头部置有大量海贝，约75千克[1]（图三）。

随葬品小件编号290余个（大量玛瑙珠、海贝未编号）。器类有铜器、玉石器、玛瑙、绿松石、海贝等。其中铜器占绝大多数，依其用途可分为兵器、生产工具、纺织工具、生活用品、礼乐器等（图四），器型有戈、矛、钺、戚、镈、啄、斧、剑、狼牙棒、镞、剑鞘、盔甲、削、凿、针线盒、锥、勺、壶、杯、案、伞盖、鼓、笙、扣饰、喇叭形器、卷刃器、镐形器、杖头、牛角、铜片等共计约30种。

## 二、M24的年代问题

1972年的发掘报告将第一次发掘的墓葬按照墓葬形制、随葬品情况分为三类：第一类墓大多分布在李家山山顶部及其周围，主要随葬品是青铜器，从器型纹饰方面看，以"滇文化"的地方特

---

[1] 云南省博物馆：《云南江川李家山古墓群发掘报告》，《考古学报》1975年第2期。

图三　M24墓葬平面图

川江李家山古墓群登记表

| 墓类 | 墓号 | 方向(度) | 葬具 | 墓底长宽深 | 随葬器物 | | | | | | | |
|---|---|---|---|---|---|---|---|---|---|---|---|---|
| | | | | | 铜兵器 | 铜生产工具 | 铜纺织工具 | 铜生活用具 | 铜乐器 | 铜装饰品 | 铜马饰品 | 其它铜器 | 铁器和铜铁合制器 | 其它 |
| 第 | 11 | 115 | 棺 | 2.8×2.21-3.1 | | | 卷经杆4 工字形器纺轮针线筒2 绕线板 | 勺(I)杯 | | 镯多件(残) | | | | 玉镯(I)(II)2(II)玉耳环5件玉标多件玉管多件玛瑙珠多件绿松石珠海贝多件 |
| | 17 | 120 | 棺 | 3.78×1.7-5.1 | | | 卷经杆4 弓状器工字形器梭口钺形器刷形器长方形铜片纺轮针线筒 | 勺2(II)(III)杯伞盖貯贝器枕 | 鼓2 | 镯7 | | 喇叭形器牛牛角4 簪形器扣饰鹿形杖头 | | 玉镯5(I)5(III)玉耳环14件玉标多件玉管多件石杯玛瑙管扣多件绿松石珠海贝多件 |
| | 18 | 110 | 棺 | 3.2×1.6-2.65 | | 削(I)鱼钩 | 工字形器纺轮2 针线盒针线筒绕线板 | 勺(I)壶(I)伞盖枕貯贝器小匕首2 | | 镯多件(残) | | 牛牛头2 杖头 | | 玉镯4(I)2(II)玉耳环4件竹饰1 玉标多件木纺轮多件玛瑙扣管多件 |
| | 21 | 280 | 棺 | 3.65×1.85-3.4 | 戈4(I)(I2)4(II)6(II)(III)2(IV)(V)(X)钺(I)戚(II)啄(III)镦2(I)3(I2)(IV)(V2)矛2(I) 狼牙棒(II)(II)剑(III)3(III) (III2)剑鞘镳形器7 箭镞甲片多件 | 削(I2) (II)2 | 工字形器纺轮2 针线盒 | 勺(I)壶(III)杯伞盖枕貯贝器 | | 镯形扣饰10 长方形浮雕扣饰4 凹形扣饰镯多件 | | 镂空蟠鱼形器牛牛角10 螺饼形饰柄形器 | 剑(II5) | 玉镯5(I)石杯玉耳环10 石坠2(I)玛瑙扣珠管多件玉管多件绿松石珠海贝多件 |
| | 22 | 105 | 棺 | 4.1×2.47-3.22 | | 削(II) (II) | 卷经杆4 弓状器工字形器刷形器纺轮针线盒针线筒绕线板2 针6 | 勺(I)(II)壶2 杯伞盖貯贝器小匕首(I)(III) | | 镯3 | | 牛筒形器杖 | | 玉镯5(I)2(II)玉耳环9件玉标多件玉管残铅管石杯石纺轮多件玛瑙铅管木绕线板海贝绿松石珠多件 |
| | 23 | 280 | 棺 | 4.35×1.99-3.7 | 剑(III) | 削(I2)2(II) | 卷经杆4 弓状器工字形器刷形器纺轮针线盒针线筒绕线板2 针8 | 勺伞盖2 枕貯贝器小匕首(I) | 鼓2 | 镯9 | | 喇叭形器牛3 牛角4 杖头盖弓帽筒形器 | | 玉镯16(I)3(II)玉耳环23件玉标石杯玉管多件玛瑙扣珠多件海贝绿松石珠多件 |
| | 24 | 280 | 棺椁 | 4.26×2.63-2.7 | 戈2(I1)(I2)2(II)3(III)钺(II)(III)矛14(I)(II)(III)2(IV)2(V)(X)啄3(I)4(I2)(II)2(V)(X1)镦4(I2)(II)2(III)(I4)(II3)(II4)2(II4)矛48(I1)(II2)4(II2)(IV2)镳形器10 箭镞预甲臂甲背甲2 腿甲2 甲片多件 | 削18(I4)(II)4锥2 | 刷形器针线盒锥2 | 勺(II)(III)杯枕貯贝器伞盖 | 鼓4 笙2 | 圆形扣饰10 长方形扣饰镂空牛角2 浮雕扣饰4 | | 喇叭形器2 卷刃器镂空器鱼形器镂锤牛角2 铜片 | | 玉镯3(I)4(III)玉耳环12件石杯玉管多件石坠3(I)(II)玛瑙扣珠多件海贝多件 |

图四　M24墓葬登记表

征为突出,如铜鼓、铜枕、铜贮贝器、铜伞、铜啄、铜狼牙棒、铜纺织工具、铜扣饰等,"汉式"器物还未出现。

第二类墓位于李家山西南坡,墓圹一般小于第一类墓,随葬品的重要区别是,第一类墓中常见的铜鼓、铜葫芦笙、铜枕、铜伞、铜扣饰和海贝等不再出现,取代的是铜犁、铜锄、铜铁合制的兵器和生产工具,还有成套的马饰、带钩、百乳镜,以及刻有"河内工官"铭文的铜弩机,"汉式"器物开始增多,而"滇文化"特征的器物相对减少了。

第三类墓位于西南坡,墓圹大小和第二类墓基本相同,随葬品中除发现有第二类墓中常见的器物以外,还有铜釜、甑、洗、罐和五铢钱、铜铁合制的兵等,还新发现了环首铁刀、环首铁削和长铁剑等。

从随葬品的组合变化看,一类墓的随葬品大多具有滇文化的地方特征,这些器物及其器型、纹饰不见于中原地区,说明当时汉文化还未或绝少传入滇池地区。滇池地区接受汉文化主要是在汉武帝元封二年(前109年)"置益州郡,赐滇王印"以后,由此推断,一类墓的年代应在武帝以前,上限或可早到战国末。

M24即为一类墓。同为一类墓的M21出土铜斧的木柄碳-14测年数据有两个:2 750±105和2 500±105年[1]。据此,有研究者认为李家山早期墓葬的年代可至春秋中晚期[2]。但由于M21的木炭标本不足量,也有学者认为该数据不能为凭,以M24为代表的李家山一类墓的年代应该仍然为原报告中根据器型特征推断的战国末至西汉初[3]。

M24是第一次发掘的墓葬中墓圹规模最大、随葬品最丰富的一座墓葬。M24的年代问题对判断李家山早期墓葬的年代界限及滇文化分期至关重要。

## 三、与周围其他滇文化墓葬的比较

M24出土随葬品小件编号290余个(大量玛瑙珠、海贝未编号),铜器占绝大多数,其中铜兵器的数量最多,约占铜器的79%,器型有戈、矛、钺、戚、镦、啄、斧、剑、狼牙棒、镞、剑箙、盔甲,且器物特征与其他滇文化墓葬出土器物具有明显的可对比性。现主要通过比对李家山M24、昆明羊甫头M19[4]、呈贡天子庙M41[5]、羊甫头M147[6]及M113[7]中出土的铜剑、铜戈、铜矛、铜钺、铜削、铜啄、铜斧等器物的演变特征,并结合碳-14测年数据,来探讨李家山M24的年代问题。

**铜剑**

李家山M24出土铜剑47件,分为三型。Ⅰ型,M24:82,空心圆柱茎,无格,剑身长条三角形,后端平齐。Ⅱ型,茎部空心圆柱或空心扁平形,无格,剑身与茎部连接处作弧形或斜肩状。M24:43-2,茎

---

[1] 中国社会科学院考古研究所实验室:《放射性碳素年代测定报告(四)》,《考古》1977年第3期。
[2] 王大道:《滇池区域的青铜文化》,《云南青铜器论丛》,文物出版社,1981年。肖明华:《论滇文化的青铜贮贝器》,《考古》2004年第1期。
[3] 【法】米歇尔·皮拉左里:《滇文化的年代问题》,《考古》1990年第1期。徐学书:《关于滇文化和滇西青铜文化年代的再探讨》,《考古》1999年第5期。
[4] 云南省文物考古研究所等:《昆明羊甫头墓地·卷一》,科学出版社,2005年。
[5] 昆明市文物管理委员会:《呈贡天子庙滇墓》,《考古学报》1985年第4期。
[6] 云南省文物考古研究所等:《昆明羊甫头墓地·卷二》,科学出版社,2005年。
[7] 云南省文物考古研究所等:《昆明羊甫头墓地·卷一》,科学出版社,2005年。

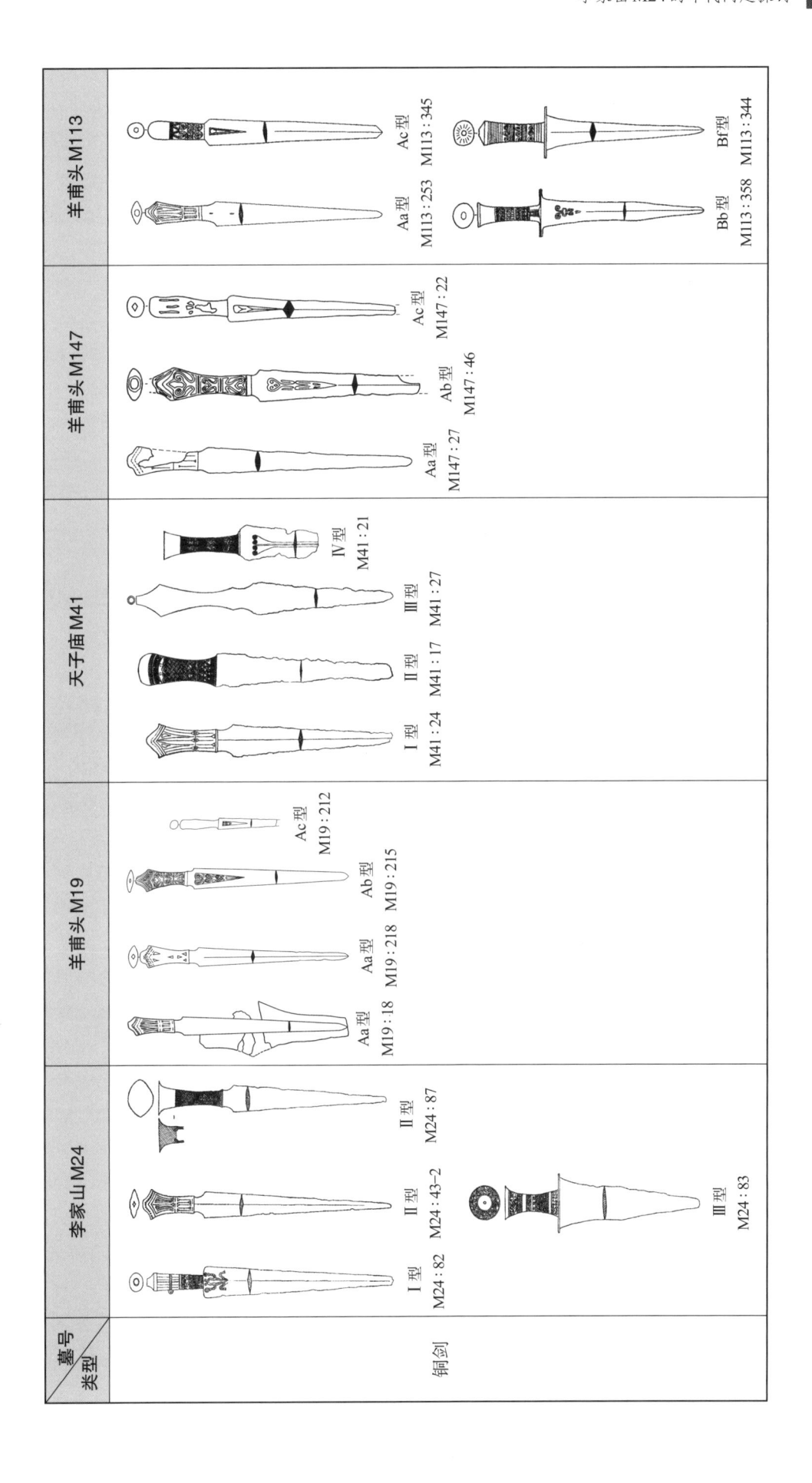

# 李家山 M24 的年代问题探讨

| 墓号 类型 | 李家山 M24 | 羊甫头 M19 | 天子庙 M41 | 羊甫头 M147 | 羊甫头 M113 |
|---|---|---|---|---|---|
| 铜剑 | Ⅰ型 M24:82<br>Ⅱ型 M24:43-2<br>Ⅱ型 M24:87<br>Ⅲ型 M24:83 | Aa型 M19:18<br>Aa型 M19:218<br>Ab型 M19:215<br>Ac型 M19:212 | Ⅰ型 M41:24<br>Ⅱ型 M41:17<br>Ⅲ型 M41:27<br>Ⅳ型 M41:21 | Aa型 M147:27<br>Ab型 M147:46<br>Ac型 M147:22 | Aa型 M113:253<br>Ac型 M113:345<br>Bb型 M113:358<br>Bf型 M113:344 |

首似蛇头,有镂空的三角、圆点、平行线纹。M24:87,空心扁圆茎,茎上有绿松石镶嵌的蛙形图案,玉制标首。Ⅲ型,M24:83,空心圆柱茎,一字型格,茎首喇叭形,正中镶一圆形玛瑙扣,茎上铸有编织纹、双旋纹等。

羊甫头M19铜剑共计25件,均为无格剑。Aa型,M19:18、M19:218,镂空椭圆茎。Ab型,M19:215,铸纹椭圆茎,铸有点线纹、联珠纹、旋纹等,茎及腊均饰双旋纹。Ac型,M19:212,圆茎,腊铸旋纹等纹饰。

天子庙M41铜剑共计18件,分为四型。Ⅰ型,M41:24,茎镂空呈扁平蛇首形,茎与剑身连接处呈斜肩形,无格。Ⅱ型,M41:17,茎宽扁,茎与剑身交接处稍斜,无格。Ⅲ型,M41:27,茎似蛇首向两侧膨出,扁长形。茎首与剑身交接处呈斜扁状,无格。Ⅳ型,M41:21,茎喇叭形,圆形銎口(原报告描述带格,但从线图看应为无格)。

羊甫头M147出土铜剑3件,分三型。Aa型,M147:27,镂空椭圆茎,无格。Ab型,M147:46,椭圆形铸纹茎,无格,铸旋纹、弦纹。Ac型,M147:22,圆茎,无格。

羊甫头M113出土铜剑7件,分为四型。Aa型,M113:253,镂空扁圆茎,无格,剑、削及鞘组合出土。Ac型,M113:345,圆茎,无格,茎铸双旋纹,腊饰叠形三角。Bb型,M113:358,空首圆茎,一字格,茎及腊铸三角齿纹、旋纹等。Bf型,M113:344,圆茎,一字格,茎铸弦纹、旋纹。

通过将各个墓葬的铜剑进行对比可知,李家山M24的Ⅰ型、Ⅱ型无格剑与羊甫头M19所出的A型无格剑及呈贡天子庙M41所出无格剑器型相同。李家山M24所出的Ⅲ型一字格铜剑与羊甫头第二期开始出现的B型一字格铜剑几乎相同。

**铜戈**

李家山M24出土铜戈8件,分三型。Ⅰ型一式,M13:24,直援,无胡,方内,阑侧和内上有穿,援锋平齐。Ⅰ型二式,M21:68,援稍弧形,锋尖锐。Ⅱ型,M13:1,直援,有胡,方内,内胡交接处有双翼凸起。Ⅲ型,M24:10,阑变为中空的椭圆形銎,一端封闭,内附在銎背上。

羊甫头M19出土铜戈34件,分六型。Aa型,M19:114-1,直内,曲援,尖峰,铸蛙人纹、芒纹。Ab型,M19:141-5,直内,曲援,圆锋。B型,M19:95,斜内,三角援,尖锋,有铸纹。Ca型,M19:117,斜直内,长胡,尖锋。

Cc型,M19:91,斜内,长胡,圆锋。Df型,M19:125,横銎,直援,长胡。

天子庙M41出土铜戈共计29件,分五型。Ⅰ型,M41:138,方内,直援,无胡,内、阑侧有穿。Ⅱ型,M41:155,斜内,短胡。Ⅲ型,M41:151,方内,直援,无胡,圆銎,一端封闭。Ⅳ型,M41:216,带胡戈,内斜长,无上阑,两翼。Ⅴ型,M41:147,隼嘴式双钺形戈,长銎,断面椭圆形。

羊甫头M147出土铜戈4件,分两型。Aa型,M147:17,直内,曲援,尖锋。Ca型,M147:21,直内,长胡,直援,尖锋。

羊甫头M113出土铜戈46件,分七型。Aa型,M113:338,直内,曲援,尖锋。Ab型,M113:298,直内,曲援,圆锋。M113:372-4,直内,曲援,圆锋,援铁质。Ac型,M113:372-6,直内,曲援,圭锋。B型,M113:304,斜内,三角援,尖锋。Ca型,M113:301,长胡,尖锋。Cb型,M113:340,长胡,平锋。Cc型,M113:339-2,长胡,圆锋。D型,M113:300,横銎,直援。

李家山M24的Ⅰ型二式铜戈与羊甫头的Aa型铜戈、天子庙M41的Ⅰ型铜戈基本相同,M24的Ⅱ型铜戈与羊甫头的Ca型铜戈、天子庙M41的Ⅳ型铜戈基本相同。M24的Ⅲ型铜戈与羊甫头的D型铜戈、天子庙M41的Ⅲ型铜戈基本相同。

| 墓号\类型 | 李家山 M24 | 羊甫头 M19 | 天子庙 M41 | 羊甫头 M147 | 羊甫头 M113 |
|---|---|---|---|---|---|
| 铜戈 | Ⅰ型 M21:68　Ⅰ型 M13:24<br>Ⅱ型 M13:1<br>Ⅲ型 M24:10 | Aa型 M19:114-1<br>Ab型 M19:141-5<br>Ca型 M19:117<br>Df型 M19:125 | Ⅰ型 M41:138　Ⅰ型 M41:140<br>Ⅰ型 M41:223　Ⅰ型 M41:227<br>Ⅳ型 M41:216<br>Ⅲ型 M41:151 | Aa型 M147:17<br>Ca型 M147:21 | Aa型 M113:338　Ab型 M113:298<br>Ac型 M113:372-6　Ab型 M113:372-4<br>Ca型 M113:301　Cc型 M113:339-2<br>D型 M113:300 |

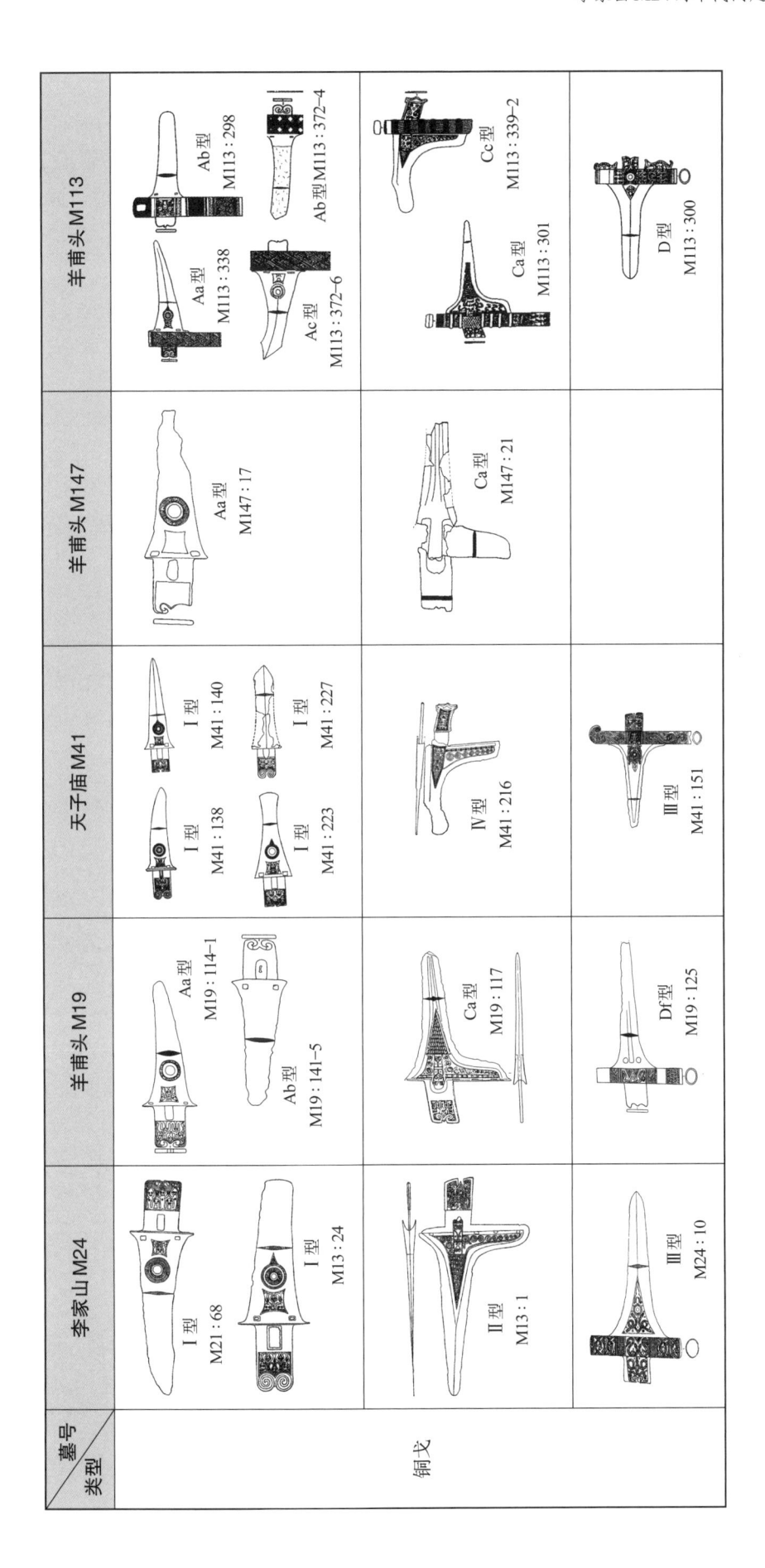

## 铜矛

李家山 M24 出土铜矛 25 件,分五型。Ⅰ型,M24:43-3,刃细长,椭圆形骹,双耳。Ⅲ型,M24:47,圆形骹,半环耳。Ⅳ型,M24:49,骹部与刃部连成一体,骹口椭圆形,刃后端两侧弧形内凹。Ⅴ型,M24:29,骹首内凹,断面椭圆形,叶宽阔,形如犁。另有两件异型矛,M24:23,骸身弯曲,短刃,圆形骹口。M24:18,形似Ⅰ型,椭圆形骹口,鸭嘴状,双耳。

羊甫头 M19 出土铜矛 37 件,分五型。Aa 型,M19:49-2,凹口椭圆骸,单系,长叶刃。Ab 型,M19:158,凹口椭圆骸,无系有穿孔,短叶狭刃。Ac 型,M19:65,凹口椭圆骸,双系,长叶狭刃。Ad 型,M19:150,凹口椭圆骸,双系,宽叶刃。Ba 型,M19:73,平口圆骸,长叶刃。

天子庙 M41 出土铜矛 62 件,分七型。Ⅰ型,M41:2,鸭嘴形骹口,截面椭圆形,双耳宽刃。Ⅱ型,M41:237,骹口椭圆,无耳,通体扁平。Ⅲ型,M41:172,圆骹,单耳。Ⅳ型,M41:182,双耳,椭圆骹,宽叶形刃。Ⅴ型,圆骹,长骸,三角短刃。Ⅵ型,骹大刃小,标枪头状,刃三角形。Ⅶ型,圆骹,长骸,柳叶形刃。

羊甫头 M147 出土铜矛 12 件,分五型。Aa 型,M147:12,凹口椭圆骸,双系。Ac 型,M147:3,凹口椭圆骸,双系,狭刃。Ba 型,M147:10,平口圆骸,长叶刃。Bb 型,平口圆骸,短叶刃。Bc 型,M147:13,平口圆骸,狭刃。

李家山 M24 的Ⅰ型铜矛与羊甫头的 A 型、天子庙 M41 的Ⅰ型、Ⅱ型铜矛基本相同,李家山 M24 的Ⅲ型铜矛与羊甫头的 B 型、天子庙 M41 的Ⅲ型铜矛器型基本一致。李家山 M24 的Ⅴ型铜矛与天子庙 M41 的Ⅳ型铜矛器型基本相同。

发掘报告《昆明羊甫头墓地》中 M113 未出土铜矛,但原报告中 Aa 型铜戚 M113:337 与李家山 M24 中的Ⅴ型铜矛器型接近,应为同一类器型。

## 铜钺

李家山 M24 出土铜钺 2 件,分二型。Ⅱ型,M24:25,靴形刃,骹部铸纹,单耳,骹口椭圆形。异型,M24:20,新月形刃,骹部弯呈"7"形。

羊甫头 M19 铜钺 3 件,分三型。Ab 型,M19:135,新月形刃,曲骹。B 型,M19:107,靴形钺,椭圆形骹。C 型:M19:136,半圆刃,椭圆形骹。

天子庙 M41 铜钺 2 件,器型相同。M41:158,锚形,骹近圆形。

羊甫头 M147 铜钺 2 件,均为 B 型,M147:47,靴形刃,椭圆形骹。

羊甫头 M113 铜钺 9 件,分二型。Aa 型,M113:182-7,新月形刃,直骹。D 型,M113:182-8,斧形刃,骹口铸兽。

李家山 M24 的Ⅱ型钺与羊甫头 B 型钺,李家山 M24 的异型钺与羊甫头 Ab 型钺、天子庙的锚形钺器型一致。

## 铜削

李家山 M24 出土铜削 12 件,分二型。Ⅰ型,M24:103,柄背和刃背呈直线,骹部扁圆。Ⅲ型,M21:60,长柄,实心,断面扁圆形。

羊甫头 M19 铜削 30 件,分二型。Aa 型,M19:133-21,凹口椭圆柄,单系,铸旋纹、弦纹、三角锯齿、回纹等组合图案。Ba 型,M19:133-1,棍状柄。

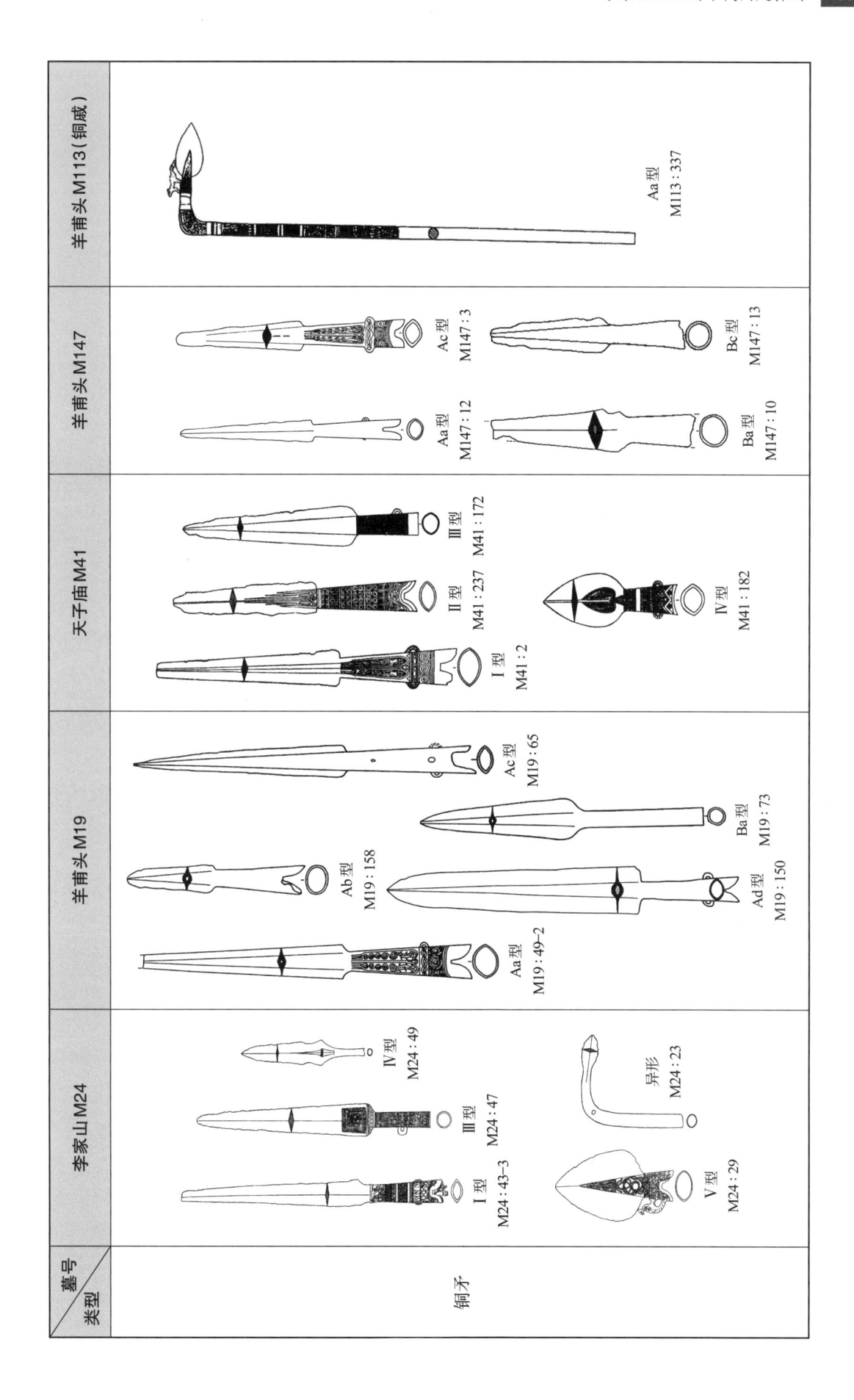

# 李家山 M24 的年代问题探讨

| 墓号<br>类型 | 李家山 M24 | 羊甫头 M19 | 天子庙 M41 | 羊甫头 M147 | 羊甫头 M113（铜戚） |
|---|---|---|---|---|---|
| 铜矛 | I型 M24:43-3<br>III型 M24:47<br>IV型 M24:49<br>V型 M24:29<br>异形 M24:23 | Aa型 M19:49-2<br>Ab型 M19:158<br>Ac型 M19:65<br>Ad型 M19:150<br>Ba型 M19:73 | I型 M41:2<br>II型 M41:237<br>III型 M41:172<br>IV型 M41:182 | Aa型 M147:12<br>Ac型 M147:3<br>Ba型 M147:10<br>Bc型 M147:13 | Aa型 M113:337 |

| 墓号\类型 | 李家山 M24 | 羊甫头 M19 | 天子庙 M41 | 羊甫头 M147 | 羊甫头 M113 |
|---|---|---|---|---|---|
| 铜钺 | Ⅱ型 M24:25　异型 M24:20 | Ab型 M19:135　B型 M19:107　C型 M19:136 | M41:158 | B型 M147:47 | Aa型 M113:182-7　D型 M113:182-8 |

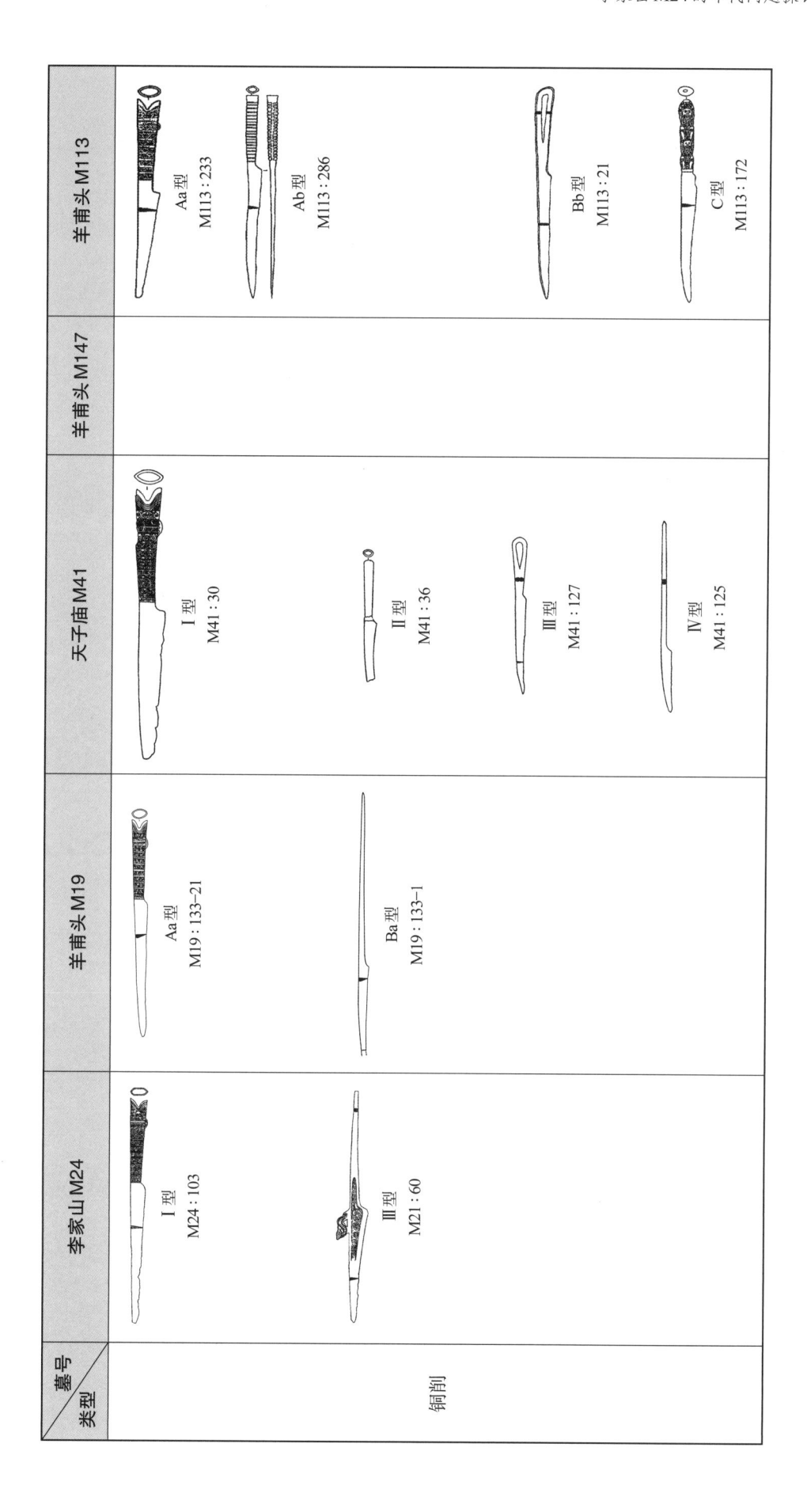

李家山 M24 的年代问题探讨　137

| 墓号\类型 | 李家山 M24 | 羊甫头 M19 | 天子庙 M41 | 羊甫头 M147 | 羊甫头 M113 |
|---|---|---|---|---|---|
| 铜削 | Ⅰ型 M24:103<br>Ⅲ型 M21:60 | Aa型 M19:133-21<br>Ba型 M19:133-1 | Ⅰ型 M41:30<br>Ⅱ型 M41:36<br>Ⅲ型 M41:127<br>Ⅳ型 M41:125 |  | Aa型 M113:233<br>Ab型 M113:286<br>Bb型 M113:21<br>C型 M113:172 |

天子庙M41铜削10件,分四型。Ⅰ型,M41:30,柄头椭圆形似鸭嘴形张开,柄、刃背部连成直线。Ⅱ型,M41:36,柄扁圆管状,头平齐刃稍曲。Ⅲ型,M41:127,柄卷折,直刃。Ⅳ型,M41:125,实心圆柄,柄长,刃短,平直。

羊甫头M147不见铜削。

羊甫头M113铜削13件,分四型。Aa型,M113:233,筒形柄,柄首内凹。Ab型,M113:286,筒形柄,柄首平。Bb型,M113:21,环状柄。C型,M113:172,铸像柄。

李家山M24Ⅰ型铜削与羊甫头Aa型、天子庙Ⅰ型器型基本一致。李家山M24Ⅲ型铜削与羊甫头Ba型、天子庙Ⅳ型基本一致。

### 铜啄

李家山M24出土铜啄4件,分二型。Ⅱ型,M24:13a,细长刺,刺锋平齐。横銎粗短,断面圆形。Ⅲ型,M13:25,细长刺,后段断面菱形,刺锋断面扁平六边形。横銎较长,断面椭圆形。

羊甫头M19出土铜啄10件,分三型。A型,M19:88-2,锥形直銎,椭圆銎口。Ba型,M19:102,横銎细刺,刺截面为菱形。Bb型,M19:70-1,短横銎,细刺,刺作圆锥状,銎上有编绳状系。

天子庙M41出土铜啄2件,分二型。Ⅰ型,短粗横圆管状,刺扁长。Ⅱ型,M41:84,横銎,銎背铸立兽,长刺,截面菱形,锋齐平。

羊甫头M147出土铜啄3件,分二型。A型,M147:52,椭圆形直銎,单系。Bb型,M147:1,短横銎,椭圆形细长刺。

羊甫头M113出土铜啄16件,分五型。A型,M113:181-2,锥形直銎,单系。Ba型,M113:328-3,横长銎细刺,銎铸抽象兽形。Bb型,M113:181-4,横短銎细刺,銎背有一耳。Ca型,M113:80,横銎,长条形宽刺,銎铸形象兽形。Cb型,M113:76,横銎,斧型宽刺,銎铸抽象兽形。

李家山M24的铜啄均为细尖刺,而不见羊甫头M113的C型长条形宽刺。

### 铜斧

李家山M24出土铜斧5件,分四型。Ⅰ型,M24:27,半圆形銎。Ⅱ型,M13:21,斧身较长,有双耳,椭圆形銎。Ⅳ型,M24:28,斧身宽阔呈扇面形,椭圆形短銎,附半环耳。异型,M24:19,后端弯曲,銎口椭圆形。

羊甫头M19出土铜斧17件,均为A型,M19:83,椭圆形銎,单系。

天子庙M41出土铜斧19件,分三型。Ⅰ型,M41:204,半圆形銎口。Ⅱ型,M41:203,椭圆形銎口。Ⅲ型,M41:67,横銎。

羊甫头M147出土铜斧4件,均为A型,椭圆形銎口。

羊甫头M113出土铜斧13件,分为三型。A型,M113:179-2,椭圆形銎。B型,M113:183,半圆形銎。C型,M113:124,方形銎。

李家山M24及天子庙M41出土铜斧銎口均仅有半圆形和椭圆形两种,不见羊甫头M113中的方形銎口斧。

| 墓号<br>类型 | 李家山 M24 | 羊甫头 M19 | 天子庙 M41 | 羊甫头 M147 | 羊甫头 M113 |
|---|---|---|---|---|---|
| 铜啄 | Ⅱ型 M24:13a<br>Ⅲ型 M13:25 | A型 M19:88-2<br>Bb型 M19:70-1<br>Ba型 M19:102 | Ⅱ型 M41:84 | A型 M147:52<br>Bb型 M147:1 | A型 M113:181-2<br>Ba型 M113:328-3<br>Bb型 M113:181-4<br>Ca型 M113:80<br>Cb型 M113:76 |

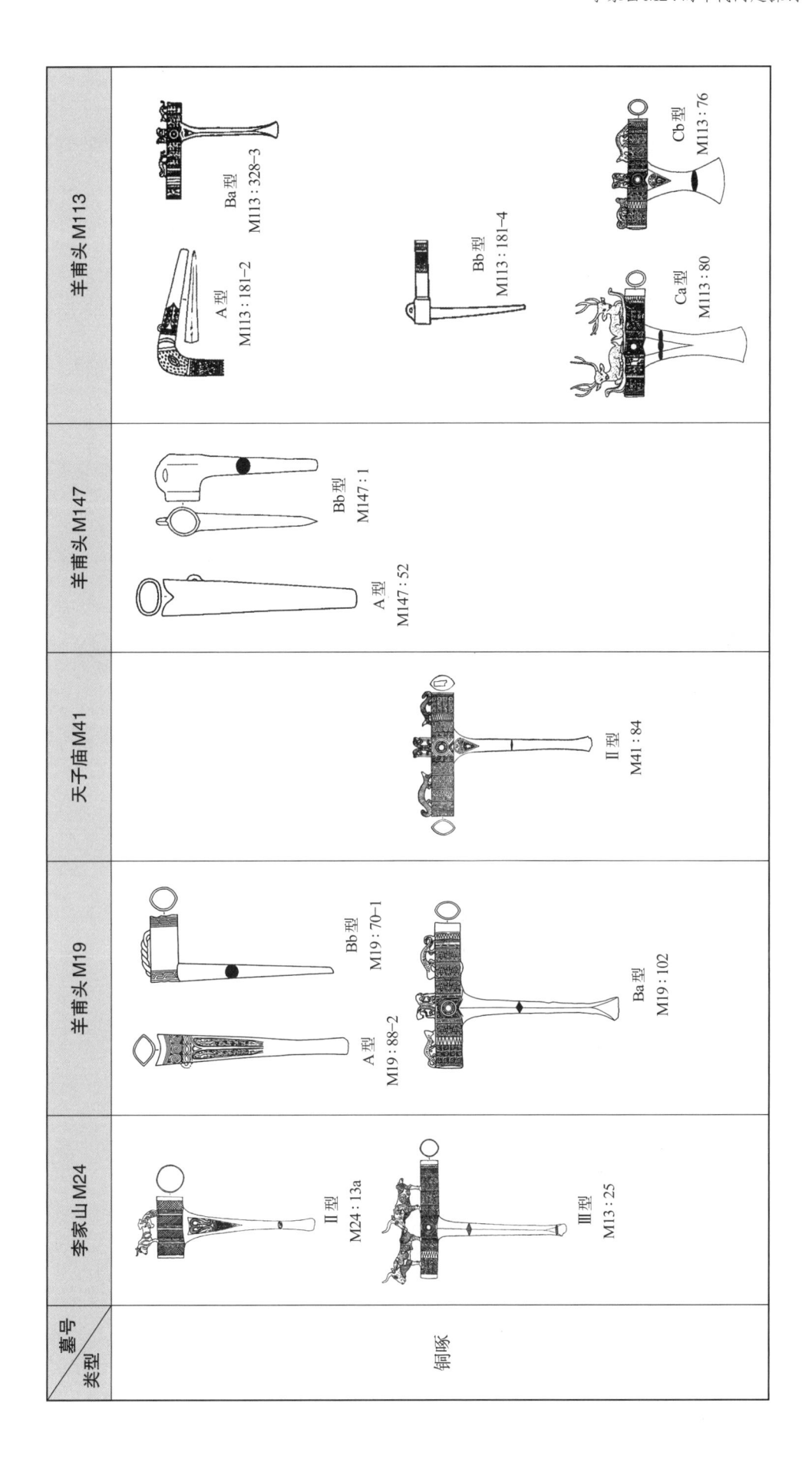

| 墓号<br>类型 | 李家山 M24 | 羊甫头 M19 | 天子庙 M41 | 羊甫头 M147 | 羊甫头 M113 |
|---|---|---|---|---|---|
| 铜斧 | Ⅰ型 M24:27<br>Ⅱ型 M13:21<br>Ⅳ型 M24:28<br>异型斧 M24:19 | A型 M19:83 | Ⅰ型 M41:204<br>Ⅱ型 M41:203<br>Ⅲ型 M41:67 | A型 M147:16 | A型 M113:179-2<br>B型 M113:183<br>C型 M113:124 |

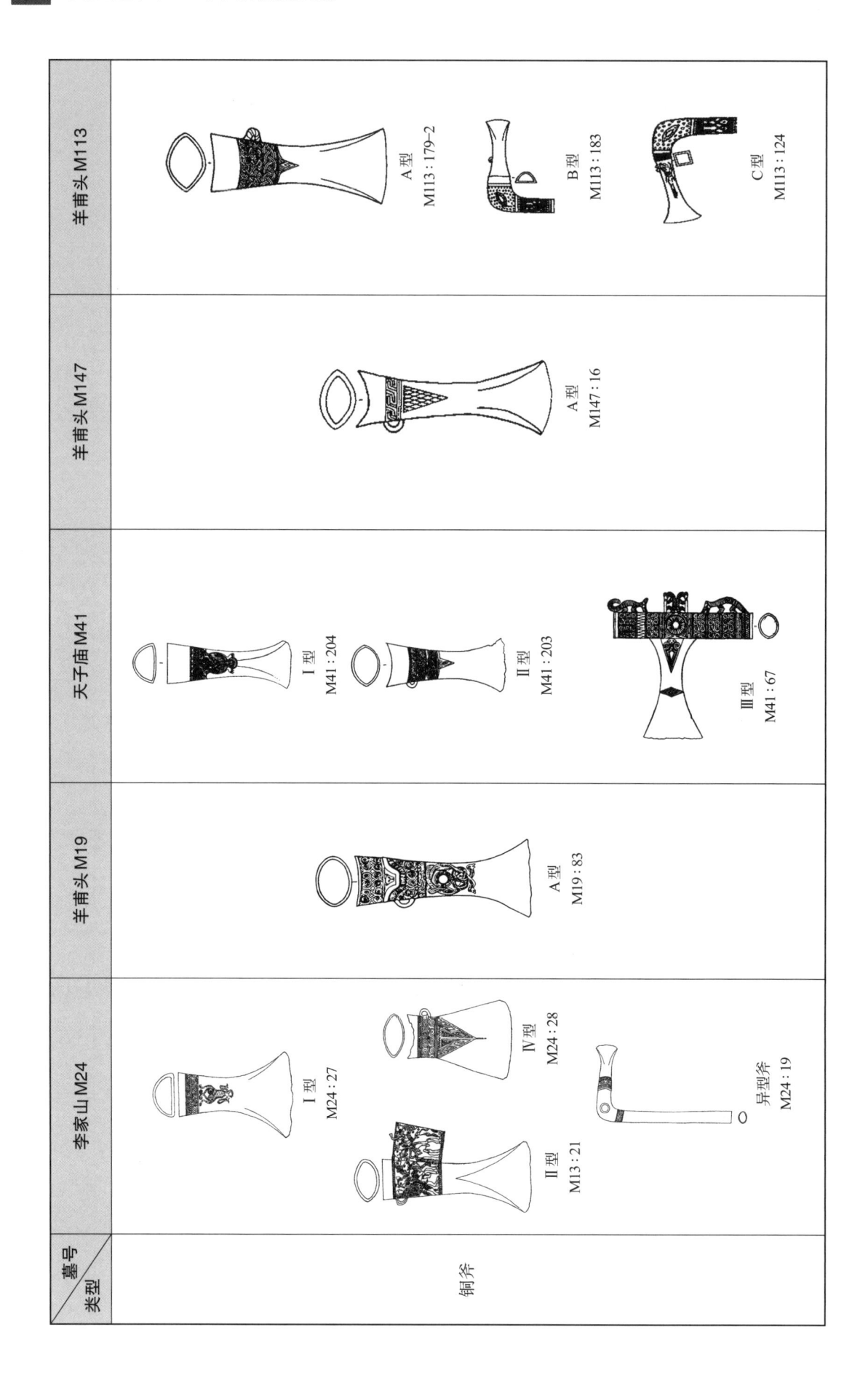

## 四、李家山墓地最新测年数据

2022年4月，由于工作需要，由云南省文物考古研究所协调采集了李家山1991—1992年度第二次发掘出土遗物的测年样品，共采集样品3件，分别为：M50∶66铜矛銎内残留木块，M68∶325铜锄銎内残留木块，M85∶76-2铜扣饰木质包边残块。样品送往BETA实验室进行检测，测年结果分别为：

    1991JLM50∶66    2080+/−30 BP
    1991JLM68∶325   2100+/−30 BP
    1991JLM85∶76−2  2160+/−30 BP

(Variables: d13C = -20.2 o/oo)

**Laboratory number**  Beta-628913

**Conventional radiocarbon age**  2080 ± 30 BP

95.4% probability

 (89.3%) 175 - 26 cal BC  (2124 - 1975 cal BP)
 (6.1%)  19 cal BC - 8 cal AD (1968 - 1942 cal BP)

68.2% probability

 (57.4%) 119 - 46 cal BC  (2068 - 1995 cal BP)
 (10.8%) 150 - 133 cal BC (2099 - 2082 cal BP)

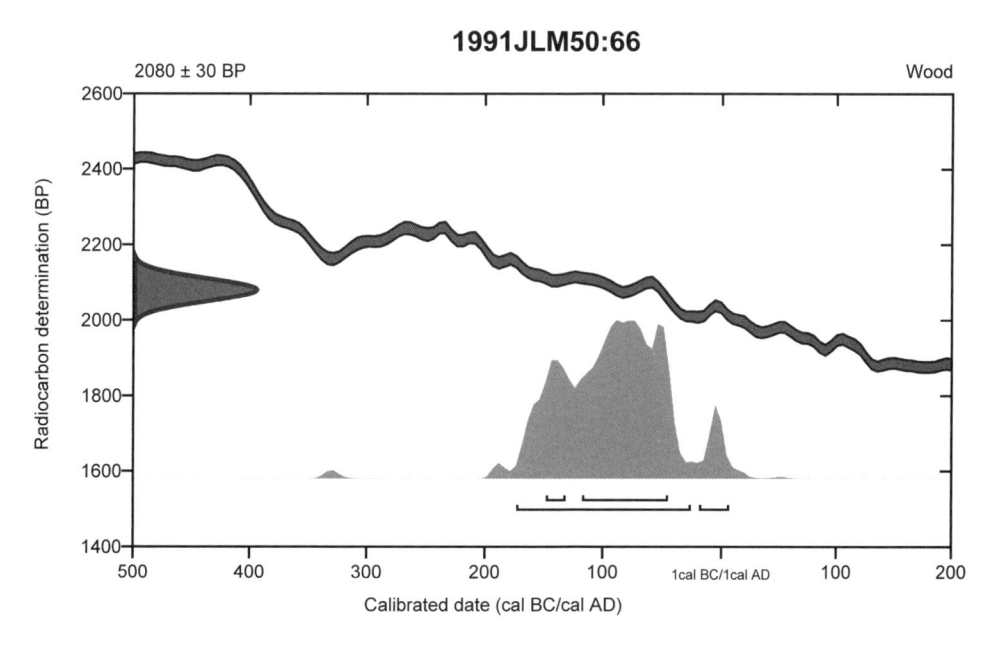

**1991JLM50:66**

(Variables: d13C = -22.9 o/oo)

**Laboratory number**  Beta-628914

**Conventional radiocarbon age**  2100 ± 30 BP

95.4% probability

| | | |
|---|---|---|
| (94.2%) | 198 - 42 cal BC | (2147 - 1991 cal BP) |
| (0.8%) | 336 - 330 cal BC | (2285 - 2279 cal BP) |
| (0.3%) | 7 - 5 cal BC | (1956 - 1954 cal BP) |

68.2% probability

| | | |
|---|---|---|
| (49.7%) | 157 - 91 cal BC | (2106 - 2040 cal BP) |
| (18.5%) | 79 - 54 cal BC | (2028 - 2003 cal BP) |

**1991JLM68:325**

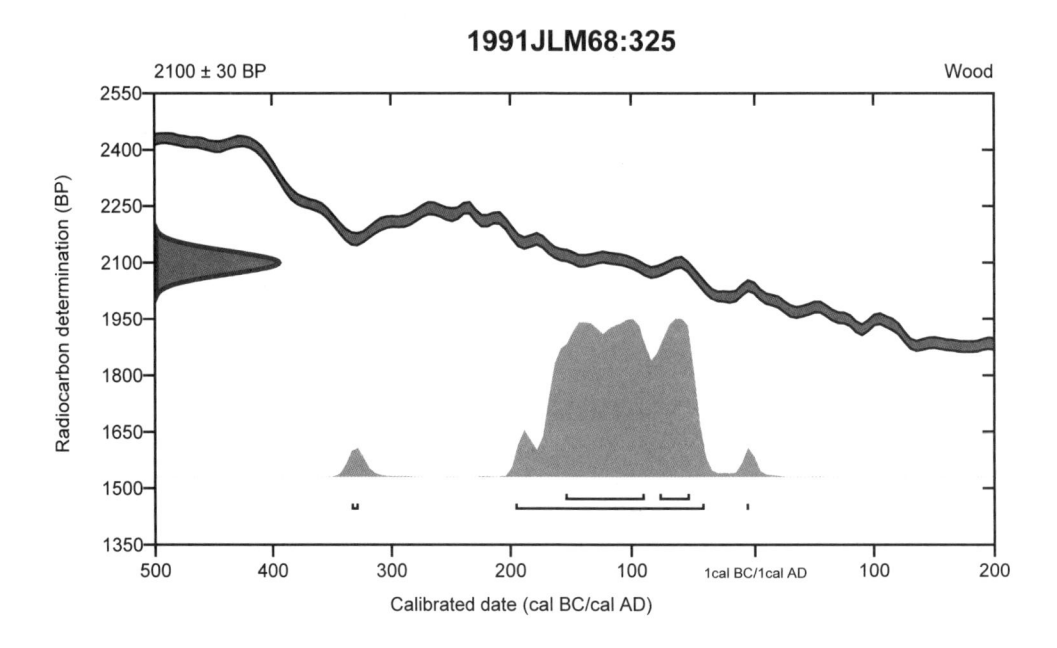

(Variables: d13C = -22.9 o/oo)

**Laboratory number**     Beta-628915

**Conventional radiocarbon age**     2160 ± 30 BP

95.4% probability

| | | |
|---|---|---|
| (56.1%) | 233 - 97 cal BC | (2182 - 2046 cal BP) |
| (36.2%) | 356 - 279 cal BC | (2305 - 2228 cal BP) |
| (2.1%) | 72 - 57 cal BC | (2021 - 2006 cal BP) |
| (1.1%) | 257 - 247 cal BC | (2206 - 2196 cal BP) |

68.2% probability

| | | |
|---|---|---|
| (37.3%) | 208 - 151 cal BC | (2157 - 2100 cal BP) |
| (28.6%) | 350 - 305 cal BC | (2299 - 2254 cal BP) |
| (2.3%) | 130 - 123 cal BC | (2079 - 2072 cal BP) |

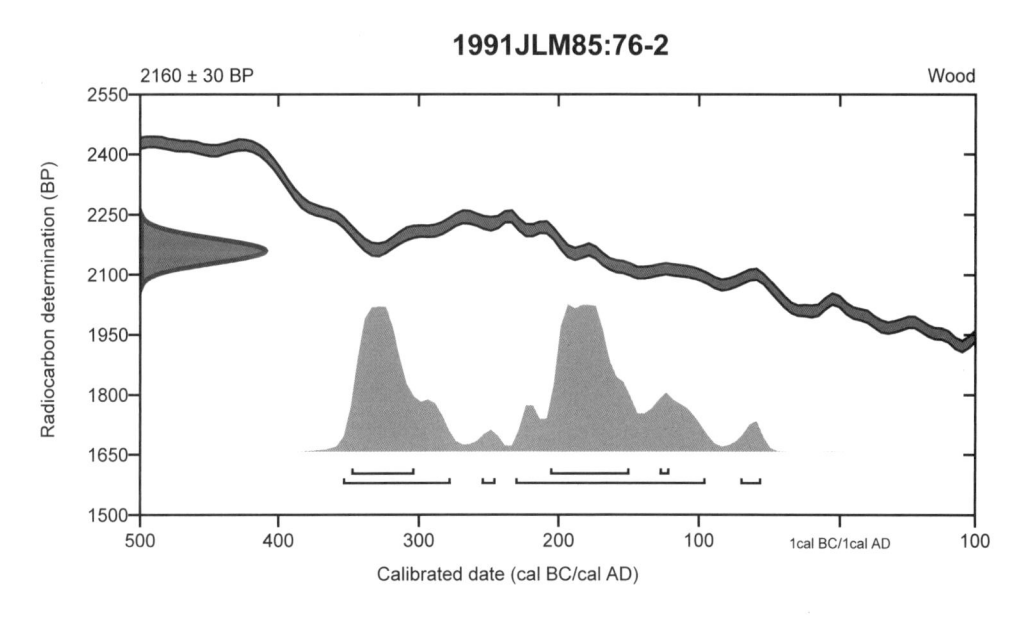

**1991JLM85:76-2**

## 五、小　　结

　　1991—1992年度李家山第二次考古发掘共清理墓葬58座，原报告按照墓葬叠压打破关系及器型演变特征分为四期，第一期的时代与第一次发掘的第一类Ⅱ型墓相同，为西汉中期汉武帝置郡以前。2022年测年的三座墓葬为第二、三期，测年数据均处于西汉中期，与原报告研究分期的结论大体一致。

　　李家山M24 Ⅰ型、Ⅱ型无格剑与羊甫头M19所出的A型无格剑及呈贡天子庙M41所出无格剑器型相同。李家山M24所出的Ⅲ型一字格铜剑与羊甫头第二期开始出现的B型一字格铜剑几乎相同。据此判断李家山M24的年代应晚于仅有A型无格剑的羊甫头M19和呈贡天子庙M41。

　　李家山M24出土铜戈、铜矛、铜钺、铜削与羊甫头M147、M113出土的同类器物器型特征较为一致，但铜啄为细刺，不见M113的C型长条形宽刺，铜斧仅见半圆銎及椭圆銎两种，而不见M113的C型方形銎斧，M24内不见铜铁合制器，而M113内出土有铁刃铜锛、铁刃铜斤等器。

　　通过以上对比，推测李家山M24的年代晚于羊甫头M19和天子庙M41，早于羊甫头M113，应与羊甫头二期的M147大致相同。羊甫头M19木椁的碳-14测年经树轮矫正为公元前765—公元前400年，天子庙M41椁木的碳-14测年数据为距今2 290±70年，M147棺木的碳-14测年为距今2 172±70年。据此判断李家山M24的年代应为战国末期至秦汉之际。

# 滇文化墓葬棺椁制度研究

## ——以江川李家山古墓群为例

◎ 高　源（云南省民族艺术研究院）

棺、椁一直以来是我国古代丧葬习俗中盛放死者的葬具，是中国古代丧葬礼仪的重要组成部分。《说文解字》中对于"棺"的解释为："棺、关也，所以掩尸。"对于"椁"的解释为："椁、葬有木郭也。"对此段玉裁注释道："木郭者，以木为之，周于棺，如城之有郭也。"[1]《礼记·檀弓上》中对墓葬也有详尽概述："葬也者，藏也。藏也者，欲人之弗得见也。是故，衣足以饰身，棺周于衣，椁周于棺，土周于椁，反壤树之哉。"[2]古人以木制作棺和椁，棺被围于椁内，类似棺为内城，外部围有的外郭城即是椁，反映出先人自古便注重死后葬身之处的埋葬与陈设。

在中华民族传统的丧葬观念里，生前辉煌富足的人希望自己死后也能同样享受荣华，所以棺、椁作为人们死后埋葬的隐蔽空间，在某种程度上它对亡人生前的生活环境具有一定的象征意义，而这种象征意义一直与棺椁制度的发展相始终。因此，棺椁制度从一开始萌芽就与社会内部的分化密切联系在一起[3]。棺、椁从无到有，从简单到复杂，再到形成严格的制度，中间经历了漫长的过程，在不同的时代和民族文化中它有着不同的演变特征和文化内涵。

## 一、李家山古墓群的棺椁出土情况

江川李家山古墓群分别于1972年初和1991年12月—1992年4月进行过两次考古发掘，共发掘清理墓葬87座[4]，出土有棺、椁或棺、椁痕迹的墓葬27座，并出土了包括牛虎铜案在内等众多青铜器和滇文化器物。

（一）第一次发掘

李家山墓地的第一次发掘主要集中在李家山顶部及其西南坡，共发掘墓葬27座，全为竖穴土坑墓。山顶地势平坦，原生土壤厚，不易受山洪冲刷，墓坑较深，保存较完整，其中以M24最大。而西南

---

[1]（东汉）许慎撰，（清）段玉裁注：《说文解字注》六篇上"木部"，上海古籍出版社，1981年，第270页。
[2]《礼记·檀弓上第三》，《礼记正义》卷八，影印清阮元辑刻《十三经注疏》本，中华书局，1980年，第1292页。
[3] 袁胜文：《棺椁制度的产生和演变述论》，《南开学报（哲学社会科学版）》2014年第3期。
[4] 李家山墓地的墓葬编号一直沿用第一次发掘时的编号顺序，至今排序到M86，但M59为两墓相互叠压，分别被编为M59A、M59B，所以李家山总共发掘墓葬数为87座。

坡墓坑较浅,又处坡段,水土流失情况恶劣,墓葬受破坏程度较严重。M3、M7、M18墓底有成片的红色漆皮,应为木质漆棺。其他墓葬只是零星发现棺椁的痕迹。

表一 江川李家山古墓群第一次发掘中出土的棺椁情况

| 墓号 | 墓向 | 墓葬规格（长×宽-深）/米 | 棺椁规格 | 棺椁装饰 | 附属设施 | 代表性器物 | 其他 |
|---|---|---|---|---|---|---|---|
| M3 | 110° | 2.38×0.85-0.95 | 一棺 | 髹漆 | | 扣饰、马具 | |
| M7 | 130° | 2.35×0.9-1.1 | 一棺 | 髹漆 | | 扣饰、绿松石 | |
| M11 | 115° | 2.8×2.21-3.1 | 残朽,仅存棺痕 | | | 卷经杆、玉石器 | |
| M17 | 120° | 3.78×1.7-5.1 | 残朽,仅存棺痕 | | | 铜鼓、贮贝器、牛角 | |
| M18 | 110° | 3.2×1.6-2.65 | 一棺 | 髹漆 | | 桶贮、铜牛头、扣饰 | |
| M20 | 120° | 2.8×1.65-1.3 | 残朽,仅存棺痕 | | | 牛角、扣饰、玛瑙器 | |
| M21 | 280° | 3.65×1.85-3.4 | 残朽,仅存棺痕 | | | 桶贮、牛角、扣饰、玉石器 | |
| M22 | 105° | 4.1×2.47-3.22 | 残朽,仅存棺痕 | | | 桶贮、牛角、扣饰、玉石器 | |
| M23 | 280° | 4.35×1.99-3.7 | 残朽,仅存棺痕 | | | 铜鼓、牛角、杖头饰 | |
| M24 | 280° | 4.26×2.63-2.7 | 一椁一棺 | | | 铜鼓、铜案[1]、杖头饰、铜牛头 | 出土珠襦 |

## (二) 第二次发掘

在第一次发掘的20年后,1991年12月至1992年5月,云南省文物考古研究所及其他有关部门对江川李家山进行了第二次发掘,此次清理墓葬58座。1994年4月至5月,因工作需要,考古队又清理墓葬一座,编号为M85。1997年3月至4月,一座墓葬遭到破坏,部分器物随之散失。考古队出于保护对该墓进行清理,并收回部分散失器物。1991年底的第二次正式发掘和其后两次清理,共清理墓葬60座,全为竖穴土坑墓。根据清理情况,大型墓内都发现有木椁、木棺的痕迹。部分中、小型墓墓底发现有木棺残痕。虽然这些木质葬具已经朽残严重,但结合多座墓葬发现的朽木灰痕、零星残片,并综合田野发掘的其他情况分析,大致可知木质椁、棺的形状和结构。

表二 江川李家山古墓群第二次发掘中出土的棺椁情况

| 墓号 | 墓向 | 墓葬规格（长×宽-深）/米 | 棺椁规格 | 棺椁装饰 | 附属设施 | 代表性器物 | 其他 |
|---|---|---|---|---|---|---|---|
| M28 | 282° | 1.98×0.66-0.18 | 残朽,无法辨认 | | | 扣饰 | |
| M32 | 296° | 2.88×0.8-0.52 | 残朽,无法辨认 | | | 钏、绿松石 | |
| M34 | 254° | 2.34×1.4-1.4 | 残朽,无法辨认 | | | 钏、绿松石 | |
| M47 | 263° | 4.6×6.6-4.4 | 一椁二棺 | 卷云形B型椁钉21枚 | 垫木 | 铜鼓、鼓贮、桶贮、执伞俑、铜牛头 | 出土珠襦 |
| M49 | 260° | 3×2.1-1.6 | 一棺 | | | 杖头饰、钏、玉石器 | |

---

[1] 此铜案即为牛虎铜案,滇文化墓地中唯一出土的一件铜案。

续表

| 墓号 | 墓向 | 墓葬规格（长×宽-深）/米 | 棺椁规格 | 棺椁装饰 | 附属设施 | 代表性器物 | 其 他 |
|---|---|---|---|---|---|---|---|
| M50 | 247° | 4.74×4.26-3.1 | 一椁一棺 |  | 棺北侧有边箱 | 铜鼓、扣饰、玉石器、金银器 | 有祭祀坑 |
| M51 | 270° | 5.5×4.5-0.9 | 一椁一棺 | 均髹漆；鼓形A型椁钉14枚；棺盖板上有编织的竹席痕 | 垫木；棺北侧有边箱 | 铜鼓、桶贮、执伞俑、扣饰、铜牛头、金银器 | 出土珠襦；有祭祀坑 |
| M53 | 325° | 2.54×1-1.25 | 一棺 |  |  | 扣饰、马具、玉石器 | 墓坑开凿于岩石中 |
| M57 | 266° | 4×2.9-2.5 | 一椁一棺 | 均未髹漆 | 棺北侧有边箱 | 铜鼓、桶贮、执伞俑、牛头、马具 | 出土珠襦；有祭祀坑 |
| M58 | 100° | 3×1.9-1.2 | 一棺 |  |  | 钏 |  |
| M68 | 296° | 6.8×4.5-4.15 | 一椁一棺 | 卷云形B型椁钉12枚 | 棺北侧有边箱；边箱头端有上下叠置独木箱 | 铜鼓、鼓贮、伞盖[1]、铜牛头 | 出土珠襦；有祭祀坑 |
| M69 | 274° | 6.76×5.6-3.58 | 一椁二棺 | 均髹漆；卷云形B型椁钉14枚和Ⅱ型圆泡钉59枚 | 垫木 | 叠鼓贮、铜鼓、鼓贮、执伞俑、铜牛头 | 主棺、陪棺均出土珠襦 |
| M71 | 275° | 2.4×1.1-1.48 | 一棺 |  |  | 牛角、扣饰、玉石器 |  |
| M73 | 305° | 2.4×0.66-0.9 | 残朽，无法辨认 |  |  | 扣饰 |  |
| M82 | 273° | 2.85×1.3-0.3 | 残朽无法辨认 |  |  | 扣饰、杖头饰、玉石器 |  |
| M85 | 84° | 5.82×4.83-5.9 | 一椁一棺 | 椁为原木、棺木髹漆 | 棺北侧有边箱 | 桶贮、扣饰、马具、金银器 | 墓坑开凿于岩石中；出土珠襦 |
| M86 | 80° | 2.7×2.1-0.9 | 一椁一棺 | 髹漆 |  | 盖弓帽、扣饰、马具、玉石器 |  |

## 二、李家山古墓群出土棺椁的特征

通过对李家山古墓群典型墓葬的梳理，可以分析发现，墓葬棺椁均是木质，未现其他材质葬具；同时，墓葬中的椁和棺并非相伴相出，有的墓葬有椁有棺，如M51为一棺一椁，M47、M69为一椁二棺；有的墓葬有棺无椁，如M3、M7等中小型墓葬。因此，对于棺和椁的具体分析应当分开讨论，但这些棺、椁在形制结构、装饰、摆放以及墓室整体结构等方面又都有着统一而鲜明的特征。

---

[1] 此伞盖虽锈蚀残损严重，但下有木柄和七根细木骨痕，原埋葬时可能用木柄和木骨支撑伞盖，木柄置俑手中，即此墓可能葬有铜俑。

## （一）棺、椁的形制

### 1. 椁

椁从形制和用途来说，是棺的一个外壳，起到罩护内部棺木的作用。在滇文化墓葬中，一个墓葬中同时发现棺、椁的情况较少，但综合李家山M24、M69等典型的大型滇墓可以确定，滇文化墓葬中，椁室搭建已有明确制度，均是由木盖板、底板和四壁壁板组成：椁壁板多紧贴墓壁，由木板或者原木垒叠而起。椁四角以榫卯结构扣合，四角交叉处有凸出，导致墓室的四角也分别向外略凸，因此椁室平面多为"井"字型，也有椁室仅在一端凸出两角，呈半"井"字型，例如M85。

根据发掘情况，可以推测椁室搭建方式基本为：先将备做两侧椁板的每块木板两端凿出榫洞，再将备做两端木板削至适合大小，然后削尖的椁木插入两侧相对的榫洞中，从下到上，一层一层将两侧椁木叠置，并在榫洞中塞填青膏泥。部分椁底板下还有垫木，如李家山M47、M51，同时，M47和M69等墓葬中，沿椁外四周还有发现有椁钉。

### 2. 棺

由于土壤腐蚀和木质残朽，李家山古墓葬的木棺也难有完整保留，就出土的棺板情况分析，木棺同样具有确定的制度可遵循：棺木由棺盖板、壁板、底板组成，且墓葬中发现的棺板灰痕基本为长方形，由此推测，木棺的形制大多为两端等宽的规则长方形，也有部分木棺两端宽窄略有相差，极少数木棺旁还有边厢。

木棺的搭建没有直接使用原木，而是由加工过的木板垒叠、拼合而成。棺的四角同椁室类似，用榫卯形式扣合，绝大多数棺的四角平齐不外凸，平面为长方形，少部分四角交叉。棺盖板由木板纵铺拼合，中间未现横梁。棺底板同为木板纵铺，但M69是特例，其为一椁二棺，主棺是由整块宽大木板制成。

在李家山古墓葬中，棺木的摆放位置也各有不同，大致可分为三种情况：

一是单棺置于椁室南侧。一椁一棺时，根据棺板灰痕迹和出土随葬品摆放位置可以确定，棺应摆放于椁室的南侧，如M24、M50。

二是二棺并置。一椁二棺时，两棺并列摆放于椁内，但位置也较偏向南侧，如M47、M69。

三是单棺置于墓坑。李家山绝大部分墓葬仅有棺木，依据不同墓底残留的板灰痕、漆痕和朽木痕，我们可以看出棺木的放置也不同：多数木棺置于墓坑的南侧，如M50、M51、M57；有的棺木置于墓坑偏中部或坑中的棺穴内，如M58；也有部分墓葬因为棺板灰、漆迹残余不全，无法对棺木放置位置做出判断。

从李家山古墓群棺木位置摆放看，滇人的葬俗有一定的"尚南"思想，无论是椁室还是墓坑，偏向将棺木置于偏南的位置，其具体原因值得进一步思考。

## （二）棺、椁的装饰

李家山古墓葬棺椁的装饰并不丰富，主要是在棺、椁板上髹漆，以及饰以椁钉、棺钉，极少数大墓会在棺椁上铺设丝织物或者席子。

### 1. 髹漆

在李家山古墓葬中，棺、椁上绘制彩绘图案的情况比较普遍。根据发掘清理出的漆皮颜色可以确定，髹漆颜色多以红、黑色为主，基本没有单色漆。漆饰保存极其不易，图案多已不清晰，较完整的髹漆彩绘图案目前仅有M51，棺木残片"髹朱红色漆，绘黑色线条、三角齿、云纹组合图案"[1]。

就目前发掘清理出来的漆片痕迹，暂时无法分析棺、椁板上漆层的厚薄和髹漆层数。但值得注意

---

[1] 云南省文物考古研究所、玉溪市文物管理所、江川县文化局：《江川李家山第二次发掘报告》，文物出版社，2007年。

的是，M69的椁内也饰有髹漆彩绘，说明滇文化棺椁不仅外部髹漆，内部也可能饰以彩绘。

同时，棺和椁之间是否髹漆并无直接联系，有的墓葬中棺椁皆髹漆，如M69；有的墓葬中，棺椁皆未髹漆，如M57；有的墓葬中，椁未髹漆，但棺饰以彩绘，如M85。由此可推测，当时的滇人对于棺、椁的髹漆装饰尚未形成严格制度。

2. 棺、椁钉

目前，包括晋宁石寨山、昆明羊甫头等滇文化墓葬在内，所有椁钉均出土于江川李家山，共61件[1]。由于发现于椁痕四周，推测为钉椁板用的"椁钉"，但其造型较精致，也有可能是起装饰作用。椁钉特征鲜明，分为两型：

A型椁钉：上端为铜鼓形，下端如凿。其中11件为圆条形钉身，下段渐扁，下端为双面刃；4件为半圆条形钉身，下端为单面刃。

B型椁钉：整体为扁平长条形，上段较长，顶端圆，有卷云形装饰，两面中线有突起卷曲的高脊；下段为钉，呈尖叶形，与上段相互垂直连接，略有弯曲。其中，部分椁钉表面还有镀锡，如M69∶1、M68∶166。

棺钉则暂未于李家山古墓群发现，主要发现于晋宁石寨山M71的椁侧板四周，上端呈扁圆形并饰卷云纹，下端为圆形锥刺，但也细分为两型：上端较直的为A型，上端微曲的为B型[2]。

A型铜棺钉与B型椁钉形制类似，卷云形上端，表明其多为棺椁外部的装饰品。不同的滇文化大墓之间，棺椁装饰具有一定的联系和共同特征，体现出滇文化棺椁装饰的制度性。

3. 泡钉

泡钉，作为饰品常多件共出，形制呈圆形，正面隆起，背空，垂钉足。在滇文化墓葬中，泡钉不仅作为器具、饰品上的装饰，还作为椁饰使用。在M69出土的木椁板灰痕边，"椁钉和泡钉相间分布，2椁钉间4泡钉，泡钉发现深度不一，似作上下二排钉在椁外装饰"[3]。

泡钉依泡面不同可分为四型。作为椁饰的B型泡钉，均出自M69内，泡面为圆锥形，较低，背略空，尖钉足较长。虽经锈蚀有残破，但泡钉通高2.5厘米、泡直径约2.9—3.1厘米、高约0.9厘米。

在椁外用卷云形椁钉和铜圆锥形泡钉相间分布进行装饰，不仅外观庄严，似乎更是滇人的一种精神寄托。卷云形椁钉象征着墓主死后将被彩云托往另一个世界，而鼓形椁钉则与滇文化的典型器物"铜鼓"相呼应，象征击鼓长鸣，既告慰死者，也敬尊神明。

4. 丝织物

受制于客观环境的影响，在棺椁上铺设丝织物和编织物作为装饰在李家山古墓葬乃至其他滇文化墓葬中都极为少见。一般是铺在棺、椁顶盖上，并有缀饰。如李家山M51"棺盖板上和下都发现有人字形编织的竹席痕迹"[4]。与中原地区墓葬中墓主身覆"珠襦"类似，在棺、椁之上覆盖丝织物或编织物，应是墓主权贵身份的象征之一。

## （三）棺、椁的附属设施

1. 垫木

棺、椁下铺垫木在李家山等滇文化墓葬中比较常见。多数墓底的两端有基槽，形制相差不大，为木椁或者木棺下放置的垫木所用，起支撑棺、椁的作用，李家山M69便是其中典型。此外，有的墓葬底

---

[1] 发掘数据截至2021年。
[2] 云南省文物考古研究所、昆明市博物馆、晋宁县文物管理所：《晋宁石寨山第五次发掘报告》，文物出版社，2009年。
[3] 云南省文物考古研究所、玉溪市文物管理所、江川县文化局：《江川李家山第二次发掘报告》，文物出版社，2007年。
[4] 云南省文物考古研究所、玉溪市文物管理所、江川县文化局：《江川李家山第二次发掘报告》，文物出版社，2007年。

部放有石块，作用同垫木类似，也是用于支撑、放置棺木或随葬品。典型的就是晋宁石寨山M23，其墓底有3块经过人工打制的大石，就是为放置棺木和随葬品而做的"垫石"[1]。

2. 边箱

根据板灰痕迹和随葬品堆放情况可以看出，部分墓葬在木棺旁边还有放置木质边箱。滇文化墓葬中共发现有5座墓葬有边箱，均为李家山的中、大型墓，分别为M50、M51、M57、M68、M85。其摆放位置有着固定的规律，即与墓底居南侧的木棺相对应，边箱均放置于墓坑北侧。以M68为例，在边箱西侧另有上下叠置的两个独木箱，呈长方形，用整段圆木剖开，挖空成槽，顶部加以木盖板。由此可以推测，滇人常在墓葬中放置单独的小木箱，以作为棺木之外的附属设施，用于堆放墓主的小件随葬品。

## 三、李家山棺椁制度的演变规律及其反映的滇文化

### （一）不同时期棺椁制度的变化情况

在滇文化的不同发展时期，墓葬中的棺、椁情况必然有所区别。有研究者通过对昆明羊甫头墓地出土的典型陶器进行类型学分析，将昆明羊甫头墓地划分为三个时期，并将石寨山和李家山墓葬出土的铜器组合与羊甫头墓地进行比较，对晋宁石寨山墓地和江川李家山墓地也进行了断代和分期[2]。

本文综合此分期方法和各发掘报告，同样将李家山古墓群的墓葬划分三期：第一期墓葬年代为战国中晚期，第二期墓葬年代为西汉早中期，第三期墓葬年代为西汉晚期。

表三 江川李家山古墓群部分墓葬分期情况

| 年　代 | 墓　号 |
| --- | --- |
| 第一期 | M11、M17、M22、M24 |
| 第二期 | M20、M21、M47、M50、M51、M69、M71 |
| 第三期 | M3、M53、M57、M68、M82、M85、M86 |

通过墓葬分期可以看出，在不同历史时期，滇文化墓葬中的棺和椁使用并无明显区别，同时使用棺、椁和单用棺木的现象一直并存。棺、椁的大小也没有明确的演进变化，但墓主的等级不同，棺椁的形制也存在明显差距。

在早期墓葬中，滇人就已掌握较成熟的棺、椁构建技术：即椁室为长方形扁箱，由椁盖板、四壁壁板和底板构成。椁壁板以粗大原木或木板叠垒，并用榫卯方式扣合。椁盖板和底板用木板或剖开的原木铺成。棺木构建方式基本类似，只不过壁板、底板或为整块木板。部分棺室、椁室下还有垫木支撑。这种系统的搭建方式在整个滇文化时期一直沿用。

对于棺椁的装饰，在早期滇文化中比较简单，髹漆情况较少，随着滇文化发展，髹漆的棺椁增多，并且出现卷云形、鼓形的棺钉和椁钉进行装饰点缀。到后期，滇人对于随葬品的放置已不局限于棺、椁内，部分墓葬内还增设有边箱，且均在棺木北侧。

---

[1] 云南省博物馆：《云南晋宁石寨山第三次发掘简报》，《考古》1959年第9期。
[2] 王欢：《滇池地区滇文化三个墓地的比较研究》，吉林大学硕士学位论文，2016年。

总之,在不同时期的滇文化墓葬中,棺椁制度一直相对稳定,从早期到晚期发展缓慢。棺、椁并用的情况并未随社会发展得到普及,更未形成定制。棺、椁构建技术基本没有变化,其在早期就一直保持着较高水准,而棺椁的装饰和附属设施则逐渐趋于丰富和成熟,但并不全面,在大型墓葬中也没有得到全面普及。

## (二) 棺椁制度所反映的社会形态

棺椁制度仅是灿烂滇文化的一小部分,但透过这一小部分可管窥滇文化之一斑。

通过不同等级、不同时期的棺、椁可以分析,在滇文化早期,滇族内部就已有明显的阶级分化。如李家山M51的棺盖板上和下都发现有人字形编织的竹席痕迹,还发现有作为墓主身份、地位、财富等象征的"珠襦",这直接反映出当时社会经济的繁盛。同时,高规格的棺椁制度与大量小型棺、椁和无棺墓葬形成了鲜明对比,说明当时滇国内部的阶级分化悬殊,有的墓葬内还有殉葬现象,这进一步说明滇文化社会处于奴隶制时期。

对于棺椁的形制和装饰,从早期的木板垒叠、拼合,到后期的髹漆、绘饰图案、棺钉等棺椁装饰开始增多,反映出滇文化手工业在不断开创、吸收新的技术。但从整体的滇文化墓葬来看,棺、椁的使用并不普及,棺椁规模与随葬器物的等级和数量有直接联系,即完备的棺、椁形制多见于大、中型墓葬,滇文化先进的手工业大多还是被贵族统治阶级垄断。

纵观现已完成发掘的滇文化墓地,各大、中型墓葬间的打破关系非常少见,而小型墓与大、中型墓之间则时有叠压打破关系出现、小型墓之间的打破关系则更为普遍,这一方面说明滇文化各墓地有较长延续性,一方面也说明滇族内部有明显的等级分化。但后期小型墓葬叠压大、中型墓葬反映出当时滇王及贵族并没有像中原地区的统治阶级一样具有独享、不可以冒犯的陵区,侧面表明滇族社会内部尚未形成严格的宗法制度。

滇文化棺椁内出土的随葬品器物大致可以分成两大类:一类是以青铜兵器为主,如铜剑、铜斧等;一类是以生活用具为主,如纺轮、铜钏等。由此可以推测,墓主性别不同,随葬品组合也不同。但就目前的墓葬资料来看,不同性别的墓葬,其棺椁制度并无区别,但兵器更多出现于大、中型墓葬中,可能在滇族内部男性社会地位略高。同时,墓葬内普遍出现的各式农具,反映出滇国农业生产技术发达,农业分工细致;大型墓葬中不可或缺的执伞人俑也反映出整个滇国内部社会分工、分层明确;而大量兵器的出土和贮备器上的战争图像,也映射出当时滇族频繁对外族进行战争与征服。

晋宁石寨山和江川李家山的部分墓葬内还有圆形圜底祭祀坑,直径约1.5—3.6米、坑深1.25—2米。坑内埋有未经加工的锥形石块,石块尖端朝上放置。根据祭祀坑内石块和墓地周围石质比对,可以确定坑内石块多是从外地搬运至此。同时,祭祀坑的位置并无规律,如江川李家山M50的祭祀坑略偏靠西南、M69的祭祀坑偏靠南并挖破墓口南壁[1],这表明祭祀坑在墓主下葬时并未挖掘,而是墓葬填埋后,墓主的后人来祭祀时在墓坑附近所挖,坑内还有黑色填土,含大量炭屑和烧灰,也应是祭祀时焚烧所留下的。在江川李家山的第二次发掘中,研究者们便提出,祭祀坑里的锥形大石块,可能具有"镇墓"和"辟邪"的作用[2],或许是滇族一种自然崇拜的体现。

部分木椁四周使用卷云形椁钉和铜质圆锥形泡钉相间分布进行装饰,不仅外观庄严,似乎也是滇人的一种精神寄托。卷云形椁钉象征着墓主死后,将被彩云托往另一个世界,而鼓形椁钉则与滇文化

---

[1] 云南省文物考古研究所、玉溪市文物管理所、江川县文化局:《江川李家山第二次发掘报告》,文物出版社,2007年,第79页。
[2] 云南省文物考古研究所、玉溪市文物管理所、江川县文化局:《江川李家山第二次发掘报告》,文物出版社,2007年,第5页。

的典型器物"铜鼓"相呼应,象征击鼓长鸣,既告慰死者,也敬尊神明。这些祭祀风俗和棺椁装饰,体现滇族对于死亡的敬重,也是滇族社会内部的原始宗教信仰的反映。

### (三)从棺椁制度看其他地区文化对滇文化的影响

在以滇池和玉溪三湖为中心的滇文化核心分布地域内,并未发现具有明显棺、椁的新石器晚期墓葬,而滇文化作为青铜文化,在其早期的墓葬棺、椁就已具有相当成熟的搭建、装饰技术,这说明滇文化的棺椁制度并非由当地的土著文化演进发展而来,而是受其他地区的文化影响才逐渐完善形成。

1. 滇西地区

云南省中部的楚雄市万家坝曾于1975年发掘清理了79座墓葬,这些墓葬中的大型墓均有葬具,有用原木拼搭的,也有用独木刳成的。考古学者们推测其年代为春秋中晚期至战国前期[1]。万家坝古墓群总体上早于滇文化,其墓葬同为竖穴土坑墓,墓中有生土二层台、腰坑、垫木等,这均与滇文化的墓葬棺椁制度非常相似。但万家坝墓葬中不见椁木,在木棺四周立有木质边桩以代替木椁。同时,万家坝出土的铜矛、铜戈等与江川李家山出土的相似,但其制作工艺较李家山落后,这都说明滇文化有部分文化因素承袭万家坝,棺椁制度也受其影响。

万家坝墓葬与滇文化密切联系的同时,还具有部分洱海地区青铜文化的特点,例如万家坝出土的三叉格青铜短剑、细条形铜镯、Ⅰ型斧、双耳陶罐等均是洱海地区青铜文化的典型器物,可以发现楚雄万家坝不仅地理位置上居于滇中和滇西之间,其文化特征也体现着滇西洱海类型青铜文化和滇池类型青铜文化的交汇。并且,总的趋势是时代越晚,滇文化因素越浓,这些反映了云南古代民族之间的融合、斗争及势力消长[2]。

祥云县大波那墓地作为滇西洱海类型青铜文化的主要代表,同样出土有棺、椁,棺和椁的构建也与滇文化类似。甚至还出土有木椁铜棺,年代大致在战国初至战国中期[3],略早于滇文化。而大波那墓地中所出土的铜钺、铜尊、心叶形铜锄等与祥云县检村石椁墓所出土的类似,石椁墓内出土的铜饰牌又与云南德钦永芝石棺墓出土的相似。

汪宁生先生曾指出,滇西地区的万家坝和大波那代表的是云南青铜文化较早阶段,而滇池区域的石寨山和李家山代表的是云南青铜文化的鼎盛阶段[4]。通过桥联法,分析对比这几处墓葬的棺椁制度,可以肯定,滇文化与滇西、滇西北的青铜文化有着密切联系。

2. 中原地区

云南东部曲靖市发掘的八塔台古墓群中,同样发现有大量长方形竖穴土坑墓,虽出土棺椁情况较少,且多朽坏,但依据朽木痕可以辨认木棺多为头端大、足端小的方形[5]。受限于八塔台古墓群中棺、椁资料较少,故无法与滇文化棺椁进行直接比对,但通过墓葬中出土的随葬器物可以发现,青铜短剑、铜斧等随葬品的形制与晋宁石寨山和江川李家山等滇文化墓地出土器物相同,但一部分器物则与滇文化存在明显差异。例如,八塔台出土的陶鼎在典型的滇文化墓葬和云南其他地区的青铜时代墓葬中均未发现,而在中原地区墓葬中陶鼎是常见器物,这说明中原文化对于滇文化的影响不是一蹴而就的,滇东地区作为从中原进入云南的要道,首先接受许多中原文化因素的影响,然后这些文化因素才

---

[1] 云南省博物馆文物工作队:《云南省楚雄县万家坝古墓群发掘简报》,《文物》1978年第10期。
[2] 云南省文物工作队:《楚雄万家坝古墓群发掘报告》,《考古学报》1983年第3期。
[3] 云南省文物工作队:《云南祥云大波那木椁铜棺墓清理报告》,《考古》1964年第12期。
[4] 汪宁生:《云南考古》,云南人民出版社,1992年,第67页。
[5] 王大道:《云南曲靖珠街八塔台古墓群发掘简报》,《云南考古论文集》,云南民族出版社,1998年,第357—378页。

逐渐传播到滇中地区，进而影响滇文化发展。

自从安阳殷墟晚商文化遗址被发现并被确定以来，考古发现的商墓多达3 000多座，分布在商文化不同地域和各个时期[1]，大部分墓葬为竖穴土坑墓，有二层台、垫木、边箱，这与许多滇文化墓葬情况类似，甚至连木椁板榫卯套合的方式也是类似。而早在偃师二里头文化时期，其墓葬就已有二层台和腰坑，这些中原地区早期墓葬的形制均在滇文化墓葬中得以反映。

在滇文化大型墓葬中，部分墓主身上覆有用玛瑙、软玉、绿松石、琉璃等精美饰物串联在一起的长方形覆盖物——"珠襦"，这种精美奢华的葬俗也应来自中原地区。例如在春秋末战国初期的河南固始侯古堆宋景公之妹勾敔夫人墓中，就已发现墓主身上覆满玉石料珠[2]。部分滇文化墓葬甚至还在木棺或者木椁上铺设丝织物和编织物作为装饰，在云南此前的墓葬中并未发现有类似葬俗，而在山西、河南等中原地区，商代时就已有这种葬俗，例如，殷墟遗址中部分墓葬棺椁上就覆盖有丝织物，丝织物四角还有缀饰[3]。

综合来看，滇文化的墓葬棺椁制度受中原文化影响深刻，中原文化除了向滇国输出生产技术之外，还对滇文化的社会思想带来一定的影响。

3. 巴蜀地区

巴蜀文化是西南地区青铜时代的考古学文化，主要分布于四川省、重庆市和鄂西巴、蜀两族生活的区域[4]。巴蜀文化的墓葬主要分为船棺墓、木（石）椁墓、木棺墓等，其中，船棺墓主要分布于川西平原区，是蜀国蜀人的主要活动区域；木（石）椁墓主要分布于川东岭谷区，是巴国巴人的主要活动区域。

与滇文化棺椁形制类似，巴蜀文化的椁室、棺室一般用木板或原木以榫卯结构的方式构建而成，有的椁室四角向外交叉延伸形成"井"字形，如云阳李家坝1997M42[5]；有的仅两端向外延伸，如开县余家坝M7、M10等[6]，也有一部分棺椁四角平齐，呈规矩的方形。

同时，滇文化墓葬的随葬品中，无论青铜兵器、生活用具都有与巴蜀文化相同或相似的特征。童恩正先生就指出，"滇池地区的青铜戈B类与巴蜀系统的青铜戈A类有相似的形式。具体来讲，BⅠ型a式基本同于AⅠ型；BⅢ型a式与AⅠ型a式相近，BⅣ型a式则同于AⅣ型"[7]。汪宁生先生通过比对，认为李家山墓地第三类墓出土的双耳铜釜与广元市昭化宝轮院船棺葬所出土的铜釜相似，Ⅳ型铜削及环首铁刀与重庆巴县冬笋坝船棺葬所出的环首铜刀相似，而广元市昭化宝轮院和巴县冬笋坝船棺葬出土的刃口不对称的"月口式"钺，与滇文化常见的靴形钺有关[8]。这说明巴蜀文化与滇文化之间曾互相交流影响，特别是巴人与滇族在墓葬棺椁上有着相近的葬俗和文化传统。

4. 江汉地区

江汉地区主要指楚文化，是两周时期分布于江、汉、淮水流域的古代楚人创造的具有自身特征的文化[9]。楚文化对于滇文化的影响最直接的莫过于"庄蹻王滇"，《史记·西南夷列传》中就已记载

---

[1] 吴付平：《商代葬具研究》，郑州大学硕士学位论文，2012年。
[2] 河南省文物考古研究所：《固始侯古堆一号墓》，大象出版社，2004年，第34页。
[3] 中国社会科学院考古研究所安阳工作队：《殷墟大司空M303发掘报告》，《考古学报》2008年第3期。
[4] 王巍总主编：《中国考古学大辞典》，上海辞书出版社，2014年，第412页。
[5] 四川大学历史文化学院考古学系、重庆市文化局、云阳县文物管理所：《重庆云阳李家坝东周墓地1997年发掘报告》，《考古学报》2002年第1期。
[6] 山东大学考古学系、重庆市文化局、开县文物管理所：《重庆开县余家坝墓地2000年发掘简报》，《华夏考古》2003年第4期。
[7] 童恩正：《我国西南地区青铜戈的研究》，《考古学报》1979年第4期。
[8] 汪宁生：《试论石寨山文化》，《中国考古学会第一次年会论文集》，文物出版社，1979年，第278—294页。
[9] 王巍总主编：《中国考古学大辞典》，上海辞书出版社，2014年，第344页。

"庄蹻者,故楚庄王苗裔也。蹻至滇池,地方三百里,旁平地,肥饶数千里。以兵威定属楚。……以其众王滇,变服,从其俗,以长之"[1]。

在考古发掘中,有众多随葬器物可以佐证滇、楚之间的联系:李家山M50中曾出土一把凹盘圆首,背面有分两杈,后部近格处有突起的兽面纹的铜剑,有学者认为此剑非滇文化固有,而与楚文化中的剑相类[2]。晋宁石寨山西汉墓M23曾出土一件内置6件漆盒的漆奁,漆盒呈长方形、圆形等,盖子上镶嵌有银箔制四瓣花纹和指针形花,花外亦有银箍,这种装饰与湖北光化五座坟出土的银花漆圆奁相同[3]。

墓坑内填塞、涂抹膏泥、铺设垫木、挖掘腰坑等均是典型楚文化墓葬的形制特征,除李家山古墓群之外,昆明羊甫头墓地、澄江金莲山墓地都发现部分墓坑平整光滑,有涂抹膏泥的痕迹,有的墓葬椁板外也以膏泥进行填塞。而在棺、椁下支撑垫木、挖掘腰坑的情况在滇文化墓葬中也较普遍。同时,漆器作为楚文化最为典型的器物,我们甚至可以大胆推测,滇文化棺椁上的髹漆纹饰,或许也与楚文化有一定渊源,但这需要为了更多的考古资料出土来加以论证。

任何文化的发展不可能是孤立的演进,通过对李家山古墓群棺椁制度的探析,可以明确滇文化棺椁制度是滇人不断吸收、借鉴不同文化,并结合自身土著文化和当地环境所形成的,这也进一步佐证滇文化与滇西、中原、巴蜀、江汉等地区文化的交流情况,但不同文化间的交流并非纯粹的单一输送,文化在传播中是互相渗透的,每一支文化的背后必然有其他文化相融合的影子,这也正是以江川李家山为代表的滇文化的独特之处。

---

[1] (汉)司马迁:《史记(卷一一六)·西南夷列传》,中华书局,1959年,第2998页。
[2] 云南省博物馆:《云南晋宁石寨山第三次发掘简报》,《考古》1959年第9期。
[3] 云南省文物考古研究所、玉溪市文物管理所、江川县文化局:《江川李家山——第二次发掘报告》,文物出版社,2007年。

# 礼制与战事

## ——滇国青铜兵器形态演变规律试析

◎ 戴 铖（云南省博物馆）

通过研究滇中地区22处墓葬遗址[1]所出的青铜兵器，发现了一个值得注意的铜兵器时代演变规律：从春秋时期至西汉晚期，滇中地区青铜兵器的形态演化规律呈现两条线路：第一个方向是随着生产技术的进步，兵器的实用功能增强，具体表现是纹饰减少，器形功能性增强，出现了长胡戈、一字格护手剑、弩机、三棱镞等。第二个方向是社会文化的发展让一部分兵器发展成为仪仗器（礼兵器），具有高度的艺术水准而功能性弱化，具体表现是装饰技法的进步，从原来的以铸刻纹为主，到后来的高浮雕、立雕装饰纹样，以及各种新兴仪仗器的产生，装饰技法的提升与青铜器铸造工艺的进步密切相关。

## 一、滇中地区青铜兵器所呈现的两条并行发展路线

### （一）功能化发展倾向

1. 春秋时期

春秋时期，墓葬中发现的铜戈形制不多，以直援直内戈为主，少量的斜内戈，极少数的有胡戈。铜矛已有平口骹、鸭嘴形骹之分，尚未出现叶部有倒刺的矛、菱形刃矛或其他异形矛。铜剑的出现主要以无格剑为主，一般是镂空型茎，尺寸小的剑可作为近身防卫利器，偏长的剑则满足近距离格斗作战要求。啄在少量墓例中出现。铜镞在这一时期出现的数量亦不多，尚未出现带有倒刺的镞。仅出现3件臂甲记录，出自大团山M5、龙街石碑村74M67、上马五台山M11。

2. 战国时期

这一时期青铜兵器种类和数量有明显增多，主要的攻击类青铜兵器有戈、矛、剑、啄、镞，还有戚、钺、叉、殳这几种仪仗型兵器；防护装具的种类在臂甲的基础上新增了衣甲，少数大型墓葬中出现了头盔、马颈甲、颈甲等护具。

铜戈的形态特征相比春秋时期要丰富得多，无胡戈居多，大量的直援直内、曲援直内、直援曲内戈作为实战用戈。作战功能更强的有胡戈增多，出现了胡上有两穿、三穿、四穿的进步型有胡戈，如华M342∶1。出现了銎内直援无胡戈，援部不对称，援部和内部中间有管銎连接，如金06M63∶1。銎

---

[1] 戴铖：《滇中地区青铜兵器研究》，云南大学硕士学位论文，2022年，第8—14页。

内直援有胡戈也有出现，如晋宁金砂山出土的砂M31∶8，援部与内部中间有一管銎，援部末端延伸形成胡。

铜矛的数量超过了铜戈，器形也进一步分化，不断丰富，未出现精心雕饰的仪仗性矛。绝大多数的铜矛为窄而狭长的三角形刃，如五M1∶2。出现了刃部近菱形的铜矛，这种刃形在攻击时更为收放自如，提高了作战效率，如羊M20∶1。有个别刃部为倒刺形的矛，杀伤力显著增强，如天75M6∶3、纱M2∶4。

铜剑的使用逐渐广泛，剑的形制以无格剑为主，出现了少量的一字格剑。呈贡天子庙墓地79M41、官渡羊甫头M19、晋宁金砂山M38所出铜剑都是无格剑。在澄江金莲山同时期墓地中随机抽取了6个铜剑样本，有4件是无格剑，有2件是一字格剑。官渡羊甫头中的羊M97∶23-3的形态似为无格剑与一字格剑的过渡形态。

铜镞型式比较丰富，大多数为阔叶形、锚形、柳叶形叶，澄江金莲山墓群、官渡羊甫头墓地、呈贡黄土山、宜良纱帽山所出铜镞的形态基本如此。

防护装具以臂甲最为普遍，在少数有护具随葬的墓例中，大多仅见铜臂甲一种防护装具，在少数高等级大墓中，如天子庙79M41、羊甫头M19、羊甫头M101中，才能见到盔、颈甲、背甲、衣甲、腿甲等护具。羊甫头M19可见马颈甲。

3. 西汉早中期

这一时期以晋宁石寨山墓地为代表，所出青铜兵器的多样性达到高峰。晋宁石寨山的墓葬中率先出现铜弩机、铁质兵器。这也是晋宁石寨山、官渡羊甫头出土器物的鼎盛时期，出现了多座高规格大墓，如石寨山M71、M3、M10、M12、M13，官渡羊甫头M113。江川李家山在这一阶段处于发展时期，有M21、M24这样的高等级墓葬。各类兵器在形态的进化上体现出杀伤力的持续升级。

铜矛具有的各型形态，都在功能上进行了多样化探索，在传统三角形刃、柳叶形刃的基础上，衍生出曲刃、菱形刃、多边形刃、倒刺形刃。

铜剑呈现出无格剑式微、一字格剑盛行的特点，出现了新型的三叉格铜剑，形态上重功能，没有繁复的装饰，如石M10∶21。

铜戈的型式持续完善，几乎可以找到各种型式。无胡戈中，通过援部与内部不同形态的组合，衍生出完整的型式谱系。有胡戈的数量增多，实用功能进一步发展，有三穿、四穿铜戈。

镞的形态进一步发展，几乎涵盖了各种型式，且相当一部分镞有血槽、倒刺，有不少三翼镞，杀伤力显著提高。

4. 西汉中晚期

这一时期滇中地区大量铜铁合制器取代了青铜兵器，铁制兵器持续增多，在不少墓例中，仅有铜铁合制兵器或铁兵器，已不见青铜兵器，如李M44、龙79M18。晋宁石寨山、羊甫头墓地式微，石M6、羊M771虽属大墓，然随葬器物数量不及前一时期同等级墓。江川李家山则空前繁荣，随葬兵器数量和种类一度领先，出现了李M51、李M57、李M68这样的大型墓葬。

在西汉晚期以后，上述墓地随葬的青铜兵器种类和数量急剧减少。东汉初期最大的墓例是江川李家山M85，其随葬青铜兵器仅有14件9种，伴有29件铜铁合制兵器、16件铁兵器，仪仗型青铜兵器仅见钺、叉、殳、锤。同时期的晋宁石寨山、龙街石碑村以及江川李家山的其他墓例，再没有超越江川李家山M85的规模，整体呈现的趋势都是青铜兵器数量和种类急剧减少，仪仗型兵器比例下降，铜铁合制兵器和铁兵器强势涌现，以满足实际作战的技术需要。

普通墓例中铜矛进一步突出实用功能，强化矛的穿刺作用，叶部进一步缩小，通体几无装饰，如羊M373：2。铜剑则一字格剑占据主体，出现了宽格剑。实战型有胡戈的杀伤力进一步增强，援部上下边缘呈波浪形，胡加长，穿的数量增加，援、内连接部位加工技术进一步复杂化，典型器物如李M51：304。一部分铜啄銎部变短，銎面平面纹饰减少或不见，只保留一侧立体动物装饰，如石M6：83，有的短銎啄为突出实用性，通体素面，如李M68：351。

## （二）美术化发展倾向

### 1. 春秋时期

在纹饰上，春秋时期滇中地区先民所使用的青铜兵器仅少数有铸刻纹。偏好矛、剑组合的墓例，青铜兵器纹饰以蛇为主要元素，可见这一时期偏好矛、剑组合的族群是一个崇尚蛇的族群。在以戈为作战偏好的墓例中，兵器的纹饰由云雷纹、三角齿纹、环形＋芒形纹作为主要元素，应是有别于前述偏好矛、剑组合族群的另外一个群体。

### 2. 战国时期

出现了作为身份标识的铜戚、钺、叉、殳，数量稀少。

在1979年发掘的呈贡天子庙古墓群M41中，出现了造型别致的非实战型铜戈：双翼类戟鸟首形戈天79M41：216、双钺形戈天79M41：147。

少数墓例中出现了铜戚，叶面以阔尖叶形为主，圆形叶戚少见。阔尖叶形戚见于上马五台山M1、呈贡天子庙79M41、官渡羊甫头M19、M101、M108等。呈贡黄土山M46：14为这一时期罕见的圆形叶戚，全身素面，圆刃长銎。

铜钺开始在较高规格墓例中出现，形态以新月形刃钺为主，有少量的帚形刃钺、平刃钺。刃部对称的新月形刃钺如五M1：20、天79M41：158、羊M19：135，刃部不对称的新月形刃钺如羊M19：107。

铜啄仅在呈贡天子庙79M41和官渡羊甫头的少数大墓中出现。高等级墓葬中开始有铜叉、铜殳的出现，数量稀有，仅见于天79M41和羊M115。

战国中晚期，滇中地区出土铜兵器的纹饰延续春秋时期二维铸刻纹的蛇元素外，出现了猛兽形象、对称双蛇形象。原本以二维平面线刻为主的装饰手法，开始出现了三维立雕的具象动物纹饰，青铜器生产技术突飞猛进。

### 3. 西汉早中期

西汉早中期，晋宁石寨山墓葬出土的部分弩机有鎏金工艺，率先出现了金质兵器：两件臂甲。各类兵器在形态的进化体现出装饰工艺趋向多元，如矛的骹部、刃部，剑的茎部，戈的銎部等的装饰上，平面刻纹持续简化，立体形象的装饰物持续增多。

铜剑传统的剑茎剑首装饰工艺被新的仿生立雕手法大量取代，剑茎演变成立体的蛇首、人，如无格剑李M24：85、一字格剑石M71：37、石M71：30。平面装饰纹样趋简、趋具体，如石M13：172、石M13：219，其刃部的装饰告别了二维抽象纹，而是具体的人、兽活动纹。青铜剑茎新出现了镶嵌绿松石、玉石的装饰加工技法，出现了铜鎏金、金银错加工技法。

铜戈的型式持续完善，几乎可以找到各种型式。羊甫头M113所出铜戈与前一时期呈贡天子庙79M41所出的铜戈有明显的继承关系，直援直内戈内部的纹饰多牵手人纹，援部多饰有环纹、芒纹，羊M113的类戟戈（羊M113：63、羊M113：68）、双钺形戈（羊M113：154、羊M113：162）在造型上与天子庙79M41所出如出一辙，它们的纹饰与前一时期相比有简化的趋势。

新引进的兵器种类通过施加鎏金工艺来彰显其珍贵，晋宁石寨山的石M3、M12、M13出有多件鎏金弩机。

铜钺主要为对称或不对称的帚形、新月形钺，纹饰集中在銎部，平面纹饰丰富多样，有波纹、水纹、尖叶纹、曲弦纹、缠绕绳纹，如李 M24：25、李 M21：95。銎部的立体纹饰应是从銎部的附耳演变而来，出现了如四足兽这样的动物形象，如石 M12：130。龙街石碑村和羊甫头墓地都出有銎部饰半立体蛙形象的铜钺。

铜啄多为长横銎或短横銎的 T 形啄，銎部保留旋纹、弦纹、网纹、尖叶纹等传统纹饰，銎的一侧多饰有立体动物形象，如牛、虎蹋蛇等。

铜戚的形态发展出了圆刃和曲銎，平面装饰纹承袭前一时期风格有所简化，銎部有豹、猪、犴等立体动物装饰，如石 M71：174。装饰风格最为繁缛的是铜戚李 M21：17。

铜叉、铜殳为这一时期新出现的器型，已呈现型式丰富多样。铜锤为李家山、羊甫头特有器物，在这一时期，江川李家山 M21、M24 中，原报告注明出有"镂空锤""鱼形器"，羊甫头 M113 亦有锤的出现。

防护装具以背甲、衣甲、臂甲为主，多有精美繁缛的铸刻纹。江川李家山 M24 出的背甲、衣甲所见刻纹，为双蛇纹经过抽象组合而成类似蛙的形状。铜臂甲李 M13：4 上布满了各种动物图腾，动物之间互相搏斗，主要格斗双方为虎和锦鸡、虎和四脚兽、锦鸡与蛙。在激烈的搏斗场面和猛兽的间隙中，还分布着怪兽、虾、鱼、蜜蜂等动物纹饰。丰富的纹饰赋予了兵器仪式性的特征，也可能寓意不同族群争战的局面。

4. 西汉中晚期

这一时期，顶级人墓所反映出的青铜兵器装饰技艺进一步纯熟，显示出仪仗属性持续增强的趋势。晋宁石寨山、羊甫头墓地式微，江川李家山则空前繁荣，随葬兵器数量和种类一度领先，出现了多种金质兵器或以金装饰青铜兵器的例子，在李家山 M47、M57、M68 三个墓例中，出现了金盾饰、金镳，金鞘饰、金（剑）茎首等。

铜矛在高等级大墓和普通墓例中出现功能的进一步分化，加工精致而彰显仪仗属性的，如吊人铜矛石 M6：84、李 M57：194，石 M6：88 的骸部中央位置装饰一立体的牛。铜矛李 M57：195，刃部形态奇特，骸部刻纹中有一蛙形纹。

铜剑剑茎上的立体装饰形象有铜鼓、人物、人首、动物，少量刃部的中央有刻划纹。李 M51：124 将剑、矛的形态融合，茎部类似矛的骸部，茎首位置为一立体兽形象，茎部和刃部中央有平面刻纹。

直援直内无胡戈在承袭以往内部、援部基本刻纹风格的同时，有所变化，如李 M51：305，内部原为牵手人纹的地方，变成了双鱼纹，双鱼间有一面具纹；援部环形纹侧面原为牵手人纹的地方，演变为一副对称的翅膀纹。李 M68：338，其内部和援部的牵手人纹进一步简化，援部的原环形纹发展成了水滴形纹。李 M51：282，曲援斜内，内部和援部沿袭了牵手人纹，援部中央饰水滴形芒纹，与众不同的地方在于，此戈安装于铜柲之上，柲顶端饰有铜鼓立牛，底部鐏的一面刻有执剑羽人，戈和柲通体为铜质、镀锡，至今仍保留有银色光泽，应为纯粹出于仪仗功能而制作。直援有銎戈石 M6：71，秃援，銎部一侧立雕三个精美的鹿形象。

铜钺形制齐全，在高等级大墓中，钺的装饰比较繁复，如李 M51：309、石 M6：66，也有装饰简单如李 M57：175。铜钺的使用者有向下层传播的趋向，如龙街石碑村 79M33 是小型墓葬，出铜钺 1，铜柄铁剑 1，这把铜钺全身素面，造型简单。

铜啄仍以横銎为主，一部分铜啄所饰平面纹饰有抽象纹简化、向具象纹过渡的趋势，侧面所饰传统的猛兽立体形象有线条简化的趋势，如李 M68：332。

铜戚的数量较少，型式不出前一时期所见。铜叉有长锋铜叉和短锋铜叉，骸部有高浮雕蛇首形、有饰平面纹,平面纹饰有缠绕双蛇纹、绳纹、回纹、齿纹、弦纹等。铜钺的型式俱全,李家山M68∶266为通体镂空,造型独特。铜锤主要出现在江川李家山墓例中,造型愈加精美,有锤形、鱼形,如李M51∶339、李M51∶338-1。

上述通过对春秋至西汉晚期滇中地区青铜兵器形式发展规律的考察,可以看出随着社会生产力的提升,兵器不仅仅呈现功能上的进化,也呈现出文化符号意义上的进化,高峰时期和区域是西汉中期的官渡羊甫头、晋宁石寨山墓地,西汉晚期的江川李家山墓地。而在西汉末至东汉初期,随着青铜兵器数量急剧减少,其文化符号意义急剧凋敝,实用价值也黯然降低,被大量汉式铜铁合制、铁兵器所代替。

## 二、滇国青铜兵器演化趋势所反映的社会背景和时代规律

滇中地区青铜兵器的上述分叉发展的倾向,可以归纳为青铜兵器发展的功能化和美术化倾向,这一概括引自徐坚关于东周之前中原青铜兵器的一个研究结论。他通过对东周之前中原青铜兵器的形式分析,揭示出这些青铜兵器等量齐观的功能化和美术化倾向,说明东周之前青铜兵器兼具"器具"和"符号"价值,青铜兵器的形态也是功能与形式、实用与非实用、标识与象征等多个侧面综合考量角力的结果[1]。

张增祺在总结滇国青铜器(主要为滇文化青铜器)装饰艺术发展特点时,首先概括出其艺术风格的发展规律,又将这种发展规律归因为青铜器生产加工技艺的进步。他指出,早期滇国青铜器上多装饰几何纹饰,且多为阳线铸刻,常见的有菱形纹、双旋纹、回纹、齿纹、弦纹、点弦纹、绳纹、波状纹及圆圈纹等,具象纹饰较少,多为图案化纹饰。滇国的中、晚期青铜器有的无纹饰,有的纹饰逐步简化,有的青铜器上出现了全新风格的刻纹,一般为阴刻,刻纹形象具象呈现,内容取自生活,富有情节感,有农作、上仓、狩猎、放牧、宴饮等图像[2]。由于青铜器生产加工技艺的进步,中晚期立体装饰场景大量涌现,立体场景往往具象呈现滇人的某一活动瞬间,如巡逻、狩猎、战争、织布、集市等。

### (一)礼制思想影响边地统治者的价值取向

运用文化因素分析的方法综合观察滇中地区的青铜兵器及其同出器物,可以发现,在其独特主流风格之外,呈现出受到多种周邻文化影响的痕迹。滇中地区早期流行的无格剑,呈现出受到巴蜀柳叶扁茎剑(剑身形态的一致性)、北方鄂尔多斯式短剑(剑柄连铸技术的相似性)综合影响的痕迹。铜戈上的圆圈纹、铜矛上的蛙人纹,则是明显的巴蜀文化痕迹。但是呈贡天子庙墓地、官渡羊甫头墓地的高等级大墓中出现的铜鼎、漆木器则倾向于受到楚文化的影响。战国时期滇国青铜兵器所呈现的不厌其烦的精雕细琢的价值取向,反映出统治阶级将相当一部分青铜兵器往礼器的方向去打造,进一步反映出统治者正在受到礼制文化余韵的浸染。这种现象与春秋中晚期之际楚庄王问鼎事件以后所发生的转变甚为相似。楚庄王问鼎中原,王孙满"在德不在鼎"的对答,使楚庄王时代开始推崇"止戈为武""耀德不观兵"的做法,在军事行动中积极效仿周礼,在生产铜兵时不满足于简洁的实用功能,而是注入了楚人独特而浪漫的审美情趣和多元价值取向[3]。

---

[1] 徐坚:《时惟礼崇——东周之前青铜兵器的物质文化研究》,上海古籍出版社,2014年,第85页。
[2] 张增祺:《滇国青铜艺术》,云南美术出版社,2000年,第26页。
[3] 丁大为:《秦、楚东周青铜兵器对比研究》,陕西师范大学硕士论文,2018年,第92页。

战国中期滇中青铜兵器上大量出现猛兽（虎）纹饰，或许与蜀国大肆开拓疆域及战国晚期秦灭巴蜀后蜀人南迁有关。战国中期，开明王朝统治的蜀国十分强大，侵占了巴国，又北取秦之南郑，东攻楚之兹方，到了秦灭蜀前期，已经是"戎狄之长"，南方疆域已接近今云南地区。公元前316年，秦灭蜀：《史记·张仪列传》记秦惠王"卒起兵伐蜀，十月，取之，遂定蜀，贬蜀王更号为侯，而使陈壮相蜀"。秦灭巴蜀之后，蜀王族的支系开始了漫漫南迁之路，最初迁往今云南楚雄一带。

战国中晚期，滇中地区青铜器生产技术突飞猛进，出现了大量饰有精美动物立雕形象的青铜兵器，伴出的其他青铜器也显示出高超的制作、加工技术，结合同时期滇中地区历史背景，此次青铜生产技术的飞跃可能是"庄𫏋入滇"事件的影响所致。有研究者认为，滇池地区青铜文化兴起繁荣的时间与庄𫏋王滇的时间是一致的。"在此之前的滇文化，可能尚在周围其他民族的控制之下，如属于楚雄万家坝墓地的民族，他们繁荣的年代要比滇文化早，如滇文化后来大量使用的蛇头形扁茎剑，在万家坝墓地很早就出现了。庄𫏋所率军队的到来改变了这一地区原有的平衡，使滇成为一个实力雄厚并不断发展壮大的民族集团……"[1]

步入西汉时期，滇中地区先民引进了金器、镶嵌绿松石、铜鎏金、金银错等加工技法，这些新技术的引进、铜铁合制器的规模生产，应归功于西汉王朝的影响。在西汉王朝开始经略西南时，滇文化区域的首领与中央王朝开始了时断时续的外交礼仪关系，源自中央王朝的先进兵器、生产技艺和礼制文化自然而然流入滇国。

从战国中期开始，因为巴蜀、楚国周邻国家的重大变故，以及西汉中央文化的强势影响，引进了更为先进的铜器铸造工艺，在思想上也接触到礼制、等级制的浸润，产生区域文化自觉后，开始了大量铸造礼兵器的生产实践。

### （二）崇尚作战的时代趋势

早在东周时期，中原各国便呈现"礼崩乐坏"的局面，由家族分封制逐步走向兼并统一的漫漫长路，并逐步推行倚重异姓宰相、官员的郡县制。这一时代趋势产生了两大影响：其一是战争不再是贵族之间礼貌的决斗，而逐步发展为注重实效的谋略作战；其二是频繁的战事冲破了原有的等级结构，让社会的上、中、下层居民有上下流动的机会，一大批新型贵族兴起，一大批旧贵族沦为平民[2]。早在公元前638年，楚国与宋国的泓水之战中，深受礼制思想洗礼的宋襄公因为严格遵守作战礼节，"不排成打仗的阵列不能开始战斗"，而在战斗中惨败于"蛮族"楚国，自此沦为"二流国家"。这一事件昭示着诸侯之间用礼制、等级制维持的稳定关系，逐步将要被各国的强大军事实力所影响。严格遵守作战礼仪的贵族车兵作战方式，逐步被强调军事谋略、军事实力的冷兵器作战方式取代。

从战国至秦汉时期，周邻大国的政治军事变化频繁影响着滇国的社会状态。来自西北善于作战的骑马民族波次迁徙而来，逐步取代土著越人成为滇国统治阶级，自巴蜀、楚国兵败迁入的贵族将领，也势必用武力侵扰着滇国的统治，或者在和谈后融入滇国社会文化，这就带来了生产技术的进步、崇尚武力防御和进攻的时代要求。对厉兵秣马的要求迫在眉睫，这也促进了滇国青铜兵器实战功能的进一步完善。

益州郡设立后，滇国归入益州郡郡治中，滇王作为"外族官"，所管辖范围比郡太守小，一定程度受太守监管，其行政活动的自主性有所降低。西汉中晚期，江川李家山墓地青铜兵器作为后起之秀，

---

[1] 戴宗品：《庄𫏋王滇补辩》，《回望山房文选》，云南人民出版社，2019年，第180页。
[2] 许倬云著，邹水杰译：《中国古代社会史论——春秋战国时期的社会流动》，广西师范大学出版社，第100—111页。

迎来了最后的空前繁荣，随葬兵器丰富和精美程度超过了同时期晋宁石寨山墓地和官渡羊甫头墓地的西汉中晚期大墓。李家山墓地的仪仗型兵器殳、锤、戚、钺等纷纷推陈出新，出现了更为精美的衍生型式。这一文化中心变迁的现象，或可做个大胆猜测：在武帝设立益州郡、赐滇王王印后，一部分滇王族为寻求较为自由的生活环境，曾经转移到了李家山区域。

在益州郡治，中央派来的太守和地方首领，时常因为赋税、权力之争发生冲突，继而招致中央镇压，往往数年一兵变。例如汉元封六年（公元前105年）春，"益州、昆明反，赦京师亡命令从军，遣拔胡将军郭昌将以击之"（《汉书》卷六）。在这种局面之下，益州郡土著部落豪酋往往不时发动精心谋划的叛乱，所召集的部队也必然更加正式和庞大，其对实用作战兵器的需求越来越旺盛，这亦解释了西汉中晚期滇中地区兵器"实用性"提升、不断引进铜铁兵器、铁兵器的发展趋势。

## 结　语

经过对滇中地区青铜兵器形态的考察，可见从春秋至西汉中晚期，远离中原地区的滇文化区域，同样无法逃脱时代浪潮的席卷。反映在青铜兵器上就是繁复的兵器透露着对礼制文化基因的延续。战争的兴起同样影响着这块土地，一方面从北向骑马南下的游牧民族在这一地区定居，将草原文化和作战方式带到了这一区域。另一方面本地居民厉兵秣马，从防御的经验中习得了新的作战方法，引进新的武器。滇文化区域的首领与中原文化、周邻各国保持着时断时续的外交礼仪关系、冲突作战关系，得以持续获得来自周邻强国的先进武器、技艺，以及产生文化自觉、礼制、等级制思想的萌芽。

# 滇人社会性别构建

◎ 沈　宁（云南省博物馆）

基于历史的"历史"概念可谓是一个现代概念。人们通过文献和出土文物试图了解过去的社会状况。在云南这个极富共生多元的文化生态区域共同体当中，独具地方特色的滇人青铜文化[1]是区域文化中独树一帜的名片，同时彰显着中华民族文化的多样性和丰富性。其中，1956年开始发掘的晋宁石寨山西汉时期古墓群是当年考古发掘中最重要的发现之一[2]。随后于1972年开始发掘的江川李家山古墓群，可谓与石寨山古墓群相继成为云南区域内青铜文化的杰出代表。两古墓群出土器物精美，其雕塑式立体人物、动物表现的各类场景吸人眼球，诸多场景表现的贮贝器、扣饰、持伞俑、枕案等青铜器更是举世无双。这种立体具象场景式的表现方式提供了一种情境观察的对象，已形成叙事的表现，由此在缺乏文献记载的情况下为我们提供了另一种可谓并行的文化遗产研究思路。

由于两座古墓群目前都没有文字记载发现，仅石寨山出一枚类似文字记载的"刻纹铜片"，就现有考古资料来看，滇人所处的社会阶段应属于"前文字时期"[3]。汪宁生先生曾在《从原始记事到文字发明》[4]一文中论述了人类文明的多种原始记事方法，而"物件记事""符号记事""图画记事"等手段无疑都集中体现在了滇人的出土青铜器上。若以文明产生的三大特点"文字、城市、青铜"而言，滇人青铜文化已站在了现今我们所认为的"文明"社会的入口处。当然，与当时的中原腹地相比，"惟殷先人有册有典"[5]，滇人社会发展程度相对当时的汉文化而言相对滞后。

西蒙娜·德·波伏瓦将女性经典地称为"第二性"[6]，在男性中心和男性统治社会之下，"女人是他者"[7]。但"人类文化不是没有性别的东西，绝不存在超越男人和女人的纯粹客观性的文化"[8]。从滇人青铜器被发现以来，前辈专家学者的论著颇多，但性别问题尤其是女性遗产在考古学中长期被忽视，缺乏对墓葬性别辨识的专题分析，对两性的社会关系问题也尚未涉及。本文将从社会性别的分析入手，通过滇人青铜器上展示出的场景纹饰，分析滇人男女社会性别表征所展示出的社会性别关系内涵，试阐释滇人两性处于一种母系与父权平衡过渡、相互共赢合作的社会性别关系秩序和两性社会状态。

---

[1] 注："滇文化"概念专家学者有不同的界定，由于石寨山和李家山是滇文化的代表和中心，也是本文的主要讨论对象，故以"滇人青铜文化"具体表述。
[2] 云南省博物馆：《云南晋宁石寨山古墓群发掘报告》，文物出版社，1959年，冯汉骥：《云南晋宁石寨山出土文物的族属问题试探》，《云南青铜器论丛》，文物出版社，1981年，第17页。
[3] 此概念得于易学钟先生。
[4] 汪宁生：《从原始记事到文字发明》，《考古学报》1981年1月。
[5] 《尚书·多士》，魏石经，魏废帝正始年间（240—249年）。
[6] 【法】西蒙娜·德·波伏瓦著，郑克鲁译：《第二性》，上海译文出版社，2011年。
[7] 埃·莱维纳斯在《时间和他者》中以明确的形式表达。【法】西蒙娜·德·波伏瓦著，郑克鲁译：《第二性》，上海译文出版社，2011年，第9页。
[8] 【德】西美尔著，顾仁明译：《金钱、性别、现代生活风格》，学林出版社，2000年，第141—142页。

## 一、从"社会性别"概念切入

在《性属制造》[1]一文中,作者对"性"(Sex)、"性征"(Sex Categorization)以及"性属"(Gender)作了区别分析。"性",也即"生理性别";"性征"也可称为"性别分类",是社会赋予的从外表看上去的两性分类和外在展现;而"性属",即"社会性别",则是有关分别属于"男性"或"女性"的适当行为规范以及外在表现的一套社会约定俗成。即人类的性别除了自然属性还具有社会属性。社会属性会形成一系列制度安排和社会性别分工,而两性构成的社会关系就构成一套"社会性别体制"[2]——不仅仅研究两性中的其中一方,而是包括两性在内以及联系两性关系的构成机制。

社会性别研究在19世纪前后女权运动和女性主义理论的基础上发展起来,关注点更多地放在近现代的两性问题上。然而,放眼历史长河,近现代的发展仅仅是人类历史当中的微小片段。在两性问题受到关注之前,男女两性问题就先于人们的经验而存在,两性的社会结构及社会体系也已存在,只是没有作为学科对象进行系统性的讨论。

数千年前滇人青铜器上所展现的"场景",说到社会性别分析,也即通过青铜器上不同类型"纹饰"所蕴含的信息,分析滇人男女的性别表征,以分析两性社会分工、社会角色、社会地位等内涵。同时,由于社会发展阶段、生产力和经济发展的限制,在滇人当时社会发展状况之下来谈两性的社会性别构建,对应不同提法和不同时代语境,并结合目前两性研究的情况,笔者将以"母系""父权"两个性别研究的元概念来加以分析[3]。

## 二、滇人两性的社会性别表征

滇人青铜器由于两千多年的侵蚀,如今纹饰的表面已不甚清晰,同时也很难仅仅依据面部特征进行性别辨认。对此,笔者之前有文作过粗浅分析:脱垂至颈后的银锭式发髻和对襟及膝长衫是滇人女性的辨识标准[4],盘于头顶偏后位置的发髻和腰间扣饰是滇人男性的辨识标准[5]。所以可以从这两条"性征"标准来区别滇人青铜器上的两性社会活动,从而分析其行为之后的社会符号意义。

### (一)滇人"母系"社会性别表征

在滇人青铜器上有较大比重的位高权重的女性形象。这类女性形象多出现在体现墓葬贵贱及权势的器物之上,比如贮贝器、杖头等。或身形较大,或通体鎏金,或在场景表现中居于显要位置(图一至七)。这些女性形象并非如历史长河中偶尔冒出的女性典范角色,而是不局限于"家庭"的狭小范围,在社会活动如纺织、粮储、祭祀中居有重要地位的形象。

---

[1] Candace West, Don H. Zimmerman, *Doing Gender, Gender and Society*, Vol. 1, No. 2, 1987, pp. 125−151.
[2] 佟新:《社会性别研究导论》,北京大学出版社,2011年,第3页。
[3] 注:对"母权""母系""父系""父权""男权"等的讨论是"社会性别""两性性别关系"体系构建的初始概念。但这些概念经常混用,此文笔者使用"母系""父权"概念也表明个人的分析。
[4] 注:滇人女子发式和衣装问题冯汉骥先生在《云南晋宁石寨山出土文物的族属问题试探》中有针对族属进行分析,《云南青铜器论丛》,文物出版社,1984年,第17—41页。
[5] 沈宁:《论滇青铜文化中的女性辨识问题》,《女性考古与女性遗产》第二辑,江苏人民出版社,2020年。

图一 石M1出土鼓形飞鸟四耳器[1]

图二 石M1:57A出土杀人祭柱场面铜贮贝器器盖部分（云南省博物馆藏，笔者摄）

图三 石M20:1出土杀人祭铜鼓场面铜贮贝器器盖部分（云南省博物馆藏，笔者摄）

图四 李M18:1出土杖头[2]

图五 李M69:157出土鼓形铜贮贝器器盖（局部）（李家山青铜博物馆藏，笔者摄）

图六 李M69:139出土桶形铜贮贝器器盖（局部）（李家山青铜博物馆藏，笔者摄）

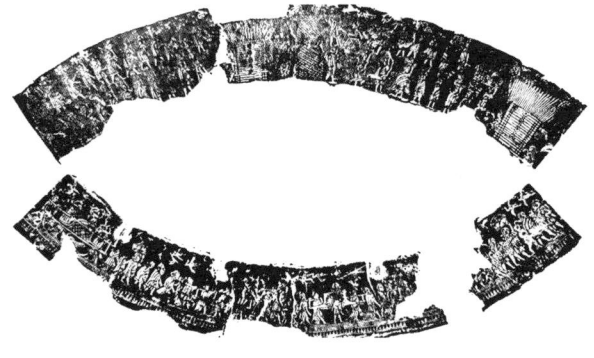

图七 石M12:1出土贮贝器上镌刻"上仓"图（上） 石M12:2出土"祈年""播种"图（下）[3]

---

[1] 云南省博物馆考古发掘工作组：《云南晋宁石寨山古遗址及墓葬》，《考古学报》1956年第1期，图版五。
[2] 云南省博物馆：《云南江川李家山古墓群发掘报告》，《考古学报》1975年2期，图版贰拾，2。
[3] 冯汉骥：《云南晋宁石寨山出土铜器研究——若干主要人物活动图像试释》，《云南青铜器论丛》，文物出版社，1981年，第3页，图一。

人类从创世纪之初，两性作为一个物种时，在"质"上是相同的，所以是平等的[1]，人类处于最初起源蒙昧时期时的两性意识可以理解为一种无意识的两性平等时期。马克思说："有意识的生命活动把人同动物的生命活动直接区别开来。"[2]由于当时人类的发展状况，母亲是为孩子提供食物并保护孩子免受外界伤害的第一人，孩子的出生和世系就只能从母亲方面来确定，故只承认母系[3]。女性由此成为一群人的核心，从而对这一群体形成凝聚力和决定作用，这是一种自然状态下的生存模式。姓为我国最古的团体，"姓"字从"女"从"生"，"同姓不婚"便是母系时代长期的经验证据[4]。在人类发展进程中，也不乏"母系"的案例。

在发展的初期阶段，人们没有选择，只能把自己的存在投射到外部世界[5]。恩格斯在《家庭、私有制和国家的起源》中提到，根据唯物主义观点，历史中的决定性因素，归根结底是直接生活的生产和再生产；生产本身分为两种：一方面是生活资料即食物、衣服、住房以及为此所必需的工具的生产；另一方面是人自身的生产，即种的繁衍。"两种生产"理论说明了人类社会存在和发展的基础[6]，而这两种生产在人类社会的初期阶段都与女性息息相关。妇女采集者在人类的进化中起着最基本的作用[7]，并发明了编制细工、陶器艺术、纺织、农业。[8]"专靠打猎为生的民族从未有过，靠猎物来维持生活是极其靠不住的"[9]。"女人是种植者，是提供生存资料和生产出最初剩余产品的人"[10]。现今，吃与穿看似寻常，但在生产力极其低下的阶段却尤为重要，是部族稳定并存续之根本，并且在某些母系原始社会，认为受孕是祖先的亡灵以活的萌芽形式潜入到母体之中，故与父亲无关[11]。因此，在男人还不知道其在繁衍中的作用时，"妇女不仅居于自由的地位，而且居于受到高度尊敬的地位"[12]。

但这样的核心作用并不能与后来发生的男性主导一切的父权社会中所说的"父权"等同而语。因为这种女性核心并非一种真正掌控一切的权力，仅是"通过母亲追溯血统和继承权的社会"[13]，是一种血亲关系确定系统，是关于"女性"养育和奉献的"权力"[14]。在当时社会发展阶段，还谈不到法律意义上的权力[15]。因此，恩格斯说"母权制"的定名并不恰当。并且，就目前的研究，一些学者认为，由于缺乏普遍的考古证据，对"母权"的质疑不仅存在于是否能以"父权"的绝对权威和掌控等同"母权"的权力；还存在于"母权"是否具有普遍性，是否是人类社会先于"父权"而存在的一个人类社会的必然阶段。波伏娃更认为：即便是在女人身上的危险魔力使男人害怕的时期，两性的不同价值体现（异化）也是通过男性意识来达成和把握的。

---

[1] 李庭：《从"两性平等"到"两性和谐"：人类解放视野下的女性主义研究》，吉林大学2020年博士学位论文，第36—37页。
[2] 《马克思恩格斯选集》第3版第1卷，北京人民出版社，2012年，第56页。
[3] 【德】恩格斯：《家庭、私有制和国家的起源》，北京人民出版社，2018年，第43页。
[4] 陈东原：《中国妇女生活史》，商务印书馆，2017年，第20页。
[5] 【奥】西格蒙·弗洛伊德著，严志军、张沫译：《一种幻想的未来 文明及其不满》，上海人民出版社，2007年，第45页。
[6] 【德】恩格斯：《家庭、私有制和国家的起源》，人民出版社，2018年，第7页。
[7] 【瑞士】坦纳：《论正在形成的人类》，第10—11章；【美】理安·艾斯勒著，程志民译，《圣杯与剑——我们的历史，我们的未来》，社会科学文献出版社，2009年，第88页。
[8] 【苏联】普列汉诺夫：《论艺术》，生活·读书·新知三联书店，1973年，第161页。
[9] 【德】恩格斯：《家庭、私有制和国家的起源》，北京人民出版社，2018年，第22页。
[10] 李银河：《女性主义》，上海文化出版社，2018年，第97页。
[11] 【法】西蒙娜·德·波伏瓦著，郑克鲁译：《第二性》，上海译文出版社，2011年，第32页。
[12] 【德】恩格斯：《家庭、私有制和国家的起源》，人民出版社，2018年，第50—51页。
[13] 【美】理安·艾斯勒，程志民译：《圣杯与剑——我们的历史，我们的未来》，社会科学文献出版社，2009年，第29页；马里亚·金布塔斯著：《欧洲早期文明》，加利福尼亚大学出版社，1980年，第33—34页。
[14] 【美】理安·艾斯勒，程志民译：《圣杯与剑——我们的历史，我们的未来》，社会科学文献出版社，2009年，第40—45页；佟新：《社会性别研究导论》（第二版），北京大学出版社，2011年，第44—45页。
[15] 【德】恩格斯：《家庭、私有制和国家的起源》，人民出版社，2018年，第43页。

同时，虽然对"母系"的界定主要为血统继嗣，但没有证据能证明男性在这种社会制度下处于服从和被压迫的境遇之中[1]。基于以上有关"母权"的争论，在对绝对"母权"没有更多理论与田野研究的前提下，滇人青铜器上展现出的滇人女性在纺织、祭祀、粮储方面的有限的社会权力和地位，本文以"母系"或"母系原则"来加以概念。

## （二）滇人"父权"社会性别表征

以上石寨山和李家山墓葬出土青铜器也有相当比例的男性显赫形象（图八至一四）。从青铜器上的场景纹饰看，滇人男性显赫地位主要体现在战争、会盟等主题，并有独立表现的男性形象（图九）以及贵重的扣饰金腰带（图一五）彰显男性的重要地位。

自人类社会初期阶段，男子，特别是青壮年男子，主要从事狩猎、捕鱼和制作工具等活动[2]。随着金属工具的出现和原始畜牧业、农业、制陶业的不断发展，男性的贡献逐渐上升[3]。生产力的发展从此打开了"父权"建立的序章。衣食初有积累的情况为族群成员目光焦点的转移提供了可能性——男性的狩猎和对部族安全的守卫不断赢得族群的尊重和崇敬；同时，女性为了自身及后代的生存和优越性，对男性力量和能力的追求，也成为男性地位不断提升的促因。在男性地位上升的同时，女性"半是受害者，半是同谋"[4]。

社会财富不断积累，尤其是畜群的不断繁殖增长，虽然财富仍然归属氏族所有，正如金属器具、奢侈品、奴隶一样，但随着金属加工、纺织以及田野耕作的演进，社会发展状况随着商品交换的发展，财富逐渐转为家庭私有，成为家庭首领的特殊财产，这给了母系氏族为基础的社会一个强有力的打击。

图八　石M6∶1出土叠鼓形战争场面铜贮贝器器盖
（云南省博物馆藏，笔者摄）

图九　石M10∶53出土四牛鎏金骑士铜贮贝器局部
（云南省博物馆藏，笔者摄）

---

[1]【美】理安·艾斯勒著，程志民译：《圣杯与剑——我们的历史，我们的未来》，社会科学文献出版社，2009年，第40—45页；佟新：《社会性别研究导论》（第二版），北京大学出版社，2011年，第44—45页。
[2]【苏联】普列汉诺夫：《论艺术》，生活·读书·新知三联书店，1973年，第161页。
[3] 郝继东、周丹：《从"女神"、"女人"到"女奴"——由汉字看古代女性地位的变化》，《沈阳师范大学学报》2007年第5期，第94页。
[4]【法】西蒙娜·德·波伏瓦著，郑克鲁译：《第二性》第二册，上海译文出版社，2011年。

图一〇　石 M12∶26 出土诅盟场面贮贝器
（中国国家博物馆藏，笔者摄）

图一一　石 M13∶356 出土战争场面铜贮贝器器盖（局部）
（云南省博物馆藏，笔者摄）

图一二　石 M71∶142 出土叠鼓形贮贝器器盖部分
（云南省博物馆藏，笔者摄）

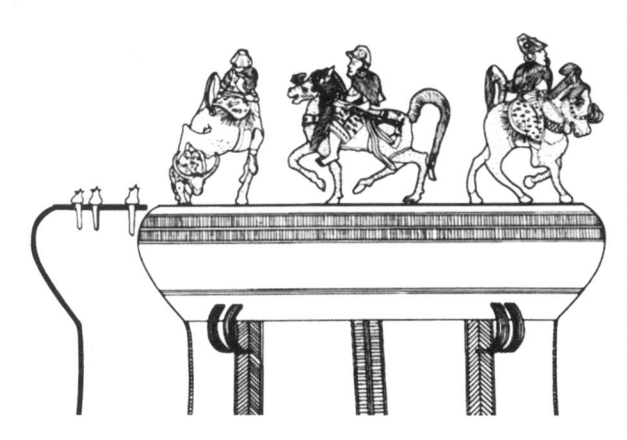

图一三　李 M51∶262 出土 I 式铜鼓[1]

图一四　李 M51∶263 出土桶形铜贮贝器器盖（局部）
（李家山青铜博物馆藏，笔者摄）

---

[1] 云南省文物考古研究所等：《江川李家山第二次发掘报告》，文物出版社，2007年，第119页，图七七。

尤其是由于男性对生产劳动工具的占有，金属手工业的发展，男人脱离了原始自然界给予的命运范围，他的成功不像女人那样取决于土地的生长力和生育神力，而是取决于技术[1]，成为财富的新来源者。不知不觉中男性成功地在社会职能中运用自己的性别优势，逐渐取代女性在族群中的地位而成为家长，这也是之后父权社会统治者职能的雏形[2]。父权制逐渐掌握了社会的权柄，最终推翻了母系原则取得了完全的支配地位[3]。

在父亲地位得以颂扬时，女人被排除出人类的共在[4]。"父权"伴随着财富私有制的产生同时生产出了对女性的奴役[5]，最初的阶级压迫是同男性对女性的压迫同时发生的[6]。《说文》："妇，服也。"女性以及女性的繁衍力从此沦为男性的附属和私有财产，而女性仍沿

图一五 李M51出土金腰带及扣饰
（李家山博物馆藏，笔者摄）

袭着"吃""穿"以及"生育"的传统分工。在相当长的一段时期，女性被束缚在自己的性别之上[7]。

由此逐渐形成男尊女卑、父尊子卑，甚至延展到君臣父子之间的森严的父权等级制度，而使"父权"成为一切权力与统治的同义词。如果说"母权"因为没有拥有过绝对的权力而不能称之为"母权"，那"父权"的建立则是以形成一套统治体系和制度而成为区别于"男权"并凌驾于所有女性之上的一种社会绝对权力。"父权与夫权不仅是人类一切权力及统治的表现形式之一，而且是一切权力与统治的起源"[8]。

滇人青铜文化虽尚未踏入文明时代的门槛，但基于原始农业从畜牧业中分离这一"第一次社会大分工"[9]，滇人青铜器上的粮储场景（图七）体现出了农业在本土生活中的重要性，同时表现了一定剩余产品的出现；而就当时社会生产力而言，滇人青铜器所展现的卓越的青铜制造业，也体现出社会第二次大分工中手工业从社会生产中的剥离；同时滇人墓葬中大量贝币的出现，说明已有了以一般等价物为媒介的商品交换；大型墓葬和小型墓葬陪葬品的悬殊，显示社会剩余价值已有一定的积累并已产生一定的阶级分化，为私有制的出现埋下伏笔。以上因素说明滇人的社会发展虽然尚未摆脱野蛮的状态，但阶级社会已具雏形，即"父权"的初始形态已在襁褓中。

## 三、滇人社会性别关系秩序分析

"生产力和生殖力的平衡，在人类历史不同经济时期情况不同，这些不同时期决定了男性和女性

---

[1]【法】西蒙娜·德·波伏瓦著，郑克鲁译：《第二性》，上海译文出版社，2011年。
[2] 李庭：《从"两性平等"到"两性和谐"：人类解放视野下的女性主义研究》，吉林大学2020年博士学位论文，第44页。
[3]【德】恩格斯：《家庭、私有制和国家的起源》，北京人民出版社，2018年，第57—59页。
[4]【法】西蒙娜·德·波伏瓦著，郑克鲁译：《第二性》，上海译文出版社，2011年，第105—106页。
[5] 李银河：《女性主义》，上海文化出版社，2018年，第42页。
[6]【德】恩格斯：《家庭、私有制和国家的起源》，北京人民出版社，2018年，第70页。
[7]【法】米歇尔·福柯著，严锋译：《权力的眼睛》，上海人民出版社，2021年，第34页。
[8] 刘思谦：《关于母系制与父权制》，河南大学学报（社会科学版）2005年第5期，第24页。
[9]【德】恩格斯：《家庭、私有制和国家的起源》，北京人民出版社，2018年，第180页。

与子女的关系,因而实际上是两性之间的关系"[1]。人类学家艾斯勒(Riane Eisler)提出人类存在过一种伙伴关系式的社会阶段,这个令人神往的时期是我们文化进程中一个漫长的时期,它处于旧石器时代文明和后来的青铜时代文明之间人类文化第一次重要发展的时期内[2];在这种伙伴关系社会中尚没有出现战争和妇女地位的衰落……随后,战争成了家常便饭,越来越多的武器出土,青铜武器的出现伴随着库尔干民族散布的路线[3];铁制武器使多利安人日益向欧洲的纵深地区推进[4]。社会开始阶层分化,男性成员的必然优势使强有力的男性统治成为女性雕像普遍消失的原因,反映了母系社会组织向父系社会组织的变迁[5]。直至公元前3000年前后,金属被用来发展为更有效的毁灭性技术手段,使女性世界发生历史性的败北[6]。而"女性的败北"正如父权建立的序章一样归因为金属工具、私有制的出现以及社会等级制度的"罪过"。

滇人青铜文化虽然处于青铜繁盛时期,但出土了少量铁器,说明已迈入了铁器时代初期。所出土的青铜器上无论是扣饰还是贮贝器,战争是经常表现的主题,出土兵器也占很大比重。同时,虽然生产力还不够发达,但已有阶级的雏形。如果对应艾斯勒"伙伴关系"时代的划分,滇人已跨出了单纯"伙伴关系"的时期,即也跨出了单纯"母系"社会的发展阶段。此时,男性征服与反征服的战争已比比皆是,母系的有限权力也随之降低[7]。

滇人两性的社会性别,女性主掌最基本的采集农耕等原始用度,仍是直接的生产者,也是直接的分享者。滇人男子则忙于狩猎及肉食,两者合作结合,为族群提供完整的膳食结构。《左传》"国之大事,在祀与戎"。祭祀与战争是滇人青铜器复杂场景中表现最多的题材,女性掌祀,参与相应的祭祀社会生活,是一定社会领域的掌控者;男子游猎游走,掌族之战争、盟事,各掌"国"之大事。"劳动性别分工是社会依据性别差异分配劳动的方式",是人类最早、最有效的组织社会生活的重要方法[8]。同时,"人是群体性和意义性动物,人们总会在社会互动中注入意义"[9]。这些意义通过社会中人与人之间、人与事、人与物之间的互动得以达成,从而成为驯化自身的各种约定俗成和规矩。因此,滇人的两性分工和相应的社会角色不仅体现当时社会的发展状况,也是符合当时生产力发展的自然筛选。

在历史的发展过程中,抽象权利不足以确定两性的具体处境,处境大半取决于各自所起的经济作用[10]。故从社会两性分工而言,滇人尚不能达到完全抹杀母性原则和地位的阶段,而滇人男子又已展现出在社会活动中一定的重要地位。因此,滇人既有"母系"原则,同时也具备"父权"的雏形,是处于"母系"与"父权"更替时相对制衡的状态。

此时,正如跷跷板的两端,父权不断攀升的过程中,社会曾经历了母系向父权过渡的相对平权的时期,没有绝对意义上的"母权",也尚未出现后来绝对意义上的"父权"。如此也可以认为,父权在夺取绝对权力之前,并非直接斩断式的夺取,而是经历了一个由"伙伴关系社会"向"统治者社会"过渡的两性各司其职、合作共赢的发展阶段。虽然这一阶段如"昙花一现"稍纵即逝。

---

[1]【法】西蒙娜·德·波伏瓦著,郑克鲁译:《第二性》,上海译文出版社,2011年,第59页。
[2]【美】理安·艾斯勒著,程志民译:《圣杯与剑——我们的历史,我们的未来》,社会科学文献出版社,2009年,第22页。
[3] 金布塔斯:《公元前3500—前2500年欧洲人和印欧人的青铜时代的开端》,第166页;【美】理安·艾斯勒著,程志民译:《圣杯与剑——我们的历史,我们的未来》,社会科学文献出版社,2009年,第65页。
[4]【美】理安·艾斯勒著,程志民译:《圣杯与剑——我们的历史,我们的未来》,社会科学文献出版社,2009年,第76页。
[5]【英】戈登·柴尔德:《欧洲文明的黎明》,纽约,艾尔弗雷德·诺夫公司,1958年,第119、123页;【美】理安·艾斯勒著,程志民译:《圣杯与剑——我们的历史,我们的未来》,社会科学文献出版社,2009年,第70—71页。
[6] 佟新:《社会性别研究导论》(第二版),北京大学出版社,2011年,第44—45页。
[7]【美】理安·艾斯勒著,程志民译:《圣杯与剑——我们的历史,我们的未来》,社会科学文献出版社,2009年,第48页。
[8] 佟新:《社会性别研究导论》(第二版),北京大学出版社,2011年,第181页。
[9] 佟新:《社会性别研究导论》(第二版),北京大学出版社,2011年,第87页。
[10]【法】西蒙娜·德·波伏瓦著,郑克鲁译:《第二性》,上海译文出版社,2011年,第122页。

性别结构与权力结构共存，无论"母系"还是"父权"的主导性，正如福柯所说：一切事物似乎都是围绕着"权力"这一核心，权力无所不在，即使在人们身体的微妙领域，例如性[1]。而这种权力的占有和转移又都是围绕着社会财富、资源，甚至对人身的规训、占有为目标。"统治权的理论涉及的权力的转移和挪用……是与货物和财富有关"[2]，财富超越身体和生命的界限，成为社会两性解构和结构的动因。无论是金属器具攻击性的使用、私有制还是等级制度，都是人类社会发展不同阶段中的衍生和实现资源占有的介质和手段，而两性在社会当中所起的经济作用决定了彼此地位的消长。财富、资源的争夺与转移始终是一个亘古不变的主题，对财富的占有和掠夺成为人类社会自始至终社会关系变化的诱导和决定因素[3]。并且，对私有财产的追逐不仅是首领，同样是族群成员实现自我"异化"，从而把握自身、体现自身的要求；也是超越死亡，实现延续存在的保证[4]。人类文明运用所有的知识和能力获取并调节可利用的财富；文明的本质就在于控制自然以达到获取财富的目的……[5]

## 结　语

古罗马加图[6]说："到处男人统治女人，而我们这些统治所有人的男人，是我们的女人统治我们"。身体是一种处境，是我们控制世界的工具[7]。从当下视角远观近现代甚至数千年前的两性社会性别，社会性别构建贯穿了人类的整个历史时期，并是一种在不同既定社会阶段不断发生变化的权力建构。通过社会角色的区别和分工，构建、生产、再生产出"主导"和"次地位"的相应社会分配，由此搭建出基于家庭、经济以及政治等领域内的男性和女性的相互关系和权力构架体系[8]。这种时空社会语境又决定了两性的思维方式、具体行为以及两性之间的互动模式，同时反作用于社会刻板印象及社会分工的构建，并通过社会两性机制的各种实践行为构建了两性之间的性别认同和认知。在若干年里，逐渐形成一种不成文的"社会秩序"，并使这种基于两性的社会属性及其分配合法化，甚至成为一种嵌入式的社会机械化掌控体系。而社会中的每个个体则接收、接受了这不断留下来的遗产。因此，"社会身体的现象不是某种一致性的意愿的结果，而是权力的物质性对不同的个体发挥作用的结果"[9]。

当历史的车轮迈进并轮回时，当生育能力从神圣变为负罪时，当"堕胎权"又重回视野时，什么样的两性关系更适合地球和社会的发展，甚至什么是"文明"也是亟须再审视的问题。探讨并阐释文化遗产当中更深层次的文化内涵和文化寓意，在去中心化的思想指导下关注性别遗产问题，毋庸置疑给予今天的人们更多启示。

---

[1]【法】米歇尔·福柯著，严锋译：《权力的眼睛》，上海人民出版社，2021年，第22—24页。
[2]【法】米歇尔·福柯著，严锋译：《权力的眼睛》，上海人民出版社，2021年，第201页。
[3]【德】恩格斯：《家庭、私有制和国家的起源》，北京人民出版社，2018年。
[4]【法】西蒙娜·德·波伏瓦著，郑克鲁译：《第二性》，上海译文出版社，2011年，第80、109页。
[5]【奥】西格蒙·弗洛伊德著，严志军、张沫译：《一种幻想的未来　文明及其不满》，上海人民出版社，2007年，第22—24页。
[6] Marcus Porcius Cato（前234—前149），罗马政治家、演说家、拉丁散文作家，《第二性》第123页。
[7]【法】西蒙娜·德·波伏瓦著，郑克鲁译：《第二性》，上海译文出版社，2011年，第56—57页。
[8] Candace West, Don H. Zimmerman, *Doing Gender, Gender and Society*, Vol. 1, No. 2, 1987, pp. 125-151.
[9]【法】米歇尔·福柯著，严锋译：《权力的眼睛》，上海人民出版社，2021年，第143—144页。

# 浅析滇国纺织业的人员结构和生产组织形式

## ——以李家山和石碑村墓群为例

◎ 平 力

滇国统治的中心区域为滇中地区,本文在滇中地区滇国主要遗存中选取江川李家山墓群和呈贡石碑村墓群为研究点,通过整理这两个墓群出土的纺织工具,以期从中窥探滇国纺织业的人员结构、生产组织形式等。之所以选取这两个墓群,一是因为李家山墓群等级较高,石碑村墓群等级较低,一高一低两个点相互对照,以期有一个全面观察滇国纺织业的视角;另外,这两个墓群均出土了一定数量的纺织工具,足够从中发现滇国纺织业生产的一些规律。

## 一、两个墓群出土的纺织工具

1. 石碑村出土的纺织工具

昆明呈贡龙街石碑村于1974年第一次发掘,发掘117座小型墓葬。117座墓中,83座有随葬品[1],出土随葬器物计324件,以青铜器为主(221件),次为铁器,另有少量玉、石、玛瑙、陶器等。这次发掘有26个墓葬出土陶纺轮29件[2](见表一),算珠形,陶质一般为夹砂粗黑陶和泥质红陶[3]。

表一 石碑村1974年第一次发掘出土纺织工具明细表

| 墓 号 | 出土纺织工具 | 同墓其他重要文物 | 墓葬类型[4] | 出土文物总量[5] |
|---|---|---|---|---|
| 5号墓 | 陶纺轮1件 | 耳坠1件 | 小型墓 | 2件 |
| 6号墓 | 陶纺轮1件 | 耳坠1件 | 小型墓 | 2件 |
| 15号墓 | 陶纺轮1件 |  | 小型墓 | 1件 |
| 17号墓 | 陶纺轮1件 | 爪镰1件 | 小型墓 | 2件 |
| 21号墓 | 陶纺轮1件 | 耳坠2件,石管1件 | 小型墓 | 4件 |
| 22号墓 | 陶纺轮1件 | 耳坠2件 | 小型墓 | 3件 |

[1] 报告中称91座墓葬有随葬品,根据附表"呈贡龙街石碑村汉墓登记表"统计有34座墓无随葬品,有随葬品的墓葬为83座。
[2] 报告中称出土陶纺轮28件,根据附表"呈贡龙街石碑村汉墓登记表"统计结果为29件。
[3] 云南省考古文物研究所:《石寨山文化考古发掘报告集·上》,科学出版社,第188—201页。
[4] 墓葬类型结合墓葬面积和出土文物数量及质量分为小型、中小型、中型、中大型、大型五个级别。
[5] 出土文物以发掘号最大数来计。

续 表

| 墓 号 | 出土纺织工具 | 同墓其他重要文物 | 墓葬类型 | 出土文物总量 |
| --- | --- | --- | --- | --- |
| 34号墓 | 陶纺轮1件 | | 小型墓 | 1件 |
| 35号墓 | 陶纺轮1件 | | 小型墓 | 1件 |
| 41号墓 | 陶纺轮1件 | 玉耳坠1件 | 小型墓 | 2件 |
| 48号墓 | 陶纺轮1件 | 耳坠1件,玉管1件 | 小型墓 | 3件 |
| 49号墓 | 陶纺轮1件 | | 小型墓 | 1件 |
| 50号墓 | 陶纺轮1件 | 耳坠2件 | 小型墓 | 3件 |
| 51号墓 | 陶纺轮1件 | | 小型墓 | 1件 |
| 52号墓 | 陶纺轮1件 | | 小型墓 | 1件 |
| 63号墓 | 陶纺轮1件 | 耳坠1件 | 小型墓 | 2件 |
| 64号墓 | 陶纺轮1件 | | 小型墓 | 1件 |
| 72号墓 | 陶纺轮1件 | 耳坠2件 | 小型墓 | 3件 |
| 73号墓 | 陶纺轮1件 | 耳坠1件,爪镰1件 | 小型墓 | 3件 |
| 75号墓 | 陶纺轮2件 | 爪镰1件 | 小型墓 | 3件 |
| 77号墓 | 陶纺轮3件 | | 小型墓 | 3件 |
| 79号墓 | 陶纺轮1件 | 爪镰1件 | 小型墓 | 2件 |
| 80号墓 | 陶纺轮1件 | | 小型墓 | 1件 |
| 87号墓 | 陶纺轮1件 | | 小型墓 | 1件 |
| 91号墓 | 陶纺轮1件 | | 小型墓 | 1件 |
| 108号墓 | 陶纺轮1件 | 爪镰1件 | 小型墓 | 2件 |
| 114号墓 | 陶纺轮1件 | 爪镰1件 | 小型墓 | 2件 |

数据来源:云南省博物馆文物工作队:《云南呈贡龙街石碑村古墓群发掘简报》,《文物资料丛刊》第三集,1980年。

1979年第二次发掘,清理墓葬65座,14座墓无随葬品,51座墓共出土随葬器物415件。其中,除铜币200枚外,主要有青铜器、铁器(包括铜铁合制器和纯铁器)、陶器、玉、石及玛瑙器。墓葬年代为西汉晚期至东汉早期。有20个墓葬出土纺轮25件(见表二),皆算珠形[1]。

表二 石碑村1979年第二次发掘出土纺织工具明细表

| 墓号 | 出土纺织工具 | 同墓其他重要文物 | 墓葬类型 | 出土文物总量 |
| --- | --- | --- | --- | --- |
| 16号墓 | 陶纺轮1件 | 玉扣1件,玉耳环1件 | 小型墓 | 3件 |
| 18号墓 | 陶纺轮1件 | 铜柄铁剑1件,玛瑙扣1件,玛瑙珠4件 | 小型墓 | 7件 |

---

[1] 昆明市文物管理委员会:《昆明呈贡石碑村古墓群第二次清理简报》,《考古》1984年3期。

续表

| 墓号 | 出土纺织工具 | 同墓其他重要文物 | 墓葬类型 | 出土文物总量 |
| --- | --- | --- | --- | --- |
| 20号墓 | 陶纺轮1件 | 铁爪镰1件,玛瑙耳环2件 | 小型墓 | 4件 |
| 23号墓 | 陶纺轮2件 | 玛瑙耳环2件,陶罐片 | 小型墓 | 5件 |
| 26号墓 | 陶纺轮1件 |  | 小型墓 | 1件 |
| 28号墓 | 陶纺轮1件 | 玉扣2件 | 小型墓 | 3件 |
| 29号墓 | 陶纺轮1件 |  | 小型墓 | 1件 |
| 36号墓 | 陶纺轮1件 | 铜片1件,玉管3件,玛瑙耳环2件 | 小型墓 | 7件 |
| 38号墓 | 陶纺轮1件 | 铁爪镰1件,玛瑙耳环1件 | 小型墓 | 3件 |
| 39号墓 | 陶纺轮2件 |  | 小型墓 | 2件 |
| 45号墓 | 陶纺轮1件 | 玛瑙耳环2件 | 小型墓 | 3件 |
| 46号墓 | 陶纺轮1件 | 铁爪镰1件 | 小型墓 | 2件 |
| 48号墓 | 陶纺轮1件 | 铁爪镰1件 | 小型墓 | 2件 |
| 49号墓 | 陶纺轮1件 | 铁爪镰1件,玛瑙耳环2件 | 小型墓 | 4件 |
| 51号墓 | 陶纺轮1件 | 铁爪镰1件 | 小型墓 | 2件 |
| 55号墓 | 陶纺轮3件 | 五铢钱11枚,铁爪镰1件,陶釜1件 | 小型墓 | 16件 |
| 56号墓 | 陶纺轮1件 |  | 小型墓 | 1件 |
| 58号墓 | 陶纺轮1件 |  | 小型墓 | 1件 |
| 59号墓 | 陶纺轮2件 | 陶罐碎片 | 小型墓 | 2件 |
| 60号墓 | 陶纺轮1件 | 玛瑙耳环2件,陶罐1件 | 小型墓 | 4件 |

数据来源：昆明市文物管理委员会：《昆明呈贡石碑村古墓群第二次清理简报》，《考古》1984年3期。

石碑村出土的纺织工具的特点有：器形只有陶纺轮一种，均为算珠形。两次发掘一共出土纺轮54件，占出土文物总量的7%。材质均为陶质，一般为夹砂粗黑陶和泥质红陶。第一次发掘报告把该墓群被分为三期，第一期时代在春秋晚期至战国中期，第二期时代在战国末至西汉早期，第三期时代在西汉中、晚期，但出土纺轮的墓葬估计由于随葬品太少，无标示年代的器物，未被分期，第二次发掘墓葬年代为西汉晚期至东汉早期。

2. 李家山出土的纺织工具

李家山两次清理发掘墓葬共86座。其中第一次清理发掘27座，编号1—27，第二次清理发掘59座，编号28—86。出土纺织工具的墓葬8座，分别为11、17、18、22、23、24、65、69号墓（见表三）。其中第一次发掘出土的纺织工具较多，第二次发掘与纺织有关的器物除了纺织场面铜贮贝器外，仅出土几枚纺轮。

表三  李家山两次发掘出土纺织工具明细表

| 墓　号 | 出土纺织工具 | 同墓其他重要文物 | 墓葬类型 | 出土文物总量 | 墓葬年代 | 性别 |
|---|---|---|---|---|---|---|
| 11号墓 | 卷经杆铜饰2对，工字型器1件，针线筒2件，绕线板1件，纺轮1件 | 铜杯1件，铜勺1件，玉石器多件 | 中型墓 | 20余件 | 战国—汉武帝以前 | 女性 |
| 17号墓 | 卷经杆铜饰2对，刷形器1件，弓形器1件，梭口刀1件，针线筒1件，纺轮1件，长方形铜片1件（疑似绕线板），钺形器1件 | 五牛贮贝器1件，铜鼓2件，伞盖1件，铜枕1件，立牛铜杖头1件，玉石器多件 | 中大型墓 | 40余件 | 战国—汉武帝以前 | 女性 |
| 18号墓 | 工字型器1件，针线筒1件，针线盒1件，绕线板1件，纺轮4件 | 立牛贮贝器1件，铜壶1件，铜勺1件，玉石器多件 | 中大型墓 | 30余件 | 战国—汉武帝以前 | 女性 |
| 22号墓 | 卷经杆铜饰2对，刷形器1件，弓形器1件，工字型器1件，针6枚，针线筒1件，绕线板2件，纺轮2件 | 虎鹿牛贮贝器1件，伞盖1件，铜尊1件，铜杯1件，铜壶、铜勺1件，玻璃珠1件，玉石器多件 | 中大型墓 | 30余件 | 战国—汉武帝以前 | 女性 |
| 23号墓 | 卷经杆铜饰2对，刷形器1件，弓形器1件，工字型器1件，绕线板2件，针8枚，针线筒1件，针线盒1件，纺轮1件 | 铜鼓2件，伞盖2件，铜枕1件，铜牛角4件，铜尊、鱼钩多件，虎斑宝贝1件 | 中大型墓 | 40余件 | 战国—汉武帝以前 | 女性 |
| 24号墓 | 刷形器1件，针线盒1件，锥2件（孔雀发簪） | 牛虎铜案1件，铜鼓4件，葫芦笙2件，扣饰和兵器数件，杖头多件 | 大型墓 | 110余件 | 战国—汉武帝以前 | 男性 |
| 65号墓 | 石纺轮1件 |  | 小型墓 | 1件 | 西汉中晚期 | 女性 |
| 69号墓 | 纺织场面贮贝器1件，玉纺轮3件 | 叠鼓形贮贝器1件，祭祀贮贝器1件，铜鼓4件（含器座），执伞俑2件，金银器、玉石器多件 | 大型墓 | 230余件 | 西汉晚期至东汉初期 | 女性 |
| 第一次发掘采集 | 纺轮3件，钺形器2件 |  |  |  |  |  |

数据来源：1.云南省博物馆：《云南江川李家山古墓群发掘报告》，《考古学报》，1975年第2期。2.云南省文物考古研究所、玉溪市文物管理所、江川县文化局：《江川李家山第二次发掘报告》，文物出版社，2007年。

李家山出土的纺织工具的特点有：器形13种，分别是纺轮及铜杆、工字型器、绕线板、卷经杆、梭口刀、刷形器、针、针线筒、针线盒、弓形器、铜锥、长方形铜片、钺形器。其中铜锥、长方形铜片、钺形器是否为纺织工具还不明确，因出土时与其他纺织工具共置一处，似与纺织有关。总量只有60余件，相比兵器、农业生产工具等[1]其他类型的器物数量不多，占比很小。只有铜针和纺轮数量超过10件，其他器形都在10件以下，梭口刀、长方形铜片、钺形器更是只出土1件。材质绝大部分为铜质，仅纺轮和绕线板有其他材质。纺轮有铜质、石质、木质、玉质。绕线板有铜质和木质。第一次发掘中，纺织工具仅出现在年代较早的一类墓中，时代为战国至西汉早期，年代较晚的二、三类墓中不见纺织工具。即

---

[1] 李家山第一次发掘出土兵器340多件，农具66件；第二次发掘出土兵器890件，农具183件。

西汉中期以后的墓葬中几乎不见纺织工具。第二次发掘中,第一期的11座墓年代在西汉中期以前,均为中、小型墓,不见纺织工具出土。仅出土纺轮的65、69号墓年代都在西汉中晚期。

## 二、滇国纺织业的人员结构

1. 性别分工

石碑村随葬器物组合可分为两类:一类为兵器和工具,一类为纺轮和耳坠。发掘者认为器物组合指示墓主性别,兵器和工具组合的墓葬墓主为男性,纺轮和耳坠组合的墓葬墓主为女性[1]。李家山也存在兵器和纺织工具不共存的现象,发掘者推测兵器墓为男性,纺织墓为女性[2],这一推论在金莲山墓地的发掘中得到证实。金莲山墓地2008—2009年第二次考古发掘共清理墓葬262座,经现场体质人类学鉴定的墓葬共185座,合计549个个体,占这次发掘清理262座墓葬的近71%。对明确性别和年龄的墓葬进行分析后得知,女性墓主的随葬品由三部分组成,分别是陶器、铜器和装饰品,陶器以纺轮的数量为最多,金莲山的男性墓主不见纺轮随葬[3],所以滇国从事纺织业的人群为女性。

值得注意的是,李家山出土纺织工具的8座墓葬,有一座为男性墓葬,即24号墓。该墓是滇王级别的墓葬,出土了少量几件纺织工具[4],其中有一件饰五牛铜线盒,相比18、23号墓所出的铜线盒,这是装饰牛最多的一件,且纹饰、工艺都较其他几件铜线盒精良,可以看出这是一件礼器,且级别较高。笔者认为,男性滇王墓葬中随葬纺织工具,这不一定是说男性滇王直接从事或掌管纺织业,而是说明纺织业在滇国中的重要地位。随葬纺织工具在滇王墓葬中应有祈祷滇国纺织业发展蒸蒸日上、繁荣昌盛的意味。

2. 人员比例

下文以西汉中期武帝开滇[5]为时间节点,分别讨论西汉中期以前(早期)和以后(晚期)的情况。石碑村墓地中,虽然第一次发掘无法为纺织墓分期,但从春秋晚期至西汉中晚期的墓葬均有,可以大致观察到早期的情况,而第二次发掘的纺织墓均为西汉中期以后,正好观察晚期的情况。

在石碑村墓地中,我们可以观察到,纺轮的出土数量比农业生产工具爪镰还多[6],说明纺织业在滇国这样一个稻作农业社会是一个举足轻重的行业。石碑村墓地第一次发掘出土纺轮的墓葬26座,占全部墓葬的22%。第二次发掘出土纺轮的墓葬20座,占全部墓葬的31%。基于一个社会中男女比例大体平等的认识,两次发掘出土纺轮的墓葬占全部墓葬的25%以上,推测从事纺织业的女性占全部女性的50%以上,可见平民女性从事纺织业的比例很高,所以,从事纺织工作是滇国平民女性的首选职业。同时,纵观整体纺织墓的比例,早晚大体相当,晚期纺织墓比例还略高,可见纺织生产在平民中几乎无变化,不因上层建筑的变动而受到影响。

---

[1] 云南省考古文物研究所:《石寨山文化考古发掘报告集·上》,科学出版社,第196页。
[2] 云南省博物馆:《云南江川李家山古墓群发掘报告》,《考古学报》1975年第2期。
[3] 蒋志龙:《金莲山墓地研究》,吉林大学博士学位论文。
[4] 两件铜锥现已定名为"铜发簪",不是纺织工具,铜刷形器也仅推测为纺织工具,具体用途不明。故24号墓确定是纺织工具的随葬品仅一件"五牛铜线盒"。
[5] 汉元封二年(前109年),汉王朝兵临滇池,滇王主动投降,"请置吏入朝",汉武帝于是赐滇王王印,并置益州郡,滇国归入汉王朝大一统,逐渐没落。
[6] 第一次发掘出土爪镰24件,第二次发掘出土爪镰14件。

高等级的李家山墓地中,早期墓葬12座,晚期墓葬74座[1]。早期12座墓中,有5座女性纺织墓。17、18、22、23号墓随葬贮贝器或铜鼓等显示身份和地位的滇国大型重器,显示财富的牛角、玉石器等,说明这些墓葬的主人是滇国的上层人物,位高权重,掌握大量的财富。11号墓主等级较以上4座墓低一些,但也拥有诸如勺、杯等铜质生活用具,算是滇国社会的中层人士。由此可以看出,在滇国最繁荣的时代,社会中、上层的妇女都参与到了纺织业当中。西汉中晚期,仅见李家山69号墓一座大型墓葬出土纺织场面铜贮贝器和少量纺织工具,还有一座小型墓出土纺轮。一个客观原因是,74座晚期墓葬中,拥有铜鼓或贮贝器的高级墓葬有7座[2],仅69号墓为女性墓主,其余6座均为男性墓葬,所以造成高级墓葬出土纺织工具少的局面。当然,中型女性墓葬也未见纺织工具出土,说明滇国政局的变动,对中上层妇女涉足纺织业的影响较大,滇国晚期,纺织业的发展在中上层社会呈萎缩态势。

## 三、滇国纺织业的生产组织形式

石碑村平民墓葬中,纺轮墓的随葬品组合是极少的饰品和爪镰,有很多墓仅仅出土纺轮这一种生产工具[3],可见纺织墓的墓主以纺织业为主业。少数伴出爪镰的墓主还参与到农业生产中,但农业生产也仅参与农产品收获的环节,可见墓主投入到农业生产的时间并不多,大部分时间和精力还是集中在纺织业上。再有,一半甚至以上的女性都参与到纺织业中,比例之高,说明每个家族中都有成员从事纺织业,而且纺织墓主的随葬品前期均在4件以内,后期大部分也在4件以内,仅4座墓超过5件,说明纺织业并没有为墓主带来多少财富。由此推测,滇国的平民社会中,纺织品大部分应该是自给自足的生产方式。纺织工人们仅掌握单一的纺织工具——纺轮,推测她们用纺轮纺纱后,用编织的方式制作纺织品,平民中还没有织机,生产效率很低,能满足自身和家族需求就已不错,几乎不产生经济效益。

李家山墓地中,早期的5座纺织墓主都是掌握大量财富和极高权势的贵族。与平民相比,他们的生活场景更多,宴饮、祭祀、娱乐等不同场合需要穿戴不同的服饰,对纺织品的需求自然更高。根据69号墓出土的纺织场面铜贮贝器展示的画面——在主人的督导下,一群纺织工人在纺纱织布。笔者推测,在滇国繁荣时期,贵族们开办纺织厂,雇佣着一批纺织工人生产纺织品,除了满足自身所需,多余的产品进入市场销售[4]。李家山整个墓群的中小型墓几乎不见纺织工具出土,也可以从侧面说明在等级分明的李家山社会,纺织生产是在贵族的主导下有组织、有计划地进行,织工们的工作形式为集体作业,不像平民社会是以家庭或个人为单位根据自身需求自发进行生产。同时,上层人士能掌握到最新的纺织技术且有财力为工人们配备最先进的生产设备。所以,我们可以看到贵族女性墓葬中出土的纺织工具不像平民墓中的那样单一,它们种类多样,其中还包含织机。虽然只是非常原始的腰机,但是使用了提综杆、分经棍和打纬刀,就使滇人的纺织业进入了机械化,生产效率比编织技术大幅提高。进一步想,贵族垄断了纺织业的生产,从中获得更多的财富,形成富者更富的循环,贫富差距拉大。西汉中期武帝开滇,在滇国没落的背景下,一些贵族手上实权减少,财富也减少,纺织事业无法继

---

[1] 蒋志龙:《金莲山墓地研究》,吉林大学2013年博士学位论文,2013年。
[2] 7座墓葬分别为:47、50、51、57、68、69、85号墓。
[3] 石碑村第一次发掘的纺轮墓26座,6座伴出爪镰,20座墓仅出纺轮或伴出少量饰品,仅出纺轮和饰品的墓主视为专职从事纺织业。第一次发掘中,专职从事纺织业的墓主占77%。第二次发掘纺轮墓20座,仅出纺轮、饰品和陶器的墓葬13座,专职从事纺织业的墓主占65%。两次发掘,专职从事纺织业的墓主平均为72%。
[4] 贮贝器上有展示布匹的卖布人。

续运作下去，只有滇王和王后级别（69号墓）的人才能拥有"纺织厂"。另外，滇国被收归中央后，与中原的交流更加频繁、交通更加便利，中原更加精美质优的纺织品会大量输入滇国，较富裕的滇人对滇国自产纺织品的需求也会减少。所以西汉中晚期后，大中型墓葬少见纺织工具出土。

## 四、结　语

本文以石碑村和李家山两个古墓群出土的纺织文物为研究对象，分析了滇国纺织业的人员构成和生产组织形式。在滇国，有明显的男女分工，从事纺织业的是女性。在以石碑村为代表的平民社会中，纺织业是女性的首选职业。每个家族都有织工，纺织品基本上是自给自足的生产方式。平民织工仅掌握单一的生产工具——纺轮，推测她们用纺轮纺纱后，用编织的方式制作纺织品，生产效率很低。在以李家山为代表的等级分明的社会中，纺织生产是在贵族的主导下有组织地进行。贵族们开办纺织厂，雇佣织工进行机械化生产。从纺织业在不同层次的社会中有不同的生产组织形式可以看出，滇国内部各个"城市"之间发展的不平衡，有像李家山这样发达的"一线城市"，也有像石碑村这样相对落后的"四线小城"。发达城市拥有先进的生产力和更有效率的生产组织形式，从而积累到更多的财富，形成人与人之间的等级差异与贫富分化。相对落后的城市中，大家技术和工具都无差别，根据自身需求自发进行生产，无法积累多余的财富，人与人之间较为平等，没有明显的等级分化。

# 考古—环境多学科交叉维度下的滇文化人—地关系研究进展

◎ 纪　明　林海涛　苏　涛（玉溪师范学院）

## 引　言

"滇文化"青铜文明是桥接东亚大陆、中南半岛、南亚次大陆、青藏高原等地区原始农业、青铜文明、人类基因扩散传播交流路线中重要的"中继站"。分别于1972年、1992年进行的两次江川李家山古墓群考古发掘与晋宁石寨山墓地考古发掘（1955年至1996年进行了五次考古发掘）、河泊所遗址、兴义遗址等众多青铜时代的考古遗址在厘清云南地区青铜文化类型和文明演进方面取得丰硕成果。但是由于李家山古墓群的发掘年代较早且发掘对象主要为墓葬遗址，兼之中国早期传统考古研究中"重实物发掘轻学科交叉"的阶段性研究特点，科技考古手段未能充分融入考古发掘过程，"滇文化"时期滇中地区人类文明演进的环境背景以及原始人类活动的生态环境效应仍是云南地区青铜文化研究中的薄弱环节。

基于以上"滇文化"研究中存在的短板，结合近年来"滇文化"考古、青铜文明全球扩散传播、先民迁徙和基因交流、农业扩散传播等科技考古领域和第四纪环境学科所取得的研究进展，本文试图从考古—环境学科交叉的角度，对"滇文化"起始时间、人类活动特征及其对生态环境影响、人类活动的替代指标体系构建等方面进行论述，以期为"滇文化"考古学研究做出学科交叉维度的理论支撑。

## 一、考古学维度的滇文化研究现状

20世纪50至90年代，在石寨山遗址、李家山遗址核心区田野考古发掘中，出土了"滇王之印"金印和牛虎铜案（俎）、贮贝器、铜鼓、编钟、漆木器等与中原青铜文化迥异的珍贵文物40 000余件。这一时段的"滇文化"考古学研究开展了先民族属、青铜器化学成分、社会形态、铜鼓、社会生活、文化年代、文化特征、与周边文化关系等专题研究，确立了滇文化作为云南青铜文化的典型代表，其与东亚大陆之间密切的文化交流。

进入21世纪，云南青铜时代的考古工作由物质文化史研究转向古代社会复原研究。社会经济、族群迁移、民族考古、社会变迁、人骨研究、生态考古、环境考古、植物考古、冶金考古等，清晰、生动地展现出古滇文化以考古学文化为基础、以区系类型为枝干的中华文明起源和发展中的诸多细节。2014年，"石寨山大遗址考古"大范围调查、大规模钻探和重点区域发掘，找到了古滇国都城，挖掘出"滇国相印"封泥，确定了聚落遗址分布格局，填补了"滇池盆地只有墓葬遗址没有村落遗址"的重大缺环，建立起关键地区年代框架和文化谱系。

## 二、第四纪环境演变维度的滇文化时期气候环境演变

星云湖作为滇中石灰岩地区的典型湖泊,由于其连续的沉积和近年来湖泊水体营养状态的迅速变化开展了大量关于湖泊富营养化、湖泊生态系统演变、近现代湖泊沉积物记录的环境演化、沉积物孢粉与植硅体分析记录的流域植被演化、硅藻群落对湖泊环境变化的响应、沉积物记录的地方火态势演化、正构烷烃记录的环境变化等多方面的研究。1994年云南省地质科学研究所等单位对杞麓湖、星云湖进行了调查研究,重建了杞麓湖、星云湖5万年以来的环境变化[1]。我们从以下两个方面来回顾星云湖地区气候环境演变的研究进展。

1. 湖泊沉积物的近现代过程研究

星云湖是江川县工农业生产和人民生活的重要水源地,江川县26万人口中大多数环湖而居。自然(气候变化、林火)和人类活动影响(工业、农业、生活污水的排放、湖泊围垦、放养渔业、流域森林砍伐、人为火)引起流域内陆生生态系统以及湖泊水生生态系统变迁。刘俊等的研究表明1980—1999年,星云湖水生高等植物由17种减少至6种,优势种由寡污性种类演替为耐污种类;浮游植物由72种减少到53种,优势种由硅藻演变为蓝藻;20世纪70年代有鱼类20种,主要有鲤科、鳅科、合鳃科、鲶科。1950—1970年,大头鲤为优势种。1983年开始的太湖银鱼引种导致大头鲤灭绝,优势种被太湖银鱼取代。星云湖富营养化进程自20世纪80年代明显加快,湖泊生态系统受到整体性破坏。于洋、金星等的研究表明人类活动影响下的水体富营养化、有机污染以及农业面源污染、磷矿开采开发、湖泊围垦、森林砍伐是星云湖水质污染的主要原因。Ji et al.对星云湖沉积物TN、TP、硅藻的分析表明随20世纪80年代湖泊富营养化趋势的加速,硅藻群落中营养种消失,富营养种成为优势种。营养状态、水生植物的变化以及外来鱼种的引入共同驱动了硅藻群落的演化。

张立原等对星云湖沉积物粒度、同位素的分析记录了近200年来环境演化:19世纪初期气候温暖干旱,之后向温凉湿润转变。20世纪80年代开始,湖泊出现富营养化,1988年以来气温回升,现在处于暖干气候阶段。张宏亮等的沉积物正构烷烃分析记录了160年来湖泊沉积有机物输入经历了内源低碳(1920s前)、外源高碳(1920s—1980s初)和内源低碳(1980s初—2004年)的演变过程。20世纪90年代以后,人类活动的影响改变了类脂物的自然变化趋势,类脂物似可记录人类活动对湖泊环境变化的影响。Ji et al.对沉积物高分辨率(3.26 years/sample)大碳屑分析记录了137年来星云湖地区生物燃烧模式的变化,1923年以来星云湖地区生物燃烧整体呈升高趋势,直到1999年开始降低。气候变化、林火以及人为生物燃烧(主要指人类对粮食作物秸秆的生产、生活利用)共同驱动了星云湖地区生物燃烧模式的改变。

张世涛的研究表明4 398 ± 100 Cal yr BP以来,湖泊岸线经历了多期波动,这也是目前关于滇文化时期最为详细的关于湖泊岸线波动的研究。

(1) 位于江川县电讯局职工住宅楼岩土工程勘察的钻孔资料揭露:江川县城地下3—3.7米深处三角洲前缘和湖滩相的沉积(灰黄褐色、灰绿色含大量生物介壳质杂砂质黏土,$^{14}$C测年结果为4 398 ± 100 Cal yr BP)。表明4 398 ± 100 Cal yr BP,江川县城一带仍然为三角洲前缘的沉积环境,湖

---

[1] 宋学良、吴遇安、蒋志文、龙瑞华、李百福、Mark Brenner、T.J.W.、Daniel R. Engstrom、Allen Moore:《云南中部石灰岩地区高原湖泊古湖沼学研究》。

泊岸线比现今范围扩张。

（2）唐贞观八年（1 316 Cal yr BP），江川置绛县治于今龙街（海拔1 730米），因湖水猛涨，县城几次被湖水淹没，故迁城于将传驿（今江城镇）。当时，大街一带也为湖水所威胁，建盖"锁水阁"（今星云电影院对面）以锁住湖水的威胁，当时星云湖水位达海拔1 729米左右，湖泊岸线仍比现今范围扩张。

（3）湖泊西部双桥营，大河嘴湖湾外侧以及湖泊东侧的螺蛳铺均发现黏土质沉积物下覆粉砂层，粉砂层顶部$^{210}$Pb测年结果为1817年，表明星云湖一次湖岸退缩的过程。当时湖面低于现今湖面4米左右。

（4）明清两代，曾多次疏浚开凿隔河、清水河，星云湖水位1 725米左右。

（5）民国时期，隔河、清水河年久失修，河道淤塞，抚仙湖水倒流星云湖。当时星云湖水位1 725.5米，湖面面积42.5平方千米，湖泊岸线扩张至大凹的大新寺、马料庄、杨家嘴的锁龙楼，老河嘴的白龙寺，周官陆家头村墙脚，老河嘴、六家嘴、杨家嘴等村被湖水包围，农田被淹。

（6）民国十二年（1923年），蒙自道尹秦光第主持开凿隔河、清水河，星云湖水位下降2.5米。

（7）1954年星云湖水位1 723米，湖面面积38平方千米。1956年，再次开凿隔河，星云湖水位又下降1米，湖水位为海拔1 722米，湖面面积34.71平方千米。

（8）星云湖现今水位1 722米（2010年）。

2. MIS3以来湖泊沉积物研究进展

1989年云南省地质科学研究所联合佛罗里达大学渔业及水产科学系对星云湖、杞麓湖进行了沉积物取样，获得了两个湖泊多根沉积物岩芯。开展了孢粉、磁化率、粒度、碳酸盐含量、氧同位素、硅藻等多个指标的综合研究，重建了滇中地区5万年来的古气候变迁及3万年来的古植被演化。虽然这些工作分辨率较低，不足以识别百年至千年尺度上的气候事件，但仍为我们的研究提供了丰富的参考资料。

龙瑞华等以平均500 yr/sample的分辨率对杞麓湖11.03米岩芯进行了60个样品孢粉分析，重建了滇中地区3万年以来的植被演替。孢粉组合可分为以下6个带：

Ⅰ带：距今30 000—15 000年（11.00—9.40米），松—油杉、冷杉、云杉、铁杉—栎针阔叶混交林带。气候冷湿。

Ⅱ带：距今15 000—12 350年（9.40—7.00米），稀疏松—栎林带。气候干凉。

Ⅲ带：距今12 350—9 500年（7.00—4.80米），松—油杉—栎、榆针阔叶林繁盛带。气候温暖。

Ⅳ带：距今9 500—5 500年（4.80—3.00米），松—柏—栎、桦针阔叶林继续繁盛带。气候暖湿。

Ⅴ带：距今5 000—1 600年（3.00—0.84米），松—油杉—栎，以针叶树为主的针阔叶林带。气候温凉略干。

Ⅵ带：距今1 600至今（0.84—0米），稀疏松林。本带森林面积迅速减小，可能由于人类的生产和生活活动所致。

冷杉和云杉作为云南山地植被垂直地带中寒温性针叶林的建群种，主要分布在滇西北海拔2 700—4 100米的亚高山中上部，表征寒冷而潮湿的高寒气候。铁杉作为温凉性针叶林的建群种，分布在1 800—3 300米的中山上部，其在垂直带谱上的位置处于常绿阔叶林带和亚高山寒温性针叶林带之间，表征温凉湿润的气候条件。滇中地区距离星云湖最近的铁杉、臭山胡椒群落，分布在江川县以西近200公里的景东大无量山海拔2 500—2 800米高处。而现今星云湖、杞麓湖周围地区并无铁杉林以及冷、云杉发育，表明孢粉谱中云、冷杉成分可能来自孢粉的远距离搬运。

Whitmore以50厘米间隔对星云湖8.40米岩芯进行了17个样品的硅藻分析，以较低的分辨率

（588 yr/sample）重建了全新世以来硅藻群落演化。碳酸盐含量的分析表明在P/H时期（深度5米）星云湖沉积物由非碳酸盐碎屑沉积物转变为富碳酸盐沉积物。硅藻分析表明底栖类硅藻在（8—7.6米）、（5.6米）以及（4.6—3.6米）成为优势种表明这三个时期湖泊水位较低。在1.6—0.6米深度的沉积岩芯中，硅藻呈现缺失的状态。Whitmore认为湖泊水位的波动是底栖/浮游硅藻比例的主要驱动因素，而不是湖泊的营养状态变化。

Hodell对星云湖、杞麓湖沉积岩芯（长度分别为12.5、13.5米）碳酸盐含量，氧同位素，TC，OC，IC等指标的分析重建了MIS3以来滇中地区古气候变迁。Hodell认为星云湖、杞麓湖沉积物中碳酸盐主要来自湖泊内生物自生形成的方解石。杞麓湖MIS3阶段以及全新世高含量的生物成因碳酸盐及有机物质产量指示这两个时段温暖的气候以及较高的生产力。与之相反，末次冰期38 000—12 000 Cal yr BP时段较低的无机碳（IC）、有机碳（OC）含量指示较低的温度和低生产力。方解石氧同位素指示末次冰期50 000—12 000 Cal yr BP时段较弱的夏季风。夏季风在12 000—8 000 Cal yr BP时段呈增强趋势，但是在中晚全新世响应于太阳辐射的驱动逐渐减弱。此项结论支持了Overpeck等人关于末次冰期较弱夏季风非线性响应于太阳辐射驱动，其强度受控于欧亚大陆雪盖及冰盖的范围的模式。夏季风在全新世随冰盖退缩线性响应于季节性太阳辐射驱动呈增强趋势。

## 三、考古—环境学科交叉的滇文化研究现状及展望

以上基于考古和第四纪环境研究两个维度的相关研究各自提供了"滇文化"文明演进和"滇文化"时期气候环境演化信息，但都是基于单一学科所获得的认识。这些认识已经难以支撑当前和未来依托大遗址考古项目的长期系统多学科合作，限制了对于云南青铜文化特征的多样性&文化发展的不平衡性、云南青铜时代考古学文化发展的时空框架及编年体系建立、以云南为中心的古代西南边疆如何融入中华文明多元一体格局、人类主导的人类世人类如何利用人类—环境长期影响历史知识应对未来气候变化等关乎人类文明延存的重大科学问题的客观全面认识。

结合笔者的博士论文《滇中星云湖记录的52ka以来植被演替与古气候变迁》[1]及近年来发表的全新世气候环境变化、人类活动记录，以星云湖全新世（新石器时代）以来的湖泊沉积物为研究材料，结合滇中"三湖"流域考古发掘研究进展，构建"遗址（人类活动）+湖泊（气候环境背景）"的综合信息载体，在建立高精度AMS$^{14}$C年龄框架基础上，通过孢粉、植硅体、碳屑、粒度、磁化率等环境指标分析，重建了新石器时代以来星云湖地区的湖泊水位波动、林火动态、植被演替和植被多样性变化，并提取了人类活动的信号。研究结果表明：新石器时代以来星云湖地区最早的可被识别的人类用火活动始于3 300 Cal yr BP（前1350年），略早于Yao等人"滇文化"早期定居始于1200 BC的推论，晚于兴义遗址早期新石器时代海东类型遗存中海东遗址人骨测年3 945±100年（1号墓葬）、4 235±150年（13号墓葬），与通海兴义遗址二期遗存2号房址内碳化橡子测年1456 BC—1389 BC年龄接近，与Hillman基于星云湖沉积物δ15N分析提取的早期人类原始农业活动信号出现时间一致，比历史记录的古滇国建立时间早（前109年）1 200余年，表明滇文化先民不迟于3 300 Cal yr BP已经对星云湖流域的生态环境施加可被识别的影响。粒度分析结果指示3 300 Cal yr BP以来"古滇国"先民是在早全新世西南季风强度逐渐减弱、星云湖水位持续降低的背景下发展起来的。古滇国建立前的1 200年先民用火虽

---

[1] 纪明：《滇中星云湖记录的52ka以来植被演替与古气候变迁》，中国科学院大学2013年博士学位论文。

然只造成了短暂的物种多样性的降低,但是造成了持续1 200年的物种均匀度的持续低值,也塑造了新石器时代以来云南松林植被景观的顶峰时期。而随着古滇国的建立,孢粉浓度的降低、植硅体组合中竹类和棕榈科植物的繁盛指示人类活动影响的再次加强。

结合Mccoll东亚基因4千年以来向中南半岛的扩散路线以及海门口遗址青铜文明近3 700 Cal yr BP出现的时间,验证了4千年前后先民和青铜文明向东南亚扩散传播的云南路径,即海门口(洱海区域)—石寨山—李家山(滇池区域)—中南半岛。但是对于10—3千年时段先民活动的生态环境效应由于考古遗址的匮乏以及湖泊沉积信号的多重来源影响,仍是新石器时代以来云南考古研究中的薄弱环节。

尽管考古—环境交叉学科的研究在滇文化起始时间等方面获得了一些共识,但是以下方面仍是未来考古—环境学科交叉研究的热点议题:

1. 云南青铜文化特征的多样性、文化发展的不平衡性及时空格局变迁;
2. 东亚原始农业、青铜文明、人类迁徙和基因交流通过云南青铜文明这一"中继站"的传入和向东南传播扩散路径;
3. "人类世"时代人—地和谐关系构建中如何发挥长期人类活动生态环境效应研究的指导意义。

**主要参考文献:**

1. Aubrey L. Hillman, J.Y., Mark B. Abbott, Colin A. Cooke, Daniel J. Bain, *Rapid environmental change during dynastic transitions in Yunnan Province, China*, Quaternary Science Reviews, 9, 2014.
2. Aubrey L Hillman, M.B.A., Junqing Yu, *Climate and anthropogenic controls on the carbon cycle of Xingyun Lake, China*, Palaeogeography Palaeoclimatology Palaeoecology, 501, 12, 2018.
3. Aubrey L Hillman, M.B.A., Matthew S Finkenbinder, Junqing Yu, *An 8600 year lacustrine record of summer monsoon variability from Yunnan, China*, 2017, qsr, 174, 13.
4. Terry Lustig, L.K., Jiang Zhilong, Chen Guo, *Varying levels of the Dian Lakes and the Dian Lakes Culture*. Bulletin of the Indo-Pacific Prehistory association, 31, 14, 2011.
5. 纪明:《滇中星云湖记录的52Ka以来植被演替与古气候变迁》,中国科学院大学2013年博士学位论文。

# 滇西保山地区青铜文化遗存的发现及认识

◎ 胡长城（云南省文物考古研究所）
◎ 罗　俊（保山市博物馆）

保山位于云南省西南部，处于滇西居中的位置，是中国通往南亚、东南亚乃至欧洲各国的必经之地。保山境内河流分别属于澜沧江、怒江、伊洛瓦底江三大流域，均为国际河流。南方丝绸古道、滇缅公路、史迪威公路穿保山境而过。保山是云南历史上开发最早的地区之一，史前时期居住在澜沧江和怒江流域的先民在此创造出了灿烂的青铜文化。保山区划设置的历史悠久，长达两千多年。自西汉元封二年（前109年），设不韦县，属益州郡，为哀牢地设治之始。东汉永平十二年（69年），哀牢王柳貌举国内附东汉，史称"汉德广，服不宾；绥哀牢，开永昌"，东汉王朝析益州郡不韦等6县并哀牢国故地新设的哀牢、博南2县，共8县设立永昌郡，永昌郡治延续488年，是当时东汉时期的设立的全国第二大郡。

近些年来，本人一直在保山开展相关的考古工作，收集到了很多的相关资料。据不完全统计，自20世纪中叶至今，保山下辖的五个县区市特别是昌宁县在其多个乡镇的三十余处地点零散采集了近百件青铜器，器类包括生产工具、兵器、生活用具和乐器。这批青铜器造型奇特，形制怪异，从未在正式的考古发掘中发现过，研究者们对其性质的认识莫衷一是。这批器物器型包括靴型铜钺、人面纹铜弯刀、铜盒等，由于只是一些零散的收集，对这批器物所反映的文化面貌难以了解。直到2012年下半年昌宁大甸山墓地抢救性考古发掘，才大致弄清这种造型奇特的器物的原生埋藏状况及文化性质。其实，昌宁县曾经在20世纪90年代进行过一次考古发掘——坟岭岗墓地，出土过一批器型少见的青铜器，也是保山境内开展的最早的青铜文化遗存的考古发掘工作。当时的研究者肯定其本地特色青铜文化，但受制于当时的考古材料，认为其为嶲、昆明族的遗存。

本文拟选择多个保山境内的青铜遗存点，包括坟岭岗墓地和大甸山墓地，以及众多具体的青铜器出土点，来介绍保山近几十年来出土的典型青铜遗物，使得世人能更深入地了解保山在研究滇西青铜文化方面的重要价值。

## 一、保山境内发掘的青铜遗存点

### （一）坟岭岗墓地

1976年，昌宁县大田坝村村民在放牧时于白沙坡发现青铜器。1984年和1994年采集到青铜遗物，确定该处为一青铜时代墓地。随即1994年发掘面积850平方米，清理墓葬46座。墓地所在地坟岭岗为盆地边缘的一小丘，墓地就分布在小丘东北麓的缓坡地带。墓葬均为长方形竖穴土坑墓，全部直接开口在生土层面上，形制不大，长1—2.95、宽0.4—0.9、深0.2—2米。部分墓葬带有腰坑或二层台。

随葬器物有铜器、铜铁合制器、铁器、陶器、石器和麻织品,以铜兵器和装饰品为主,单个墓中的随葬品不是太丰富,部分墓葬没有随葬器物(图一、二)。铜器中兵器有山字格螺旋纹茎剑、三叉格剑、矛、镦、臂甲。装饰品有镯、钏、指环、牌饰、铃、花形饰、鱼形饰、蝉形饰、管形饰。其中花形饰、鱼形饰、

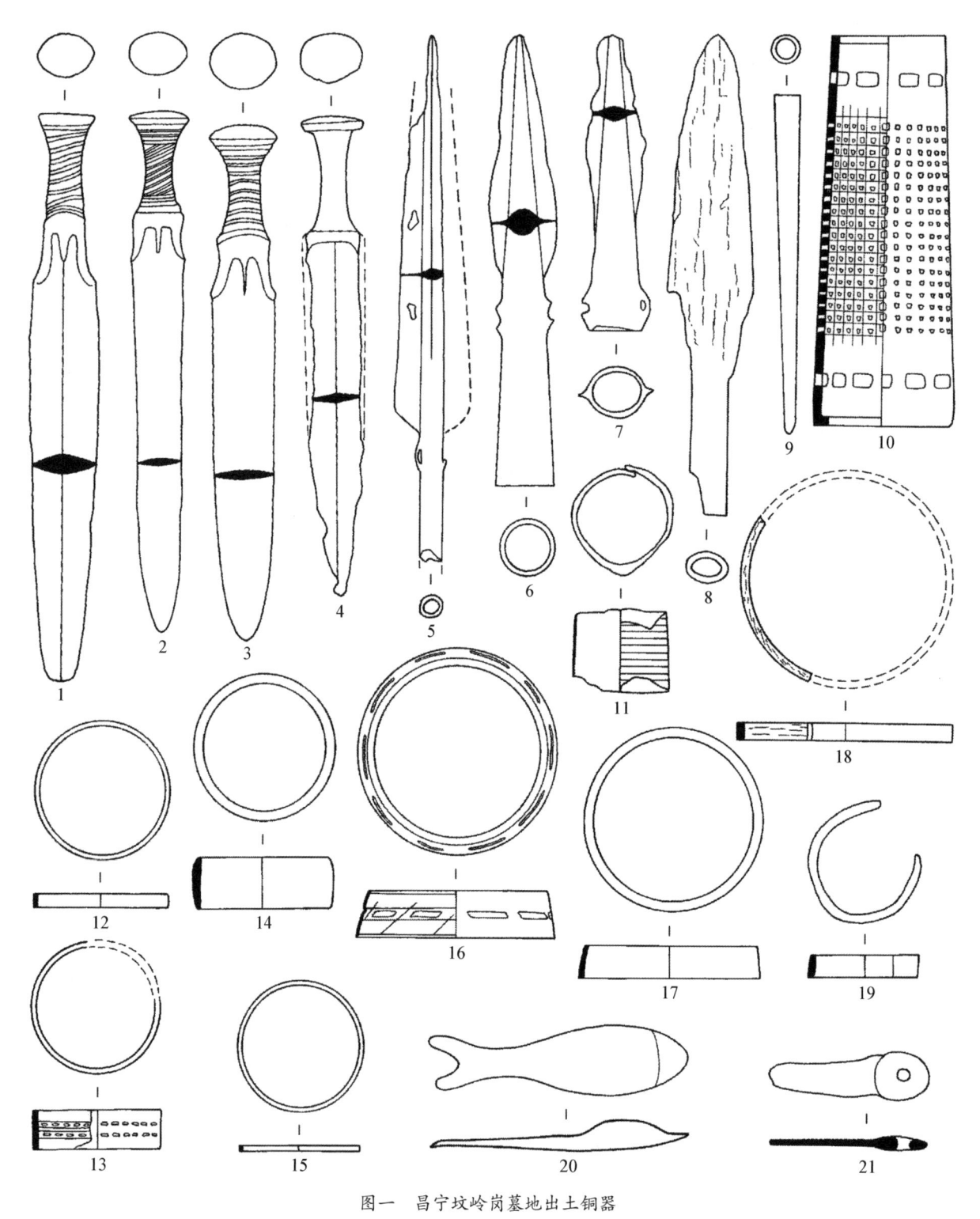

图一 昌宁坟岭岗墓地出土铜器

1—4.铜剑 5—7.铜矛 8.铜骹铁叶矛 9.铜镦 10.铜管形饰 11—17.铜镯 18.铁镯 19.铜指环 20、21.铜鱼形饰

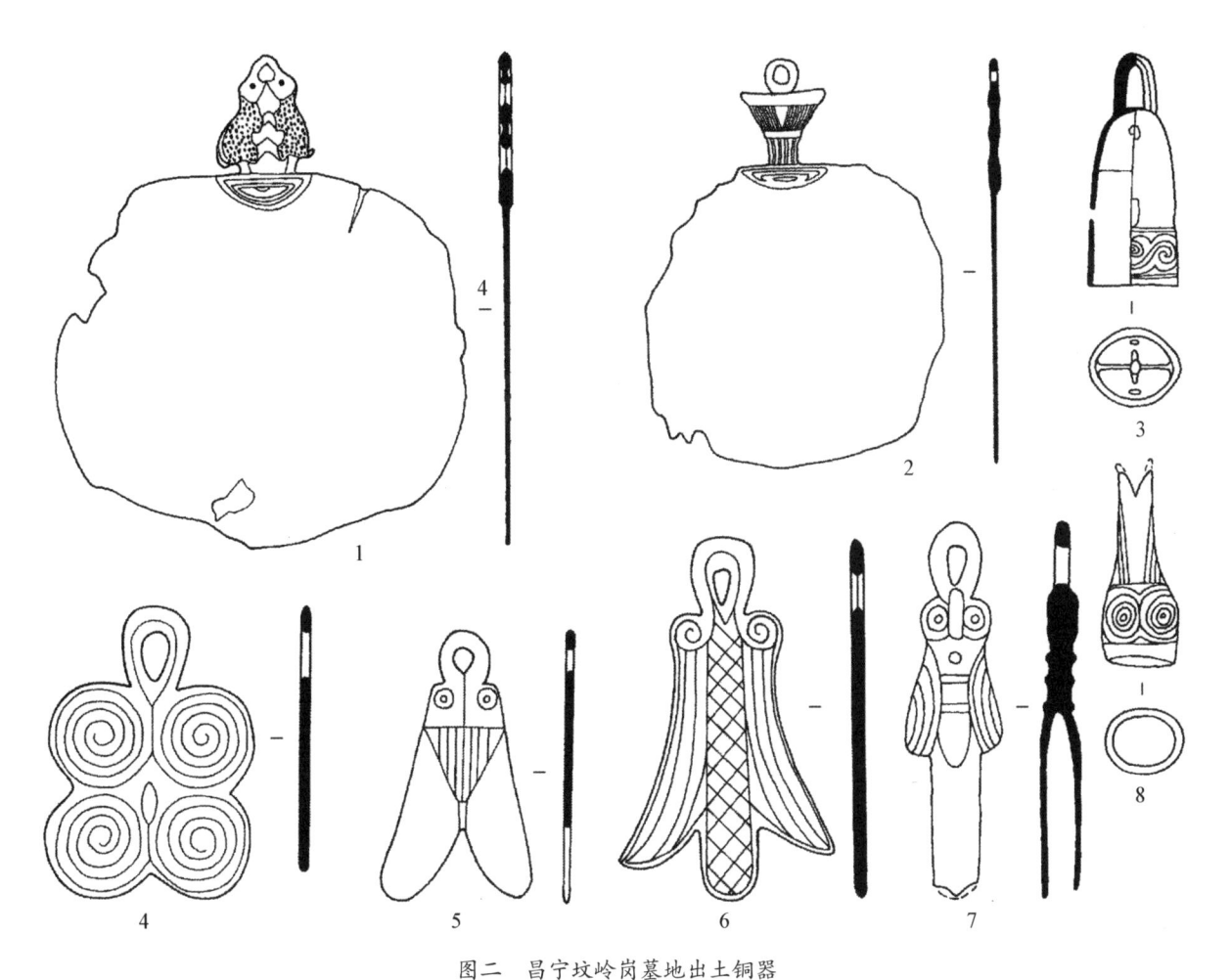

图二 昌宁坟岭岗墓地出土铜器
1、2.铜牌饰 3.铜铃 4.铜蝶形饰 5.铜蝉形饰 6.铜花形饰 7.铜花形饰 8.铜花形饰

蝉形饰、管形饰是该墓地极富特色的器物。该墓地是对澜沧江以西滇西南地区青铜时代墓地的首次发掘，为该地区的考古学研究提供了重要的资料。发掘者根据器物造型演变和墓葬叠压打破关系，将能够进行分期的18座墓划分为三期，年代为战国初期至西汉初期。关于其文化特征及族属，研究者认为与洱海区域青铜文化相近，但也有自身的地区特色，推断其族属可能是嶲、昆明族人。

### （二）大甸山墓地

大甸山墓地位于昌宁县田园镇龙泉村内，当地砖厂在取土过程中发现，随即2012年下半年开展抢救性发掘。在大甸山墓地的墓葬中，除发现常见的土坑墓外，还发现了一种墓葬形制极为罕见的斜坡土洞墓，而在这种斜坡土洞墓出土的随葬品里，铜弯刀（含人面纹弯刀）、铜钺（含靴形铜钺）、铜盒等器物与保山市境内先前采集的青铜器形制完全相同，第一次了解到了这些同类器物的原生埋藏状况（图三—五）。发现的土洞墓均为竖穴式，开挖在膏泥土之下，不带墓道，无腰坑或头坑之类遗迹。土洞墓纵剖面都为靴形，墓顶为弧顶或斜平顶，墓穴都非常狭小，由于人骨无存，其葬式不明，部分墓葬发现有棺木炭化痕迹，推测存在有棺木葬具。

研究者认为大甸山墓地发现的多种形制的墓葬，年代上是存在有前后之分的。由于滇西地区发现的青铜时代墓葬极少，使得其没有可以对比的对象。根据出土器物的型式推断，发掘者将土洞墓年

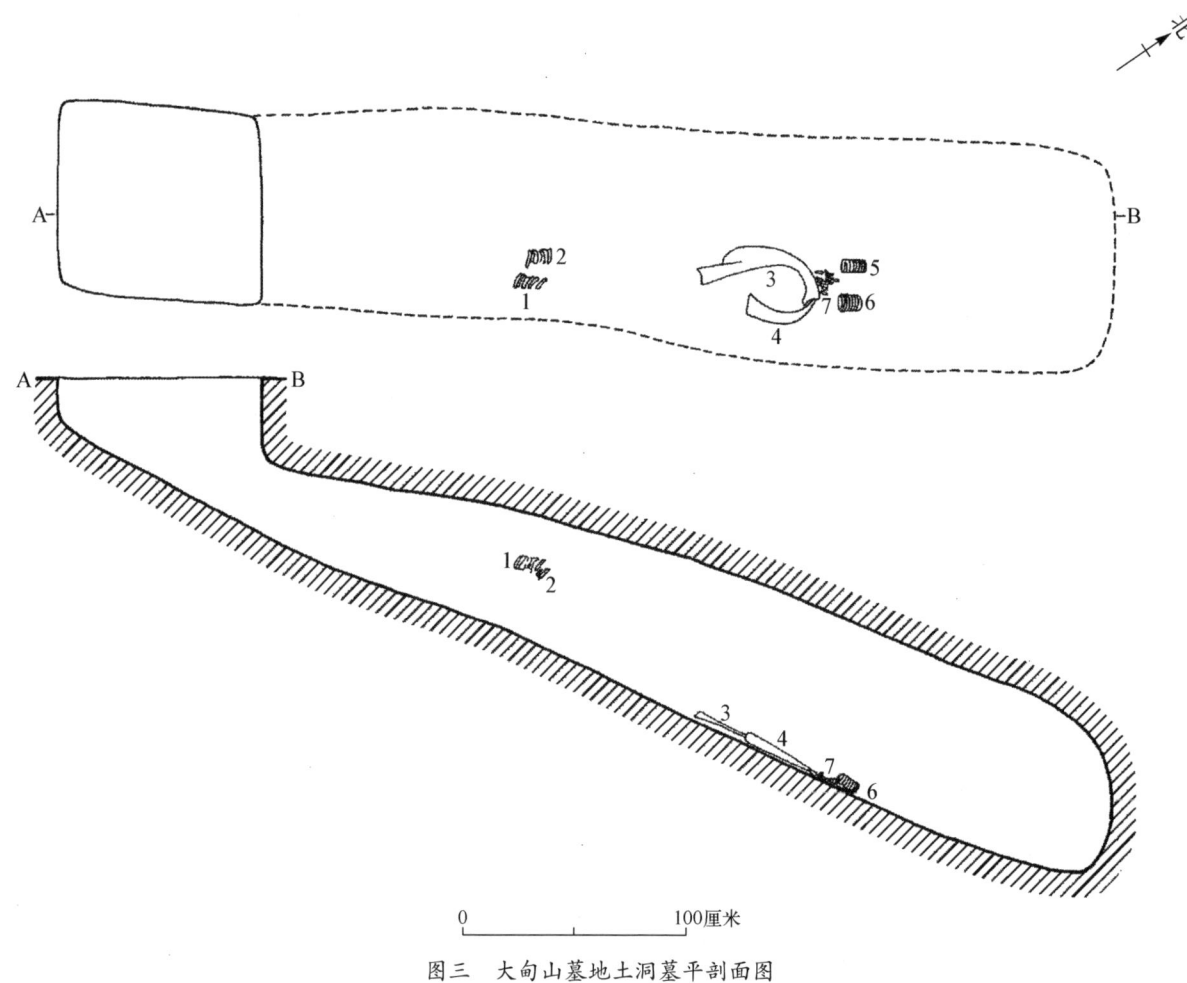

图三　大甸山墓地土洞墓平剖面图
1、2. 铜镯（残）　3. 铜弯刀（残）　4. 铜牛角（残）　5、6. 铜钏（残）　7. 琥珀珠

代大致定在春秋晚期至战国中晚期，而土坑墓年代明显要晚于土洞墓，其年代在战国中晚期至东汉中晚期。

大甸山墓地的土洞墓其随葬品都是青铜器，不见陶器，年代大致在青铜时代，年代上比长江流域发现的土洞墓年代更早，其结构与之也有很大差别。因而，大甸山墓地反映的是一种全新的具有典型特点的云南本地青铜文化。根据墓地的年代，再结合历史文献记载及所在区位，研究者认为其为西南夷之"哀牢夷"的遗存。

## 二、保山境内采集青铜器遗存点

在保山境内除了发掘的坟岭岗墓地和大甸山墓地外，在下辖的所有县区市特别是昌宁县，都发现了大量的青铜器遗存点，零散采集了大量的青铜遗物。本文拟选择多个具体出土遗存点，介绍保山近几十年来出土的典型青铜遗物，使得世人能更深入地了解保山在研究滇西青铜文化方面的重要价值。

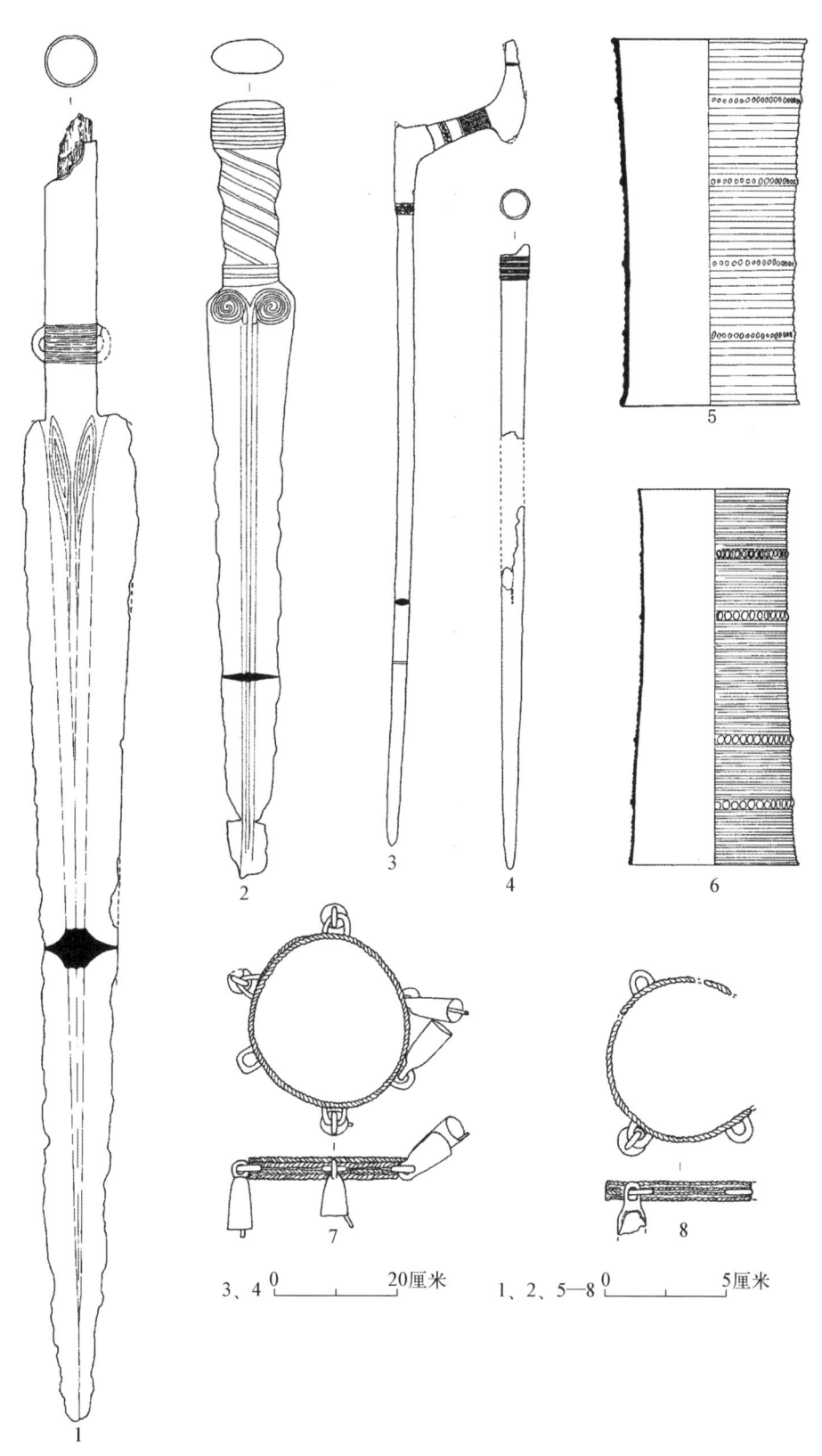

图四 昌宁大甸山墓地出土铜器
1.铜长矛 2.铜剑 3.铜柄铜钺 4.铜镦 5、6.铜钏 7、8.铜系铃圆环

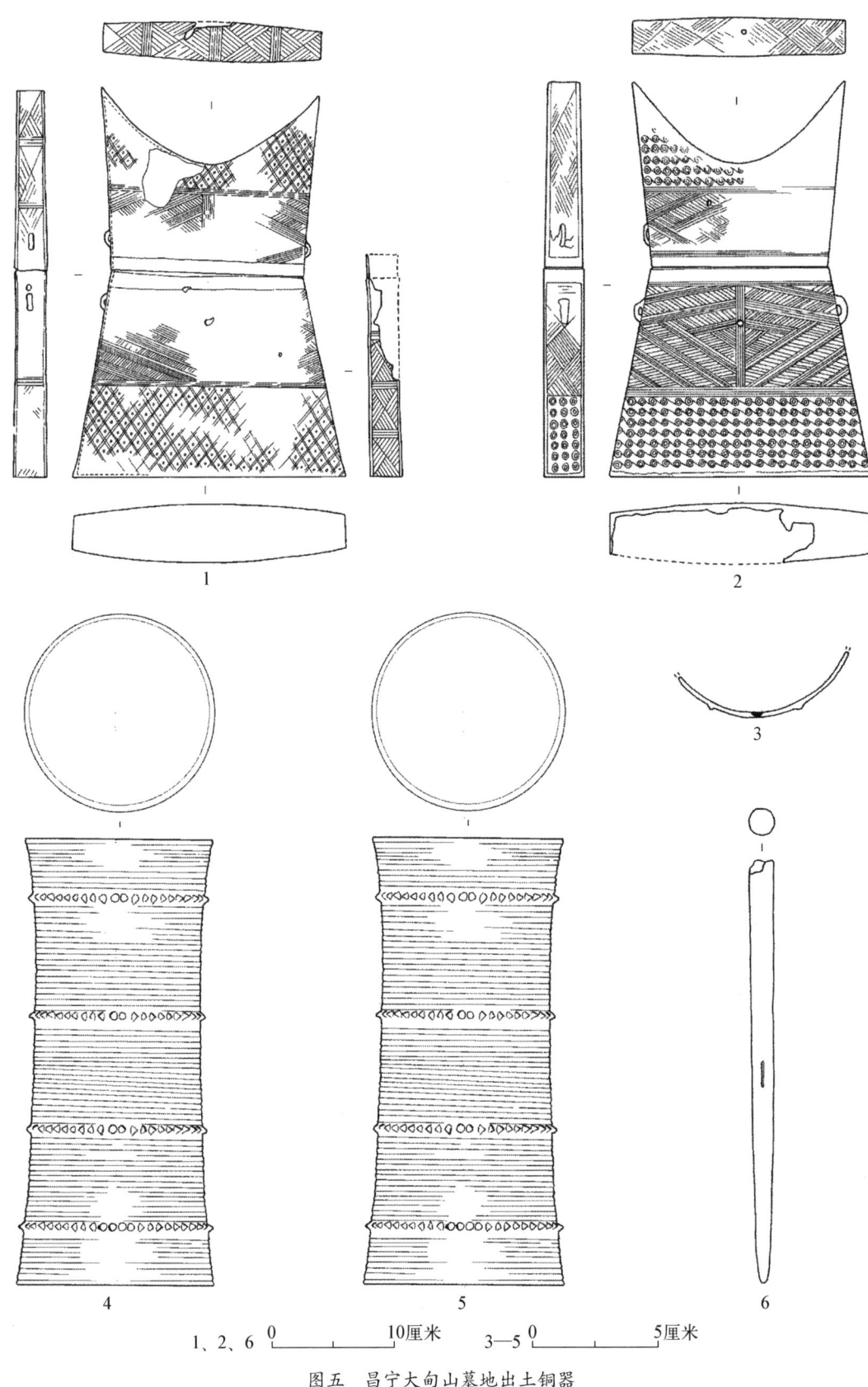

图五　昌宁大甸山墓地出土铜器

1、2.铜盒　3.铜镯　4、5.铜钏　6.铜镦

## （一）昌宁县（图六、七）

### 1. 田园镇八甲大山青铜点

位于田园镇右甸坝中部的八甲大山，距县城2公里。北纬24°48′97.4″，东经99°37′87.9″，海拔2 442米。1976年在达丙乡八甲大山水冲坑出土三件靴型铜钺。由于属于征集品，当时未作地层记录。

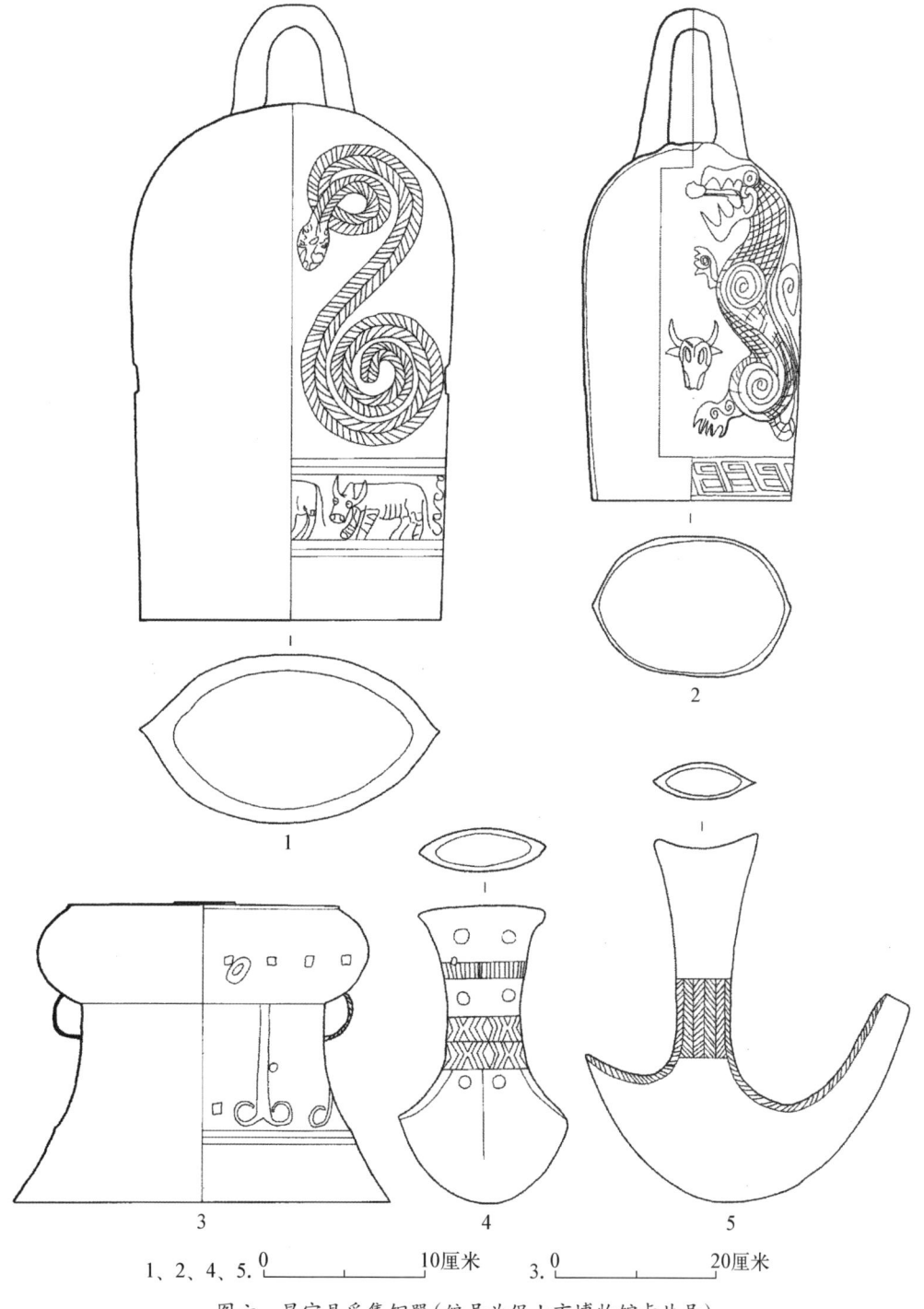

图六　昌宁县采集铜器（编号为保山市博物馆卡片号）

1. 铜钟（展厅4）　2. 铜钟（展厅1）　3. 铜鼓（展厅9）　4. 铜钺（展厅18）　5. 铜钺（展厅20）

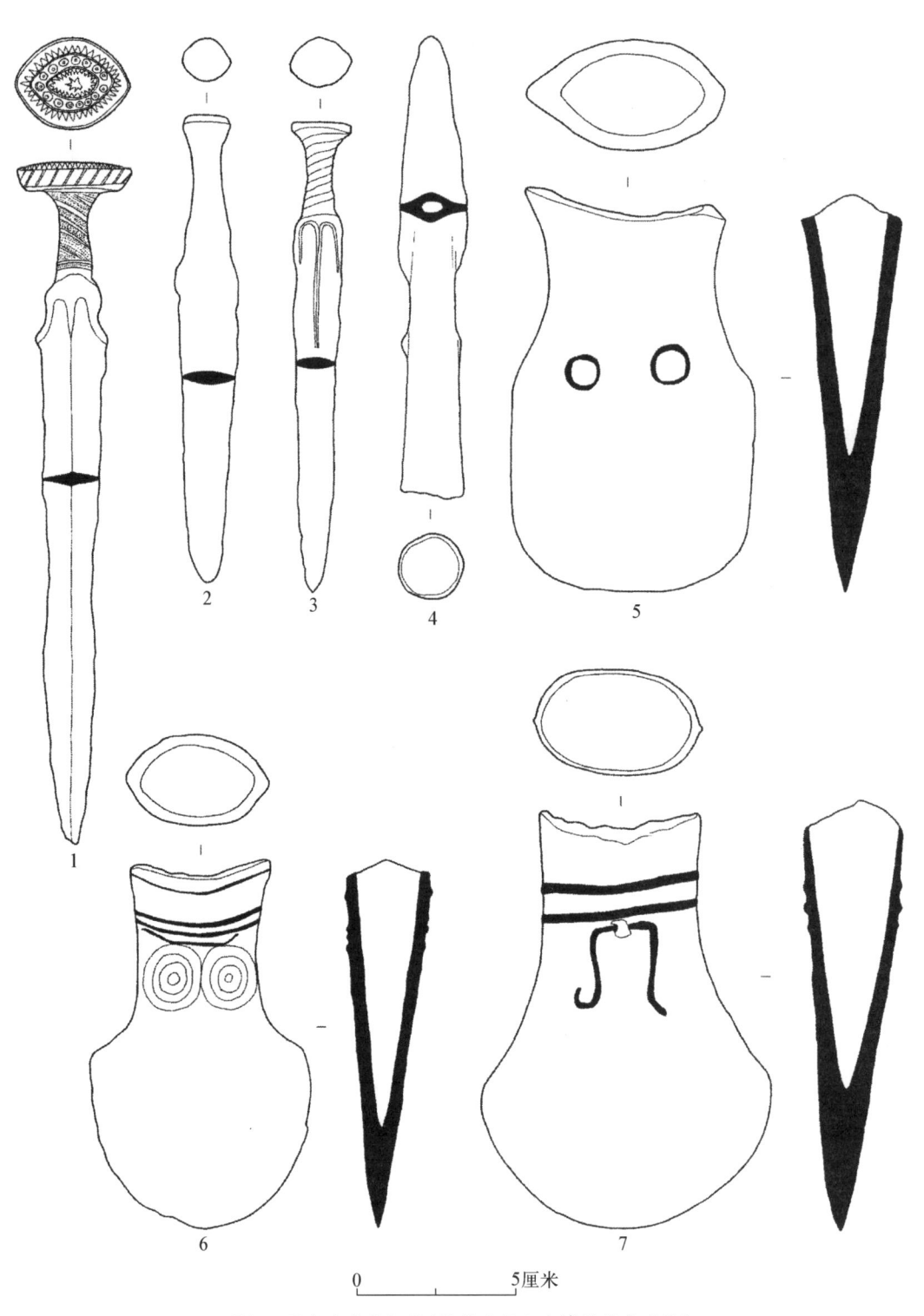

图七 昌宁县采集铜器（编号为保山市博物馆卡片号）

1. 铜剑（展厅29） 2. 铜剑（展厅24） 3. 铜剑（展厅28） 4. 铜矛（展厅14） 5. 铜钺（展厅53） 6. 铜钺（展厅52） 7. 铜钺（展厅51）

出土铜钺3件。椭圆銎，銎面饰平行线纹，月牙形刃面。长20—23.5、刃宽11.5—23、銎径2.1—6.8厘米。三件均系夹砂紫铜质，体形较大；冶炼技术较差，面部有许多砂眼；无几何纹饰图案，柄部两边各有一对称乳孔，刃部前后稍有残缺。

### 2. 田园镇长洼子青铜点

位于昌宁县达丙镇上龙潭,北纬24°48′77.6″,东经99°37′87.2″,海拔2 442米。1986年7月昌宁县达丙镇上龙潭社社员段如凯在龙潭山长洼子水沟头挖沟时掘出铜钺一件。出土地已遭破坏,无地层情况。

出土椭圆銎靴型钺1件。长27.5、刃宽23.5厘米,銎口长7、宽2.3厘米,重750克,銎口下铸一对称同心圆圈纹。

### 3. 田园镇九甲村青铜点

位于昌宁县田园镇达丙九甲村。北纬24°48′87.9″,东经99°37′89.2″,海拔2 442米。1973年8月,达丙九甲村社员在北山坡顶掘出铜鼓一具。出土地已遭破坏,无地层情况。

出土铜鼓1件。高39.8、足径53.7、壁厚0.25厘米,有纹饰,器身瘦长,形似圆饼。年代为春秋中期至战国前期。现珍藏于北京国家博物馆。

### 4. 柯街镇平加洼子青铜点

位于昌宁柯街村委会丫口田村民小组东北部的三丘田头。北纬24°53′45.3″,东经099°27′22.0″,海拔1 113米。2005年当地村民到地里种玉米,挖到一件青铜器物,现该青铜器物已经遗失。根据当事人描述,推测此青铜器物大致为一把青铜弯刀。该青铜器物出土地遗址的发现,对研究昌宁县青铜器分布提供了新的资料。

### 5. 漭水镇打卦坟山青铜点

位于昌宁县漭水镇漭水村打卦坟山。北纬24°53′02.5″,东经099°42′23.8″,海拔1 755米。1993年漭水镇漭水村村民在打坟山开挖茶地时,于地表一米深处的浅黄色土壤中掘出了4件编钟。现场已遭破坏,无地层情况。

出土编钟4件,通高33—45厘米,重1.95—5.02千克。椭圆形钟口,长14.7—19.7、宽8.2—14厘米,钮呈半圆状,高6.5—8.2、宽2.5—2.9厘米,口径边沿有一道宽2.4—3厘米的平行斜线纹。一件素面,另几件饰螺旋卷云纹连接组成图案、回纹,其中一件钟面为二虎对峙腾飞向上图案和二虎对峙争牛腾飞升空图案,二虎利爪相交于一牛头之上。

### 6. 田园镇烂坝寨青铜点

位于昌宁县田园镇右甸右义办事处烂坝寨,北纬24°48′89.1″,东经99°37′62.2″,海拔1 675米。1988年8月昌宁县城关镇右义办事处烂坝寨合作社青年农民字如忠在韩家烂坝山坡开挖茶地时,于地表下70厘米深的红壤土出土1件铜编钟。无地层情况记录。

出土编钟1件。通高37.5厘米,重3 000克。椭圆形钟口,长19、宽10.5厘米钮呈半椭圆状,高6、径宽2.25厘米,钮正中下方、两侧腰中部及两钟面上部均有对称的散音孔,钟两面有对称的双蛇螺旋纹,中部以绳纹框界,中为首尾相接的横排三浮雕牛纹,双蛇纹络精细,线条流畅、牛的体态雅拙,憨厚可爱。其年代应属战国晚期至西汉中期的文化遗物。

### 7. 田园镇天生桥青铜点

位于昌宁县田园镇右甸右文办事处大理寨天生桥,地理坐标:北纬24°48′93.1″,东经99°37′75.2″,海拔1 670米。1988年9月24日河尾村社员在大理寨天生桥山开挖茶地时于地表下90厘米处挖出铜鼓一具,出土时倒置,无共存物。现场已遭破坏,无地层情况。

出土铜鼓1件。通高37、面径34、胴径42、腰径31、足径47、壁厚0.2厘米。鼓面中央有一凸起圆饼的太阳纹光体,鼓面四边有4组立体雕饰物,完整的一组为猎犬搏鹿形象,残缺的三组中有两组拟猎人引弩跪射,一组拟擂鼓助威者,胴腰间有扁平条耳两对,腰部被6对双纵线和两道合范划分为8

格,双纵线下端为向外卷曲的云纹,足部内沿有折边。属万家坝型铜鼓。

8. 田园镇三甲村青铜点

位于昌宁县中部达丙乡中三甲村西南卡巴洼小山北坡。北纬24°48′63.1″,东经99°37′77.2″,海拔1 660米。1986年9月农民平整茶地时于地表下70厘米深处掘出,出土铜盒(箭箙)2件,铜钺3件。出土时器物呈北南向置放,盒北钺南,相距15厘米;两盒上下叠置,盖北身南,套口脱离。

出土铜盒(箭箙)和铜钺数件。铜盒2件,盒盖都为马鞍形,盒身为等腰梯形。铜盒通高35—36.5、中高29—31.5、底宽26.5—27.5、内径4厘米,盒口(腰部)宽19.5、内径5.5、底宽23.5、内径3.5厘米。距盒身口部两侧对称焊接有环,通体饰有规则的模线与圆圈。在盒盖与盒身同面的中线上对称焊接有同一大小的环。盒盖顶部与盒身底部饰有对称的同心圆纹,而盒盖部与盒身顶部则饰由线条组成的菱形几何图纹。

铜钺3件,新月形刃铜钺1件,两月牙弯为钩状。通高22、刃宽19厘米,椭圆形銎,长11.5、内径7.6厘米,束腰。饰方格几何纹及圆圈纹,其一圆圈内刻"十"字符号。刃部有缺口拟使用残痕。不对称刃铜钺1件,其一角收为尖状,一角收为平口状,通高21、刃宽12厘米,椭圆形銎,长11.5、内径1.7厘米,束腰。饰麦芒纹,有明显使用残痕。圆形刃铜钺1件,通高21、刃宽12厘米,椭圆形銎,长11.5、内径1.7厘米,束腰。饰条纹、菱形纹及三排对称的圆圈纹。时代为春秋至战国时期。

9. 大田坝乡阿吾寨青铜点

位于昌宁县大田坝乡大田坝村阿吾寨,北纬25°02′49.7″,东经099°29′26.3″,海拔1 510米。1983年12月,大田坝乡文化站工作人员到阿吾寨调查文物情况时征集出土铜斧1件。地层情况不清。

出土铜斧1件。长12、刃宽8.5厘米,銎口长5.1、宽3.4厘米,重430克,椭圆銎口,弧刃直肩,銎口下部一对称圆圈纹。

10. 漭水镇松树桥洼青铜点

位于昌宁县漭水镇松树桥村后洼地,北纬24°52′42.5″,东经099°45′53.8″,海拔1 695米。1981年冬,漭水乡松树桥洼社员穆家富在挖房子地基时掘出铜斧1件,现场已遭破坏,无地层情况。

出土束腰长脖肩铜斧,长10.8、刃宽6.3厘米,銎口长6.7、宽2.8厘米,重380克,椭圆銎口,弧刃弧肩,一面銎口下部一对称圆圈纹,一面为直线勾纹。

## (二) 隆阳区(图八)

1. 瓦马乡汶上下格箐青铜采集点

位于隆阳区瓦马乡汶上村下格箐小山坡。北纬25°28′29.54″,东经98°58′33.95″,海拔1 880米。1994年隆阳区文物管理所(原保山市博物馆)朱文仙征集于瓦马乡汶上村下格箐小山坡。出土情况不明,调查中未作地层记录。

出土铜器4件。青铜钺1件,基本完好。器型较小,通高14、刃口长13.8、銎部长9厘米,銎口4.6×1.4厘米,重160克铜钺由上、下两部分构成,下部为刃身,上部为銎(安装木柄的椭圆套孔)。銎部上宽下渐稍窄,较直,并有斜方格网纹,稍残。刃部是不对称型,刃身两端一长一短,一高一低,刃面似靴。

青铜戚3件。第1件器型基本完整。长19.5厘米,刃最宽处7.5厘米,重270克。器身分上下两部分,刃部为半圆形,内为长方形,刃部比体部稍宽,体部中段有一圆孔,有阑。第2件器型基本完整,长20厘米,刃最宽处7.3厘米,重240克。器身分上下两部分,刃部为半圆形,内为长方形,刃部比体部稍宽,体部中段有一圆孔,有阑。第3件器型基本完整,通长22.5厘米,刃最宽处6.7厘米,重170克。器身分上下两部分,刃部为半圆形,内为长方形,刃部比体部稍宽,体部中段有一圆孔,有阑。

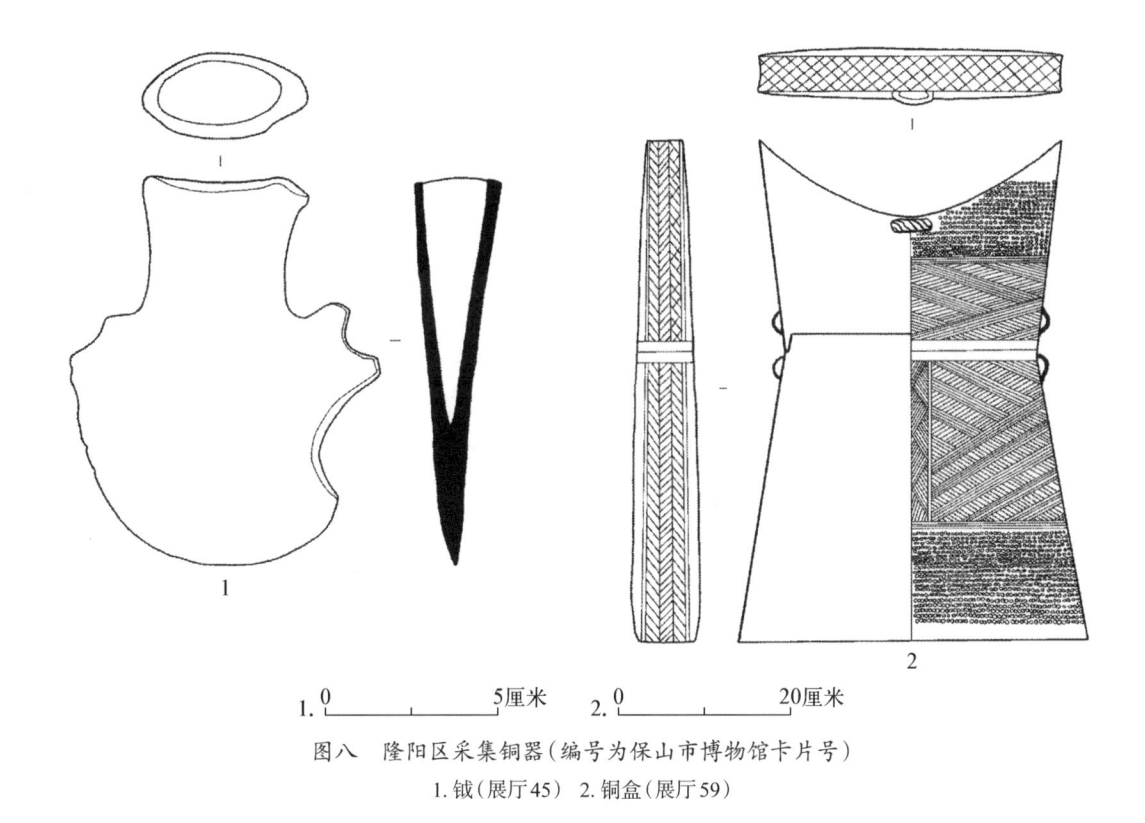

图八　隆阳区采集铜器（编号为保山市博物馆卡片号）
1. 钺（展厅45）　2. 铜盒（展厅59）

#### 2. 瓦马乡汶上滥坝田青铜采集点

位于隆阳区瓦马乡汶上村滥坝田。北纬25°28′26.48″，东经98°58′23.97″，海拔1 853米。1994年隆阳区文物管理所（原保山市博物馆）朱文仙征集于瓦马乡汶上村滥坝田。文物出土情况不明，调查中未作地层记录。

出土铜钺2件。第1件刃部稍残。靴型铜钺器型较大，高21.7、残长24厘米，銎口7.2×2.2厘米，重730克，銎部上宽下渐稍窄，较直，两面各有四个乳丁纹，刃部不对称，刃身两端一长一短，一高一低，刃面似靴。第2件靴型钺，刃部残断，残长34.2厘米，銎上部残断，通高残长21厘米，銎部有乳丁纹饰，銎口5.2×1.8厘米，重670克。

#### 3. 瓦房乡上寨子青铜采集点

位于隆阳区瓦房乡上寨村委会上寨自然村豹子洞。北纬25°21′46.83″，东经99°03′06.40″，海拔1 566米。2004年8月17日，保山市博物馆购于当地村民。原出土地点已经发生位移，属在二次移动堆积中发现。经在推断区域勘探，上为疏松浮土，下为岩石。

出土人面纹青铜弯刀1件，稍残，残长48、柄长12厘米，最宽处有8厘米，最窄处有5厘米。柄部两面都有一人面纹饰和一线条纹饰，刃最宽处有9厘米，最窄处有5.5厘米，刃部断裂，刃尖上翘，时代为战国时期。

### （三）施甸县

#### 1. 摆榔乡牛汪塘青铜点

位于施甸县摆榔乡大中村楂子树半坡牛汪塘，北纬24°39′02.0″，东经099°19′28.6″，海拔1 200米，与牛汪塘新石器遗址为同一地点。1990年楂子树村社员在包产地边开挖荒地时，从下距地面约25厘米深处挖出2件青铜器，其中1件是铜钺，另1件是铜剑，同时挖出炭屑、陶片等。后经调查，依据该遗址伴随出土的大量新石器晚期时代遗物,确定为铜石并用遗址。

出土物铜钺和铜剑各1件。铜钺,扁圆形,直銎,紫红色铜质,锈蚀严重,素面,铸制较粗糙,通长10厘米,銎深6.8厘米,銎口稍外侈,呈弧凹状,銎口宽4.5、厚0.2厘米。刃口呈椭圆形,直銎、束腰,最宽为5.7厘米。铜剑,残长19.5、刃宽2.8厘米,曾被烧灼,残损严重。

2. 姚关镇狐狸洞凹青铜点

位于施甸县姚关镇富阳村委会上吴家庄,离县城约25千米。北纬24°35′32.8″,东经099°14′04.0″,海拔1820米。1986年当地社员到村后放牧时,在一自然塌方土坎中发现,1986年7月由施甸县文管所征集入藏。1997年市、县文管所在该区域开展了调勘工作,未发现文物层和任何人类活动痕迹,因此推测该铜钟系偶然由他处埋藏至此,后鉴定该铜钟是我国南方古代民族乐器编钟之一。

出土铜钟1件。铸制,齐口,圆肩,单高钮,钟口呈椭圆形,通高34.5厘米,钟口长径20.3、短径12、腔壁厚0.6厘米,重4600克。近口沿处有一周回纹,腹部一面铸有线纹双鹿图案,另一面为双虎图。

## (四)腾冲市(图九、一〇)

1. 中和乡小卧龙寨青铜采集点

位于中和乡东坪村东边,距离村公所1.5千米。东经98°42′21″,北纬25°06′07″。在卧龙寨坟墓中出土1面铜鼓。在该地未发现其他遗迹和遗物。具体出土情况不明,地层关系不清。

出土铜鼓1件,素面,双系耳,器形较大。铜鼓高41、底径55、胴径51.5、面径43.7厘米。

2. 马站乡(原固东)二龙山采集点

位于马站乡三联村西北边,距离三联村村公所约5千米。东经98°46′32″,北纬25°25′17″。1981年7月,茶子园社员在腾冲固东二龙山找菌子发现一面万家坝型铜鼓残件。

出土铜鼓1件。残损较重。残高22.2、胴径3.7、面径29、47厘米。器物双耳,素面,胴部膨出,中腰凹束,足外扩,面小于底。通体无纹饰,铸造粗糙,形态古拙,紫铜色,鼓足厚薄不均,合成线不规整。

3. 猴桥镇大横山青铜采集点

位于猴桥镇猴桥村的西北方向,距村公所约8千米。东经98°20′54″,北纬25°37′42″。1978年8月,在腾冲猴桥镇猴桥村大横山脚杞木窝出土一面战国至西汉时期的石寨山型铜鼓。

出土铜鼓1件,残高27、面径39、底径42厘米。鼓面小于鼓身,胴、腰、足三段分明,胴部突出,腰部收缩,圈足外侈,鼓面小于鼓身(出土时鼓面已损)呈喇叭形,胴部图案为"羽人""小船",腰部为驼峰牛纹。

4. 腾越镇芹菜塘青铜采集点

位于腾越镇玉璧行政村芹菜塘自然村北面3公里处老胡石场,距离村委会22千米。东经98°53′11″,北纬25°01′56″。该石场工作人员在采石时发现1面铜鼓。该地除铜鼓外无其他遗迹和遗物。

出土铜鼓1件,尺寸通高32、底径54、腹16、面36、厚0.3厘米。鼓为素面,无基,四系耳。

5. 曲石乡麻栗山青铜采集点

位于曲石乡麻栗山坡山麓,为麻栗山的一突出部,采集点东西向,下为平川,视野十分开阔,平川两侧的山峦均高于麻栗山,形成三面环山、一面开阔的地形。地理坐标为东经98°55′11″,北纬25°26′53″。1989年1月,在腾冲曲石江南张家寨麻栗山出土2件青铜器,1件为铜案,1件为铜盒,系当地农民张正益建房扩地基挖削山坡时掘出。从器物出土地点的遗迹判断,确认2件器物出土于墓葬内。据发现者介绍,器物被发现时,铜案横置平放,铜盒立放于案面之上,未发现墓主骨骸及葬具残骸。根据对出土地点的实地勘查以及对出土物的分析,铜案出土地点可能系级别较高的贵族墓葬,两件器物系随葬品,铜案可能系祭天的明器。

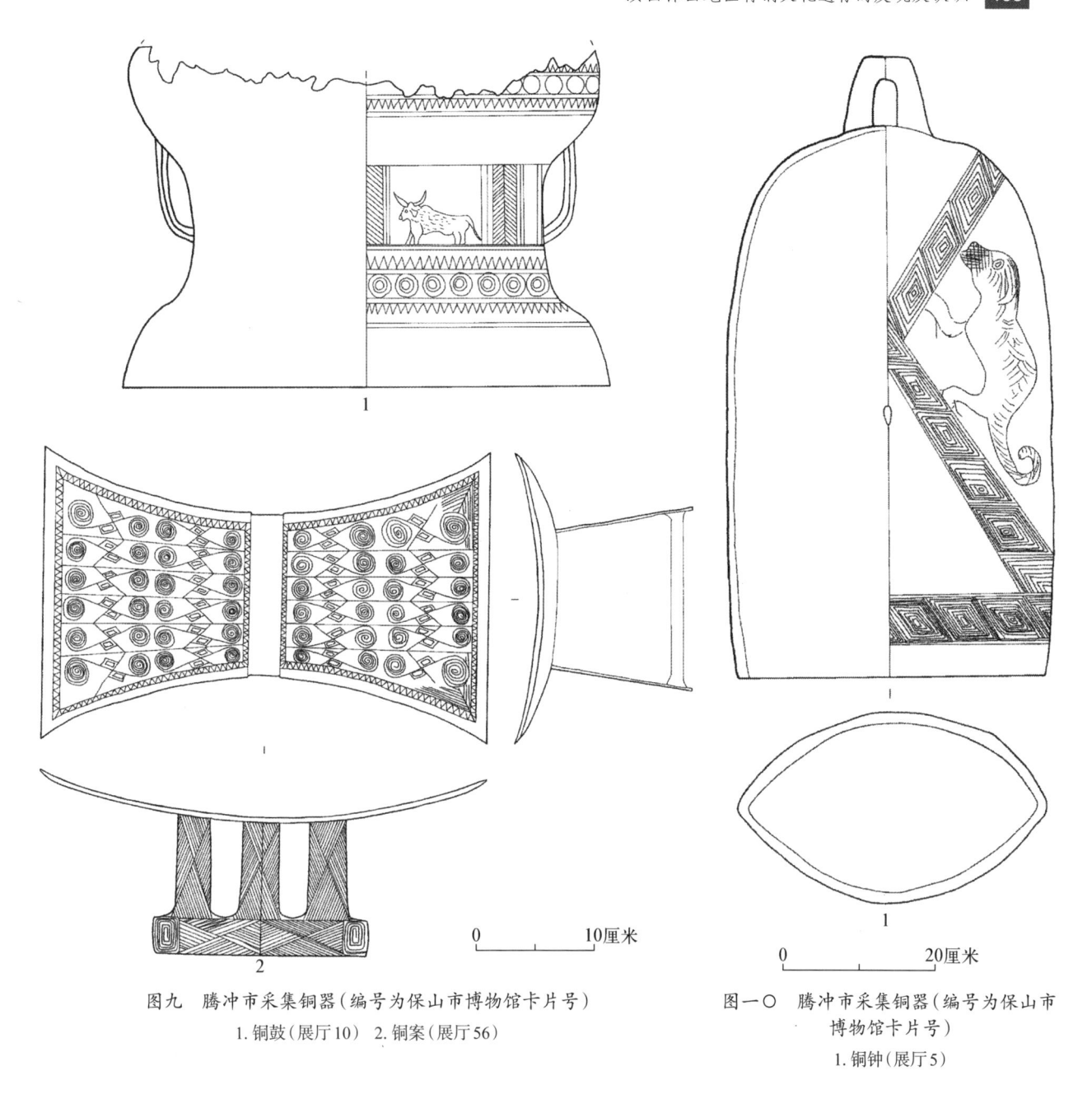

图九　腾冲市采集铜器（编号为保山市博物馆卡片号）
1. 铜鼓（展厅10）　2. 铜案（展厅56）

图一〇　腾冲市采集铜器（编号为保山市博物馆卡片号）
1. 铜钟（展厅5）

出土铜案1件，由案面、支架组成，案面银锭形，两端宽，中间窄且微凹，四角微上翘，呈弧形，案面下前后两侧连接对称山字形支架，支架间有两横档固定，案高11.4、案面长38.6厘米，案面饰12组对称涡纹和云雷纹，四角饰羽纹，边缘饰锯齿纹，支架饰菱形纹及云雷纹。

出土铜盒1件，马鞍形盖梯形扁盒，出土时器形完好，出土后盒身被发现者摔碎，只保存盒盖。盖高11.4、长12厘米，上端宽2、下端宽2.5厘米，壁厚0.2厘米，顶部凹成一个半圆而呈两个尖角。盒盖表面均有纹饰，正中由六条纵线组成，上部饰圆凹点纹，其下由五条横线相隔，下部为菱形纹，近口沿处复为五条横线；前后两面纹饰相同，侧面及顶面均饰以圆凹点纹。

## （五）龙陵县

### 1. 平达乡南林山新石器、青铜器采集点

位于龙陵县平达乡安庆村南林山。向当地村民征集而来，采集到打制弧肩石斧和铜斧各1件。

铜斧1件,弧肩,长5.4、刃宽3.5、厚0.4厘米。

2. 平达乡下蛮坎青铜器采集点

位于龙陵县平达乡安庆村下蛮坎。向当地村民征集而来。

铜斧2件,一件长10.1、刃宽7.2、銎长8厘米;另一件长9、刃宽6.8、銎长6厘米。

3. 龙江乡摆夷坟青铜器采集点

位于龙陵县龙江乡勐柳村摆夷坟。向当地村民征集而来。

红铜斧1件,长5、刃宽4.6、厚0.3厘米。

4. 木城乡梅子寨铜、石器采集点

位于龙陵县木城乡木城村梅子寨。1988年调查时向当地村民征集而来,采集到磨制梯形石斧和铜斧各1件。

铜斧,梯形,长6、刃宽4.2、厚0.4厘米。

## 三、保山境内青铜遗存的认识

保山采集的青铜遗物可以说是遍地开花,大部分都有明确的出土地点和时间,但都出自工农业生产和基建过程中,除了坟岭岗墓地和大甸山墓地外,大部分未做正式发掘,每件器物的埋藏情况、文化内涵不清。经过实地走访调查和地形判断,多处青铜器采集点地势陡峭、地方狭小,不具备墓葬分布的条件。结合地势和出土状态,推断这批青铜器属于窖藏或祭祀坑遗存的器物概率较大些,当然也不排除从地势高处冲刷下来的二次堆积可能。

在保山除昌宁县外的其他四个县区市的青铜遗存点数量也不少,出土器物也很多。腾冲和隆阳区两个地区发现的采集点要集中些也稍多些,而施甸和龙陵则较少。腾冲猴桥大横山和曲石乡麻栗山两个文物点,采集到的铜案、铜盒与昌宁县坟岭岗墓地出土的相比较,类型、形制等方面极为相似,二者年代也应该相当。因而可以说保山地区在某个时期,现在的多个县区市在当时也应该是属于同一文化系统的范畴。

由于以往保山青铜器出土分散,外界不甚了解此区全面情况,研究者们在依文化特征、地域分布和古代民族等分析云南青铜文化类型时,将其归入了"洱海区域类型""怒江、澜沧江、金沙江上游类型"和以达丙器物为主要代表的"澜沧江中下游类型"等,甚至推断其族属均归"昆明夷"。

根据《后汉书·南蛮西南夷列传》和《华阳国志·南中志》记载,以今保山市为中心的古哀牢地的青铜文化始于公元前14世纪前后,至东汉早期被新兴的铁器文化所取代,其鼎盛时期大体也就与古文献记载的哀牢国的存续时期重合。其实结合大甸山墓地发现的土洞墓出土铜器,除大量生产工具和生活用具外,如铜弯刀、铜盒、铜斧,尚有相当数量的以钟、鼓为代表的礼乐器和以钺为代表的兵器,这类器物应该是古哀牢的遗存。类似坟岭岗墓地出土的山字格铜剑、各类牌饰等与西北地区的石棺墓出土的同类器物相似,推其族属应该是与来自西北地区的氐羌民族有关,只是他们生活在哀牢的疆域范围内而已。

保山几十年来众多地点陆续出土青铜器是非常值得重视的。云南澜沧江以西地区汉代以前的历史,史籍记载阙如,保山境内发现的青铜器为研究这一区域春秋至汉代初期的人类历史特别是哀牢国的历史提供了珍贵的实物材料。

# 礼音远振：早期石磬在中原以外的传播

◎ 赵　昊（北京大学考古文博学院）

石磬是中国古代礼乐制度中的核心乐器之一，历来受到考古学、音乐史学等多方面研究者的关注。已有研究主要集中在两个方面。第一是关注石磬的形制特征，以考古类型学对出土石磬进行形式划分，并尝试进行年代或地域的考察。第二是关注石磬的音乐特性和编制模式，以测音为基础分析石磬的乐理特征，并考察长时段礼乐体系的演变。这两个方面的研究对于中国石磬从初创阶段到成熟阶段的历史过程已形成了很多重要认识。

根据目前的考古发现，可以将石磬的发展历程以西周时期为界划分为两个阶段。西周之前的石磬，在发现数量上较为有限，形制十分多样，不少石磬制作水平粗疏。编制方式基本都是特磬，仅有极个别三件编磬的情况。这一阶段的石磬可以称为早期石磬。西周以来石磬则进入高速发展期，发现数量大幅增加，折磬成为主流标准。石磬的制作也日益精良，草创期多打制的情况基本消失，打磨平滑、边角清晰，表面装饰也开始普遍。此外，石磬的编制方式复杂化，编磬成为主流，编制规模日益扩大。

由于石磬材料丰富程度的差异，西周以来的石磬受到的关注相对更多，而西周之前石磬的相关发现和报道都较为零散。这也导致不易从宏观角度考量早期石磬传播和演进过程中的社会文化因素，特别是针对石磬的考古学文化背景考虑较少，忽视早期石磬看似零散分布背后的某些共通文化现象。本研究尝试梳理各地早期石磬的发现，并重点结合中国考古学文化谱系认识的新进展，将早期石磬置于其所归属的考古学文化背景中，考察早期石磬在中原地区以外的分布和传播特点。

## 一、中原文化圈早期石磬

首先简要追溯中原地区早期石磬的发现及其考古学背景特征。目前发现最早的石磬来自中原地区的龙山时代晚期，地域上基本集中在晋南地区。1. 襄汾陶寺遗址四座大墓各有一件大型特磬[1]，这也是龙山时期出土背景最为清晰的四件石磬，也表明大型石磬已与层级身份直接相关。2. 在闻喜南宋村遗址龙山晚期文化层发现一件大型特磬[2]，打制而成。3. 大同博物馆也收藏了一件可能出土于襄汾地区的龙山时代大型特磬[3]。4. 在襄汾大崮堆山龙山时代晚期采石场遗址还发现有2件用于制造

---

[1] 中国社会科学院考古研究所、山西临汾市文物局：《陶寺1978—1985年考古发掘报告》第2册，文物出版社，2015年。
[2] 李裕群、韩梦如：《山西闻喜县发现龙山时期大石磬》，《考古与文物》1986年2期。
[3] 张丽：《山西大同市博物馆收藏的一件特大石磬》，《考古》1999年2期。

大型石磬的磬坯[1]。5.在晋南地区以外,河南禹州阎砦遗址的一座龙山晚期墓葬中,也出土了一件打制特磬[2]。中原地区龙山时代晚期的石磬,全部为打制,表面都未经打磨修整,制作技法较为草率。从考古学文化属性上看,这一时期晋南地区的石磬基本出土于陶寺文化的核心区,禹州阎砦遗址则以王湾三期文化为主体。陶寺文化、王湾三期文化均与其后中原地区早期国家的兴起有直接关系,这也反映出此后夏商周王朝时期的石磬存在明确的本地起源和连续发展脉络。

二里头文化石磬延续了中原地区龙山时代的分布特征,在二里头文化晋南和豫西的核心遗址都有发现。1975年在二里头遗址一座二里头三期的墓葬中出土了一件打制特磬[3]。1974年在山西夏县东下冯遗址二里头时期灰坑中出土了1件大型打制特磬[4]。闻喜县博物馆另收藏有1件采集自东下冯遗址附近的特磬[5],年代可能亦为二里头时期。邻近的襄汾张槐遗址的灰坑中也发现1件特磬,遗址共出东下冯类型陶片[6]。

早商—中商文化石磬都发现于较高等级商文化遗址中。在河南郑州小双桥[7]、山西平陆前庄[8]、山东济南大辛庄[9]、陕西蓝田怀珍坊[10]各发现1件特磬。至晚商文化,石磬数量明显增加,尤其是在商王朝中心的殷墟遗址,石磬在出土数量、加工水平、编制方式方面较前一阶段都有大幅度提升。目前在殷墟发现的晚商时期石磬数量已不少于40件[11]。除殷墟以外,晚商文化石磬还在其他一些重要的商文化地方据点有发现,包括山东青州苏埠屯[12]、滕州前掌大[13]、山西灵石旌介[14]、河北藁城台西[15]等遗址。这些石磬都发现在晚商王朝的疆域范围内[16],属商文化背景下的礼乐器。晚商文化石磬制作精细化水平明显提高,尤其在殷墟遗址,刻画生动的装饰纹样开始出现在石磬表面,典型如武官村虎纹石磬。在编制方式上,晚商文化绝大部分石磬仍延续了特磬制,不过如1935年出土的"永余"编磬和1975年妇好墓出土的编磬[17],也反映出更复杂的悬乐编制方式开始萌发。

以上所列举的自龙山晚期至晚商时期的石磬,分布在河南、豫西、关中东部、山东西部、河北中部等地区,而其考古学文化属性包括陶寺文化、王湾三期文化、二里头文化、早商—中商文化、晚商文化。这些都是与中原早期国家形成、夏商王朝相关的考古学遗存,因此上述石磬都可以总归为中原文化圈早期石磬。

---

[1] 陶富海:《山西襄汾大崮堆山发现新石器时代石磬坯》,《考古》1988年12期。
[2] 匡瑜、姜涛:《河南省禹县阎砦龙山文化遗址》,《中国考古学年鉴》,文物出版社,1984年,126页。
[3] 中国社会科学院考古研究所:《偃师二里头1959—1978年考古发掘报告》,中国大百科全书出版社,1999年,259页。
[4] 中国社会科学院考古研究所:《夏县东下冯》,文物出版社,1988年,99页。
[5] 项阳:《山西商以前及商代特磬的调查与测音分析》,《考古》2000年11期。
[6] 夏宏茹、梁泽峰:《山西襄汾县张槐遗址出土大型石磬》,《考古》2007年12期。
[7] 河南省文物考古研究所:《郑州小双桥1990—2000年考古发掘报告》,科学出版社,2012年,488页。
[8] 卫斯:《平陆县前庄商代遗址出土文物》,《文物季刊》1992年1期。
[9] 山东大学历史文化学院考古系、山东省文物考古研究所:《济南大辛庄遗址139号商代墓葬》,《考古》2010年10期。
[10] 樊维岳、吴镇烽:《陕西蓝田县出土商代青铜器》,《文物资料丛刊》第3辑,文物出版社,1980年,25—26页。
[11] 常怀颖:《殷墟随葬乐器补议》,《音乐研究》2018年5期。
[12] 山东省文物考古研究所、青州市博物馆:《青州市苏埠屯商代墓发掘报告》,《海岱考古》1989年,254—274页。
[13] 中国社会科学院考古研究所:《滕州前掌大墓地》,文物出版社,2005年,438页。
[14] 山西省考古研究所:《灵石旌介商墓》,科学出版社,2006年,178—179页。
[15] 河北省文物研究所:《藁城台西商代遗址》,文物出版社,1985年,142—143页。
[16] 刘绪:《商文化在东方的拓展》,饭岛武次编:《中华文明的考古学》,同成社,2014年;刘绪:《商文化在西方的兴衰》,(台湾)"中研院"历史语言研究所编:《纪念殷墟发掘八十周年学术研讨会论文集》,(台湾)"中研院"历史语言研究所,2015年;刘绪:《商文化在北方的进退》,(台湾)"中研院"历史语言研究所编:《"周边"与"中心":殷墟时期安阳及安阳以外地区的考古发现与研究》,(台湾)"中研院"历史语言研究所,2015年。
[17] 于省吾:《双剑誃古器物图录》,中华书局,2009年,139—144页。

## 二、非中原文化圈石磬

与中原文化圈石磬相对,中原以外地区自龙山晚期至晚商时期也有不少早期石磬的发现,即可称为非中原文化圈石磬。当我们审视这些非中原石磬的地域分布和考古学属性时,突出特点之一便是其地理分布全部位于半月形文化传播带一线,而在其他中原以外地区则未有出现。下文以考古学文化分区为依据,梳理半月形地带上的早期石磬发现。

### (一)晋陕高原地区

在该地区发现的西周以前石磬共报道3处。

榆阳李家庙特磬,采集自榆林榆阳区李家庙遗址[1]。鼓部残断,残存部分大致呈直角梯形,残长34、宽20—29.5厘米,最大厚度7厘米。悬孔对钻而成,内径仅1.5厘米。石磬由打制而成,边沿可见剥片形成的修整痕迹。

五台阳白石磬,1987年对忻州五台县阳白遗址进行发掘时自灰坑H111中出土[2]。保存完整,总体呈梯形,通长41.5、宽24.5厘米,厚度在0.8—2厘米左右。石磬整体打制而成,未经打磨,磬体四周边缘均可见剥片修整痕迹。这件石磬的出土背景较为特殊,覆盖于灰坑H111中偏南位置一个年龄在8岁左右的儿童的下半身。

中阳古罗沟石磬,出土于吕梁中阳古罗沟村,存放于中阳县柏洼山上的龙泉观[3]。总体保存完整,呈长方形,通长99、宽约30厘米(根据图片计算),最厚处12.3厘米。一侧打制而成,另一侧为石料自然光滑外表。悬孔对钻而成,外孔径9厘米,内径2厘米。

近年来随着神木石峁遗址发掘和研究的深入,孙周勇等提出将以"双鋬鬲"为代表的器物组合命名为石峁文化的主张[4],并指出石峁文化以陕西北部、内蒙古中南部和山西中北部为核心,涵盖了南流黄河北段和吕梁山地辐射全部地带,是一支明显有别于中原地区龙山时代晚期的考古学文化,绝对年代范围约在公元前2300至前1800年之间。

榆阳李家庙为一处石峁文化遗址,石磬采集点附近发现有石峁文化陶片,研究者判断陶片应当不晚于石峁A段遗存[5]。对于五台阳白遗址,出土石磬的H111为该遗址晚期遗存。阳白遗址中三个晚期遗迹单位的树轮校正测年数据分别在公元前2150、1865、1785年左右,同时发掘者也指出阳白遗址中晚期遗存的陶器群,与山西中北部、内蒙古中南部、陕北一带龙山文化晚期的遗存较为相似。而近期孙周勇等也指出阳白遗址晚期遗存可被划归入石峁文化范畴中。因此,榆阳李家庙、五台阳白石磬可纳入石峁文化范畴。中阳谷罗沟虽为采集品,不过鉴于石磬打制成形、缺乏精修的加工特征,其年代为龙山时期的可能性很大。中阳位黄河东岸与吕梁山西麓之间,龙山时期并非陶寺文化的分布区,因此谷罗沟石磬也很可能是石峁文化遗物。

---

[1] 聂新民:《榆林县余兴庄、古塔、刘千河三乡史前遗存调查简记》,《聂新民文稿》,西北大学出版社,2013年。
[2] 山西大学历史系考古专业、忻州地区文物管理处、五台县博物馆:《山西五台县阳白遗址发掘简报》,《考古》1997年4期。
[3] 项阳:《山西商以前及商代特磬的调查与测音分析》,《考古》2000年11期。
[4] 孙周勇、邵晶、邱楠:《石峁文化的命名、范围及年代》,《考古》2020年8期。
[5] 邵晶:《石峁遗址与陶寺遗址的比较研究》,《考古》2020年5期。

## （二）甘青宁地区

在青海东部、甘肃东部以及宁夏南部地区共报道过7件早期石磬。

乐都柳湾石磬，出土于柳湾遗址齐家文化早期墓葬中[1]。股部从悬孔处断裂，残存部分大致呈三角形，灰黑色粉砂岩。残长42.4、宽18厘米，厚约2.2厘米。悬孔靠近上边缘，对钻而成。柳湾石磬的鼓上缘、底边均加工平整，剥片疤痕不显著。磬体表面虽未经细致打磨，但相对平整，打制疤痕不明显。这件石磬所在墓葬为一座竖穴土坑木棺墓，为二次葬，墓葬整体形制尺寸与柳湾墓地其他齐家文化墓葬无显著差异。该墓葬共出土双耳彩陶罐、双大耳罐等陶器24件，以及绿松石饰、串珠等装饰品。

民和喇家石磬，2000年征集自青海民和喇家村[2]，现展出于青海省博物馆。石磬虽一角断裂，但整体形态呈长方形，通长96、宽61厘米，厚约4厘米。石磬制作精良，边缘笔直，通体磨制，平整光滑，没有明显的打制痕迹。悬孔对钻而成。喇家遗址为一处出土有大量重要玉器的齐家文化聚落[3]。根据发掘该石磬的村民描述，石磬是与一些齐家文化的红陶罐一起被挖出的，因此该石磬当属齐家文化遗存。

榆中马家山石磬，出土于甘肃榆中县连搭乡马家山（亦称马家坬），现展出于兰州市博物馆。保存较为完整，总体呈梯形，黑色青石。通长71、宽29.5厘米，厚约2.5厘米。悬孔对钻而成。磬体表面略经打磨，而边缘则可见少量剥片修整疤痕。马家山遗址总面积约4 000平方米，1959年由甘肃省博物馆进行了发掘，发现有马家窑文化马家窑类型、半山类型、马厂类型和齐家文化遗存[4]。马甲山石磬的年代大致不晚于齐家文化阶段。

榆中麻家寺石磬，1976年发现于甘肃省榆中县连搭乡麻家寺遗址，现藏兰州市博物馆。石磬打制而成，青灰色，呈不规则梯形，悬孔对钻而成。出土自一座齐家文化墓葬中，墓中同出有齐家文化陶罐7件。1959年甘肃省博物馆对麻家寺遗址进行过试掘，遗址主体包括马家窑、马厂、齐家文化遗存[5]。

庆阳环县特磬，于第三次文物普查时采集自甘肃庆阳环县四合塬乡，现收藏于环县博物馆[6]。该磬整体保存完好，大体呈三角形。通长50、宽25厘米，厚1—5厘米，重7.4千克。打制而成，表面略经打磨，而边缘可见大量打制痕迹。悬孔对钻而成，内径1.3厘米，外径4.2厘米。普查小组对采集地点附近进行了调查，确认三河岔遗址。普查小组还在三河岔遗址周边发现其他4处遗址。这5处遗址均以常山下层文化遗存为主，另外包含少量仰韶文化与齐家文化遗存。其中三河岔遗址地处中心，且面积最大。鉴于这件石磬的制作特征和遗址背景情况，其年代不晚于齐家文化阶段。

隆德上齐石磬，征集自宁夏隆德县凤岭乡上齐家遗址，现收藏于隆德县文物管理所[7]。保存较为完整，总体呈长方形，通长27、宽20厘米，重1.675千克。打制而成，表面可见大量打制剥片痕迹，未经任何打磨。悬孔对钻，孔径约1.5厘米。出土石磬的上齐家遗址为齐家文化遗址[8]，不过近期也有研究者认为该遗址文化遗存应当被纳入常山下文化范畴[9]。

---

[1] 青海省文物管理处考古队，中国社会科学院考古研究：《青海柳湾：乐都柳湾原始社会墓地》，文物出版社，1984年，233页。
[2] 王仁湘：《宝器重光：黄河磬王发现记》，《文物天地》2001年1期。
[3] 中国社会科学院考古研究所甘青工作队，青海省文物考古研究所：《青海民和县喇家遗址2000年发掘简报》，《考古》2002年21期。
[4] 国家文物局：《中国文物地图集·甘肃分卷下》，测绘出版社，2011年，47页。
[5] 国家文物局：《中国文物地图集·甘肃分卷下》，测绘出版社，2011年，45页。
[6] 沈浩注：《甘肃日报》2016年07月27日。
[7] 刘世友：《隆德县文物志》，宁夏人民教育出版社，2016年，81页。
[8] 张忠培：《齐家文化研究（下）》，《考古学报》1987年2期。
[9] 蒋辉、钟毅：《齐家文化内涵变迁的学术史考察》，《北方文物》2022年4期。

隆德阳洼山石磬，采集自宁夏隆德县沙塘镇马河村东的阳洼山遗址[1]。石磬具体信息虽不明，不过阳洼山遗址为马家窑至齐家文化遗址[2]，因此该石磬亦很可能为齐家文化遗物。

在甘青宁地区报道的这7件特磬，其考古学文化属性为齐家文化或常山下层文化遗存。虽然研究者对于常山下层文化与齐家文化的划分方式存在不同看法，但两类遗存具有明显的相似性和连续性，其所代表的甘青宁地区新石器时代末期到青铜早期人群具有较为一致的文化传统。在此，我们可将该地区所发现的早期石磬归为齐家文化圈石磬。

## （三）燕山北部地区

目前在该地区见诸报道的早期石磬共14件，其考古学文化属性均属于夏家店下层文化。

牛河梁16地点，发掘自辽宁朝阳牛河梁第16地点[3]。大体呈梯形，通长34.64、宽33.1厘米，厚2.6厘米。石磬表面和边缘都经过打磨，较为平整，底边可见3处打制痕迹。石磬为大石磬残断后二次改制而成，鼓博边缘可见半个对钻而成悬孔。另一完整悬孔靠近顶边，亦对钻而成，内径约1.5厘米。这件石磬出土于一座夏家店下层时期的房址内（N16F7）。值得注意的是，房址N16F7的结构非常特殊，总体为一座包括三室的浅穴建筑，东西长约3.2米，南北长约3.1米。建筑中心有一较粗的柱洞（D1），直径26厘米。F7浅穴外围密集环绕了27个柱洞，直径在6—12厘米间不等。发掘者推测该建筑为一个具有外回廊的建筑。石磬即出土于房屋浅穴南侧的外围回廊上。房址F7明显区别于牛河梁第16地点发掘的另外7座夏家店下层文化房址。其他7座房址平面总体都为圆形，少数也只有简单门道和1—2个室内柱洞，无一具有外围回廊。因此，房址F7可能为该聚落进行集会或仪式活动的地点。

建平河东石磬，在1980年对辽宁建平县喀喇沁镇喀喇沁村河东遗址发掘过程中出土[4]。石磬沿悬孔残断，残存部分近似三角形。残长24.7、残高47.5厘米，厚5.1厘米。青白色石灰石，表面打磨平整，厚度均匀，边沿可见打制疤痕。悬孔对钻，内径2厘米。石磬出土于河东遗址T3⑤层靠近生土处，该遗址④、⑤层均为夏家店下层时期堆积。

建平水泉石磬，出土于辽宁省建平县朱碌科镇水泉遗址夏家店下层文化堆积中[5]，现藏朝阳市博物馆。大致呈三角形，通长58、高28.3六厘米，厚2.8—4.5厘米。表面经过打磨，厚度均匀。悬孔对钻而成，内径1.65厘米。水泉遗址经过多次系统性发掘，是典型的夏家店下层文化聚落遗址[6]。此外，在2020年水泉遗址的近期发掘中又发现一件残石磬，也属于夏家店下层时期[7]。

北票康家屯石磬，发掘自辽宁省北票市大板镇康家屯石城遗址[8]，现展出于辽宁省博物馆。大体呈三角形，通长110、高51厘米，厚5.5—7.2厘米，悬孔10厘米。康家屯遗址属于未经科学发掘确认的夏家店下层文化聚落[9]，发掘者也确认该石磬来自夏家店下层时期堆积。

建昌东南沟石磬，采集自辽宁建昌县二道湾子公社大东沟大队东南沟生产队（今二道湾子乡东南沟村）[10]。一端略有残损，不过尺寸依然庞大，残长71、高46.5厘米，厚2.5厘米。灰白色泥板岩，制

---

[1] 国家文物局：《中国文物地图集·宁夏回族自治区分册》，文物出版社，2010年，428页。
[2] 宁夏文物考古研究所、隆德县文物管理所：《宁夏隆德渝河流域新石器时代遗存考古调查简报》，《考古与文物》2021年3期。
[3] 辽宁省文物考古研究所：《牛河梁—红山文化遗址发掘报告（1983—2003年度）》，文物出版社，2012年，433页。
[4] 辽宁省博物馆文物工作队朝阳地区博物馆文物组：《辽宁建平县喀喇沁河东遗址试掘简报》，《考古》1983年11期。
[5] 方建军：《商代磬和西周磬》，《文博》1989年3期。
[6] 辽宁省博物馆、朝阳市博物馆：《建平水泉遗址发掘简报》，《辽海文物学刊》1986年2期。
[7] 王闯、张星德：《辽宁省建平县水泉遗址首次发现夏家店下层文化防洪护堤设施》，《中国文物报》2022年7月29日。
[8] 李维宇：《北票康家屯城址及其相关问题》，吉林大学硕士论文，2006年。
[9] 辛岩、李维宇：《辽宁省北票康家屯城子地夏家店下层文化城址》，《中国考古学年鉴》，文物出版社，1998年，109—110页。
[10] 冯永谦、邓宝学：《辽宁建昌普查中发现的重要文物》，《文物》1983年9期。

作较为粗糙，表面略经打磨。悬孔加工方式未描述，孔径6—6.5厘米。采集点位于东南沟遗址，发现有夏家店下层文化陶片[1]。

松山三座店石磬，出土于内蒙古赤峰松山区三座店石城遗址[2]，现展出于赤峰博物馆。石磬保存基本完整，总体呈五边形。通长42、宽17.5—30厘米，厚约2厘米，呈青灰色。磬体表面较为平整，经过了一定程度的打磨。局部边缘可见少量琢制修整痕迹。该石磬顶部有一完整圆孔和一残断圆孔，均为对钻。残断圆孔紧贴股上缘，而股上缘本身则较为平整。这表明该磬可能初始体积更大，后在使用过程中曾受损，于现存股上缘附近断裂，原先的悬孔已无法使用，因此另钻新孔继续使用。这件石磬出土于的三座店遗址的一座圆形建筑基址F21内，而整个三座店遗址存在大量类似圆形石头房屋，均属夏家店下层文化遗迹[3]。

喀喇沁旗大山前石磬坯，出土于内蒙古昭乌达盟喀喇沁旗大山前遗址的灰坑[4]。保存较为完整，虽未钻孔，但石磬的总体形态已具。磬体呈五边形，灰色，通长37.5、宽17.8厘米，厚约4.5厘米。表面经过打磨，较为平整。底边和股上缘可见一些打制痕迹。大山前遗址为一处典型的夏家店下层聚落，该石磬出土背景明确，当为夏家店下层文化遗存。

喀喇沁旗西府石磬（喀414号），1977年采集自内蒙古昭乌达盟喀喇沁旗锦山公社西府大队（现锦山镇西府村）[5]。整体保存完好，总体近梯形，白色。通长37、宽19厘米，厚2.5厘米。表面经过打磨，较为平整，各边缘平直，可见一些打制修整痕迹。悬孔对钻而成，孔内可见绳索磨痕。石磬采集地点的周边散布有夏家店下层文化陶片，石磬可能亦为夏家店下层文化遗物。

喀喇沁旗河南西石磬（喀416号），1988年采集自喀喇沁旗锦山镇河南西村[6]。破损较多，残存部分大致呈不规则五边形。不过尺寸仍相当可观，残长54.2、残宽24.3厘米，厚2.9厘米，重7.15千克。深灰色硅质板岩。整体经打磨，较为平整。该磬与三座店石磬类似，也存在二次加工使用的情况。顶部有一完整圆孔和一残断圆孔，均为对钻。完整悬孔内径1.4厘米。残断圆孔紧贴上缘，石磬断裂后又另钻新孔继续使用。采集石磬时有一件共处的夹砂灰陶瓮，施蓝纹和附加堆纹，为夏家店下层文化陶器。陶瓮以大量碎片方式出土，但仍基本拼合为一件，因此推测石磬与陶瓮原本埋藏于夏家店下层时期的一灰坑中。

喀喇沁旗韩家窑石磬（喀412号），采集自锦山镇韩家窑，藏于喀喇沁旗文物管理所[7]。大致呈平行四边形，通长28.7、宽18.5厘米，厚2.7厘米，重2.1千克。灰色粉砂岩，表面打磨平整，底边稍锐。悬孔对钻而成，内径2.1厘米。该地点所在的蒿松沟村邻近二节地遗址，为一处面积约5000平方米的夏家店下层遗址[8]。

喀喇沁旗下瓦房石磬（喀413号），采集自喀喇沁旗王爷府镇下瓦房村，藏于喀喇沁旗文物管理所[9]。保存完整，总体似直角梯形。通长55、高22.5厘米，厚3.7厘米，重8.45千克。深灰色泥灰岩，表面打磨平整，厚度均匀，股博可见少量打制修整疤痕。悬孔对钻，内径2.4厘米。采集点位于下瓦房遗

---

[1] 国家文物局：《中国文物地图集·辽宁分册下》，西安地图出版社，2009年，597页。
[2] 郭治中、胡春柏：《赤峰三座店夏家店下层文化石城址发掘全面结束》，《中国文物报》2006年12月13日。
[3] 内蒙古文物考古研究所：《内蒙古赤峰市三座店夏家店下层文化石城遗址》，《考古》2007年7期。
[4] 朱延平、郭治中、王立新：《内蒙古喀喇沁旗大山前遗址1996年发掘简报》，《考古》1998年9期。
[5] 郑瑞丰、张义成：《喀喇沁旗发现夏家店下层文化石磬》，《文物》1983年8期。
[6] 李凤举：《喀喇沁旗出土的夏家店下层文化石磬》，《内蒙古文物考古》2007年11期。
[7] 李凤举：《喀喇沁旗出土的夏家店下层文化石磬》，《内蒙古文物考古》2007年11期。
[8] 国家文物局：《中国文物地图集·内蒙古自治区分册下》，西安地图出版社，2003年，187—188页。
[9] 李凤举：《喀喇沁旗出土的夏家店下层文化石磬》，《内蒙古文物考古》2007年11期。

址[1]，面积约1.2万平方米，主体为夏家店下层文化石城。

喀喇沁旗小木营子石磬（喀415号），采集自喀喇沁旗小牛群乡小木营子村，藏于喀喇沁旗文物管理所[2]。鼓端残断，残存部分呈梯形。残长50.3、宽34.4厘米，厚4.3厘米，重13.5千克。灰色泥灰岩，表面打磨平整，厚度较为均匀，边缘可见打制修整痕迹。悬孔对钻，内径3厘米。

喀喇沁旗大营子石磬（喀1221号），采集自喀喇沁旗大牛群乡大营子村，藏于喀喇沁旗文物管理所[3]。保存完整，呈长方形。通长62、宽24.5厘米，厚3.4厘米，重9.75千克。灰色泥质板岩，表面经过打磨，较为平整。悬孔对钻而成，内径3厘米。采集点邻近大营子遗址[4]，面积约5000平方米，采集的陶片主要为夏家店下层文化遗物。

喀喇沁旗王家营子石磬，采集自喀喇沁旗牛家营子镇王家营子村，收藏于赤峰市博物馆[5]。保存完整，呈梯形。通长54.4、宽34.5厘米，厚3.2厘米，重12.25千克。浅灰色泥灰岩，表面经过打磨，厚度均匀。边缘总体平直，部分区域可见打制修整痕迹。悬孔对钻，内径1.8厘米。采集点所在位置为王家营遗址[6]，面积约5000平方米，发现有夏家店下层文化半地穴房址、灰坑等。

在赤峰市康家湾遗址的发掘中曾报告一件石磬[7]。但根据简报描述，这件器物残长9.8、宽8.3厘米，厚度仅0.9厘米，残存体积过小，且厚度很薄，目前尚不足以确认为石磬。

## （四）西南地区

西南地区目前所知出土背景与年代清晰的早期石磬，全部来自成都平原地区，共3件。另有广西出土的1件，年代不明。

三星堆石磬，2021年出土于四川广汉三星堆遗址8号坑内[8]。出土时已破碎为9件残块，经拼对后确认为一件大型石磬。总体呈半圆形，股上角残缺。通长101、宽53.5厘米，厚3.3—3.6厘米，残存重量为32.24千克。石磬由线切割方式取料，表面平整，厚度均匀。边缘可能使用金属工具进行了琢凿修整，部分边缘经过打磨。悬孔对钻而成，内径1.7厘米，外径5.3厘米。目前从8号坑中所出土其他各类器物的形制特征来看，8号坑的形成年代大致在晚商时期，因此三星堆石磬的年代亦不晚于晚商时期。

金沙石磬，在四川成都金沙遗址的发掘过程中出土了一大一小两件石磬[9]。两件均保存完整，金沙大石磬（L62:1）整体亦呈半圆形，长109厘米，厚4厘米。金沙小石磬（L62:2）呈梯形，总长76、高36厘米，厚3.7厘米。两件石磬表面均略经打磨，较为平整，不过石磬边缘可见琢制修整的疤痕。悬孔均为对钻而成。这两件石磬出土时相邻，且无论从音阶还是尺寸方面，都已经构成了编磬制特征。金沙遗址是三星堆文化的直接延续，其年代上限约在商周之际。而如果金沙遗址年代可上溯至晚商的话，则金沙石磬也是目前所见西周以前中原地区以外唯一的编磬案例。

另有文献提到四川巫山双堰塘遗址所出石磬可能为商周石磬。不过根据双堰塘遗址之后的发掘

---

[1] 国家文物局：《中国文物地图集·内蒙古自治区分册下》，西安地图出版社，2003年，186页。
[2] 李凤举：《喀喇沁旗出土的夏家店下层文化石磬》，《内蒙古文物考古》2007年11期。
[3] 李凤举：《喀喇沁旗出土的夏家店下层文化石磬》，《内蒙古文物考古》2007年11期。
[4] 国家文物局：《中国文物地图集·内蒙古自治区分册下》，西安地图出版社，2003年，182页。
[5] 李凤举：《喀喇沁旗出土的夏家店下层文化石磬》，《内蒙古文物考古》2007年11期。
[6] 国家文物局：《中国文物地图集·内蒙古自治区分册下》，西安地图出版社，2003年，178—179页。
[7] 陈国庆、王立新：《内蒙古赤峰市康家湾遗址2006年发掘简报》，《考古》2008年11期。
[8] 四川省文物考古研究院、北京大学考古文博学院：《三星堆遗址祭祀区八号坑出土石磬》，《四川文物》2022年4期。
[9] 幸晓峰、王方：《金沙遗址出土石磬初步研究》，《文物》2012第5期。

情况来看，该遗址的最早堆积始于西周时期[1]，没有商时期遗存，因此双堰塘遗址出土的石磬年代早于西周的可能性很低。另有报道中提及湖北五峰花桥头石磬为商周时期遗存，不过该磬采集时间久远，且在采集点附近没有可确定的商周时期遗址，因此其具体年代难以判定。

## 三、讨　　论

根据上述对于中国早期石磬的梳理，可将中国西周之前的早期石磬根据其所出土的地理与考古学背景分成两类。一类是中原文化圈石磬，另一类则是非中原文化圈石磬。其中非中原文化圈石磬反映出多个方面的特点。

第一，目前已发现的几乎所有非中原文化圈早期石磬都位于半月形文化传播带上。童恩正先生指出自东北到西南这一广大地带从旧石器时代晚期开始物质文化特征就表现出强烈的共通性，由此形成了"半月形文化传播带"这一重要概念[2]。童恩正列举了多种代表性器物，包括细石器、石棺葬、石棚墓、石质建筑、动物纹青铜器、青铜短剑、曲刃矛、仿制中原式青铜器八类。西周之前的非中原系石磬所属的石峁文化、齐家文化、夏家店下层文化、三星堆金沙文化，正代表了半月形地带上具有广泛影响力、异于中原文化系统的人群组织。

第二，从石磬传播的时空过程来看，早期石磬在半月形地带上的传播存在早晚差异，并伴随着制作技术水平的提升。石磬首先出现于半月形地带中部的齐家文化和石峁文化中，而后才出现于东北的夏家店下层文化和西南的三星堆—金沙文化中。齐家与石峁文化石磬以打制为主，个别仅作简单打磨。而在夏家店下层和三星堆—金沙文化中，磨制石磬的比例大幅度提高。燕山北部地区和成都平原地区此前本地更早的考古学文化中都没有石磬的任何踪迹，因此，这两地石磬的出现，很大程度上应当是源于外来文化的传播。

第三，不论是中原文化圈石磬还是非中原文化圈石磬，各地早期石磬的石料差异较大，并非具有统一来源，意味着石磬都是本地自行制造，而非成品的长距离运输。因此，早期石磬的传播过程更多地应当是石磬加工、调试、使用知识以及相关礼乐观念的传播。石磬本身并非如工具、兵器等具备生产、军事功能的器物，而是仪式、宗教类活动的礼乐器。因此，石磬在不同地理单元的出现，必然意味着相似礼乐习惯在广阔地域的扩散。而三星堆到金沙之间由特磬向编磬制的转变，也大致发生在晚商时期，与中原地区礼乐制度的发展趋势如影随形。但同时又采用的是两件一组模式，也反映出各地在利用中原礼乐知识时也仍具有本地考量。

第四，与半月形文化带早期石磬的广泛传播形成鲜明对比的是，在同时期中原文化区的南侧、东南侧几乎不见石磬。事实上，江淮、长江中下游等地区，自龙山到晚商时期与中原文化区存在着广泛的物质文化联系，在石家河文化、马桥文化、湖熟文化、吴城文化等考古学文化中，均能发现中原文化因素的陶器、玉器、青铜器等。另一方面，中原地区的重要聚落中，也出土有相当数量可能来自上述地区的玉器、青铜器、原始瓷等遗存。可以说，中原与这些地区的物质交流，无论在规模和频度方面并不弱于其与半月形地带的交流。此外，这些区域在交通方面所面对的自然地理障碍相较于遥远的甘青、川西、东北地区便利更多。

---

[1] 中国社会科学院考古研究所长江三峡考古队、巫山县文物管理所：《巫山双堰塘遗址发掘报告》，《重庆库区考古报告集·1997卷》，31—64页。

[2] 童恩正：《试论我国从东北至西南的边地半月形文化传播带》，《文物与考古论集》，文物出版社，1986年，17—43页。

因此,早期石磬的扩散表现为鲜明的选择性传播过程。这一特点也再次提醒我们注意,跨区域物质文化传播并非仅仅受到交通条件、相互熟悉程度的影响,同时也强烈受到不同地区间文化传统、礼仪习俗等非物质性社会因素的限制。从龙山晚期到晚商长达一千年时间内,石磬自中原地区向南传播明显缺乏动力。长江中下游大范围地区虽认可了中原文化区的青铜礼器、玉礼器等仪式性用品,意味着这些地区对相关器物所参与的礼制习俗逐渐接纳,而恰恰又因为该地区仪式活动中存在自身特有的音乐传统,从而导致石磬在礼乐系统中明显未受到认同和重视,这种情况直到两周时期才开始发生变化。

# 水上祭祀：比较视角下的重庆云阳大梁岩画

◎ 白九江（重庆市文物考古研究院）

在重庆中国三峡博物馆《壮丽三峡》展厅，陈列着两块有刻划图案的礁石，说明牌上介绍为"大梁岩画"。大梁岩画为线刻类岩画，较大的一幅画面刻痕较宽，断面呈深"V"形，较小的一幅画面线条窄而浅，它们与西南地区普遍盛行的涂绘岩画不同，更接近我国东部沿海和北方地区的大多数岩画，可谓独树一帜。由于重庆地区甚少岩画的发现与研究，本文拟就该岩画的地点、内涵、时代等问题进行初步考察。

## 一、大梁岩画与牛尾石岩画的关系

各类文献记录的大梁岩画出土地点互有差异。按《重庆晨报》2005年3月3日《神秘岩画复活巴人部落》[1]一文报道，大梁岩画发现于长江三峡重庆云阳段南岸一个名叫"大梁"的礁石岩窝里，但没有说明具体地点。报道引述切割亲历者胡泓的回忆，切割时间是2003年3月下旬，当时正值三峡特大枯水期。

据《重庆市志·文物志》记载："牛尾石岩画，原位于盘石镇马岭村西北约800米处长江南岸的石壁上……2002年被切割，2006年5月被安置于现址（即云阳县三峡文物园——笔者注）……该处原存两幅岩画，另一幅岩画亦同时被切割。于2005年6月被移往重庆中国三峡博物馆收藏（亦称大梁岩画）。"相关条目由云阳地方文物机构撰写，也就是说，撰写者认为大梁岩画就是牛尾石岩画的一部分。然而，新近出版的《镌刻的峡——三峡石刻研究与保护（研究卷）》之"重庆市各区县石刻保护方式和完成情况表"中介绍：牛尾石岩画位于云阳县凤鸣乡马岭村长江右岸岩壁之上，地理坐标为北纬30°55′05″，东经108°44′30″，切割搬迁完成时间也是2002年[2]，该书的作者是三峡石刻保护规划专家李宏松，其提供的信息应当说是可信的。笔者查询得知，牛尾石岩画由陕西文保中心于2002年3月6日开始施工，4月30日切割完成。而按照《重庆四大岩画——岩壁上的远古密码》一文介绍[3]，"牛尾石岩画"（但该文所示内容为大梁岩画——笔者注）也位于云阳县凤鸣乡马岭村西北约800米长江南岸石壁上。

从以上情况看，存在三个问题需要解决：一是大梁岩画和牛尾石岩画切割时间是不是同时？二是牛尾石岩画究竟是在盘石镇还是凤鸣镇？三是大梁岩画和牛尾石岩画是不是同一处？

---

[1] 李晟等：《神秘岩画复活巴人部落》，《重庆晨报》2005年3月3日。又见http://news.sina.com.cn/c/2005-03-03/04565249855s.shtml。
[2] 李宏松：《镌刻的峡——三峡石刻研究与保护（研究卷）》，文物出版社，2020年，第206、287页。
[3] 张芊、李晶、张新旗、阿蛮：《重庆四大岩画——岩壁上的远古密码》，《城市地理》2015年第1期。

由于大梁岩画是由重庆市博物馆胡泓亲自主持切割的，并且提到是在水位最枯的季节；而牛尾石岩画是由陕西文保中心施工的，因此，可以肯定两者不是同时切割的，也不是由一家单位切割的。虽然牛尾石岩画位置有盘石镇、凤鸣乡两个说法，但两者均指向今云阳县城双江镇以下靠近奉节县的马岭村，查阅今云阳县地名，马岭村的确属于云阳县凤鸣乡（今为凤鸣镇），而马岭村西北800米，大约处于盘石镇、凤鸣镇交界处。所谓"盘石镇马岭村"当为"凤鸣乡马岭村"的笔误。马岭村西北800米归属何乡镇？据盘石镇地方人士发表的网上博文，提到牛尾石属于盘石镇，笔者推测由于地处江滩和两乡镇交界处，地方政府并未明确礁石的行政隶属，故导致争议不断。

　　那么，大梁岩画和牛尾石岩画究竟是不是同一处岩画呢？ 1999年的调查显示，牛尾石岩画共计两组。第一组分布在长8米、高1.4米的岩壁上，共有15个图案；第二组分布在长7.3米、宽约2米的峡石表面，共有29个图案。牛尾石岩画题材内容有人物（巫师）、大角鹿（？）及大量的象征性图案，象征图案"现无法明确其含义"[1]，但从图形形态上看，象征性图案以螺旋对结纹、蛇头流线纹、生育神纹出现频率较高，雕刻的线条浅、窄且模糊，题材与大梁岩画完全不同。

　　由此看来，牛尾石岩画和大梁岩画并不是一处的两组，这可从以下三方面理解：一是岩画的内容、数量两者并不相同，大梁岩画的主体内容并不见上述描述的内容。二是如果两者是一处的话，在率先切割"牛尾石岩画"时，当不会舍弃画面更具观赏性的大梁岩画而选择极为模糊的现牛尾石岩画。三是据《神秘岩画复活巴人部落》报道："2003年初，长江三峡库区出现十年一遇的特大枯水期。3月中旬，市文物局副局长王川平获得信息，云阳县南岸江边有一幅很有观赏价值的岩画露出水面。3月下旬，文物局工作人员赶到云阳，在当地文物部门配合下，进入了紧张的搜寻之中。工作人员冒着瓢泼大雨，从早上一直找到下午。'我们细看每一块石头，但岩画始终没有出现。到下午5点钟时，我们只有把希望寄托在剩下的唯一一堆礁石上。没想到，岩画就躲在这礁石的岩窝里'。胡泓兴奋地说。"显然，如果两者是同一处岩画，在曾经切割过、面积又只有100余平方米的地方，要再次找到牛尾石的另一组岩画，应该是比较简单的，这只能说明两者不是同一处岩画。

　　笔者询问云阳县博物馆馆长温小华先生，他表示大梁岩画在长江云阳段巴阳峡内。从温小华先生提供的照片以及笔者从网上收集到的岩画照片看，历史上巴阳峡内还有多幅岩画，其中已切割搬迁至云阳县三峡文物园的太公沱岩画（也称六缸石岩画），位于今云阳县城双江镇上游的巴阳峡出口北岸，刻画鱼纹（4条）、树纹、船纹、水草。巴阳峡另有5处不知具体地点的未命名岩画："巴阳岩画甲"（笔者自行编码）雕刻手印纹、凹坑纹（可能代表女阴）、动物纹；"巴阳岩画乙"雕刻数量较多、巨大的男根纹；"巴阳岩画丙"雕刻鹿纹、动物脚印、船纹、人头纹、巨鱼尾（天梯）等；"巴阳岩画丁"雕刻十多人刺大鱼的场景；此外，就是本文所研究的大梁岩画。除"巴阳岩画丁"笔者未见外，其余均见过照片，其中，大梁岩画在《我的家在巴阳》[2]《记忆中的巴阳峡》[3]两篇网文中均有照片刊布，故可以确定大梁岩画地处巴阳峡中。巴阳峡古称"龙盘石"，是川江的一段水道，位于重庆市万州区东约二十一公里的万州与云阳交界地段，包括万州区小周镇、黄柏乡和云阳县巴阳镇的长江段，流域从万州小周镇下岩纤背至云阳县巴阳镇站溪沟鸭蛋窝，约10公里，最险处也有8.2公里。

　　综上所述，大梁岩画和牛尾石岩画切割者、切割时间均不同，两者表现的内容完全不同，也不在同一个地点。以最近的巴阳峡出口至马岭村测量，大梁岩画与牛尾石岩画沿江相距也可达15公里。笔

---

[1] 李宏松：《镌刻的峡——三峡石刻研究与保护（研究卷）》，文物出版社，2020年，第207—208页。
[2] 参见https://www.sohu.com/a/328218706_262049。
[3] 参见http://blog.sina.com.cn/s/blog_617a7f2c0100oih4.html。

者之所以要详细考证大梁岩画的地点,这是由于地理环境、相关岩画等背景对其的形成和性质研究有重要意义。

## 二、关于大梁岩画的既往认识

陈列在重庆中国三峡博物馆的大梁岩画共有两幅,虽然同出于一处地方,但两者内容有较大差异。其中一幅画面较大而复杂,本文将其编号为"大梁岩画A"(图一、图三);另一幅画面较小而较简单,将其编号为"大梁岩画B"(图二、图一二,1)。

关于大梁岩画A的表现内容,《神秘岩画复活巴人部落》一文认为,画面正中表现的是远古部落聚集地,有两个旌旗,一高一低。左边是两层楼房,最上面有一地平线;右边有一飞鸟掠过,左旁有一只大网张开。中间有一条长横线贯通,用短竖线连缀,似篱笆围墙将村落隔开。篱笆间以梯相连,大大小小的房屋依次分布。第二道篱笆上立有两根竿状物体,它们的顶端上都穿着一条似鱼非鱼的动物。而根部则插于两个刻有大小一致圆形饰纹的方形物体之间。篱笆里还有一位手拿法器而舞的巫师,巫师两旁各有一人,双手倒立,随着巫师的指挥舞蹈。

切割者胡泓认为:从这幅岩画所表现的内容来看,那两根竿及竿的底座组合而成的图案,应是男性生殖器艺术处理的结果,是当时巴人的生殖图腾。而那两只鱼身、鱼凫头组合而成的动物,和张网捕鸟的画面,显示出了当时巴人以渔猎为主的生产方式。篱笆里,持杖而舞的巫师,表现的是巫术活动场面。

巴文化研究专家管维良则对两个高高矗立的竿状物体有着不同的看法。他认为:篱笆上的两根竿及竿上漂浮的物品,是古巴人的聚落鱼形旗帜,当时巴人靠江生活,以渔猎为主要生产活动,巴人因此崇鱼,以鱼为图腾,创造了鱼形旗作为聚落的标志。这两个竿状物体,正是当时聚落里高高飘扬的图腾旗帜。

《重庆市志·文物志》对大梁岩画进行了简单的客观描述:"画面单线阴刻有房屋、篱笆、高杆、动

图一　重庆云阳大梁岩画A照片　　　　　　　　图二　重庆云阳大梁岩画B照片

物等内容,造型质朴粗犷,亦可能为聚居部落记事性图画。"[1]

关于大梁岩画B,目前尚无人就此发表看法。

笔者认为,关于大梁岩画A是远古部落聚居地或部落记事性图画的说法属于直觉性的经验看法,相关观点并不能很好解释整幅画面的寓意。研究岩画,应该从岩画本体图像构成、纵横对比、制作方式、空间位置、时代背景、地理环境、关联遗存等方面进行全面比较、系统研究,深入勾勒、复原其当时的情景,还原其思维结构等,才有可能得出接近历史真实的认知。

## 三、大梁岩画A的题材比较

### (一)神秘的肋骨式船

大梁岩画A中,最重要的是确定所谓"篱笆"表征的是什么?因为这关系到目前普遍流行的该岩画为"巴人聚落"的看法。从图上看,该岩画的两道长弧线图案上面均有垂直的短竖线。笔者认为,短竖线之间缺少纬线连接,也没有互相交叉,与通常所见的篱笆完全不一样;如果作为篱笆,其稳定性也是一个问题。从"篱笆"纹的形状看,其中间部位近平,两端翘起,这类图案应该是船的形象。

大梁岩画A中船的典型特征主要体现在船身上的短竖线,这种短竖线有无可能是作为船上设施的抽象表达?例如船桨(汉代称"樐")。在我国浙江、福建、广东、广西、贵州、云南一带(以下简称"南方地区"),战国至汉代的铜鼓、铜提筒、铜靴形钺等器物上的羽人竞渡纹常见有规律排列的短桨,

图三 重庆云阳大梁岩画A及残缺部分线图[2]

---

[1] 重庆市文物局编:《重庆市志·文物志》,西南师范大学出版社,2019年,第321页。
[2] 右下为大梁岩画A的网络照片,右上部分是笔者根据网络照片添加。

如云南江川李家山墓地出土的M24：42a铜鼓船纹（图七，3）[1]，初看似与大梁岩画A中的"篱笆"纹比较接近，但细审这些船纹，会发现船上的桨数量少，且有划船的羽人，因此两者间应该没有关系。从与大梁岩画所在地域的巴蜀文化看，东周至汉代青铜器上也常见船的符号。例如，具有巴文化遗物特征的汉代铜錞于，盘上往往有船和船櫂，但櫂系长桨，数量少且排列不均匀（图四，8—12），与大梁岩画的短竖线区别极大，缺少必要的联系。又如，战国至西汉初的巴蜀符号中，常见一种被称为"栅栏纹"的图案（图四，3—7），大多出土于巴文化区，受一部分下部的椭圆形图案的误导，过去通常不被认为是船，其实也应该是另一种船纹[2]，但该类船纹的船桨绝大多数为交叉的双桨或少量斜向排列的桨，与大梁岩画A的短竖线明显有别。

与大梁岩画A短竖线船纹最接近的巴蜀文化船纹，当属四川广汉三星堆遗址2号祭祀坑出土的玉边璋上的图案（K2③：201-4）[3]。该边璋前后两幅图案对称，每幅图案又分上、下两段，上、下段图案均以人居上，其下为山，"下段两山之间有船形符号，船中似有人站立"（图四，1、2），该船纹上的"人"与大梁岩画短竖线接近，明显可看出前倾、后倾，且上部略有弯曲的特点，除了船体的厚薄有一定差异、短竖线的密集度不同外，两者间是非常接近的。可以推断，大梁岩画A的短竖线船纹与三星堆祭祀坑玉器船纹一脉相承，只是已经简化和更趋抽象化。

幸运的是，笔者在巴阳峡的另一幅岩画中发现了与大梁岩画A相近的两幅船纹。《我的家在巴阳》显示的一幅岩画（巴阳岩画丙），有船、人面、双竖眼纹、鹿纹等，其中的两艘船一上一下排列，薄板船底呈弧线，上面有密集的短竖线（图五）。巴阳岩画丙与大梁岩画相比，由于人面与三星堆遗址祭祀坑人面具形态接近，单独的眼睛为竖眼，推测应该是商周时期的岩画，是三星堆文化与大梁岩画之间的船纹形象。由于这类船的短竖线形似船舱的内肋骨架，故一般称作"肋骨式船"。

船在原始岩画中也是多见的母题图像，国内如黑龙江牡丹江岩绘画、江苏连云港嘴山岩刻、镇江大伊山的船刻、广东珠海宝镜湾藏宝洞岩刻、广西左江花山岩画等，都有各种类型的船画。但肋骨式船在国内目前仅见澳门寇娄岛卡括湾岩画；国外的肋骨式船较多，如俄罗斯西伯利亚北部楚科奇佩格特的梅利河岩画、西伯利亚南部沙洛博利诺岩画、芬兰阿斯图万萨尔米岩画、埃及尼罗河与红海之间的沙漠干谷岩画、马来西亚尼阿山洞窟岩绘画、加拿大哥伦比亚河流域岩画中的船纹都比较典型。

西伯利亚新石器晚期至铁器时代早期的岩画中有肋骨式船的形象，大体又可分为无（矮）舷船和独木舟船两种。独木舟在西伯利亚北极圈内的楚科奇佩格特梅利河两岸以及黑龙江流域常见，船舷较高，船形较短，首尾两端上翘，有的配备有桨和舵，船上常见短细竖线纹（图六，1），与三星堆玉边璋上的船纹较为接近。另一种无（矮）舷船底近平，无船舷或船舷极矮，两端略弧收，船体较长，船上有高粗竖线纹（图六，2、4），在西伯利亚南部的沙洛博利诺等地较为常见[4]，与巴阳峡的肋骨船接近。仔细审视西伯利亚岩画船体上的这些竖线，高矮大体一致，距离差不多相等，从船头到船尾满布，短竖线顶部变大，颇似人的头部。根据岩画专家的研究，这类肋骨式船被认为是船棺水葬仪式或祭祀仪式所用船，短竖线则是人简化后的形象。与肋骨船相配合的图案通常可见巫师（萨满）、死亡的人、岸上的动物等。

---

[1] 云南省博物馆：《云南江川李家山古墓群发掘报告》图五八：2，《考古学报》1975年第2期。
[2] "栅栏纹"船体上饰加"网格纹"，实际上是互相连接或分离的"×"形符号，一般是3—5个，这种"×"形符号，往往不越出船体，所以通常被认作网格或栅栏。但古越阁收藏的1件铜戈内上的"栅栏纹"（图四，4），"×"形符号明显伸出了船体外，"×"形符号的交叉点更靠上，且存在叠压关系，像是船上的一副副双桨，加上船尾艄上似"舵"的线条，我们可以判断，"栅栏纹"就是船纹。珍秦斋藏战国铜印符号上的栅栏形船纹（图四，5）可看到不交叉的、并排排列的斜向单桨。
[3] 四川省文物考古研究所：《三星堆祭祀坑》图一九七，文物出版社，1999年，第358、361页。
[4] 重庆市文化遗产研究、重庆文化遗产保护中心：《穿越西伯利亚——2017年中俄联合考古》，科学出版社，2000年，第67页。

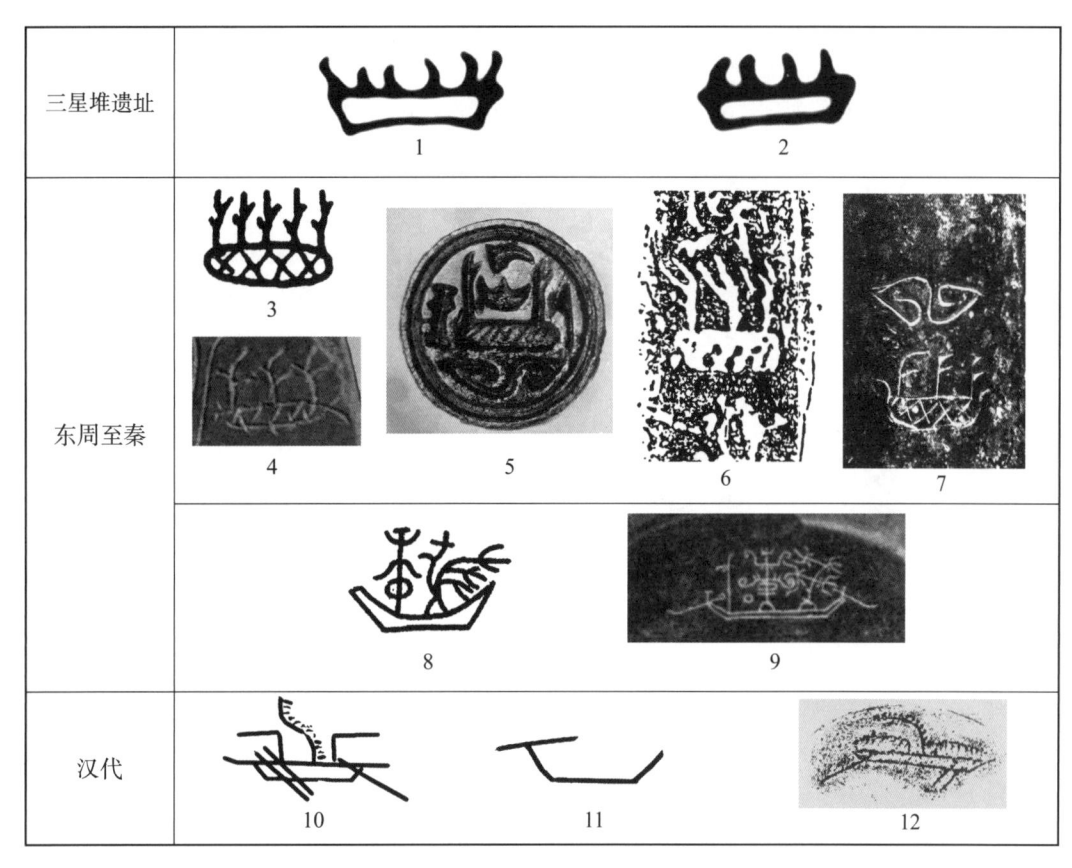

| 三星堆遗址 | 1 | | | 2 | |
|---|---|---|---|---|---|
| 东周至秦 | 3<br>4 | 5 | 6 | 7 | |
| | | 8 | | 9 | |
| 汉代 | 10 | | 11 | | 12 |

图四 巴蜀文化青铜器、玉器上的船纹

1、2. 四川广汉三星堆遗址玉边璋（K2③：201-4） 3. 四川蒲江县飞龙村盐井沟采集铜矛（2006CPH采：4）船纹[1]
4. 古越阁藏青铜戈内部船纹[2] 5. 珍秦斋藏战国铜印（159号）巴蜀符号[3] 6. 重庆九龙坡冬笋坝墓群采集铜矛（0:4）[4]
7. 重庆涪陵小田溪墓地铜矛（M12:92）[5] 8. 四川大学博物馆藏錞于船纹 9. 湖南省博物馆藏常德县采集青铜錞于船纹[6]
10. 湖南龙山县白羊公社窖藏出土錞于船纹 11.《小校经阁金石文字》著录东汉錞于船纹 12. 湖南省博物馆藏东汉錞于船纹[7]

图五 重庆云阳巴阳峡内的商周时期
肋骨船岩画（巴阳岩画丙）

---

[1] 成都文物考古研究所、蒲江县文物管理所：《蒲江县飞龙村盐井沟古墓葬》，成都市文物考古研究所：《成都考古发现2011》，科学出版社，2013年，第367页。
[2] 李学勤：《有珍奇符号的巴蜀铜戈》，《中国文物世界》第124期，中国文物世界杂志社，1996年，第97—103页。
[3] 严志斌等：《巴蜀符号集成》，科学出版社·龙门书局，2019年，第749页。
[4] 四川省博物馆：《四川船棺葬发掘报告》图五一：8，文物出版社，1960年，第53页。
[5] 重庆市文化遗产研究院、重庆市涪陵区博物馆、重庆市文物局：《重庆涪陵小田溪墓群M12发掘简报》图四○：3，《文物》2016年第9期。
[6] 湖南省博物馆（蔡季襄）：《介绍几件从废铜中捡选出来的重要文物》，《文物》1960年第3期。
[7] 王子初：《中国音乐文物大系Ⅱ·湖南卷》图1.8.19，大象出版社，2006年，第178页。

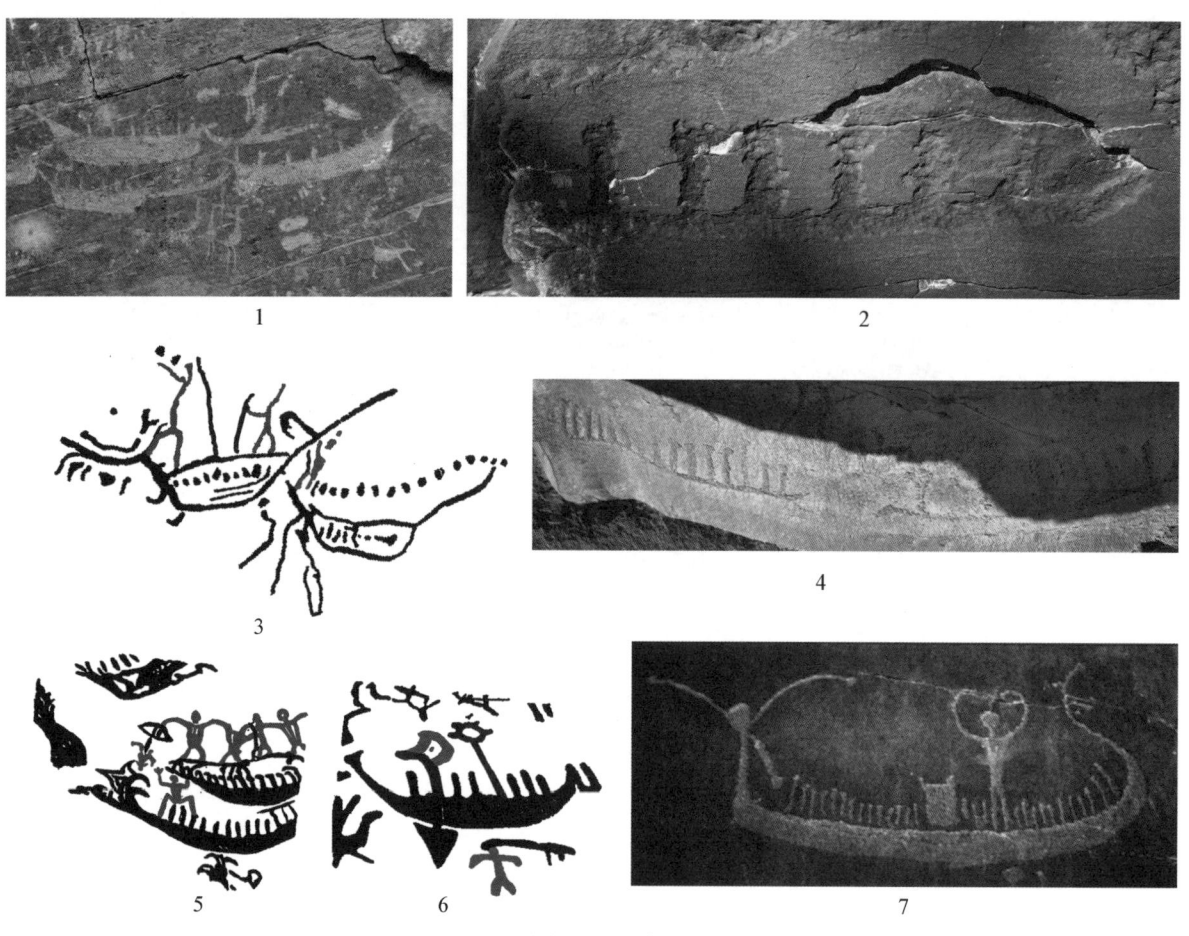

图六 世界各地的肋骨式船岩画
1. 西伯利亚楚科奇佩格特梅利河船形岩画  2、4. 西伯利亚沙洛博利诺"船棺水葬"岩画  3. 澳门寇娄岛卡括湾的船与人岩画
5. 马来西亚尼阿山洞窟岩绘画  6. 加拿大哥伦比亚河流岩画  7. 埃及沙漠干谷WB-4岩画

埃及尼罗河与红海之间沙漠的哈姆玛玛特干谷、阿贝德干谷、贝莱米亚干谷存在大量的船岩画，其年代始于公元前四千纪晚期，据研究可能是首批从两河流域进入埃及的外来者留下的。这些干谷处于尼罗河的支流的最上游，至今仍偶尔被间歇性洪水淹没。这些岩画中常常能见到一种垂直的船首和向内弯曲的、镰刀似船尾的大船，船首往往为动物头状，大多数大船载有船员、女巫或跳舞的人物。其中有一艘船上有28根短竖线，上面立有一名高大的巫师，巫师前侧置一中央仓或神室（图六，7），此类船当为典型的肋骨式船[1]。

环太平洋地区的史前岩画中也有大量肋骨式船题材。澳门寇娄岛卡括湾岩画是以船为主题的岩画，可以见到2艘船前后相继，上船身描绘若干短竖线，船上立2人，1人向前站立，两脚分开，手前举，后一人手持杖侧立，两人之间立一高竿；下船船外上部绘若干短竖线（图六，3）[2]。马来西亚尼阿山洞窟岩绘画画面中心也是2艘船，两只船体上绘有14根肋骨一样的线条（图六，5）。上船是站在船上的4个人体，第一人似在提锚，其余3人双足岔开站立，联手并排，其中第2人头向后靠在最后一人上；下船船首立一蹲踞状人，双手上举，当为巫师形象[3]。加拿大哥伦比亚河流域沿岸的圣劳伦

---

[1]【英】戴维·洛尔著，李阳译：《传说——文明的起源》，作家出版社，2000年，第265—281页。
[2] 李洪甫：《太平洋岩画——人类最古老的民俗文化遗迹》图九六，上海文化出版社，1997年，第251页。
[3] 李洪甫：《太平洋岩画——人类最古老的民俗文化遗迹》，上海文化出版社，1997年，第288页。

斯河及大熊湖、大奴湖等河湖的边缘地带，尤其是在潮汐线上见有多处岩画，其中一幅岩画的船上有6个肋骨式短竖线，船上有旗帜，其后立一竿，竿顶装饰太阳纹，船下侧立一人（图六，6），或许也是巫师形象[1]。

## （二）变异的鹢鸟船

我们再来考察一下大梁岩画A中船的首尾形状。两船船首均有方形物体，上船在船台下面，下船在船台上面，且下船尾附近似有鸟形尾的图案。在中原地区，文物上可观察到的舟船主要是两头上翘的战船。青铜器上刻画的战船首见于中原三晋地区，并已形成固定的程式。巴蜀地区的成都百花潭中学青铜壶[2]、达州宣汉罗家坝遗址青铜豆[3]等器物上的水陆攻战纹画像（图七，1），其战船与中原及三晋地区的几乎没有差别，应该是从中原地区传播过来的，且为固定的程式化图案。大梁岩画A的船与出土水陆攻战画像的罗家坝遗址同处巴文化区，但两者差异甚大，应该不是一类。

南方地区早期舟船往往会做成动物的形式，船首通常饰以鸟头、龙首等，船尾（舳）则饰以鸟羽、龙尾。南方地区战国至六朝时期盛行的船纹，船首一般上下张开呈鸟嘴的形状，嘴后均有一个表达眼睛的圆圈图案，以象征鸟首；舳部有的做出鸟尾羽的形状。《淮南子·本经训》："龙舟鹢首。"高诱注："鹢，大鸟也，画其像于船首。"[4]这种鹢首船，被专家们认为就是鹢鸟船。从现行文物看，鹢鸟船主要盛行于从浙江到两广，再到云贵高原一带（贵州非长江水系），考古发掘出土的广东南越王墓铜提筒（B59）羽人竞渡纹（图七，2）[5]、云南江川李家山铜鼓（M24：42a）鼓身羽人划船图（图七，3），人们划船方向一侧的船首均呈展开的鸟嘴状，并在鸟首上画重圈纹，圈心有一实心点。此外，鹢鸟船两端通常都刻画大鸟和巨鱼图案。

贵州省长江支流习水的习水县良村区三叉河乡岩上墓群，曾发现有5座崖墓。第5号崖墓墓口上有《捕鱼图》岩画，画面为一只"鱼舟"（图七，5），舟旁刻巨鱼、大鸟，舟中竖两片"长羽"，舻部（船首）、舳部均伸出一长斜船台，舳部向后伸出系船的长绳，尾端系于一棵小树上；舻部船台上有一近方形图案，图案中间绘一圆点[6]，代表鸟眼，该方形图案应理解为鹢鸟首的异化。类似图案在习水泥坝乡飞龙山村1号崖墓上也有发现[7]，船头鹢鸟形象更写实生动，船下侧同样刻一巨鱼，墓口左上雕刻一大鸟，船尾长绳系于矮柱上（图七，4），与三叉河岩上M5画像题材相近。

我们注意到，大梁岩画A中的肋骨船，两端上翘，其中一端平齐，应为船首。上船舻部下有一个小的方形图案[8]，下船舻部平台上有一方形"房屋建筑"图案，尾端处有似鸟尾羽的若干线条。这种船应该是鹢鸟船的进一步简化版。从台北古越阁收藏的一件巴蜀文化铜戈内上的船形图案看[9]，该船

---

[1] 李洪甫：《太平洋岩画——人类最古老的民俗文化遗迹》图一七二，上海文化出版社，1997年，第429、431页。
[2] 四川省博物馆：《成都百花潭中学10号墓发掘记》，《文物》1976年第3期。
[3] 四川省文物考古研究院、达州市文物管理所、宣汉县文物管理所：《宣汉罗家坝》图一三四、一三五，文物出版社，2015年，第142、144、145页。
[4] 何宁：《淮南子集释》，中华书局，1998年，第592页。
[5] 广州市文物管理委员会、中国社会科学院考古研究所、广东省博物馆：《西汉南越王墓》图三七、三八，文物出版社，1991年，第50、54页。
[6] 黄润亭：《贵州习水县发现的蜀汉岩墓和摩崖题记及岩画》，《四川文物》1986年第1期。
[7] 李飞：《崖上阴宅：习水崖墓调查记》，贵州省博物馆：《贵博论丛（第一辑）》，广西师范大学出版社，2020年，第72—95页。
[8] 船首（舻部）往往有孔，系绳穿孔而下悬矴（锚）。广州先烈路陶船模型所见矴，呈"Y"字形，且未紧贴于船身，与此处的方形物形状、位置均不一样，故两者并不是同一类东西。参见广州市文物管理委员会、广州市博物馆：《广州汉墓》（下）图二六八，文物出版社，1981年，第430页。
[9] 李学勤：《有珍奇符号的巴蜀铜戈》，《中国文物世界》第124期，中国文物世界杂志社，1996年，第97—103页。

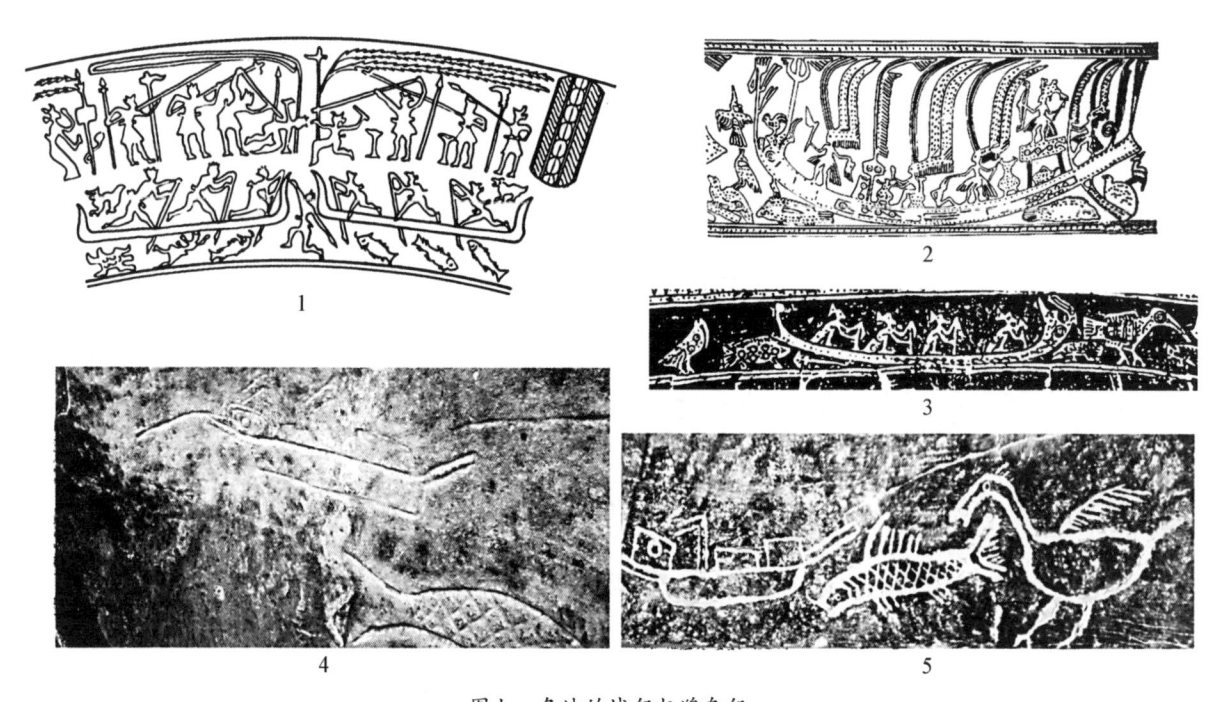

图七 各地的战船与鹬鸟船

1. 四川宣汉罗家坝遗址铜豆水陆攻战纹局部（M33∶18） 2. 广东广州南越王墓铜提筒羽人竞渡纹（B59）
3. 云南江川李家山铜鼓（M24∶42a）鼓身羽人划船图 4. 贵州习水泥坝乡飞龙山村1号崖墓鹬鸟船
5. 贵州习水县良村区三叉河乡岩上5号崖墓鹬鸟船

舻部甲板平伸形成船台，船台上有一两面坡小型建筑，船尾膨大似鸟羽（图八，1），与大梁岩画A下部的船形态十分接近。综上，鹬鸟船从南方往北，在贵州西北部长江支流地区已简化，特别是鸟兽已变成方形或近方形，但还保留了鸟眼；而至三峡地区则异化颇甚，已经难以辨识其形状了。笔者认为，可能刻画大梁岩画A的人们已不知鹬鸟首的具体内涵和意义，故省略了鸟眼，仅留下变形的方形鸟首，甚至使用楼房代替鸟首了。

### （三）独特的楼船

大梁岩画A中有多处房屋建筑，按屋顶形态可以分为3型。

A型 屋脊向上斜伸出椽板。共有8座，其中最上一船有紧挨一起的高、矮2座；下船船身前部有紧挨一起的高、矮2座，舻部有一座矮屋（即前文分析鹬鸟之眼部）；下船之下又有左右分列的2座，其中1座残剩屋顶。根据历史照片，在现画面右侧，与现上部船大致平齐处，也还有1座房屋的残屋顶，另有1座不太能辨识清楚。上述房屋的共同特征是沿屋顶正脊、垂脊或博脊顶部均伸出一排排斜向或交叉斜向的线条。该类房屋又可分为2亚型。

Aa型 重檐斜山顶，较高。共5座，其中4座正脊伸出斜向交叉线条。

Ab型 单檐悬山顶，两面坡，较矮。共3座，除1座在下部船舻部外，另2座均紧靠Aa型房屋旁，似乎是大房屋的配套建筑。

B型 硬山干栏式建筑。共2座，又可分为2亚型。

Ba型 尖圆顶，圆形屋身。1座，在上部大船的舳部（尾部），底部有2支柱，应为干栏建筑的吊脚。

Bb型 "帽"形顶，帽顶形成短正脊，屋面斜率较大。1座，在下部大船前部。该房屋未见直接置于甲板上，疑为干栏式建筑。

C型　三角形窝棚式建筑。1座，位于上部大船以上，立于一条长长的横线上，横线当为河流的岸线。该窝棚式建筑可见搭建的斜向交错板状物。

Aa型建筑为楼阁式建筑。楼阁式建筑在考古发现的秦、汉陶船或画像上较多见。该亚型建筑与古越阁铜戈船纹上的楼房接近，特别是屋顶正脊较高，屋面均能看到沟垄。Ab型与贵州习水三岔河崖墓鹢鸟船上的两个方形建筑相似。

A型建筑最大的特点是脊上的出脊椽板，相关建筑实物模型目前仅见于云南石寨山、李家山等滇文化墓地出土的青铜屋宇模型。晋宁石寨山墓地出土3件"人物物宇"青铜模型（图八，4、6）[1]，屋宇均为悬山式顶，用交叉的宽板条椽覆盖，屋脊山尖高翘斜出，形成若干个"V"形脊饰。易学忠认为此类脊饰形如竿桥，当谓之"竿"[2]。大梁岩画A中的A型建筑与滇文化青铜屋宇的相似性，表明两者间存在某种形式的联系。

Ba型建筑目前缺少对比的画像。但该建筑的形象与仓储模型器十分接近，类似的建筑在中原地区汉代墓葬中出土较多，三峡地区的尖顶干栏式圆仓在湖北宜昌前坪西汉墓（图九，2、3）[3]、重庆巫山麦沱西汉墓地（图九，4、5）[4]等都有出土，且这类仓上均开1—2窗，为粮食通风和进、出仓用，有的还有爬进仓库的梯子，大梁岩画A的Ba型建筑上的方框和斜向线条或即此。古代舫船上往往设仓，《史记·张仪列传》："秦西有巴蜀，大船积粟起于汶山，浮江以下至楚三千余里，舫船载卒，一舫载五十人与三月之食，下水而浮，一日行三百余里，里数虽多，然而不费牛马之力，不至十日而距扞关。扞关惊，则从境以东尽城守矣，黔中、巫郡非王（指楚怀王）之有。"[5]按"一舫载五十人与三月之食"，据居延汉简记载，士兵一个月的口粮大约3石3斗，五十人三月之食需要5—10吨粮食，参照船旁人像大小比例，Ba型仓大概能装下接近上述数量的粮食。

Bb型建筑顶上与大梁岩画附近的云阳县杨沙沱墓群出土陶船上的楼房形态接近，后者为重檐四阿顶悬山式建筑，从上到下诸层变大，屋平面为正方形（图八，5），应为船工用房[6]。

C型建筑有专家认为是网罟，内容为张网捕鸟。笔者认为该建筑不是网罟而是窝棚式建筑，结合笔者在下文分析的"巫师、小艇和乐器"的结论，应为巫师的临时居所。这是因为古代巴阳峡一带滩险流急（直到20世纪90年代初，巴阳峡仍不能夜行），过往船只需要举行祭祀等仪式，作为镇江的职业巫师，需要长期驻守江边以应不时之需。

## （四）罕见的鱼形旗

大梁岩画A上部船头有一高一低两根竿状物，两竿形状接近，竿身较粗，竿顶呈三角形，竿顶向船首一端飘扬"鱼"形软物，"鱼"头部向后上方斜伸出两根须状物。关于两竿的性质，一说是男性生殖的象征，一说是巴人部落的图腾旗。

关于"男性生殖象征"的说法，首先，前旗下部并没有后旗的所谓"生殖器"式的底座；其次，后旗的底座是古代旗帜的标配——夹竿石或配重石；第三，枪形旗杆在其他画像中的旗较常见，与生殖无关，例如，古越阁铜戈上的船头一侧也刻有建鼓和高竿旗，旗杆顶、建鼓柱顶均呈枪头形（图八，1—3）。关于该鱼旗为鱼凫巴人图腾的说法，一是鱼凫作为早期蜀地民族的某代世系，至少不晚于商代，

---

[1] 云南省博物馆：《云南晋宁石寨山古墓群发掘报告》，文物出版社，1959年，第92—94页。
[2] 易学忠：《石寨山三件人物屋宇雕像考释》，《考古学报》1991年第1期。
[3] 湖北省博物馆：《宜昌前坪战国两汉墓》，《考古学报》1976年第2期。
[4] 湖南省文物考古研究所、巫山县文物管理所：《重庆巫山麦沱汉墓群发掘报告》，《考古学报》1999年第2期。
[5] （汉）司马迁撰，（南朝）裴骃集解，（唐）司马贞索引，（唐）张守节正义：《史记》，中华书局，1999年，第2297页。
[6] 温小华：《胸忍风华——云阳文物精粹》，巴蜀书社，2020年，第99页。

图八　重庆云阳大梁岩画A与其他模型建筑的比较
1—3. 古越阁藏青铜戈内部正面船纹、内部背面鹿纹、胡部棘纹　4. 云南晋宁石寨山M6：22青铜屋宇模型
5. 重庆云阳杨沙沱墓群出土陶船模型　6. 云南晋宁石寨山M13：259青铜屋宇模型

与该岩画的时代为战国至汉代左右（后文论证）不相符；二是鱼凫部属于巴文化部族的看法与文献和绝大多数专家的看法不相符。

大梁岩画A上部船头共有两根旗幡，这种情况在远古时代是比较常见的。宣汉罗家坝墓群出土水陆攻战图中左侧战船船头立一建鼓、一长尾旗，建鼓和旗杆顶上分出2尾细长横条旌旗（图七，1）。东周至汉初的巴蜀文化青铜器上的"栅栏纹"船，船上通常有2—3根树枝状物件，最多的达5根，每根上部分2—3支杈，"支杈"绝大多数吹向一侧偏离，应该也是短条形帜。

上述船纹绝大多数为一鼓、一竿，栅栏式船纹上个别有二"旗"，但呈一头一尾分布，与大梁岩画

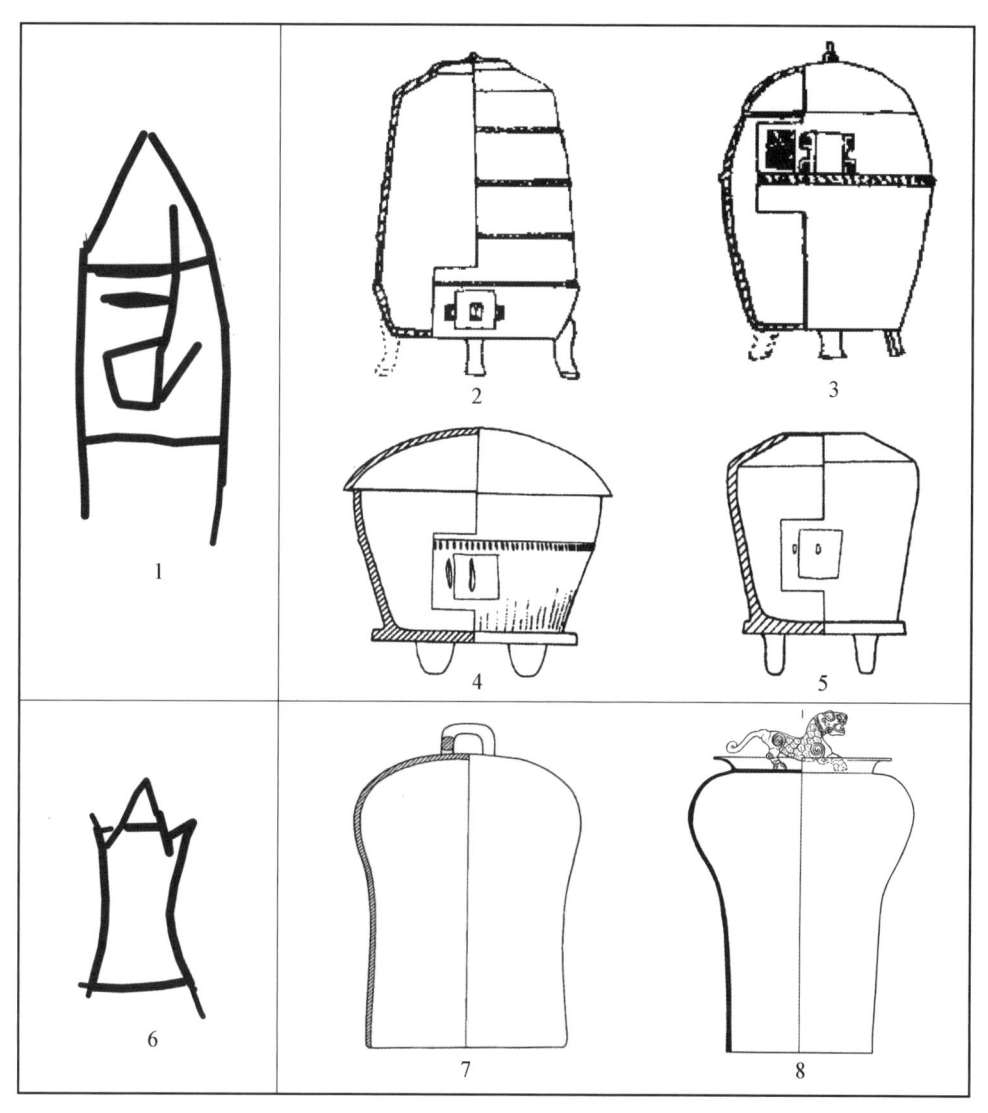

图九　重庆云阳大梁岩画A的仓、錞于图案与出土文物的比较
1. 重庆云阳大梁岩画A中的仓图案　2. 湖北宜昌前坪墓地出土陶仓(M9∶1)　3. 湖北宜昌前坪墓地出土陶仓(M15∶40)
4. 重庆巫山麦沱墓群出土陶仓(M40∶82)　5. 重庆巫山麦沱墓群出土陶仓(M40∶24)　6. 重庆云阳大梁岩画A中的錞于图案
7. 陕西韩城梁带村青铜錞于(M27∶3981)[1]　8. 重庆涪陵小田溪墓群出土青铜錞于(M12∶36)

船纹在船头树两根旗不一样。而习水三叉河乡岩上5号崖墓、泥坝乡飞龙山村1号崖墓上的船纹，船头一侧立二旗，一旗较高，一旗略低，旗杆顶部饰条形旗，均偏向船头一侧，除了旗帜的形状与大梁岩画船旗不同外，旗的布局、数量、高矮和向船头一侧飘扬的表现形式均一致（图七，4、5）。上古至中古时期官方的旗按长宽、颜色以及旗上的飘带（旒）数、不同动物表示等级，以动物为例，有龙、鸟、熊、龟蛇四种，并不见鱼旗。大梁岩画A的鱼形旗，既与战旗的布局不一样，也不见于文献记载，而与崖墓鹢鸟船上的旗纹更接近，应该属于民间用旗、祭祀用旗。

大梁岩画A鱼形旗上的鱼较长大，按峡江一带的大鱼，中华鲟和胭脂鱼分列第一、第二，成年鱼长度可分别达1—2米。大梁岩画A的鱼形旗鱼头部夸张地长出两支长须，现实中，鲇形目、鲤形目的鱼

---

[1]　陕西省考古研究所等：《陕西韩城梁带村遗址M27发掘简报》，《考古与文物》2007年第6期。

均长有长须，其中胭脂鱼属鲤形目，且背部在背鳍起点处特别隆起，鱼形旗的鱼很大可能是胭脂鱼的形象写照。

胭脂鱼在峡江地区又被老百姓称为"黄鱼"。按《巴阳峡：长江曾经的奇观》网文介绍[1]，巴阳峡一带又呼胭脂鱼为"黄排"（作者写为黄鲱），当地老百姓说，历史上捕到的大黄鱼重可达500斤，现已基本绝灭。早在唐代已有黄鱼的记载，杜甫《黄鱼》诗："日见巴东峡，黄鱼出浪新。脂膏兼饲犬，长大不容身。筒筒相沿久，风雷肯为神。泥沙卷涎沫，回首怪龙鳞。"[2]传说鲤鱼跳过水急的龙门，即可变为神——龙，杜甫在此诗中表达了大黄鱼未能越过巴阳峡激流，被土人捕获喂犬，不能变为江神的惋惜之情。《杜臆》："夔州上水四十里有黄草峡，出黄鱼，大者数百觔。"杜甫所见黄鱼当为奉节赤甲山（古亦称黄草山）附近的黄鱼。黄鱼是洄游鱼类，奉节县古名鱼复，其得名即与此有关。明代夔州通判何宇度所著《益部谈资》释鱼复："鱼复，即夔地，谓鳇鱼至此复回不上也。"[3]鳇鱼分布在黑龙江、乌苏里江、松花江一带，何宇度所谓"鳇鱼"，当为黄鱼之发音的误记。在奉节、云阳一带，黄鱼的洄游后来与神话故事进一步联系在了一起[4]。巴阳峡黄柏、太公沱为三峡水库蓄水前峡江地区少有的鱼类产卵场，巴阳峡段江面极窄（枯水季节最窄处约80米），是长江上极为知名的险滩，对行船构成重要威胁，大黄鱼不惧水急浪高，溯游而上产卵，故被当时的人视为江神，从而将其形象作为船旗悬挂，以镇江之用。巴阳峡的商周肋骨船岩画中（巴阳岩画丙），见有一条巨大的似巨鱼尾的岩画（其中一条紧邻肋骨船），应该表现的是巨鱼在江中兴风作浪露出鱼尾的场景（图一〇，1、2）。《记忆中的巴阳峡》一文还提到，巴阳峡中"长石梁"上有数十人刺大鱼的岩画（巴阳岩画丁）。巴阳峡内的太公沱岩画（亦称六岗石岩画，切割搬迁至云阳县三峡文物园内），上刻4条大鱼，长度与旁边的独木舟比肩。因此，有理由认为，当地存在历史悠久的以巨鱼为对象的江神崇拜，大梁岩画A的鱼形旗就是这种崇拜的反映。

将旗帜做成鱼形，让我们很容易联想到日本的著名男孩节悬挂的鲤鱼旗（图一〇，3、4），其风俗形成始于江户时代，原是农历端午节的风俗，其来源与中国古代鲤鱼跳龙门的故事有关，笔者颇怀疑鲤鱼旗始于中国，只是传到日本后，直至江户时代才成为风俗，其源头或可以大梁岩画为见证。

综此，我们可以推测，大梁岩画中的鱼形旗与江神有关，起着厌水的作用。

### （五）巫师、小艇与乐器

大梁岩画A上部船与江河岸线之间，有一组被认为是"手拿法器而舞的巫师"和巫师两旁"倒立的舞蹈的人"。我们先来看一下"手拿法器而舞的巫师"图案，该人物头部呈扇形，双腿微屈，站立于尖头椭圆形物体上，正面立一矮柱，双手侧向执一长杖，上部贯穿有一长方形物体，物体两侧垂旒。澳门寇娄岛卡括湾上的肋骨式小船上的巫师（萨满）均手持有杖（图六，3），马来西亚尼阿山洞窟岩绘画（图六，5）、加拿大哥伦比亚河流岩画上的大肋骨船（图六，6）旁边均站

---

[1] http://www.360doc.com/content/16/0525/12/19096873_562153040.shtml。
[2] （唐）杜甫撰，（元）高楚芳编：《集千家注杜工部诗集》卷十六，《景印文渊阁四库全书》第一〇六九册，台湾商务印书馆，1986年，第943页。
[3] （明）何宇度：《益部谈资》下，《景印文渊阁四库全书》第五九二册，台湾商务印书馆，1986年，第753页。
[4] 传说战国时期，爱国诗人屈原因楚国被秦国侵吞，他悲愤至极，便投湖南汨罗江而死。汨罗江有一条神鱼，十分同情屈原，它张开大嘴吞入屈原的尸体，从汨罗江游经洞庭湖，然后进入长江，再溯江而上，送往屈原的故乡秭归。当神鱼游到秭归时，百姓们拥到江边，失声痛哭。神鱼越发受到感动，也跟着淌下泪来。泪水模糊了神鱼的视线，它早已游过秭归。还在继续往上游，直到撞着了瞿塘峡的滟滪堆，才猛然醒悟。神鱼急忙掉头往回游，将屈原的遗体送到了秭归。就这样人们将神鱼从滟滪堆往回游的地方，叫作"鱼复"了。云阳的故事内核与此相近，只是将地点改到了云阳，说的不是屈原。

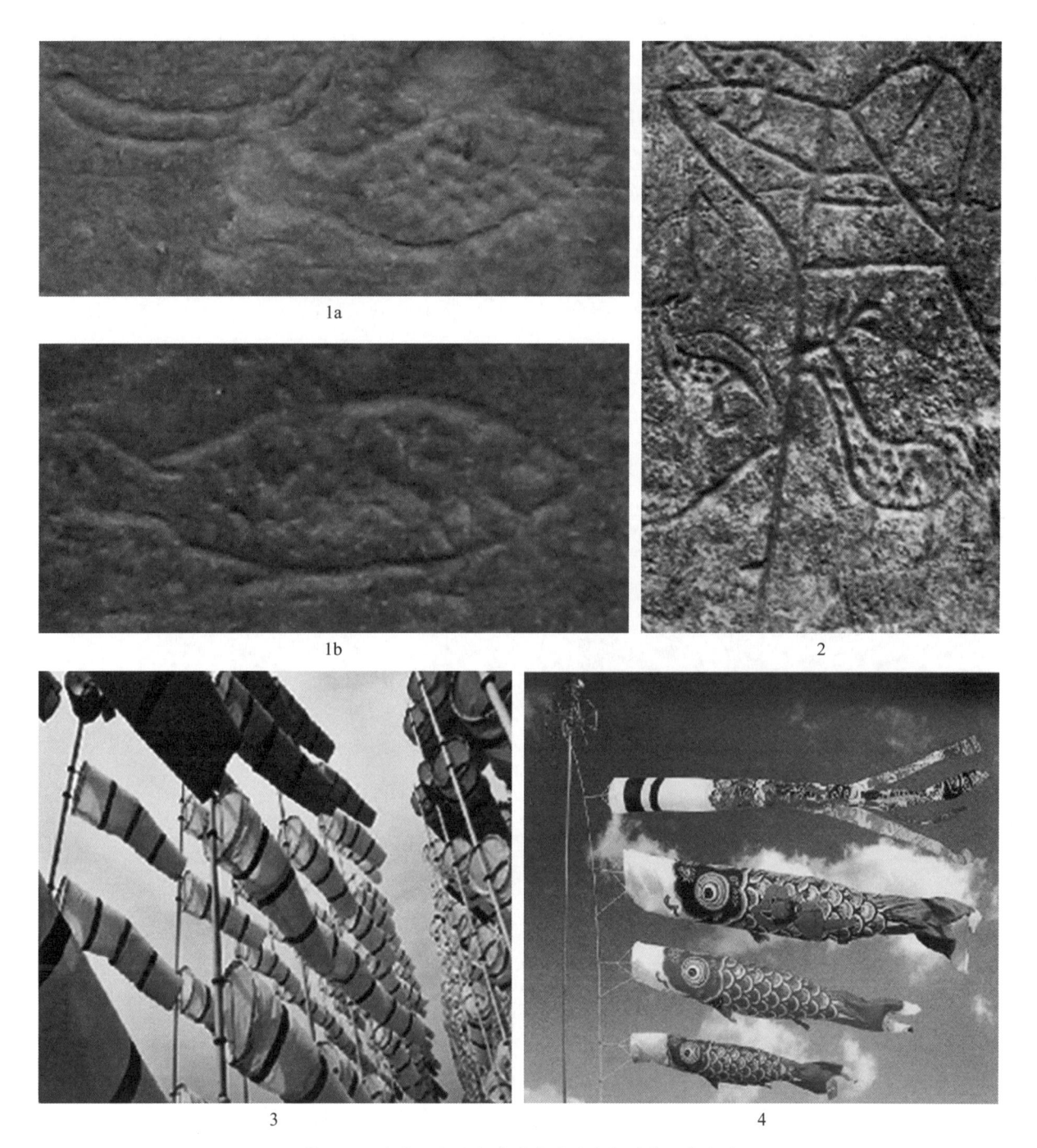

图一〇 重庆云阳巴阳岩画中的巨鱼与现代日本鱼旗
1a. 云阳太公沱巨鱼(下)与船(上)岩画　1b. 云阳太公沱巨鱼岩画　2. 巴阳峡岩画丙巨鱼尾岩画　3、4. 现代日本鱼旗

立有蹲踞式巫师（萨满），埃及沙漠山谷的肋骨式船上也站立有一个似巫师的人形（图六，7），芬兰阿斯图万的萨尔米岩画左半部分和中央岩画左侧的两艘肋骨式船页站立有高大的人形，其后还有尾巴，当为巫师（萨满）无疑[1]。因此把大梁岩画A上的人形图案确定为巫师（萨满）是可以成立的。

---

[1]【苏联】萨瓦捷耶夫:《芬兰岩画》,陈弘法编译:《亚欧草原岩画艺术论集》,中国人民大学出版社,2005年,第275页。

此外，巫师（萨满）所站立的船形图案，让我们首先想到巴文化铜錞于盘上常见的"羽人建鼓小艇图"，这种小艇往往仅够容一鼓、一羽人（图四,8），个别还可见一旗（图四,9），而羽人形象较为抽象，表现的是正在击建鼓的情景。在中原文化中，战船上可见到击建鼓的普通士兵，在表现生活场景方面，如山西潞城潞河战国墓攻战画像纹匜建鼓柱下部还斜植一铜钲[1]。那么，为什么巫师（萨满）不站在大船上呢？从古越阁铜戈上的画像、广西花山岩画等看，在祭祀类等宗教场景中，大船旁边布置单独的巫师乘用小艇是当时的普遍现象，可能和大船、小艇的不同功能有关。大梁岩画A中的小艇可见船舱板，其方向与巴文化羽人建鼓图中的侧向船方向不一样，为艇首正面画面，其创作意图是表达正在向这批大船中的首船（画有船旗、粮仓的上部船）驶来，而其来处很可能就是我们上文分析的C型建筑。

巫师两旁"倒立的舞蹈人"，前文笔者已论证了巫师左侧之尖圆顶图案是搁置在船尾的，应该是粮仓。至于巫师右侧之图案，又分上下两部分，两者并不相连，对比俄罗斯西伯利亚赫热勒咯哈亚岩画中的代表死者的倒立画像（图一一,4）[2]，可以肯定它不是倒立的人。该图案上部有一空三角形，

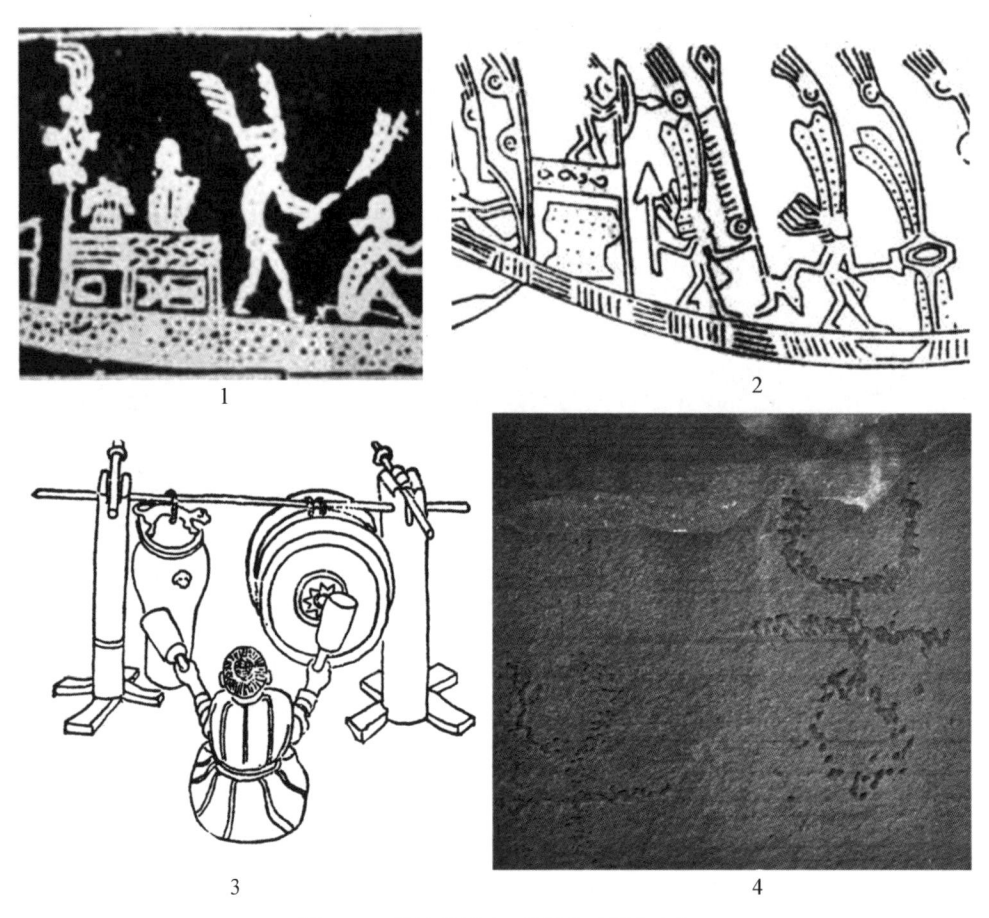

图一一　各地的栅台、鼓架与"倒立人"
1. 云南广南1919年出土铜鼓船纹栅台[3]　2. 越南玉镂出土1号铜鼓船纹栅台及铜鼓[4]
3. 云南晋宁石寨山贮贝器上的装饰（M12∶26）　4. 俄罗斯西伯利亚赫热勒咯哈亚岩画中的倒立人

---

[1]　山西省考古研究所、陕西省晋东南地区文化局：《山西省潞城县潞河战国墓》，《文物》1986年第6期。
[2]　重庆市文化遗产研究、重庆文化遗产保护中心：《穿越西伯利亚——2017年中俄联合考古》，科学出版社，2020年，第53页。
[3]　文山壮族苗族自治州文化局：《文山铜鼓》，云南人民出版社，2004年，第25页。
[4]　李昆声、黄德荣：《中国与东南亚的古代铜鼓》，云南美术出版社，2008年，第193页。

似起悬挂作用,而顶部两侧线条高于中央部分,呈盘状,腰部收束,其形状与青铜錞于一致。錞于盛行于春秋至汉代,早期多为环形钮(图九,7),战国中期传至巴文化区域后,以虎钮较为常见(图九,8),成为巴文化的典型器。从云南晋宁石寨山贮贝器上的雕塑看(图一一,3)[1],錞于既可抱于怀中击打,也可悬钮击打。"倒立人"的下部,是由两个竖立的短线和一根横线组成的外框,横线中间向下垂一圆形物。观察南方地区铜器上的羽人竞渡纹,其船上一般均有一个悬挂大鼓等乐器的架子或栅台(神宫),有的栅台两端还向上伸出旗帜,还有的架子顶上另搁有物品,或站立一巫师(图一一,1、2)。晋宁石寨山贮贝器上的錞于和铜鼓就悬在双柱架上。所以我们推测,大梁岩画A栅台上悬挂的是鼓一类器物。

此外,关于河流岸线上窝棚式建筑旁的图案,笔者同意这是一只鸟的判断。正如我们前文所介绍的,汉墓壁画、青铜器上的鹢鸟船等图案都有鸟的图案,这在类似图案中已形成标配。

## 四、大梁岩画B的题材比较

大梁岩画B内容较简单。从经验角度看,大梁岩画B可能表现的是网鱼的场景,三角形为渔网,内侧图案为被网住的大鱼,网外的为小鱼,但小鱼为尚未刻画完成的半成品。有过三峡水库蓄水前生活经验的人都知道,使用长竿悬挑渔网在长江中舀鱼的景象在以前很常见,长竿渔网就呈倒三角形。但是,如果比较此"鱼"的形状,它与太公沱等地的岩画表达形式完全不同,即此鱼的构成图案是抽象的,而巴阳峡中的其他岩画鱼均是写实的。此外,古越阁等巴蜀文化青铜器上的鱼、贵州习水崖墓岩画上的鱼、南方青铜器上船纹旁边的鱼、中原青铜器上水陆攻战画像上的鱼均是写实的,由此可见,大梁岩画B表达的内容应该更为隐晦。

仔细观察,大梁岩画B画幅内容可分解为一个倒三角形、两条"鱼"形图案,其中小"鱼"图案为未尽之作(图一二,1)。"鱼"图案由一个完整的菱形和两个被叠压的大、小菱形构成。在西伯利亚沙洛博利诺的早期岩画中,三角形内靠近锐角部分会刻画一条粗短线,其中正三角形加上部粗短线象征男性(图一二,6),倒三角形加下部粗短线象征女性(图一二,5),在后来的发展中,进而普遍将正、倒三角形抽象为男、女性别三角区的象征。从这个角度看,大梁岩画B的倒三角形应该象征着女性。

至于三角形内外的叠压菱形组合,可以从另一些稍晚的岩画中得到启发。例如,阴山岩画中就以近菱形的重环纹象征女阴(图一二,2)[2],云南它克岩画中则以标准的重环纹象征女阴,只是在中间增加了一个小点(图一二,3)[3]。大梁岩画B菱形纹虽然是局部叠压表达方式,但更接近具象的女阴,且倒三角形内的菱形纹周遭还有短线,正是女性性成熟的标志,而倒三角形外的菱形纹,可能代表着未成年女性。因此,笔者认为,大梁岩画B的内容表达的是女性及女阴,是远古生育崇拜在岩壁上的投射。正如上文所提到的,同在巴阳峡内,还存在一定数量的男根岩画,这也可间接解释此幅岩画的生育崇拜性质。

---

[1] 云南省博物馆:《云南晋宁石寨山古墓群发掘报告》,文物出版社,1959年,第75页。
[2] 盖山林:《阴山岩画》图一二二二,文物出版社,1986年,第300、301页。
[3] 转引自王政:《稚拙的符号:中国生殖岩画美学初探》图一三,《南方文物》1996年第2期。

图一二　重庆云阳大梁岩画B与相关生育崇拜岩画的比较
1. 大梁岩画B线描图　2. 宁夏阴山岩画象征女阴的岩画　3. 云南元江县它克岩画中的菱形图案
4. 云南元江县它克岩画中的菱形图案　5. 西伯利亚沙洛博利诺倒三角形和女阴组合岩画
6. 西伯利亚沙洛博利诺正三角形和男根组合岩画

## 五、年代与性质

### （一）年代

关于大梁岩画的年代，《神秘岩画复活巴人部落》报道："有专家认为它产于商朝末期，是用青铜器雕刻。也有专家认为，它'有可能是一万多年前刻画的'。甚至还有一种看法认为，它是明清时期的工匠兴起之作。"各种看法差距较大。由于大梁岩画本身没有文献记录，我们只能从雕刻方式和对比材料来讨论其年代。

古代的岩画，按作画材料分，可分为涂绘法和刻制法两种。涂绘法在我国主要分布于西南山地（含广西花山岩画，以及近年来发现的湖北巴东天子岩手印岩画），刻制法分布于北方大部和沿海地区。按平面表达方式分，岩画又有轮廓型、剪影型两类，前者以线条表达，后者以减地法或满涂法表达，当然也有在轮廓内以不同密度的凿点表达的。具体来说，刻制法又分三类不同的刻制方法，第一类是磨刻法，用一种仔细磨光的、约1厘米宽的V字形深槽状石质工具制作，然后用砂子或专门磨尖的坚硬石头磨光，特点是轮廓线不规则、断断续续，用磨刻法制作的岩画通常时代较早。第二类是敲凿法，用尖状器或其他石器在岩皮上琢出由若干坑点构成的图像轮廓，或者整体减地磨平，晚期也用金属工具辅助作画，这种方法制作的岩画也较早，但晚期也有少量敲凿法岩画。第三类是划刻法，也称"擦刻式"，即用金属工具的刃部或尖锋在岩石表面刻出细线条，这种方法刻出的线条往往呈连续的较规矩的长线,线条比较优美,该类岩画时代较晚,已进入青铜和铁器时代[1]。

对照上述标准,大梁岩画应为划刻法岩画,已进入金属时代,即夏商及以后时代的产物。其中大梁岩画A的刻糟较深而宽,应该使用铁制工具划刻后再打磨才能达到此效果;大梁岩画B的刻糟浅而细,或许要比大梁岩画A的年代早。

从前文的比较情况看,大梁岩画A中的部分内容对具体年代判定有意义:

(1)肋骨式船,埃及沙漠诸干谷的肋骨式船岩画约当距今5 000—6 000年前,西伯利亚的肋骨式船为新石器至青铜时代早期,考古发掘马来西亚尼阿山洞窟岩绘画所在洞穴内的遗存和遗物显示为新石器时代,三星堆遗址玉边璋上的肋骨式船为商代晚期,巴阳峡内另一处肋骨式船大约与三星堆遗址祭祀坑时代相近,但该岩画较大梁岩画肋骨式船画面简单;

(2)楼船,《越绝书》说春秋末期已有楼船,具体形象见于战国,特别是汉代南方的越国,秦汉时期,高大的楼船在官方和军事作战中已较为普遍;

(3)鹢鸟船,图案在战国时期即已出现,盛行于两汉至六朝,而饰标准鹢鸟船纹的铜鼓均属于早期铜鼓(此后也有少量变形船纹),年代约当战国至东汉早期;

(4)干栏式圆仓在战国晚期、秦时的中原、北方地区已出现,三峡地区主要盛行于西汉;

(5)云阳县杨沙沱墓群出土陶船属于汉代,但究竟属于西汉还是东汉,尚待考古资料发表;

(6)巴文化青铜錞于主要流行于战国中期(奉节永安镇墓群战国中期墓葬有虎纽錞于出土)至东汉中期,而"巫师、建鼓与小艇"图案主要出现在巴文化青铜錞于盘面,但西汉晚期至东汉的虎钮錞于内的类似图案已进一步简化和变异,一般已看不到建鼓图案;

(7)云南晋宁石寨山墓地出土青铜出脊式屋宇建筑院落的墓葬为西汉早中期;

(8)古越阁藏铜戈为典型的巴蜀文化铜戈,其援本部至胡部两面均刻有竖排四个"棘"纹(即学界所称棘戈),内部的"栅栏式"船纹、三角云纹(或称横"S"形纹、眼形纹)、鱼纹、楼船由小到大依次排列(图八,1—3),显然是有意识地一次性布局设计,楼船与其他典型巴蜀符号应该同时刻就,"棘"戈是典型的战国中晚期至秦时的巴蜀文化铜戈[2];

(9)贵州习水三叉河乡5号崖墓旁之M2墓口右侧有"章武三年七月十日,姚立从曾意买大父曾孝梁右一门,七十万,毕。知者:廖诚、杜六。葬姚胡及母"的题刻,章武为刘备称帝后的正式年号,章武三年(223)也是蜀汉后主刘禅建兴元年[3],该崖墓群1、2号墓为1组,间隔一定距离后,3、4、5号墓为另一组,当为题记提到的"门右"墓葬,则5号墓当早于章武三年,大体属于东汉末期。从以上情况可以判定,大梁岩画A的时代为战国中晚期至西汉中期,不排除其下限到东汉、蜀汉时期。

与大梁岩画B相对比的材料,一是西伯利亚沙洛博利诺的性别岩画为新石器至青铜时代早期;二是阴山岩画可分四个不同时期,但菱方形图案属于第一期的旧石器时代晚期至青铜时代中期;三是它克岩画时代有距今3 000年之说,也有根据蹲踞式巫师的形象认为属于战国至汉代。结合上文笔者对大梁岩画A、B的制作方式和它们之间早晚关系的推测,以及巴阳峡其他岩画的时代综合考虑,大梁岩画B的时代放在商周时期是比较合适的。

---

[1] 盖山林:《阴山岩画》,文物出版社,1986年,第244—246页。
[2] 该戈属于巴文化铜戈的可能性较高。一是大船及其上的楼橹,成都平原显然不如长江、嘉陵上更适合航行这类船,二是船上的小船纹(栅栏纹),按严志斌等的统计,出现在巴人区的频率较高。参见洪梅、严志斌:《宣汉罗家坝墓地出土巴蜀符号探析》,《中国国家博物馆刊》2019年第4期。
[3] 章武为刘备称帝后的年号。刘备逝世于章武三年四月,五月,刘禅继位,改元建兴,八月,刘备入葬于成都南郊惠陵。三叉河2号崖墓题刻记时为七月十日,当为蜀汉新旧年号共用时期。

## (二) 性质

在前文的对比研究中,对大梁岩画的性质已有少量论述。在此仅做部分补充。理解大梁岩画A,关键是要知道以船为中心的图案内涵。

首先,肋骨式船是远古"X"光射线图案的表达,"X"光透射图案遍布旧石器时代至新石器时代的旧大陆和新大陆,而肋骨式船只是肋骨式人、肋骨式动物等众多类似图案中的一种,这类图案通常与原始宗教,特别是萨满教有关。张光直指出,"这种图像自旧石器时代晚期便在旧世界出现,后来一直延展到新大陆"[1]。它是一种典型的与萨满巫师有关的艺术传统[2]。

埃及在法老陵墓旁考古出土过多艘太阳船,被认为是乘载要复活的法老和太阳神一起穿越天堂并复活的仪式船,肋骨式船比太阳船还早,其功能大概与此接近。西伯利亚肋骨式船被认为与水葬有关,船在西伯利亚文化中属于通人和神的器物,人去世以后,以船为棺,实行水葬,人棺顺河而下。鄂温克族认为,河流的上游为天,是神之所在,中游为人的世界,下游为阴,属于逝去的灵魂。按《太平洋岩画》一书的介绍,在印度尼西亚的一些土著民族中,用肋骨预示人体和灵魂,马来西亚尼阿山洞窟岩绘画肋骨式船上装载的正是死者的灵魂和遗体,画面上的人当是部落里的送葬人以及巫师(蹲踞式人像),他们在启动灵魂之舟的航行,把死者送往另一个理想的所在。

商周时期,我国的肋骨船兼具有祭祀河流的性质。三星堆遗址器物坑出土玉璋"祭山图",按《周礼·春官·典瑞》载:"璋邸射以祀山川。"[3]《周礼·考工记·玉人》也有类似的表达,说明璋还有祭川的作用。那么三星堆玉璋上部的船应是祭川的工具,其下部山顶的3名蹲踞式人物,则是主祭的巫师,船上的"肋骨",则是祭祀河流用的人牲或其灵魂。巴阳峡岩画中的肋骨式船,其所在岩画上还有两个人头像、双竖眼、一条巨鱼尾、若干肋骨船、若干梅花鹿,推测肋骨式船也是祭祀江川、江神的仪式用船。

其次,鹢鸟船的性质有海葬船、龙舟竞渡、祭祀水神等说法,笔者赞同水上祭祀说。张衡《西京赋》有"浮鹢首,翳云芝"语,李善注"鹢首":"船头象鹢鸟,厌水神。"[4]《晋书·束皙传》:"凭鹢首以涉洪流。"《晋书·王濬传》:"画鹢首怪兽于船首,以惧江神。"[5]王濬在今四川地区造楼船,后顺江而下,过三峡而伐东吴,王濬在巴蜀地区造鹢首船,应该受到了更早的文化传统的影响。可见,鹢首船是厌江神、水神的。鹢首船上的物品及活动,则与人们迎神、娱神、祭神有关,这些神当然就是江河的水神。从南方铜鼓船纹中可以看到,船上多有羽幢、栅台、鼓乐等,还有的船纹有羽人手执斧钺砍杀人牲的场面,无不昭示其水上祭祀的性质。至于后来出现的龙舟竞渡,则是水上祭祀活动发展的副产品,本身也还蕴含着娱神的意义。唐许浑《送客南归有怀》"瓦尊迎海客,铜鼓赛江神"一诗[6],指出了竞渡的真正目的是赛江神。

鹢鸟船也有将死者送往天界的意义。贵州习水的两处鹢鸟船纹岩画,船旁边刻出大鱼,一端牵出长绳系于柱或树上,崖墓口部两侧刻有双阙画像,墓葬、画像石棺、鎏金棺饰等上面的双阙,通常代表着天门。飞龙山崖墓左侧阙下还凿刻有开明兽,进一步强化了双阙的性质。而这两处崖墓、岩画与下

---

[1] 张光直:《考古学专题六讲》,文物出版社,1986年,第6页。
[2] Joseph. Campbell, *the Way of the Animal Powers*. London: Sumenfield Press, 1983: 132.
[3] (汉)郑玄注、(唐)贾公彦疏、(唐)陈德明音义:《周礼注疏》,《景印文渊阁四库全书》第九〇册,台湾商务印书馆,1986年,第377、756页。
[4] (汉)张衡:《西京赋》,(唐)李善注、(清)高步瀛疏:《文选李注义疏》,中华书局,1985年,第436页。
[5] (唐)房玄龄等:《晋书》,中华书局,1974年,第1208、1428页。
[6] (唐)许浑:《送客南归有怀》,(清)彭定求等编:《全唐诗》卷五百三十,中华书局,1980年,第6062页。

侧小河的高差极大，但距离很近，船纹显然是在表达将墓主送入天界、停靠在天门外的情景。

第三，大梁岩画A中船纹的插双旗模式，笔者前文已指出，鱼旗之鱼大概就是当时当地人所奉之江神，具有镇江的作用。在后来的文献中，双旗也与迎神有关。《武陵竞渡略》记载："船中两旗，方幅各尺五寸，以布为之……风波之此，亦迎神之物也。"[1]可见，鱼旗已被布旗取代，转向迎神作用了。《武陵竞渡略》还记载："船人无不习水善游，惟头旗鼓拍四人不必善水，则皆寄命桡手，是日划船悉顶巫师符箓，及制黄赤小旗，取鹭鸶毛插鬓间，压胜物也。"[2]可见，即使在明代武陵地区的竞渡习俗中，巫师的作用仍然十分重要，那么，对于更早的同出一脉的大梁岩画A水上祭祀，巫师自然更不可缺。此外，大梁岩画A的錞于和鼓，在上古时期它们是配套的乐器，《周礼·鼓人》就说"金錞和鼓"[3]。晋宁石寨山贮贝器上有錞于和鼓同悬的情况，巴渝地区的鼓大概是木鼓，目前尚未见有考古发现。錞于在古代战争中起指挥进退作用，也是宴飨娱乐的乐器。但从巴文化地区的考古发现看，錞于除少量发现于墓葬外，绝大多数埋藏于各类荒野山郊，或单独（有的一组）出土，或与钲、钟配套出土，明显还具有山川祭祀作用。

第四，大梁岩画A中的A型橼出脊屋宇，与《诗经·小雅·斯干》描述的"如跂斯翼，如矢斯棘，如鸟斯革，如翚斯飞，君子攸跻"[4]屋面相合，特别是屋橼出脊交叉形如"矢棘"非常形象，应该是一种神圣建筑。石寨山墓地出土的类似建筑中井干房屋的人物雕塑，被认为是与猎头祭祀[5]或祖先崇拜[6]、驰祖尸祭[7]有关，因而，出脊式房屋绝非普通的生产生活空间。结合大梁岩画A其他画面内容判断，A型建筑应该是供奉江神或者因航行灾难死者灵魂的屋宇。

关于仓形建筑，四川简阳县鬼头山3号汉画像石棺上的干栏式建筑旁题有"大苍"二字[8]；河南许昌市郊画像砖天门阙旁有干栏建筑，旁题"上人马食太仓"[9]；山东嘉祥宋山墓葬祭祀石室第二八画像石右侧有"此中人马皆食太仓，饮其江海"的题刻[10]。有学者认为，类似的题材与早期道教的源头信仰有关，在后来的《太平经》中，太仓之粟代表着不死药，而太仓则是升仙之所[11]。由此可以认为，大梁岩画A的仓型建筑是为死者亡魂或江神准备的。

第五，大梁岩画A所在的巴阳峡，是在地层上形成的一座大石槽，长江水就在石槽中流过，水道窄而深，民谚说川江"浅莫过洛碛，深莫过巴峡"。在洪水季节，江水淹没"龙盘石"，《水经注》称"（磐石）广四百丈，长六里，阻塞江川，夏没冬出"[12]，航行十分险恶，历代多有舟船在此倾覆，历史上留下了大量的题刻和镇江遗迹，除古代岩画外，晚近的有"善溢江津""佑贶灵长""水府三官"等古迹、神像，意在保佑"商民上下而无风波之虞"。古人刻画岩画，一般是在举行重要的宗教活动之后，选择人迹

---

[1]（明）杨嗣昌撰，梁颂成辑校：《杨嗣昌集》附录二"武陵竞渡略"，岳麓书社，2005年，第1477页。
[2]（明）杨嗣昌撰，梁颂成辑校：《杨嗣昌集》附录二"武陵竞渡略"，岳麓书社，2005年，第1473页。
[3]（汉）郑玄注、（唐）贾公彦疏、（唐）陈德明音义：《周礼注疏》，《景印文渊阁四库全书》第九〇册，台湾商务印书馆，1986年，第229页。
[4]（宋）朱熹撰：《诗经集传》，《景印文渊阁四库全书》第七二册，台湾商务印书馆，1986年，第827页。
[5] 冯汉骥：《云南晋宁石寨山出土铜器研究——若干主要人物活动试释》，《考古》1963年6期。
[6] 汪宁生：《"滇"人的经济生活和社会生活——晋宁石寨山文物研究之一》，《云南青铜器论丛》编辑组编：《云南青铜器论丛》，文物出版社，1981年，第42—67页。
[7] 尸祭即以活人（通常是小孩）扮神祖，端坐台、堂等上面不动，接收大家祭拜的一种仪式。参见易学钟：《石寨山三件人物屋宇雕像考释》，《考古学报》1991年第1期。
[8] 内江市文管所、简阳县文化馆：《四川简阳县鬼头山东汉崖墓》，《文物》1991年第3期。
[9] 黄留春：《许昌汉砖石画像》，河南美术出版社，1994年，第48页。
[10] Z中国汉画像石全集编辑委员会：《中国汉画像石全集2·山东汉画像石》图一〇八，山东美术出版社，2006年，第100、101页。
[11] a. 杨爱国：《"此上人马皆食太仓"解》，中国社会科学院考古所等编：《汉长安城考古与汉文化》，科学出版社，2008年，第547—548、568页；b. 姜生：《汉代天厨贻食信仰与道教施食炼度科仪之起源》，《中国道教》2016年第1期。
[12]（北魏）郦道元著，（清）王先谦合校：《合校水经注》卷三十三"江水一"，中华书局，2009年，第529页。

罕至之处进行刻画,以告神灵(不是给当时的人群观看),使岩画传达的内容发挥持久的效力。大梁岩画A选择在极低枯水位才露出的滩涂岩石上划刻(2003年三峡段江水大枯时才出露),不但人类的足迹难以接近,而且显然是为了拒绝那些不相干的人参观,是一个阻止渎神者闯入的神圣空间[1]。大梁岩画刻划自然成熟,绝不是随意和娱乐之作,应该与镇江厌神或江神祭祀有关。

在战国至汉代的中原和楚文化社会,人们也信奉河神,只不过将其人格化为河伯、冯夷等。屈原《九歌·河伯》:"灵(即河伯)何为兮水中?乘白鼋兮逐文鱼。"[2]王逸注:"大鳖为鼋,鱼属也。"可见河伯与大鱼是二而一的关系,均为河神。当时的人们还定期祭祀河神,并用活人坐在易沉物上,随河水漂流沉没以祭河伯,以便遏制江河灾害的发生,这大概也是大梁岩画A所要表达内涵的根本出发点。

综上,大梁岩画A的各要素信息多指向水上送魂、水上祭祀两个方面,但这两个方面并不冲突,均与江神有关。考虑到大梁岩画所在的峡谷水势等环境,"水上送魂"应该送的是那些因巴阳峡水况恶劣而死亡的人,由于江中事故尸体往往难以找到,故以肋骨船、鹳鸟船的形式送其亡魂去往天上,这也可视为安抚因水神作乱而举行的安葬仪式。而"水上祭祀"则以江神为对象,肋骨式船意味保留着古老的人祭(短竖线代表死人或其灵魂)仪式,以人(魂)祭神、迎神,目的还是为使江水不危害航行及活人。

## 六、相 关 认 识

上面,我们确定了大梁岩画A中的所谓"篱笆纹"其实是船的形象,从该幅画面上看,可以明确有两艘相对完整的船。而下部还有两个与上部两船上相似的楼房顶部图案,可以推测它们是另一条船上的建筑。此外,从大梁岩画A的原位照片看,在现存画面的左侧,还残存有二处建筑屋顶,由于其他部位风化脱落,难以完全判定其性质,但大体也应该是船上的建筑。这样,我们可以说,大梁岩画有两艘完整的船,另存在两艘船上的建筑物局部。此外,按照整个画面的构图情况和对称原理推测,不排除在右侧下部还有1—2艘已风化剥落的船纹的可能。

大梁岩画A是以船为中心的岩画,其中上部船最大,船上布置最复杂,插有双鱼旗,刻画线条较他船粗而深,坐小艇的巫师也面对该船,该船应该是船队的核心。大梁岩画A现存两艘船均为肋骨式船,而巴阳峡画丙上的船,两艘为肋骨式船,一艘为普通船,由此可以推测,其余仅剩屋顶的船纹不一定是肋骨式船。也就是说,这是一个有梯次等级的船队,左上肋骨式船为首船,其次为下部的肋骨式船,再其次为残存局部屋顶的船。大梁岩画A是罕见的肋骨式船、鹳鸟船、楼船三合一的古代岩画,具有十分重要的价值。其中,肋骨式船是目前中国境内所见时代最晚的,是原始萨满教向历史时期延伸的孑遗。

大梁岩画A和B展现了远古社会文化心理的某些固定结构。大梁岩画A肋骨式船和鹳鸟船均为跨文化的文化现象,肋骨船和巫师(萨满)、鹳鸟船和大鱼通常形成固定搭配,暗含着祭祀与死亡、水神(大鱼)与镇水(食鱼鸟)等多重相互关联的文化功能。战国以来,船旗、大小相配的房屋、乐器等则成为另一批新的固定构图元素,既出现在岩画上,也出现在墓葬岩画、青铜器图案上,显示出巨大的时代特征。而大梁岩画B的三角形和菱形元素,则展示了岩画编码的通用性,体现出底层文化的普世性和

---

[1] 王良范、罗晓明:《中国岩画·贵州》,中国国际广播出版社,2010年,第91页。
[2] (战国)屈原等撰,(宋)朱熹集注:《楚辞集注》卷二,人民文学出版社,1953年,第43页。

隐喻表达的抽象化。

　　大梁岩画还展现了多元文化汇聚景观。大梁岩画A的肋骨式船更接近西伯利亚风格,而鹳鸟船的传统来自南方,出脊式房屋建筑形式与滇文化相似,而四阿顶帽檐式房屋、羽人和小艇等图案形式在本地均可找到传统。大梁岩画B的倒三角形可以见到西伯利亚的影子,菱形则在我国境内的商周岩画中有类似图案。大梁岩画展现的文化多元性,与三峡地区作为我国南北地理中心、长江沟通东西的区位优势有莫大关系,也与古代三峡地区多元族群共生、人群频繁变迁密切相关。

　　三峡工程建设以来,巴阳峡两岸发现黄柏溪新石器遗址、大地坪新石器至商周遗址、东阳子商周遗址,以及大量战国两汉时期的遗址、墓群,峡内及附近的古老岩画,应该就是这些人群留下的作品。巴阳峡内的岩画,延续时间长,特征鲜明,结合考古发掘发现的文化遗物属性,这批岩画大致可以归为巴文化系统人群或其后裔的杰作。

　　大梁岩画与西南地区广泛存在的涂绘法岩画不一样。考虑到云阳牛尾石、太公沱和巴阳峡内的其他几处划刻岩画,以及重庆江津四面山灰千岩敲凿法岩画,可以认为,重庆地区的远古岩画在西南地区独成一系。当然,这种差异可能既有文化系统上的差异,也有年代上的差异。例如,同在三峡地区的巴东天子岩手印岩画则为涂绘岩画,其原因就在于它是唐宋以后的岩画。古代巴文化系统的岩画在《水经注》中也有记载,郦道元在写到今渝鄂交界的西陵峡一带的"人滩"时,引袁山松的话说:"人滩水至峻峭,南岸有青石,夏末冬出,其石嵌崟,数十步悉作人面形,或大或小,其分明者,须发皆具,因名曰人滩也。"[1]秭归东门头遗址采集的太阳人石刻[2],或即人滩岩画损毁后所遗留。从巴阳峡和人滩两处岩画的环境看,均具有峡谷特征,长江滩险流急,两岸还具备一定的人类生产生活空间,岩画应有相同的功能。

　　除大梁岩画外,巴阳峡内的其他岩画和云阳牛尾石、江津灰千岩的岩画,岩画内容既有北方系统岩画盛行的动物、人物,也有少量我国东南系岩画盛行的抽象符号,但岩画内容、制作方式总体上更接近北方系统。岩画既与当地的文化传统有关,也与当地的生产生活有关。考古表明,除部分地区的盐业手工业外,三峡地区先秦时期的生业经济主要以渔猎为主,旱作农业为辅,兼之以少量稻作农业为点缀。三峡地区的动物岩画正是这一情况的反映,它既盛行北方的动物,也有大量反映地方特点的鱼类岩画。

---

[1] (北魏)郦道元著,(清)王先谦合校:《合校水经注》卷三十四"江水二",中华书局,2009年,第535页。
[2] 湖北省文物考古研究所:《秭归东门头》图四九,文物出版社,2010年,第73页、第75页。

# 汉代岭南式器物在云贵地区的考古发现及相关问题的探讨

◎ 谢广维　王　星　甘雨棠

岭南，泛指五岭以南，现在一般指广东、广西、海南、香港、澳门五省区，但在汉唐时期，还包括越南北部一带。岭南先秦时属百越之地，秦属桂林、南海、象三郡，汉初属南越国，两汉属交趾刺史部统辖，因地理单元和政区上的统一，使得这一地区的文化面貌自秦汉以来便呈现出高度统一的特征。而与岭南毗邻的云、贵地区，由于有珠江和红河两大水系连通，也不可避免地受到来自岭南汉文化的影响。本文拟通过汉代岭南式遗存在云贵地区的考古发现，对其时空分布、遗存特征、传播方式及途径等相关问题展开探讨。

## 一、发　现　情　况

### （一）云南地区的发现

根据目前公布的资料，汉代岭南式遗物在云南地区主要集中发现于与滇东南的个旧黑蚂井及广南的牡宜两地，其他地区仅有零星的遗物发现。

1. 个旧黑蚂井汉墓

黑蚂井位于个旧卡房镇黑蚂井村，自1988年以来，共发掘汉墓43座[1]。墓葬均为竖穴土坑墓，形制有"凸"字形带斜坡墓道的木椁墓、墓坑稍宽的长方形竖穴土坑木椁墓和墓室狭长的窄长方形竖穴土坑墓三种，其形制特征均与岭南同期汉墓基本一致。随葬器物主要有陶、铜、铁、石几大类，其中青铜器主要有壶、盒、簋、樽、釜、鼎、锅、甑、杯、碗、盆、铗、灯、熏炉、鐎壶、三足罐、三足盘、环首铜削等，其无论是器型还是纹饰特征均与岭南同期汉墓一致（图一），表现出较为强烈的岭南汉文化特征。在陶器方面，除大量具有明显本地特征的单耳罐、双耳罐、双耳圈足壶及少量具有一定中原文化因素的卷沿灰陶罐外，其余的方格纹瓮、方格纹罐、圈足壶、双耳罐、弦纹罐等均为典型的岭南式器物（图二）。除此之外，墓地出土的石黛砚及环首铁刀与岭南地区亦完全一致。从出土遗物看，墓地年代主要集中在汉平南越至新莽之间，少量墓葬可延续至东汉早期。

2. 广南牡宜汉墓

牡宜汉墓位于广南县黑支果乡牡宜村，2007年发掘竖穴土坑木椁墓1座[2]，木椁为广州汉墓中较

---

[1] a. 云南省文物考古研究所等：《个旧黑玛井古墓群发掘报告》，见《云南考古报告集（之二）》，云南科技出版社，2006年。b. 云南省文物考古研究所等：《个旧市黑蚂井墓地第四次发掘报告》，科学出版社，2013年。
[2] 云南省文物考古研究所等：《云南边境地区（文山州和红河州）考古调查报告》，云南科技出版社，2008年。

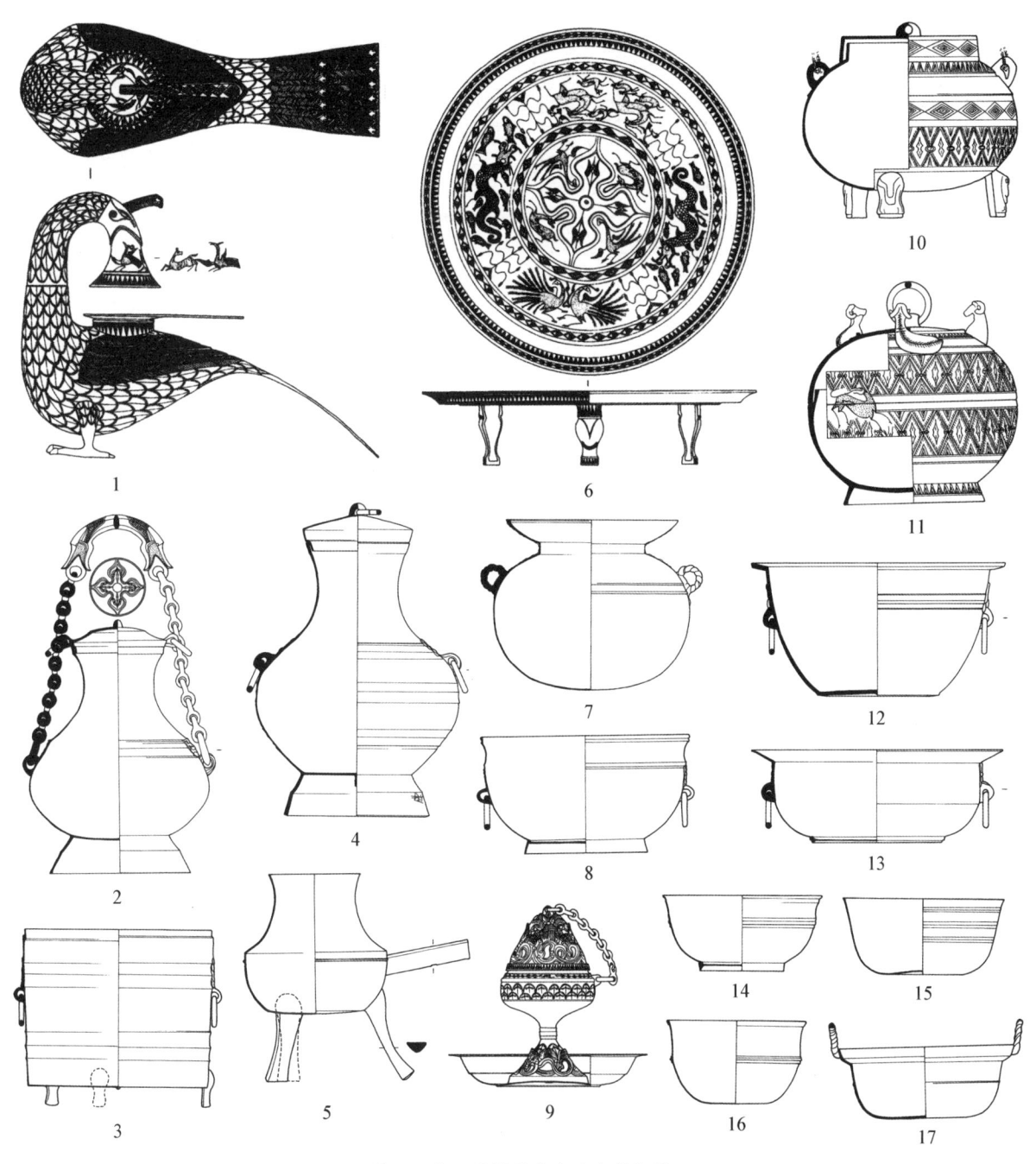

图一 个旧黑蚂井出土岭南式铜器
1.铜凤灯（M16∶1） 2.铜提梁壶（M43∶9） 3.铜樽（M26∶16） 4.铜壶（M16∶9） 5.铜鐎壶（M22∶25）
6.铜三足盘（M16∶17） 7.铜釜（M19∶1） 8.铜筥（M16∶15） 9.铜熏炉（M16∶21） 10.铜三足罐（M24∶8）
11.铜盒（M29∶4） 12.铜銷（M28∶18） 13.铜盆（M16∶18） 14.铜碗（M22∶19） 15.铜碗（M19∶5） 16.铜杯（M22∶21）
17.铜锅（M18∶12）

为常见的双层结构,出土器物主要有青铜器、漆木器和陶器三大类。其中铜器有鼎、锅、盘、盉、灯及五铢钱几种。漆木器主要有耳杯、盘、案、勺、器座及马和木车构件等。陶器有瓮、罐两种,以罐居多,表面均饰方格纹,部分还饰有戳印纹(图三)。整体上看,该墓无论是墓葬形制还是出土器物均与岭南汉墓较为一致,年代大致为西汉晚期。

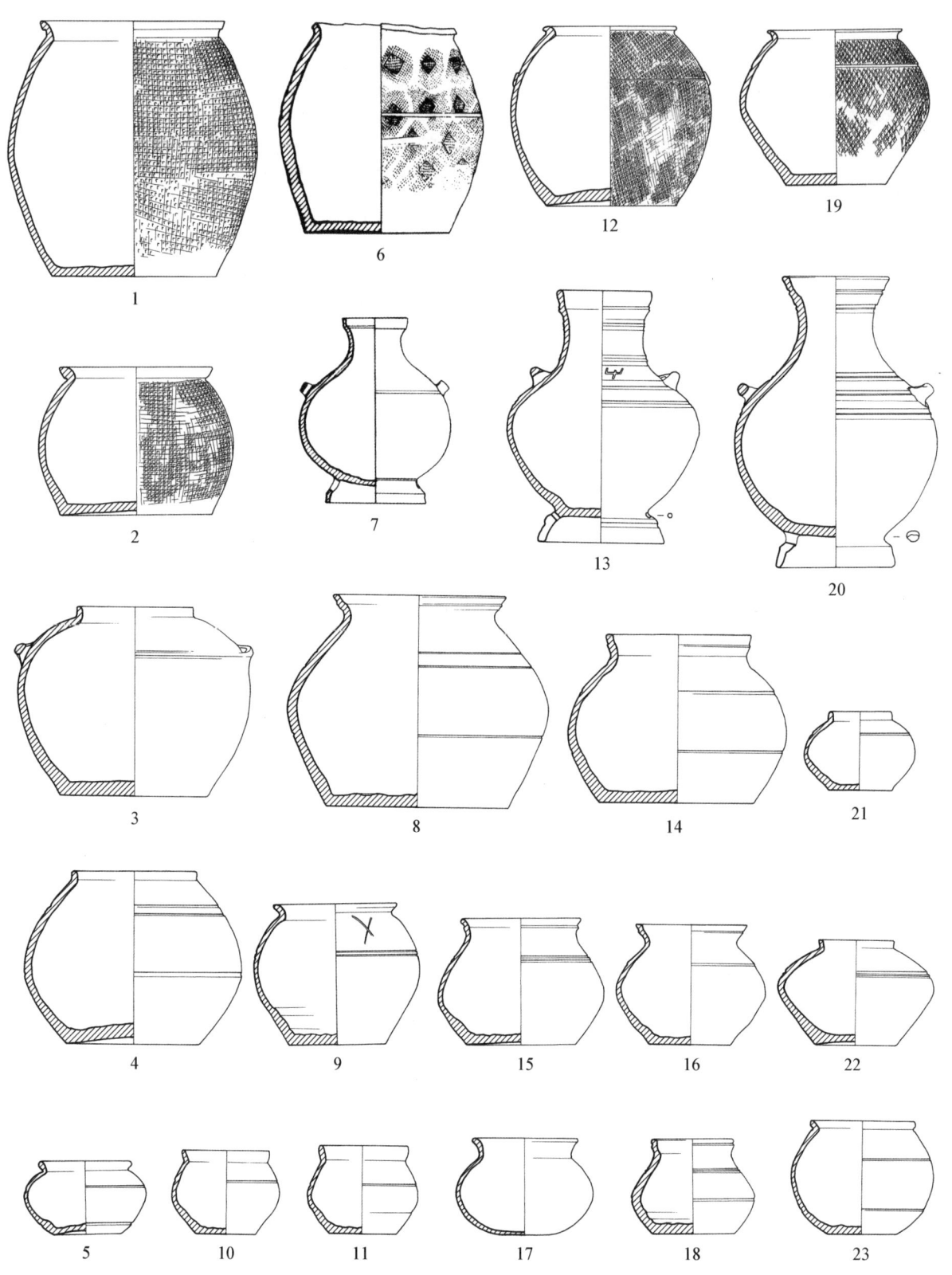

图二　个旧黑蚂井汉墓出土岭南式陶器

1. 瓮（M28∶2）　2. 罐（M29∶2）　3. 双耳罐（M26∶24）　4. 罐（M33∶10）　5. 罐（M30∶2）　6. 瓮（89CHM4∶14）　7. 壶（88CH采∶6）　8. 罐（M18∶9）　9. 罐（M22∶2）　10. 罐（M33∶6）　11. 罐（33∶1）　12. 罐（M29∶3）　13. 壶（M30∶1）　14. 罐（M41∶2）　15. 罐（M33∶3）　16. 罐（M33∶4）　17. 罐（M37∶2）　18. 罐（M17∶2）　19. 罐（M27∶4）　20. 壶（M26∶23）　21. 罐（M33∶2）　22. 罐（M26∶1）　23. 罐（M36∶4）

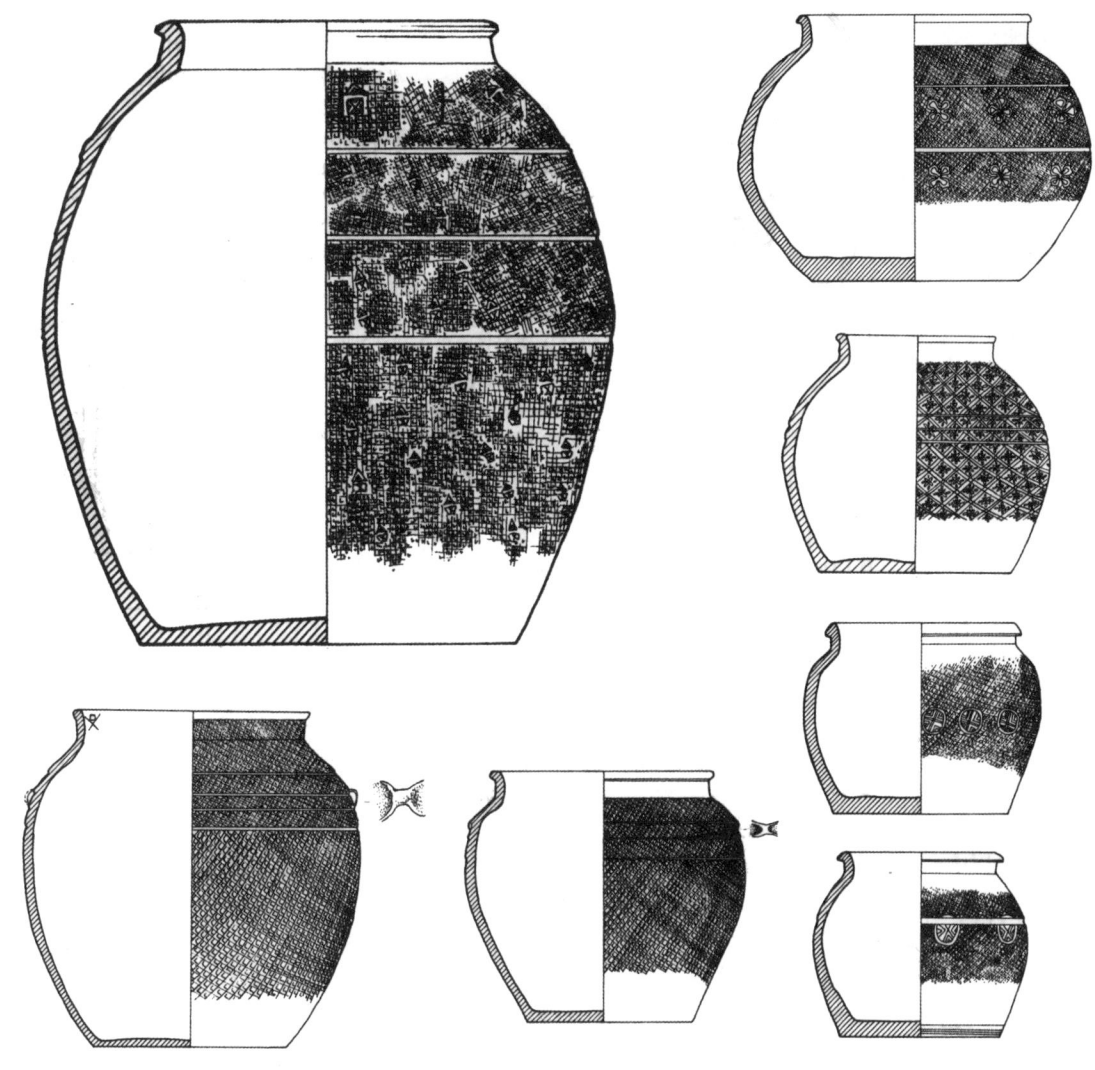

图三　广南牡宜汉墓出土岭南式陶器

3. 其他地区的发现

除上述两处具有明显岭南汉文化因素的墓地外,汉代岭南式器物在大理下关、江川李家山、呈贡小松山、曲靖八塔台、昭通桂家院子、昭通得马寨、大关岔河等地也有零星发现。除大理下关为两件瓷罐外[1],其余均为青铜器。类型主要有锅、釜、瓿、簋、碗、提梁壶、镰壶、长颈壶等。其中八塔台有长颈壶、釜、簋、锅、碗五种[2],李家山有瓿和镰壶两种[3],小松山仅提梁壶一种[4],大关岔河有釜瓿、壶、铜、锅几种[5],昭通桂家院子有釜瓿、提梁壶、锅几种[6],昭通得马寨有提梁壶一种[7](图四)。除小松山、李家山、八塔台大致在西汉晚期至东汉早期外,其余均为东汉晚期。

---

[1] 大理州文物管理所:《云南大理市下关城北东汉纪年墓》,《考古》1997年第4期。
[2] 云南省文物考古研究所:《曲靖八塔台与横大路》,科学出版社,2003年。
[3] 云南省博物馆:《云南江川李家山古墓群考古发掘报告》,《考古学报》1975年第2期。
[4] 云南省博物馆文物工作队:《呈贡小松山竖穴土坑墓的清理》,《云南文物》1984年第6期。
[5] 云南省文物工作队:《云南大关、昭通东汉崖墓清理报告》《考古》1965年第3期。
[6] 云南省文物工作队:《云南昭通桂家院子东汉墓发掘》,《考古》1962年第8期。
[7] 昭通市文物管理所:《昭通田野考古》(之一),云南人民出版社,2012年。

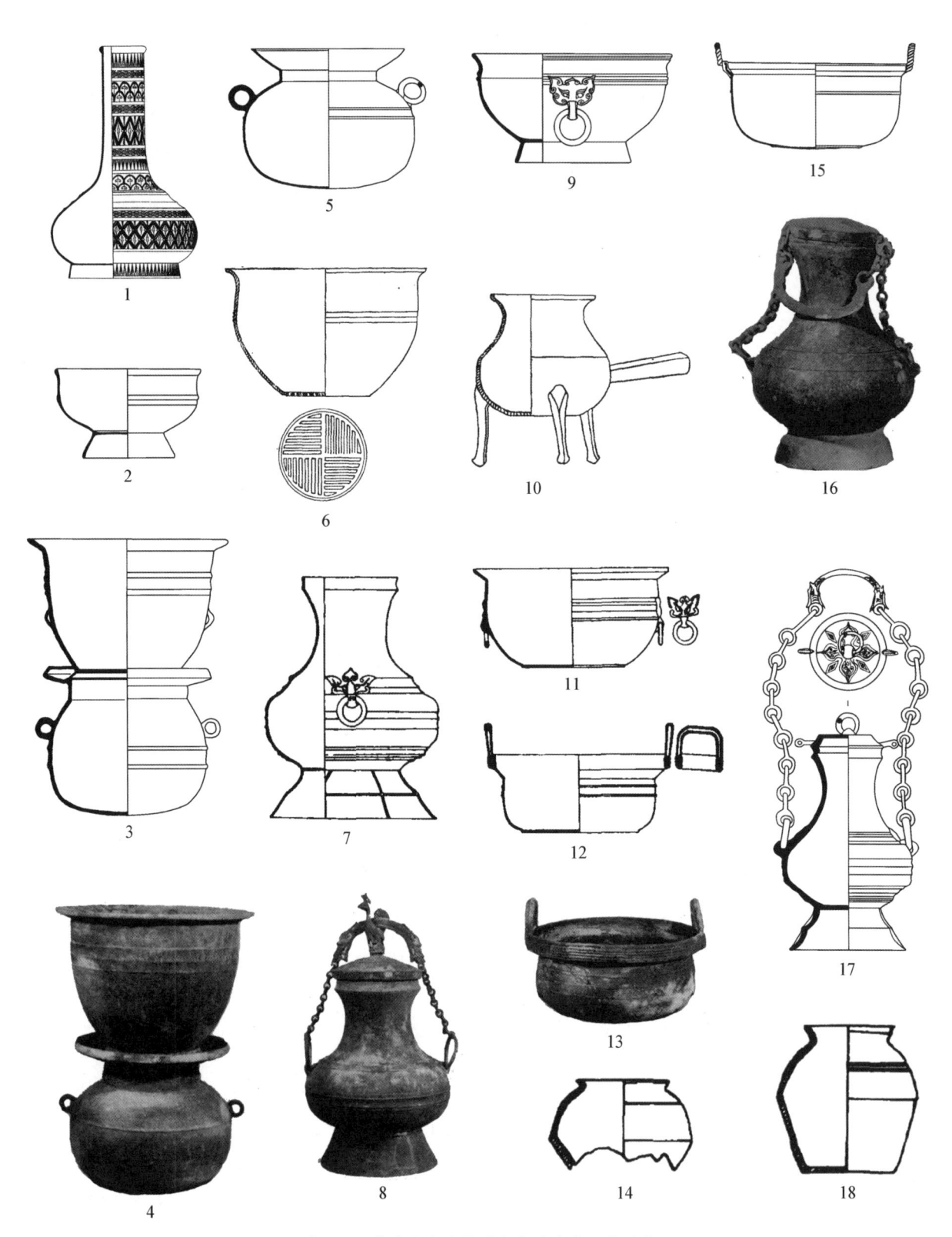

图四　云南其他地区零星出土的岭南汉式器物
1. 曲靖八塔台M69铜长颈壶　2. 曲靖八塔台M8铜簋　3. 大关岔河M3铜釜甑　4. 昭通桂家院子铜釜甑
5. 曲靖八塔台M19铜釜　6. 江川李家山M27铜甑　7. 大关岔河M3铜甑　8. 昭通桂家院子铜提梁壶　9. 曲靖八塔台M69铜簋
10. 江川李家山M26铜鐎壶　11. 大关岔河M3铜铏　12. 大关岔河M3铜锅　13. 昭通桂家院子铜锅　14. 大理下关纪年墓瓷罐
15. 曲靖八塔台M7铜锅　16. 呈贡小松山铜提梁壶　17. 昭通得马寨M2铜提梁壶　18. 大理下关纪年墓瓷罐

## (二)贵州地区的发现

贵州的岭南式遗存主要发现于南盘江支流的兴义、兴仁,北盘江下游的望谟、贞丰、镇宁,羊昌河沿岸的平坝、清镇一带,以黔西南的南北盘江下游和安顺平坝区与贵阳清镇市交界处的羊昌河沿岸最为集中。

### 1. 兴义万屯汉墓

万屯镇位于黔西南的马别河流域,其东北的新桥和阿红一带均有汉墓分布。1975年在新桥村发掘汉墓7座,墓葬形制有凸字形、长方形和刀把形三种,除M8为凸字形砖室墓外,其余均为石室。随葬的岭南式器物亦主要集中于M8,其中铜器主要有圈足碗、盘、双耳锅、三足罐、卮等,陶器主要以方格纹折唇瓮为主,年代大致为东汉。除岭南式器物外,该墓还出土了铜车马及铜摇钱树等遗物,显示出墓主身份地位较高[1]。2010年,为配合基本建设,对新桥村西北的阿红老坟山和新寨两处墓地进行发掘,共发掘58座石板墓和2座土坑墓[2]。与新桥汉墓相比,老坟山汉墓无论是墓葬形制还是随葬器物均表现出较为浓厚的土著文化色彩,但偶尔也掺杂一些东汉晚期较为典型的岭南式弦纹或方格纹陶罐(图五)。

图五 兴义万屯汉墓出土岭南式器物
1. 新桥M8铜三足罐 2. 新桥M8铜簋 3. 新桥M8铜双耳锅 4. 新桥M8铜卮 5. 新桥方格纹陶瓮
6. 阿红老坟山墓葬出土器物(前排右二为典型岭南式器物)

---

[1] 贵州省博物馆考古组:《贵州兴义、兴仁汉墓》,《文物》1979年第5期。
[2] 张兴龙:《兴义老坟山墓群》,《2003—2013贵州基建考古重要发现》,科学出版社,2015年。

## 2. 兴仁交乐汉墓

交乐汉墓位于兴仁县雨樟镇交乐河两岸的交乐、龙树脚、云南寨、长庆等村。自1975年以来，交乐村累计发掘汉墓已达20座[1]。墓葬有石室墓、砖室墓和土坑墓三种，以石室墓和砖室墓居多，土坑墓较为少见。随葬器物虽以本地或巴蜀器物为主，但岭南式器物亦占有一定的比例。其中岭南式陶器主要有双耳罐、四耳罐、小陶罐、钵及壶、瓮等；铜器主要有长颈壶、提梁壶、双耳锅、圈足碗及簋、甑等（图六）。从墓葬形制及出土器物看，交乐汉墓与兴义新桥汉墓较为一致，其受岭南汉文化的影响明显要比兴义阿红老坟山汉墓强烈一些。

## 3. 望谟水打田遗址

水打田遗址位于望谟县乐元镇里好村的北盘江北岸，遗址共有6层堆积，其中第5层为汉代文化堆积，出土器物以岭南式的方格纹陶片为主，另有少量石网坠和铜、铁器等。汉代遗迹有灰坑和墓葬各4座，墓葬有瓮棺石板墓及长方形竖穴土坑墓两种。其中瓮棺石板墓共3座，墓葬均较小，其均以石板围砌一方格纹陶瓮，瓮内放置骸骨和铜钱、铜镯等随葬品（图七）。长方形竖穴土坑墓仅1座，其为仰身直肢葬，但未见随葬器物。灰坑多呈不规则形，出土器物亦主要以岭南式方格纹陶瓮为主[2]。从出土器物看，水打田遗址是一处以岭南式陶器为主体的汉代遗址，但从墓葬形制看，虽然水打田发现的石板墓均使用岭南式的方格纹陶瓮作为葬具，但在葬俗葬制方面依然保留鲜明的土著特征。

## 4. 贞丰浪更燃山石板墓

浪更燃山位于贞丰县鲁贡镇平乃村坝社组的北盘江与坝社河交汇处。2007年发掘小型石板墓65座，有长方形石板墓和瓮棺石板墓两种。其中长方形石板墓47座，其主要分布于墓地中、东部，墓内未见葬具痕迹，随葬器物亦仅见带钩、铜镯、绿松石珠等小件物品，未见岭南式器物。瓮棺石板墓共18座，均分布于墓地西部，墓圹均较小，长0.4—1米不等，其均以石板围砌一个正置的岭南式方格纹陶瓮，瓮内盛放骸骨及铜牌饰、铜镯、铁带钩等随葬品，瓮棺上以数块小石板或倒扣陶瓮加以覆盖，墓底有的铺整块的石板或卵石，有的未进行铺垫。从作为葬具使用的陶瓮看，除个别陶瓮年代可能早至西汉晚期外，绝大部分陶瓮的年代均为东汉（图八）[3]。

## 5. 田脚脚及小河口遗址

田脚脚及小河口遗址分别位于镇宁县良田乡顶坛村坝包组及贞丰县者相镇大坪村董箐组的北盘江东西两岸，两个遗址隔河相望，文化面貌基本一致。2005至2006年，对两个遗址进行了大规模考古发掘，发现了大量先秦及东汉时期的遗迹遗物。其中汉代遗物主要有瓮、罐、釜、盆、钵、碗、壶、器盖等，以方格纹陶瓮最为丰富。这些陶器无论是陶质陶色还是器型纹饰特征均与岭南东汉时期的同类器物如出一辙[4]，表明遗址在物质文化方面已经完全接受了岭南汉文化的影响（图九）。

## 6. 安顺宁谷汉墓

宁谷镇位于安顺市南郊，这一带的大寨、龙潭、上苑等地均有汉墓分布，总数有数百座之多。1971

---

[1] a. 贵州省博物馆考古组：《贵州兴义、兴仁汉墓》，《文物》1979年第5期。b. 贵州省考古研究所：《贵州兴仁交乐汉墓发掘报告》，《贵州田野考古四十年》，贵州民族出版社，1993年。c. 王燕子：《交乐汉墓出土铜器补注》，《贵州文博》1993年，第1、2合期。d. 贵州省文物考古研究所：《贵州兴仁县交乐十九号汉墓》，《考古》2004年第3期。e. 贵州省文物考古研究所：《兴仁交乐二十号汉墓清理简报》，《贵州田野考古报告集（1993—2003）》，科学出版社，2014年。
[2] 杨洪：《望谟水打田遗址》，《2003—2013贵州基建考古重要发现》，科学出版社，2015年。
[3] 贵州省考古研究所：《贵州贞丰县浪更燃山汉代石板墓》，《考古》2013年第6期。
[4] 贵州文物考古研究所：《贵州董箐考古发掘报告》，文物出版社，2012年。

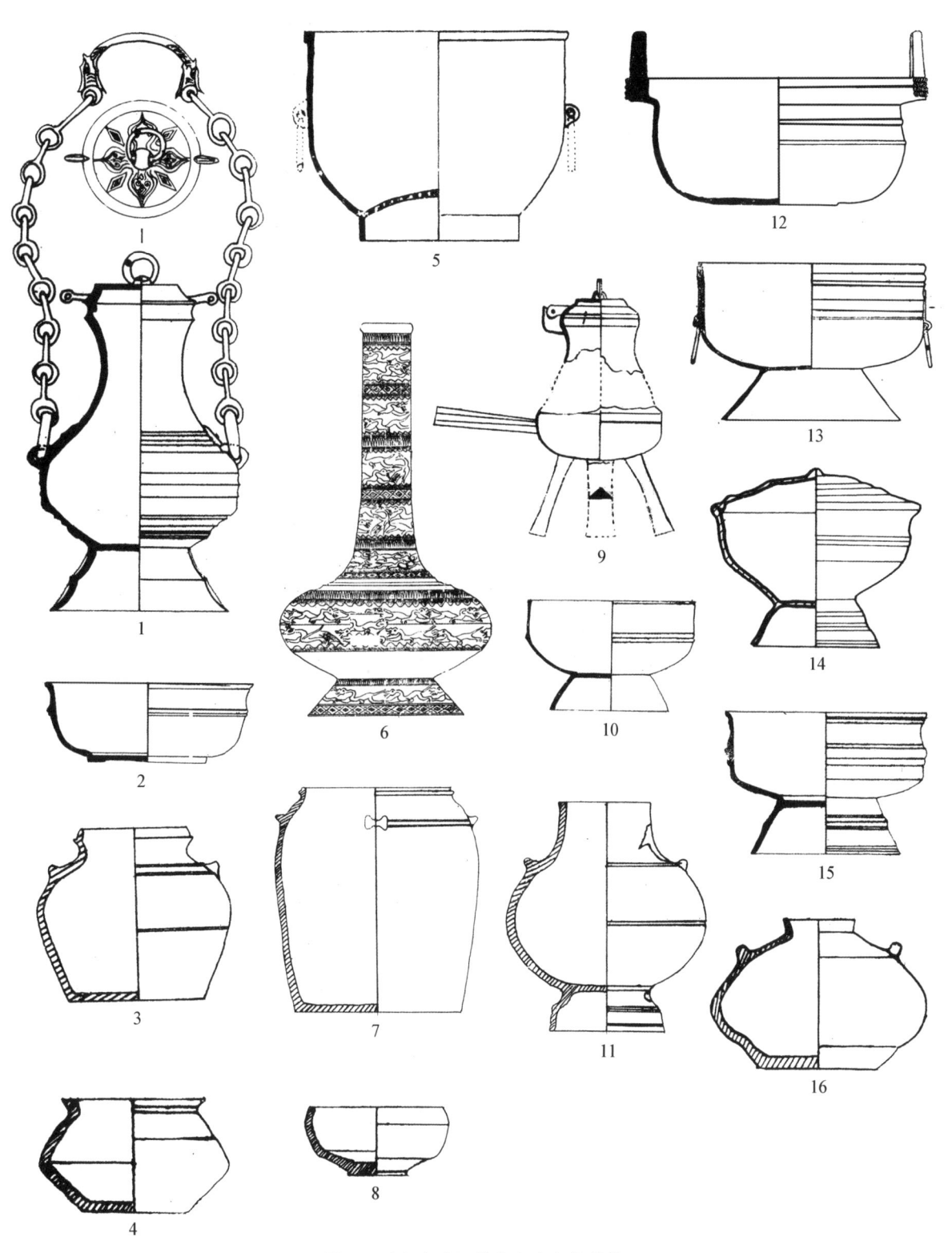

图六 兴仁交乐汉墓出土岭南式器物
1. M6铜提梁壶  2. M7铜碗  3. M16陶双耳罐  4. M7小陶罐  5. M6铜甑  6. M6铜长颈壶  7. M7陶四耳罐  8. M6陶碗
9. 铜鐎壶  10. M14铜簋  11. M16陶壶  12. M6双耳铜锅  13. M6铜簋  14. M19铜簋  15. M7铜簋  16. M7陶双耳罐

图七　望谟水打田遗址瓮棺石板墓及葬具
1. 瓮棺石板墓（M1）　2. 作为瓮棺使用的方格纹陶瓮（M1）

图八　贞丰浪更燃山瓮棺石板墓及作为葬具的方格纹陶瓮

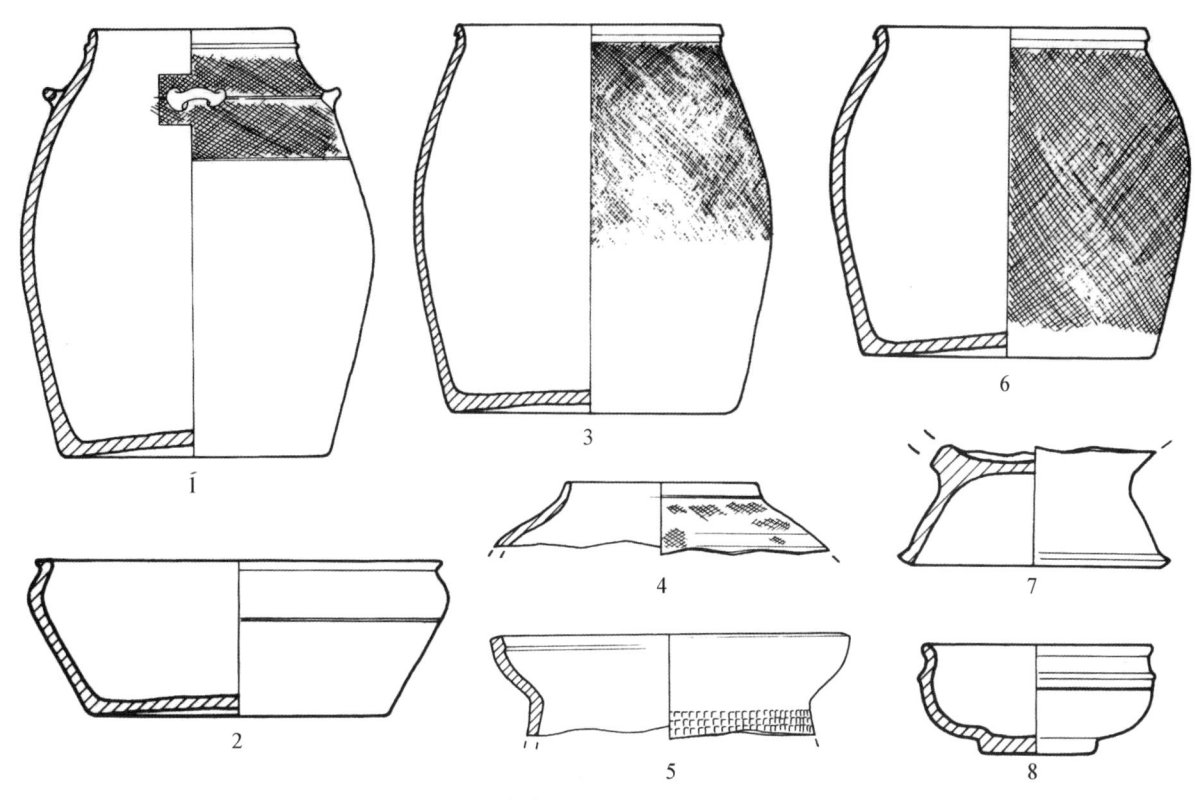

图九 田脚脚及小河口出土岭南式陶器
1. 四耳罐（田Y1∶5） 2. 盆（田Y1∶4） 3. 折唇瓮（小河口采） 4. 罐（田T9④∶1） 5. 釜（田T17④∶5）
6. 折唇瓮（田T20④∶8） 7. 碗或壶圈足（田T12②∶6） 8. 碗（田T15④∶2）

年，在大寨发现石室墓1座，随葬的典型岭南式器物有铜壶及方格纹陶瓮等，年代为东汉晚期[1]。1972年，在徐家坟山发掘汉墓6座（M5—M10），包括1座土坑墓和5座石室墓，但出土的典型岭南式器物较少，见于报告者仅有方格纹四耳罐1件[2]。1976年，在宁谷又发掘古墓葬14座（M11—M24），包括土坑墓1座、砖室墓7座、石室墓5座及砖石混合墓1座。形状有"凸"字形、刀把形和长方形3种。在出土的全部15件陶器中，绝大多数均具有典型岭南东汉晚期特征[3]。1990年，在上苑跑马地又发掘"凸"字形砖室墓1座（M28），出土具有一定岭南风格特征的方格纹陶罐1件[4]。1994年，在龙潭村清理石室墓4座（M29—M32），但未发现典型的岭南式器物[5]。整体上看，宁谷出土的岭南式器物主要有瓮、罐、壶等类型，尽管不同墓葬出土的数量多寡不一，但风格特征与岭南东汉晚期出土的同类器物却是完全一致的（图一〇）。

7. 平坝、清镇汉墓

平坝、清镇汉墓位于安顺市平坝区与清镇市交界处的羊昌河沿岸，历年来在平坝区夏云镇的金家大坪、萧家大院、平庄、老鸡场、新铺、尹关及清镇市的新桥、琊珑坝、芦荻哨、余家桥、放牛坡、牛桠田、张家大山、苗坟坡等地均发掘了不少汉墓。1954年在金家大坪发掘砖室墓两座[6]；1956至1958年，在

---
[1] 李衍垣：《贵州安顺宁谷发现东汉墓》，《考古》1972年第2期。
[2] 严平：《贵州安顺宁谷汉墓》，《文物参考资料》1983年第4期。
[3] 刘恩元：《安顺宁谷古墓》，《贵州文物》1984年第3、第4合期。
[4] 贵州省文物考古研究所：《贵州安顺市宁谷汉代遗址与墓葬的发掘》，《考古》2004年第6期。
[5] 贵州省文物考古研究所等：《贵州安顺宁谷龙潭汉墓清理简报》，《考古与文物》2012年第1期。
[6] 熊水富：《贵州平坝金家大坪古墓清理简报》，《考古通讯》1958年第1期。

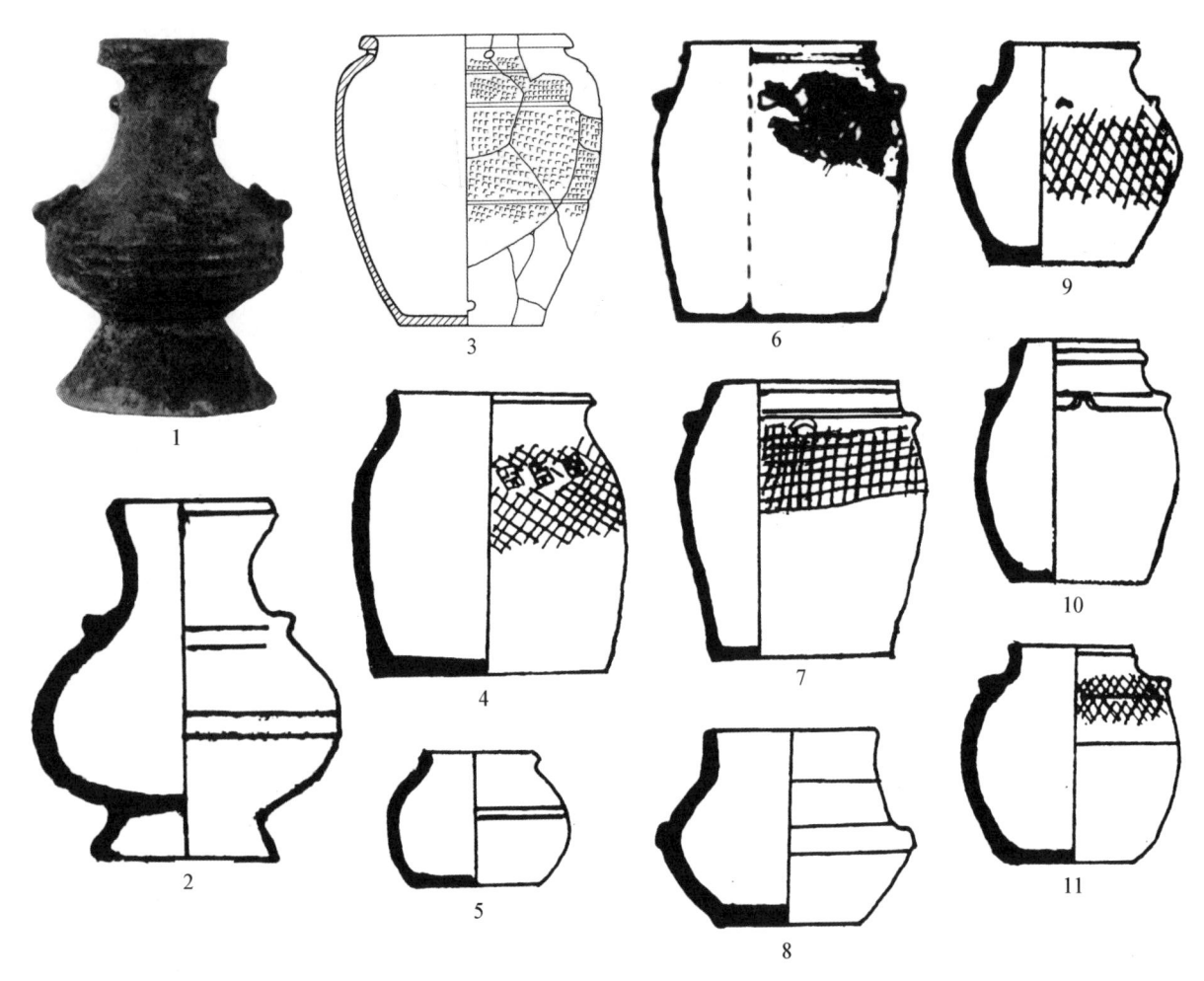

图一〇　安顺宁谷汉墓出土岭南式器物
1. 铜壶　2. 陶壶（M25）　3. 方格纹陶瓮（M28）　4. 方格纹陶瓮（M19）　5. 陶罐（M24）　6. 方格纹四耳罐（M5）
7. 方格纹四耳罐（M21）　8. 双耳罐（M11）　9. 方格纹四耳罐（M19）　10. 四耳罐（M11）　11. 双耳罐（M18）

平坝清镇两地共清理东汉晚期墓28座，其中土坑墓18座、砖室墓7座、石室墓2座[1]；1958年至1959年，在平坝清镇交界处发掘汉代长方形竖穴土坑墓约36座[2]；1999年，在平坝夏云镇桥山村清理长方形竖穴土坑墓1座[3]；2014年，在平坝夏云镇桥上村发掘东汉晚期竖穴土坑墓4座[4]。从历年发掘情况看，平坝、清镇汉墓以竖穴土坑墓为主，砖室墓和石室墓相对较少，除少数方形竖穴土坑墓和石室墓外，其余墓葬大多为岭南常见的墓葬类型，在部分土坑墓中，甚至还发现有岭南西汉早期常见的墓底铺砂状砾石的做法。在随葬器物方面，除少部分本地或巴蜀式的器物外，绝大部分为岭南地区较为常见的器类，类别主要有壶、无耳罐、四耳罐、双耳罐、瓮、碗、盂、盆等，年代主要以东汉为主，也有少部分早至西汉晚期（图一一）。

8. 平坝天龙汉墓

天龙汉墓位于安顺市平坝区天龙镇西北的江河寨及大小寨附近，1966年，发掘竖穴土坑墓6

---

[1] 贵州省博物馆：《贵州平坝清镇汉墓发掘报告》，《考古学报》1956年第1期。
[2] 贵州省博物馆：《贵州清镇平坝汉至宋墓发掘简报》，《考古》1961年第4期。
[3] 贵州省文物考古研究所等：《平坝夏云汉墓清理简报》，《贵州文物工作》2000年第3期。
[4] 贵州省文物考古研究所等：《贵州平坝县夏云镇汉墓的发掘》，《考古》2017年第1期。

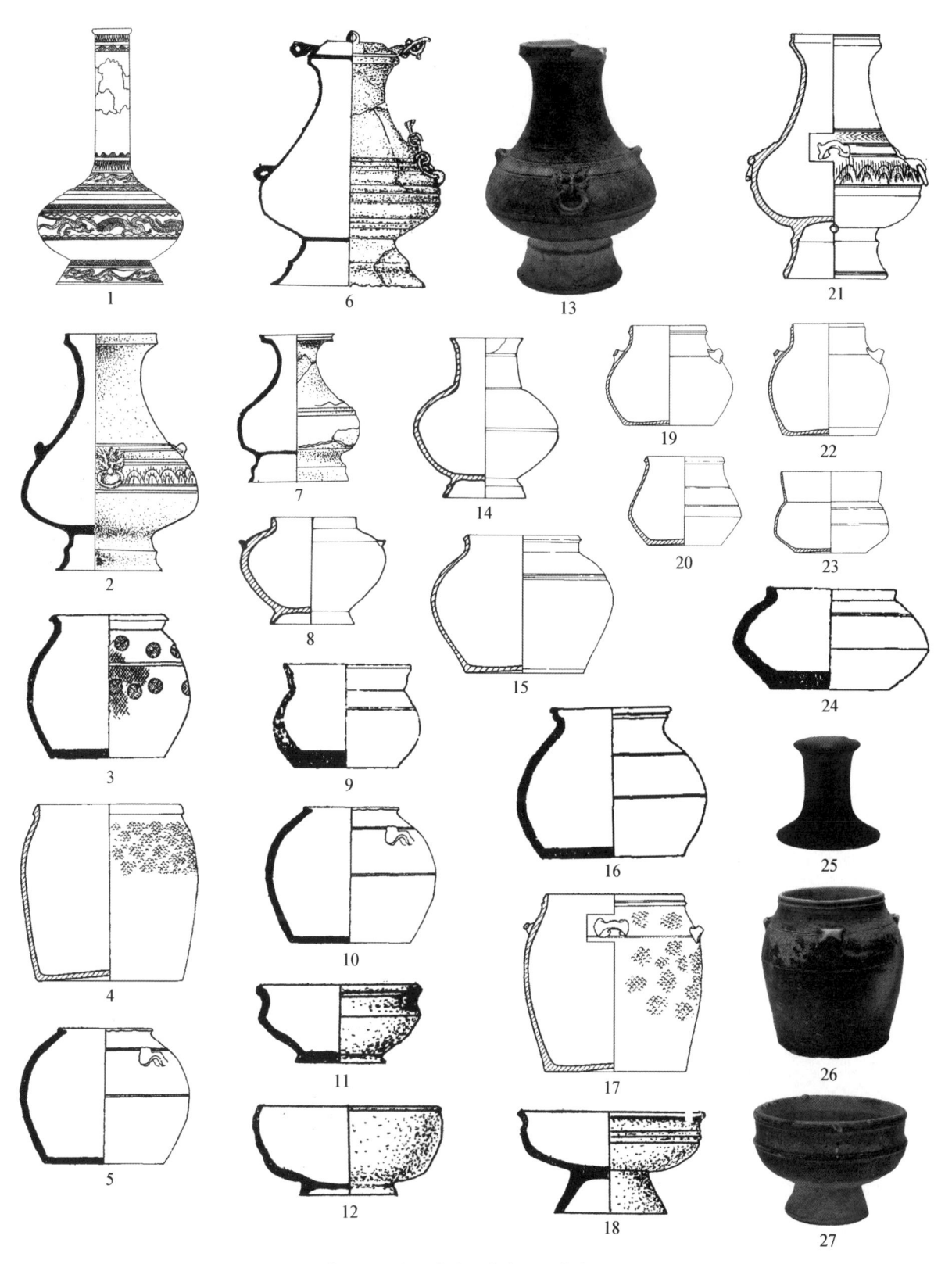

图一一 平坝清镇汉墓出土岭南式器物

1. 铜长颈壶(清M12) 2. 陶壶(清M16) 3. 方格纹陶罐 4. 陶瓮(M78) 5. 陶罐 6. 铜壶(清M2) 7. 陶壶(清M11) 8. 陶壶形罐(M77) 9. 陶罐 10. 陶罐 11. 陶圈足碗(清M12) 12. 陶盒(平M1) 13. 陶壶(M78) 14. 陶壶(M77) 15. 陶罐(M80) 16. 陶罐 17. 陶四耳罐(M78) 18. 陶圈足碗(清M1) 19. 陶双耳罐(M78) 20. 陶罐(M78) 21. 陶壶(M78) 22. 陶双耳罐(M81) 23. 陶罐(M78) 24. 陶罐 25. 琉璃耳珰(78) 26. 陶四耳罐(M80) 27. 陶圈足碗(M78)

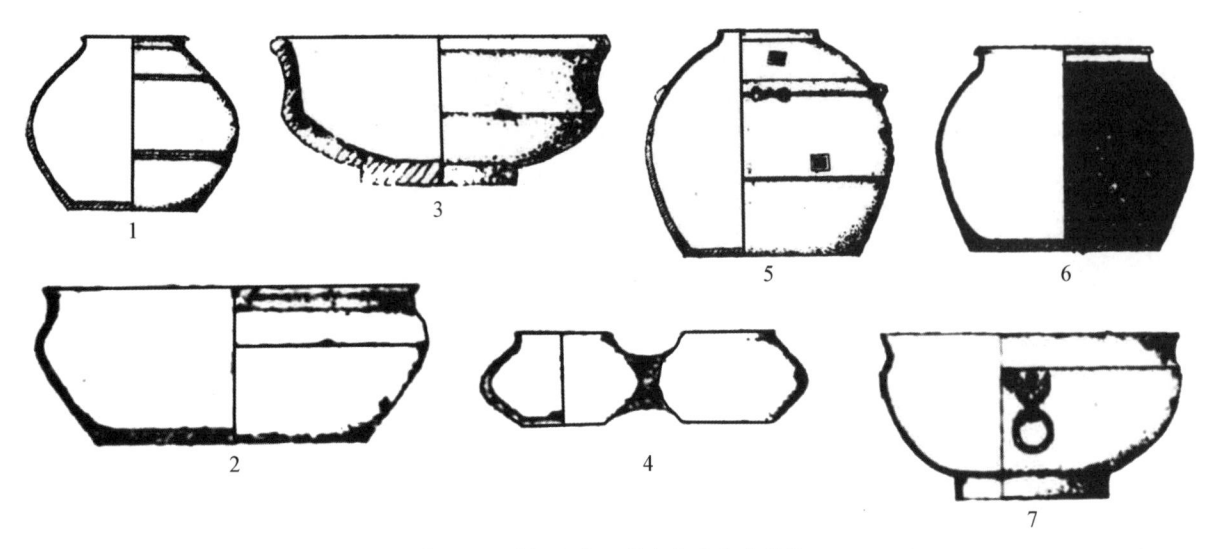

图一二 平坝天龙汉墓出土岭南式器物
1. 陶罐 2. 陶盆 3. 陶碗 4. 陶两联罐 5. 陶罐 6. 方格纹陶罐 7. 铜簋

座[1]，其中长方形竖穴土坑墓4座，方形竖穴土坑墓2座。在出土的24件陶器中，除1件小底双耳罐外，其余均具有明显的岭南汉文化特征，个别墓葬甚至还出土了极具岭南特色的陶联罐，墓葬整体年代大致为西汉晚期（图一二）。

## 二、汉代岭南式器物在云贵地区的分布及其对不同地区的影响

从空间分布看，云贵地区的岭南式遗物主要沿红河和南、北盘江两大水系分布，以元江下游的个旧、广南和南、北盘江下游的兴义、兴仁、贞丰、望谟及乌江上游支流的安顺、平坝等地最为集中，滇西的大理、滇中的昆明和江川、滇东的曲靖、滇东北的昭通虽有零星的发现，但主要以零星的青铜器为主。从时间分布看，滇东南地区主要以西汉晚期为主，少部分延续至东汉早期；滇西、滇中、滇东北及黔西南和黔中等地主要以东汉为主，西汉晚期相对较少。

在影响程度方面，滇东南、黔西南、黔中等地区受岭南汉文化影响最深，滇西、滇中、滇东北地区的影响则相对较小。其中滇东南的个旧黑蚂井和广南的牡宜汉墓受岭南汉文化的冲击最强烈。在黑蚂井墓地中，除保留有大量本土的单耳罐、双耳罐、双耳圈足壶等陶器外，其余无论是陶器、青铜器还是葬俗葬制均已高度岭南化，而在牡宜汉墓中，除岭南式遗物外，甚至基本不见本地文化因素。黔中的平坝、清镇、宁谷等汉墓岭南式器物占比亦较高，但在墓葬形制和随葬器物方面却兼具岭南、本地、巴蜀等文化因素，显示出这一地区在深受岭南汉文化影响的同时，多元文化融合的特征也较为明显。黔西南的兴义新桥及兴仁交乐的墓葬类型和形制虽与黔中地区基本一致，但随葬的岭南式器物主要以青铜器为主，而且主要集中于规模相对较大的墓葬，显示出这两处地区北盘江支流的墓地虽受到岭南汉文化的影响，但影响范围主要集中在上层社会。而同处黔西南的兴义阿红、望谟水打田、贞丰浪更燃山、贞丰小河口及镇宁田脚脚这五处墓群或遗址则较为特殊，从葬俗葬制看，望谟水打田、贞丰浪更燃山墓葬均为本地风格的小型长方形石板墓或瓮棺石板墓，显示出较为明确的土著文化属性，但在出

---

[1] 贵州省博物馆考古组：《贵州平坝天龙汉墓》，《文物资料丛刊》1983年第4期。

土器物方面，不仅绝大部分出土器物均具有典型的岭南特征，而且在瓮棺石板墓中，几乎所有用于盛放骸骨的瓮棺均为岭南式的方格纹陶瓮，表明遗址所属群体在物质文化方面大规模岭南汉化的同时，在丧葬习俗方面仍然表现出对自身文化的固守；贞丰小河口及镇宁田脚脚遗址不仅以岭南式陶器为主，而且还发现陶窑，表明遗址在制陶方面可能有来自岭南工匠的广泛参与和主导。滇中、滇东北地区虽然也发现一些岭南式的青铜器，但却基本不见岭南式墓葬和其他岭南式遗物，表明这些零星的青铜器可能为仿制或通过贸易、馈赠等方式流入，其受岭南汉文化的影响相对有限。

## 三、云贵地区的岭南式器物类型及地域分布特征

从目前考古发现看，云贵地区的岭南式器物主要有青铜器和陶器两大类。其中青铜器主要有鼎、壶、提梁壶、长颈壶、鐎壶、盒、簋、盆、铜、碗、盆、杯、樽、三足盘、三足罐、双耳锅、圈足碗、熏炉、凤灯、釜、甑等，其数量占比虽然远不如陶器大，但种类明显要更丰富一些，而且分布范围也远较陶器广泛。其中滇东南的个旧黑蚂井是岭南式铜器分布最为集中之地，出土的铜器不仅数量多，而且种类亦较为丰富，几乎囊括了岭南西汉晚期绝大部分铜器类型。黔西南的兴义、兴仁两地亦是相对集中的区域，器物种类主要有壶、甑、锅、卮、簋、碗、三足罐、长颈壶等，而且多见于大型墓葬；黔中地区虽然也有青铜器出土，但数量和种类明显比滇东南和黔西南少得多，类型主要有壶、长颈壶、簋等；北盘江下游地区虽然岭南式陶器占比较高，但却几乎没有岭南式铜器发现，这或许与这一地区墓葬规模和等级较小有关。滇中、滇东北地区的青铜器类型主要有壶、簋、铜、锅、甑、釜、鐎壶、长颈壶等，但分布较为零散。整体上看，汉代岭南式铜器在云贵地区的分布不仅受地域远近及当地土著文化的强弱等因素制约，也与墓葬的规模等级密切相关。一般而言，在受岭南汉文化影响较为强烈的地区，墓葬规模越大，出土的岭南式铜器越丰富，反之亦然。

在陶器方面，云贵地区发现的岭南式陶器主要以瓮、罐、壶、碗、盆等日用陶器为主，其无论是器型纹饰还是胎质火候均与岭南地区完全一致，其中滇东南地区主要有瓮、罐、壶三种，滇西地区仅见个别东汉晚期至三国时期的瓷罐，黔西南地区主要有瓮、罐、壶、盆、釜、碗、双足罐、四耳罐等，黔中地区亦大致如此，个别墓葬偶见两联罐。整体上看，云贵地区的岭南式器物以实用器为主，岭南地区较为常见的鼎、盒、魁、簋、樽、熏炉、鐎壶、长颈壶等仿青铜礼器及井、仓、灶、屋、鸡、鸭、牛、羊等模型明器几乎不见。考虑到岭南非郡治地区亦基本不见仿铜礼器或模型明器的实际情况，这种差异似乎与行政地位及经济发展程度存在一定的关联，但从兴义万屯及兴仁交乐两座随葬铜车马的大型墓葬亦未见岭南式的仿青铜陶礼器及模型明器看，岭南式陶器对云贵地区的影响主要还是以实用器为主，代表丧葬礼仪的精神文化方面的影响相对有限。

## 四、岭南汉文化进入云贵地区的主要路径

从岭南式遗存在云贵地区的分布可以明显看出，虽然岭南与云贵地区连通的河流较多，但起主导作用的却是红河和北盘江两大水系。

其中红河是云南与越南红河三角洲一带最为重要的连接通道，早在先秦时期，今红河三角洲一带的青铜文化就已通过这条通道与云南青铜文化之间产生了密切的交流，往后无论是西晋与东吴对交

州的争夺,还是南诏对唐安南都护府的进攻,抑或是蒙古攻打安南,也都是经由这条通道展开,可见这条通道的重要作用。从个旧黑蚂井、广南牡宜、大理下关等地出土的岭南式遗物特征看,很显然这些遗物均是经由红河通道自越南红河三角洲一带传入云南的。但值得注意的是,沿途目前发现的遗物主要集中于汉平南越后至东汉初期,往后少有发现,其中原因尚值得进一步探究。

北盘江即汉代的牂牁江,其作为珠江上游水系的重要支流,通过这条水路不仅可以进入黔西南、滇东北及黔中一带,而且通过其支流经乌江水系还可直抵巴蜀地区。长期以来这条通道不仅在云贵与岭南的交往中起着非常重要的作用,而且在巴蜀与岭南交往中的作用亦非常明显。早在唐蒙出使南越时,在番禺吃到枸酱就是经由牂牁水道从蜀地贩运至广州的,而汉武帝平南越时,"使驰义侯因巴蜀罪人,发夜郎兵,下牂牁江,咸会番禺"走的亦是这一条路。从目前贵州岭南式遗存的分布情况看,这些遗存主要分布于北盘江下游至乌江上游通道上,而且还发现了"广汉郡工官"和"蜀郡西工"造漆盘、"巴郡守丞"印章及铜摇钱树等巴蜀式器物。但需要注意的是,虽然这条通道早在西汉早中期就已见诸文献,但沿线的岭南式器物除黔中地区有少量可早至西汉晚期外,绝大部分均为东汉中晚期。撇除地理因素的影响,这一现象或许与西汉时期这一地区的土著文化势力仍旧十分强大有关。随着西汉末年句町、夜郎、漏卧之间的互相攻击及王莽对这一地区的持续征讨,当地土著势力也随之急剧衰落,到了东汉时期,岭南汉文化才得以大举进入。

## 结　语

通过汉代岭南式遗物在云贵地区的考古发现及相关分析可以看出,汉代岭南文化对与其毗邻的云贵地区曾产生过重大影响,而且在很大程度上加速了这些地区土著文化与汉文化的融合进程。这不仅为探讨西南地区融入统一多民族国家的过程提供了新的视角和更为广阔的研究空间,而且亦为汉代岭南与西南的交流与互动提供了难得的资料。除此之外,对于岭南东部地区的土著文化很早就已融入以几何印纹硬陶为代表的百越文化体系,其自东向西逐步越化到汉化的过程相对清晰,但与云贵毗连且文化面貌十分相近的广西右江及红水河上游地区,由于相关考古资料的缺乏,文化面貌目前仍旧十分模糊,因此通过岭南汉文化与黔西南地区的交流与互动研究,亦能为了解广西西部地区的文化发展演变提供更多参照。

# 牛虎铜案出土记

◎ 张永康（云南省文物鉴定委员会主任、研究馆员）

云南人大都知道古滇国的"牛虎铜案"，在昆明和玉溪地区常可看到仿制它的硕大而亮丽的身影。

其实真的牛虎铜案并没有那么大。它的尺寸是长76厘米，宽36厘米，高43厘米。因它并非一件规整的长方体，故所量的尺寸前面要加一"通"字，称为通长、通宽和通高。尽管如此，它的体量仍是当年出土器物中尺寸最大的一件。

牛虎铜案何时出于何处？它是怎样被发现的？它出土时的真实情况是什么？

1966年5月，江川县派人到昆明向省博物馆报告了李家山发现青铜器的情况：江川早街村村民在村后的李家山翻改土地时挖出一些青铜器，有斧、锛、铲、锄、戈、矛、剑等生产工具和兵器。村民们知道这是墓地所出，有种忌惮心理，大多把青铜器交给了生产队。少数人则交到供销社，按当时2元一公斤的铜价交易（据说锈厚者还要按情况扣掉几毛钱）。

当时，"文革"刚开始，单位上忙于搞运动，写大字报，无暇顾及此事，直到9月初，才派文物工作队张增琪前往调查。张先生实地调研后确认，李家山属石寨山类型的滇文化墓地。然而，随着"文革"运动的纵深开展，情况发生了变化，省博物馆和省农业展览馆、省工业交通展览馆、阶级教育展览馆、毛泽东思想胜利万岁馆合并为"云南省展览馆"（馆址在翠湖西路的现省科技馆），其中设立了"文博组"负责文物工作，组长是原博物馆的馆长王立政。展览馆的主要工作是搞运动，业务工作几乎停摆，李家山的事当然也就被放下了。说来也奇怪，"文革"十年中除了样板戏、电影"老三战"（地道战、地雷战、南征北战）外，其他与文化艺术有关的活动都销声匿迹，唯有考古发掘活动，在"文革"第三年，即1968年夏天河北满城汉墓（出土金缕玉衣的中山靖王刘胜墓）的发掘被拍成新闻片在"老三战"放映前播放后，考古发掘工作项目不断开展并被广泛宣传。如1969年10月发掘的甘肃武威汉墓（出土"马踏飞燕"铜器的墓葬），1971年冬长沙马王堆的发掘等。"文革"开始即停刊的《文物》杂志也在1972年元月复刊。或许是在这样一个对考古学较为倾斜的特殊形势下，"文博组"经请示省展览馆"革命委员会"同意，决定对被搁置6年的江川李家山进行主动性发掘。于是组织了一支由张增琪领队，孙太初、熊瑛、王大道和我共5人组成的考古队，于1972年春节后前往李家山工作。

我是1970年5月到云南省毛泽东思想胜利万岁展览馆工作的，岗位是讲解员，那时我还不满19岁，一年后，万岁馆被合并到省展览馆。因为张增琪先生曾借调在万岁馆作文字工作，并担任新员工的培训老师，我们接触较多，他对我印象还好，到展览馆后他推荐我去了文博组中的考古队。作为没有学历和工作阅历的我到考古队工作，感到幸运又有很大压力，还好当时的领导不注意我，没培养我做运动骨干，所以我有时间学习。我从老同志们那里借来《中国通史》《考古学通论》和20世纪50年

代考古培训班的讲义,如饥似渴地阅读和强记。那时没想当什么专家,只考虑为胜任工作打个基础,并能听懂老师们谈论业务,半年后,我迎来了有生以来参加的第一次考古发掘。

李家山发掘是"文革"以来的首次大规模田野考古发掘,大家很重视,提前一周把所需要的工具翻找出来,到行政库领了经纬仪、照相机、洛阳铲、绘图纸、爬山袋以及劳动布工作服,又到商店买了不少包装用的棉纸、棉花、麻线等。那时出差一般都是乘班车去的,刚好头一年冬天展览馆进了一辆南京牌大卡车,馆领导决定派陈师傅开这辆车送我们去江川。这辆卡车周围的木质护栏,出厂时就具备活动的可下放座位的客货两用功能,中间放行李,两边坐人,很方便。能坐这样的"专车"出差,在当时是件很有面子的事。一百多公里的路程,虽然足足颠簸了四个小时,大家也不觉得累。

到达江川县城,我们拿着在昆时就开好的省文化局的介绍信与江川县革命委员会文艺组(相当于文化局)联系。文艺组的组长是位年轻的四川籍军队干部,他听我们讲在李家山发现一些"兵器"后以为是省里来检查民间私藏武器的事,迫不及待地告知我们"武器在去年就全部收缴干净了"。经再三解释后他才知晓原委,于是开了证明让我们去龙街公社。公社书记对他管辖下的各级干部都较熟,用摇柄式的内线电话直接把李家山下温泉大队早街生产队的队长华长富叫到公社,带我们直奔早街安顿下来。华队长把我们安排在生产队一间堆放粮食的小木楼二楼上(下面是会议室),房间大约有40平方米。我们5人靠墙一边用各自带去的行李打好地铺,还觉得空荡荡的,正好把剩余地方作为发掘工具和发掘品的堆放处。

张增祺和王大道当时都是30多岁,正值年富力强,他们把孙太初和熊瑛作为老同志格外尊重和照顾。孙太初年龄最大,被称为"孙老",并吩咐我每天上午9点带孙老去公社食堂吃早饭,而后用饭盒带饭去工地给他们三位,他们则是一大早就到工地去了。现在回想起来,孙老是1925年出生,而1972年他才47岁,算是壮年,因他1957年被错划为右派后,迫于生活和心境的压力,再加上有点驼背,确显得老些。这件事虽是平常小事,但考古队的老同志们在那个"以阶级斗争为纲"的特殊年代,仍能保持团结协作和与人为善的作风,对我触动很深,甚至影响了我的一生。

从早街村小路上到李家山发掘工地并不远,但因一直在爬坡,还是需要20分钟时间。站在山顶极目望去,前有波光粼粼的星云湖,后有顶拔耸立的多依山,两边是多依山向东延伸的缓坡,就像古代家具中官帽椅的扶手。如以地脉论，李家山可谓"在天成象，在地成形"之上乘风水宝地。李家山的山顶因长时期风力的搬运作用和人们农作的需要，形成了一片约200平方米的平地。张队长认为大墓主要应集中于山顶及附近，此次发掘就以山顶平面为主。于是让民工用锄头把20—30厘米的耕土层除去，露出古代建墓时的地层。熊瑛老师用洛阳铲在几处地方试了一下，土太硬，铲不下去，说明用探铲在这里不行。春节过后那段时间，天气干燥，地表土色看不清晰，没办法，只好请民工到山下挑水上来，趁无阳光时用木瓢洒水于地面，及时观察，发现以黄褐色为主的土杂质多，甚至还有碎陶片，呈五花状，应为熟土。顺着这种熟土的走向，用尖头铲划出线条，是一个个面积大小不一的长方形。老同志们都明白，这就是竖穴土坑墓的开口处！

山顶中央墓边的长度都在3到4米左右，应为大墓，埋藏深度也不会浅，按发掘规程和经验，挖一层下去不能超过10厘米，经观察无迹象后再继续往下挖，故速度很慢。发掘工作开始后的第三天上午，在铲除耕土层的山顶偏西南的斜坡处发现一个约2米长、1米宽的墓，挖下去仅1米多点的深度时，赫然现出绿茵茵的青铜器！大家一阵狂喜，纷纷来到墓室细观。这时民工就撤离了，全由考古队员用尖头铲、平头铲和竹签等工具慢慢清理。此墓由张增琪队长和熊瑛老师具体负责，他们从上午10点到下午3点才把墓中随葬器物的整个遗迹现象清理暴露出来。此墓发现人头骨和牙齿，但无棺椁，从墓圹长度的走向看，为东西向。出土文物50余件，以青铜矛、剑、戈等兵器为主，还有臂甲、弩机，同时发现一些铜锄、铜斧、铜削等生产工具，另有无数玉镯、玉管及玛瑙扣等饰件。这个墓被定为李家山一号墓（M1）。

王大道老师除发掘外，还负责摄影工作，那时只有一台叫作"海鸥"牌的双镜头相机，由王老师保管，回到单位还要交回行政库。王老师从不同角度把一号墓出土情况照了相，并作了摄影工作记录。熊瑛老师在墓底用麻线拉成网格状，再用坐标绘图纸按比例绘图。最后才是小心翼翼地取出随葬物，用棉花、棉纸、麻线包装捆好，下班时挑回住地。就这样，每隔几天就有新的发现。在近3个月的时间里，总共发掘了27座墓，出土文物达1 300多件，主要为青铜器，其他为玉器、陶器、铁器等，还有数以万计的松石饰件和海贝。出土物中最精彩的当然是那些古色古香的各式青铜器，著名的"牛虎铜案"就出于李家山24号墓。

当时张队长让熊瑛、王大道和他各认领几个墓的发掘工作，孙老和我则是哪里忙到哪里。24号墓是由王大道负责的。在找墓边划线的时候我们就知道，集中于山顶中心区的宽度在3米以上的M11、M17、M18、M21、M23、M24是比较大的墓葬。

24号墓长4.6米，宽3米，深2.7米，从黑色炭化痕迹判断，此墓有棺有椁而骨架已朽。骨架位置上铺有数以千计的玉石、玛瑙、松石，呈长方形状，疑为丝线穿缀而成的"丝缕玉衣"。墓内出土上百件青铜器，有铜枕、铜伞盖、铜鼓形贮贝器、铜葫芦笙和大量的铜兵器，牛虎铜案置于棺与椁之间靠北的边箱内。

当时我刚协助熊瑛老师把M21的清理工作做完，还沉浸在此墓所出土的上百件文物的喜悦中，又投入到M24这个更让人兴奋的大墓的清理工作中。所有考古队员都来到24号墓，仔细端详墓底所呈现的文物摆放位置和各种迹象。铜鼓、贮贝器、铜枕、伞盖等大件青铜器固然精彩，但过去在石寨山都出土过，而牛虎铜案这件大型而独特的发现却出人意料。出土时铜案已散碎成二十几块，但硕大的牛头、老虎、案身和下部连接的支架则清晰可见。记得孙先生说，在中原地区这种器物称"俎"，是盛肉食祭祖用的礼器，大家都表示赞同。后来张增琪先生在撰写报告时把它定为"案"，我想一是在中原同类功能的青铜器也有定为案的，二是用"案"比较通俗易懂。

在M24的清理过程中，还发生过一件有趣的事。一位穿着和我们差不多样式的劳动布工作服的老同志突然跳进墓坑里近距离观看发掘，我们立即阻止并让他上去。那位老同志很不高兴，说"大家都是挖铜的嘛！"问他工作单位，说是"东川铜矿"的，东川铜矿当时确是个采铜冶铜的大单位。后来我们听到上山来参观的人说，早街村的村民和附近老百姓都把我们称为"挖铜的老工人"。

所有出土物的取拿都是按操作规程用棉花、绵纸包裹后用麻线捆好，注明编号和名称的小标签一式两份，分置于包装内外，便于核对。这件牛虎铜案打成6个包，装在一个较大的蔑制箩筐里，王老师叫我背下山，还叮嘱把它清洗一下。

因收工时已是下午4点多，我们要忙着赶到距早街约3千米的龙街公社吃饭（每天两顿，早饭9点，晚饭下午5点），所以当天没来得及清洗铜案。第二天，我一大早起来就背着箩筐去早街村的温泉塘里清洗牛虎铜案。所谓清洗，也就是把器里的土倒出来并用小毛刷沾水洗下器表而已。第一次清洗青铜器，我是小心翼翼，全神贯注，因两千多年的铜器，质地较松，加之要特别注意那些脱离主器的零星的小碎片，不能因大意而丢失。一个人这样近距离地摆弄青铜器，直接的感观和印象十分深刻，至今仍记忆犹新。一是从器表看，它的锈色并不是清一色，而是因土质变化产生多种颜色；二是附着在器物内外的老土，用刷子沾水上去会被很快吸干。十年后我系统学习青铜器鉴定知识时，除了铸造特征、器型演变规律外，这两点居然也是行家里手们特别强调的。

回到昆明后，经过两个多月的室内整理，牛虎铜案交到修复组，由王宝元老师负责修复。王老师当时40出头，是博物馆的元老之一，曾被派往北京故宫学习青铜器修复，是我省当时铜器修复第一人。那时的修复、美工、设计、摄影、策展等业务人员，在1972年7月省博物馆正式从省展览馆分离到五一路馆址办公后，统一归陈列部管理，修复组和美工组都在展厅大楼的地下室。牛虎铜案经王先生用了两个月时间认真细致地清洗，拼对焊接，清除有害锈等，终于恢复了它本来的面目。记得王先生到博物馆四楼考古队办公室告知我们铜案已修好，需办移交手续时，大家都非常兴奋地随王先生下到地下室，去看这件古滇国体量最大的青铜器。虽然在发掘现场已大致知道它的形状，但这件曾破成20来块的器物以完整形象摆在修复桌上时，大家仍感到格外震撼！

牛虎铜案的主体造型为一头古滇国时期常见的封牛，硕大的牛头和高耸的驼峰背显得格外突出，牛腰脊处巧妙地做成一椭圆盘形，牛肚中空，四蹄间用横杆相连形成一长方支架，置一小牛于中空的牛肚下，牛尾处饰有一作噬牛状的老虎。整个造型非常独特，这是古滇国乃至我国境内青铜文化中所发现的独一无二的器型。从技术手段上讲，过去有学者认为大牛主体、小牛和老虎是泥范法制作，而牛角和虎尾则是用失蜡法制作的。20年前，我在文物库房与当时的青年学者樊海涛一起仔细观察研究过，发现牛角、虎尾都有细微的范痕，说明牛虎铜案是分大小件使用泥范法铸造后焊接而成的。

牛虎铜案的组合状况究竟是何种意义？不少人把其解释为"护犊图"，即老牛宁肯被虎吃也要保护自己的小牛。可是这里有个常识性的问题：小牛犊是没角的，而这头"小牛"是长着与它体型相符的两个大牛角的，显然是头成年牛。从古滇人的各种雕塑品中可以看出，他们对大自然和现实生活的观察是极其细微的，写实性很强。因此"护犊"之说是不成立的。

古滇人属于奴隶社会阶段，战争和祭祀是国中两件大事，牛虎铜案的功能显然是一件祭祀用的礼器。它以虎噬牛作为造型母题，是来源于生活所见，就像豹噬猪、人猎虎之类的扣饰主题纹饰一样。制作工匠之高明处在于大牛四蹄间那两条横杆和站在横杆上的小牛的别出心裁的设计。试想如没有这两条横杆，仅靠大牛的四条中空而单薄的细腿能支撑住祭祀品的压力吗？加上牛头部分较大，而在牛尾处的老虎偏小，头重尾轻不平衡。在大牛前后蹄之间用平行横杆连接，再把一件单独铸造的小型铜牛置于两股横杆上，形成十字交叉相互拉扯的效果。应用这种巧妙的平衡法，可以说是古滇人聪明才智的结晶。

今年3月，我和省文物鉴定站的同事们去江川云南李家山青铜器博物馆做馆藏文物定级工作，刚好碰到中央电视台10套"探索与发现"栏目因制作"纪念江川李家山发掘50周年"专题节目在那里拍摄。借此机会，制片人小尹老师邀我去李家山上缅怀了一番，同去的还有已83岁的王大道先生。电视台的同志通过采访村民寻到我们1972年发掘时的住处，那幢小楼除主体梁架尚在外，余皆为残墙断壁。我和王先生在老屋旁静站了一阵，非常感慨。时光不饶人，转眼已过50年，当年20多岁的我和30多岁的王先生都成了风烛残年的老人了，而和我们一起在李家山发掘的张增祺、孙太初、熊瑛三位先生皆已作古！想起他们的音容笑貌，不禁黯然泪下。

在接受央视采访的那天晚上，我和青年学者赵云先生在江川下榻的酒店聊天，其中提到出牛虎铜案的24号墓。江川同志认为此墓的墓圹较大，有棺有椁，又出有这么多的精美器物，很有可能是一代滇王的墓，我们觉得此说有一定的道理。古滇国虽处在奴隶社会阶段，但生产力较低且还保留一些母系氏族制残余（如青铜器中塑造的女性主持各种祭祀活动的场面），部落联盟体制性还很强，滇王一职不一定为世袭，而且李家山M24比晋宁石寨山出滇王印的M6时代要早，是在汉武帝封滇王之前的战国晚期，加之星云湖与滇池地区一样，同为古滇国的腹地，所以在这里产生一代滇王不是没有可能的。我们还调侃样地谈到牛虎案在当时的祭祀活动中会放置何物？首先想到的是牛，牛在古滇人社会中既是财富的象征，也是祭祀的常用物。牛虎案中的两头牛，在自然界中是老虎的美食，在社会活动中是祭祀用的牺牲品。试想，如在这件精美的牛虎铜案正中的盘内放个牛头，那种立体生动的形象肯定会使铜案大放异彩，更增加了祭祀活动中的神秘和肃穆感。可是一转念，一大个牛头放在这个小圆盘中似乎容积不够，对铜案的压力也太强，恐其支撑不住。

突然想到滇人的杀人祭铜鼓，杀人祭柱以及通过战争猎取人头的景象，如牛虎铜案的小圆盘内放个人头，刚好合适！这或许是一种合理的推测。

2022年6月6日于昆明

# 玉溪李家山古墓群大遗址保护的几点思考

◎ 杨泽红（云南省民族艺术研究院）

## 前　言

  大遗址是我们的祖先以大量人力营造、并长期从事各种活动的遗存，它体现着我国古代先民杰出的创造力，综合并直接体现了中华民族和中华文明的起源与发展，是构成中华5 000年文明史史迹的主体。大遗址即大型古文化遗址，由遗存及其相关环境组成，一般是指在我国考古学文化上具有重大意义或在我国历史上占有政治、经济、文化、军事重要地位的原始聚落、古代都城、宫殿、陵墓和墓葬群、宗教遗址、水利设施遗址、交通设施遗址、军事设施遗址、手工业遗址及其他建筑遗迹。它们的面积有几十万平方米、几百万平方米，甚至几十平方千米、几百平方千米。例如：长城、古运河、秦始皇陵、楼兰遗址、殷墟、汉长安城遗址和良渚遗址等。

## 一、国家大遗址保护相关政策及历程回顾

  2000年以来，我国持续重视大遗址保护工作，一直将其放在文物保护重中之重的地位。但大遗址占地面积大、文化内涵丰富，保护管理面临许多困难和问题。大遗址主要受自然和人为两方面的破坏。而相对于风、雨侵蚀等自然因素，人为破坏是大遗址保护面临的最大威胁。这些人为因素包括：遗址所在地群众生产、生活活动对遗址造成的破坏，如平整土地、修建道路、宅地改建、扩建村庄、用土取土等；基本建设工程尤其是国家大型基础设施建设工程，如水电站、高速公路、铁路等对遗址的淹没占用和影响；遗址所在地及其周边乱搭乱建、违章建筑等对大遗址环境风貌的影响和破坏等。在经济、社会和文化发展中，如何保护好大遗址已成为文化遗产保护面临的主要难题和任务。

  早在2005年，财政部和国家文物局就联合印发《大遗址保护专项经费管理办法》，并公布《"十一五"期间大遗址保护总体规划》，我国大遗址保护行动拉开序幕。国家文物局随后制定多个大遗址保护的五年专项规划，在引领和促进相关考古研究、文物保护、展示利用、文化传承等方面发挥了极为重要的作用。

  2016年，习近平总书记对文物工作作出重要指示，强调切实加大文物保护力度，推进文物合理适度利用，努力走出一条符合国情的文物保护利用之路。国务院发布《关于进一步加强文物工作的指导意见》，国家文物局印发《关于促进文物合理利用的若干意见》，我国文物事业进入从"文物保护"向"文物保护利用"拓展的深化改革时期。

  2020年9月28日，习近平总书记作出"努力建设中国特色、中国风格、中国气派的考古学"重要指

示，国家考古遗址公园作为我国重要考古学成果的集中展现方式，社会关注度与日俱增。通过十余年的探索创新，国家考古遗址公园管理体系建设基本完成，管理、评定、考古、规划、建设运行、评估监测、行业品牌的全流程指导实现闭环。截至目前，我国已有20个省（自治区、直辖市）共36处遗址被列入国家考古遗址公园名单，24个省（自治区、直辖市）共67处遗址被列入国家考古遗址公园立项名单，150处大遗址纳入项目库。其中，36家挂牌单位规划总面积达52324.72公顷，涵盖了旧石器、新石器、夏商周、秦汉、魏晋至隋唐、宋元、明清等阶段，涉及洞穴遗址、聚落遗址、城市遗址、建筑群遗址、园林遗址、工程遗址、手工业遗址、陵墓8大类型。

国家考古遗址公园作为符合我国国情的大遗址保护利用模式和成果，具有绵长的成长潜质和发展后劲，为我国国家文化公园建设及国家公园管理体系愿景提供了"文物案例"。最新修订的《国家考古遗址公园管理办法》正式印发，为"十四五"时期公园高质量发展引航定向，一批在考古遗址研究阐释、保护利用和文化传承方面具有全国性示范意义的重要考古遗址也将以更新颖的面貌加入公园队伍，更多精彩纷呈的考古遗址文化大戏，将在融入城乡发展和寻常百姓生活的国家考古遗址公园中持续上演。

对于云南省而言，大遗址的保护、管理工作也日趋完善。根据国家大遗址保护利用"十四五"专项规划中明确提出的"重点考虑能够体现中华文明发展主线的重要古遗址、古墓葬""中央主导、央地互动，鼓励有条件的地方建设省级考古遗址公园"等指导精神，云南省积极行动、认真落实，出台了《云南省"十四五"文物保护和科技创新工作实施方案》，明确提出重点抓好晋宁石寨山、大理太和城、江川李家山、剑川海门口、朱提故城等大遗址考古工作，积极推进遗址公园建设，为云南大遗址保护明确了方向，提供了有力保障，更为我国大遗址保护贡献出云南力量。

## 二、李家山古墓群的概况及保护现状

江川县城在昆明市南约100公里，处于江川盆地，盆地中有星云湖。北有梁王山与昆明盆地相隔，东北有一座不太高的野牛山与澄江盆地的抚仙湖隔开。星云湖水北经野牛山间不长的小溪海门河流入抚仙湖，再经海口河汇入珠江上游的南盘江。星云湖居江川盆地中部，把江川盆地分隔成两个坝子，即北边的江城坝和南边的大街坝。李家山位于江川县城北约12公里的星云湖西北隅，江城坝子的南边沿，山后西北依梁王山，为突入坝子的小山丘，高出湖水面100余米。山顶地势较平，前面山坡较陡，后有多依山之间流水冲出的溪谷。从山顶鸟瞰，东南星云湖水碧波荡漾，东、北大片良田中点缀村庄，东北透过野牛山的丫口，依稀可见抚仙湖一汪湖水。山下有温泉涌出，水温宜人，约35℃。高原冬季晴天的清晨，不是浓雾弥漫，就是青霜覆盖，唯李家山附近无雾无霜。奇特的自然景观，必然也是古人选择李家山作为墓地的重要原因。山下有村，名早街村。据当地村民说，早年星云湖水一直漫到村边，村民在星云湖里捕鱼，每天清晨很早就到村边的街市贩鱼，故名早街村。

李家山古墓群位于玉溪市江川区江城镇温泉村委会早街村后山。占地面积2.5平方千米，年代为春秋晚期至东汉初期墓葬群。1966年11月，早街生产队社员在李家山西南坡修梯田，发现了一些青铜器和玉石等物，当时江川区文化馆约请省博物馆工作人员到现场调查，收集到一些出土器物，经分析研究，确认此地有古墓群。后报请上级同意，于1972年李家山古墓群进行了第一次考古发掘，共发掘古墓27座，出土文物1300余件。1991年5月，地质部门为了解李家山地下矿产资源，在山上开挖了数十条探槽,其中一条探槽在山顶部无意间破坏古墓1座,墓内文物遭到损坏,原玉溪地区文物管理所和江川区文物管理所赴现场处理,并收回部分随葬铜器。同时山顶部的部分古墓葬的墓口也受到不同程度的破坏,为保护这些古墓,经国家文物局批准,云南省文物考古研究所会同玉溪市文物管理所、江川区文化局及有关部门组成考古发掘队,对李家山古墓群进行了第二次发掘。李家山古墓群属滇文化范畴,为研究古滇国的历史、经济文化、社会结构及对外关系提供了重要资料。

李家山古墓群两次发掘共清理墓葬86座,其中大墓14座,中、小墓72座。墓葬主要分布在山顶、南坡及西南坡,墓葬形制为竖穴土坑墓。大墓底长3—6.8米,宽2.9—5.6米;小墓底长2.75米,宽1.2米。累计出土器物3 000多件(套),以青铜器为主,包括兵器、礼器、仪仗器、乐器、生产工具、生活用具和装饰品等。出土文物造型奇特,形象逼真,纹饰精美。特别是24号墓出土的牛虎铜案,以及51、68、69号墓出土的铜编钟、铜扣饰、铜贮贝器和数量相当多的金银器、玉器以及大量的青铜器,均具有鲜明的地方特色。李家山古墓群第二次发掘也被评为1992年"中国十大考古发现"之一,并于2001年6月被国务院公布为全国重点文物保护单位。

## 三、李家山古墓群大遗址保护存在的问题

### (一)重视程度不够

大遗址保护是近几年刚刚启动的文物保护工程,各地对大遗址的探索与实践也仅仅处于初级阶段,大遗址所具有的社会、经济、生态、环保、旅游等诸多功能和潜在价值还没有得到较好的挖掘与彰显,特殊的资源优势还未能成为当地社会的现实优势和经济优势,加之大遗址保护周期长、投入多,有关部门对加强大遗址保护的重要性认识不到位、宣传滞后,致使多数地方的大遗址保护工作很难列入当地政府的工作议事日程,政府重视和关注大遗址的力度不够。事实证明,当地政府的重视力度直接影响着大遗址保护工作的有序进行。一些文物保护工作做得好的地方,如西安、苏州等当地政府之所以重视,就是因为大遗址保护工作的开展给当地社会带来了巨大的社会效益和经济效益。这些城市通过实施大遗址保护工作改善了当地的生态环境和投资环境,提升了城市的知名度,带动了当地的文化、旅游及相关产业发展。

玉溪市的大遗址保护工作虽然做了大量的基础工作,但进展速度缓慢,探究其原因主要是大遗址保护历史上欠账太多,丰富而独特的大遗址资源未能得以充分利用,没有发挥出其应有的效益,也未能引起政府的关注和重视。这种状况势必影响到大遗址保护与利用工作的开展与进行。

### (二)规划编制滞后

一处大遗址只有在科学和规范的保护规划指导下,才能搞好保护与利用的整体工作。没有规划的大遗址保护工作是盲目的,其结果将会对大遗址本体造成盲目开发和破坏性利用。目前国内的一些大遗址在保护过程中出现的"三化"(城镇化、商业化、工业化)现象就是惨痛的教训。"十五"期间,国家文物局明确指出做好大遗址保护工作的前提是要制定出经国家文物部门审批的保护规划,按照保护规划的要求逐步进行,以避免对大遗址造成"保护性"破坏。2004年10月16日—19日,国家文物局又在古都西安召开了全国大遗址保护规划专题现场会,对我国大遗址保护中保护规划的制定工作进行了广泛交流和座谈,国家文物局强调:"十一五"期间,国家文物局仍将继续把编制大遗址保护规划作为文物保护的一项重点任务。

我省按照国家局要求，对大遗址保护规划的制定工作进行了安排和部署，部分大遗址单位也开展了相关工作，但总体来说，进展缓慢，成效不大。目前，我省的大遗址除李家山古墓群保护规划经国家文物局批准，晋宁石寨山古墓群和大理太和城遗址保护规划经国家文物局专家论证通过外，其他大遗址或正在修编规划或没有开展相关的工作。主要原因有两方面：一是省级维修保护资金只能用于抢救文物，而没有足够的经费用于规划编制；二是国家文物局支付云南大遗址保护项目的规划编制经费，但有资质的规划编制单位任务重，周期长，工作长期不能完成，影响了规划编制的进程。我省大遗址保护规划的滞后，使大遗址保护与利用工作处于无规可依的状态，直接影响着大遗址保护项目的审批和上级资金的支持。

在国家文物局的支持下，按照有关规定和要求，玉溪市积极开展大遗址保护工作。迄今为止，江川李家山古墓群的保护规划工作已由清华大学按编制要求编制，并已顺利通过专家评审，转报国家文物局批准实施。到目前为止，江川李家山古墓群的详规及根据保护规划进一步开展项目的实施方案还未开展，这在一定程度上制约了李家山古墓群继续向国家考古遗址公园推进的速度，并影响了整个项目的进展。

### （三）考古工作滞后

我省对古遗址尤其是大遗址的调查，仅在20世纪七八十年代由文物部门进行过一般的普查和勘探，因当时条件较差和要求不高，很多地下遗存情况还没有搞清楚。近期由于主动发掘受到项目和资金的控制，许多大遗址的地下埋藏状况、分布、性质也不清楚，严重制约了当前大遗址保护规划的制定和开发利用工作的开展。尽快组织力量开展对大遗址的调查勘探和价值评估，探清地下遗存，为我省大遗址的保护利用提供真实完整的资料将是我省大遗址保护工作中的重要一环。

除上述我省大遗址保护工作中存在的一些问题外，还有一些人为和自然的因素，例如大遗址被盗掘、基本建设与大遗址保护的矛盾以及自然力的侵蚀等现象也给大遗址的保护造成不同程度的破坏和影响。

## 四、对李家山古墓群大遗址保护工作的建议

针对李家山古墓群大遗址的现状、存在问题及国内外对大遗址保护与利用的探索，在新的形势下，要做好李家山古墓群的大遗址保护工作，还有许多问题需要研究和解决，这里仅结合李家山古墓群的实际情况，对今后大遗址保护工作提出以下建议：

### （一）确立大遗址保护的政府行为

大遗址（包括大遗址本体及其存在的空间环境）保护是一项巨大的社会系统工程，其保护工作不仅涉及文物、文化部门，还与规划、土地、城建、旅游、财政、计划等政府各部门密不可分。同时，大遗址保护工作也不仅仅是单纯的文物保护工作，它在改善城市人文生态环境、调整产业结构、发展旅游产业、带动第三产业发展、提升城市形象、拉动地方经济发展等诸方面均有重要作用。所以，大遗址保护绝不是单独哪一个部门的行为，而应是各级政府所担负的重要职责，是"官职官责"，各级政府只有确立这样的指导思想和原则，并积极行动起来，安排相应经费，组织规划编制，纳入城乡建设规划，大遗址保护工作才能够得以顺利开展。

## (二)制定大遗址总体保护规划

保护规划在大遗址的具体实施中具有重要的法律法规作用。制定保护规划是做好大遗址保护工作的关键环节。科学、规范地保护规划是大遗址保护的法规性文件,同时也是大遗址保护工作的指令性"操作手册"。从当前规划的制定情况看,不是部门认识不到位问题,而是由于受地方政府财力所限,致使大遗址保护规划进展缓慢。为此,各级文物部门应加强大遗址保护管理工作的力度,以制定保护规划入手,积极申请落实相关经费,有力促进规划编制,积极纳入当地城乡建设规划。建议玉溪市政府加大前期资金的投入,以促进大遗址保护规划的制定及相对应的项目保护实施方案。

## (三)搞好大遗址的调查、考古发掘工作

各地的大遗址实践表明,科学的考古发掘是大遗址保护的基础,是大遗址保护与规划的依据。自新中国成立以来,广大文物工作者虽然对古遗址进行过一些调查勘探和局部发掘,初步搞清了一些大遗址的地下遗存情况,但是,与目前我省大遗址保护的总体要求相比仍还有较大差距。比如对垅圩图山遗址,还有许多问题需要通过细致的调查勘探与考古发掘进一步得到证实和研究。可以这样认为,搞好考古发掘工作关系着我省大遗址保护利用的成效。为此,下一步应在以下几个方面做好工作。一方面要认真做好大遗址的主动性发掘,为大遗址保护提供学术支持,以进一步确定大遗址保护的范围,同时为大遗址区分情况,实施重点保护、一般保护和规划的制定提供科学依据;另一方面要积极开展基本建设中大遗址的抢救性发掘,为大遗址保护提供直接服务;第三要及时进行为大遗址保护规划的制定而开展的调查勘探和发掘工作,为编制规划提供依据。

李家山古墓群虽然进行了两次考古发掘,后面又进行过零星的清理及部分区域的探勘,但还是缺乏对整个李家山古墓群规划范围地下文物埋藏的全面了解。应进一步加大地下文物埋藏的调勘范围以及部分区域的考古发掘,做为下一步编制项目实施方案的主要依据。

## (四)借鉴他山之石,做好遗址公园建设

截至目前,我国已有20个省(自治区、直辖市)共36处遗址被列入国家考古遗址公园名单,其中很多都有比较成熟的经验做法值得我们借鉴学习。云南在大遗址保护工作方面起步较晚,还缺乏一些必要的经验。我们应该走出云南,到在这方面走在前列的相关省份学习取经,而不是闭门造车,自娱自乐。比如说前几年我们组织大理市相关部门到吉林高句丽王城、西安大明宫遗址、四川金沙遗址和三星堆遗址公园建设,对推进大理太和城考古遗址公园建设起到了很好示范作用。

同时,要充分调动广大群众保护民族文化遗产的积极性,广泛发动群众,按保护展示项目设计要求,大力开展义务种草绿化活动,积极从事生态观光农业。还要继续完善劳动积累工作制度,利用农村剩余劳动力和农闲时间组织群众开展大遗址保护展示工作。

## (五)加强大遗址法规建设,依法保护大遗址

要广泛宣传《文物保护法》《土地管理法》《城乡规划法》等相关法律法规,不断提高全民的法制观念,形成全社会自觉保护大遗址的强大舆论;制定大遗址保护管理的专项法规。应按照国家对大遗址保护的要求及规定,对我省较为重要的大遗址制定出专项保护法规,使大遗址保护步入法制化管理轨道,依法做好大遗址各项保护工作;各级政府及有关部门在研究制定经济发展规划时,要统筹考虑大遗址的保护展示;在经济开发和项目建设论证项目时要考虑对大遗址的影响,提出相应的评估

报告，并依法安排相应的保护和考古发掘项目；工程验收时，要及时检查保护措施落实和考古成果情况；对于盗掘犯罪多发区要采取切实有效的重点防范措施，对不适宜生产和生活的大遗址要做出规划，创造条件，实行异地开发和安置，减轻对大遗址的压力。

从目前工作情况来看，江川李家山古墓群的大遗址保护工作尚处于起步阶段，大遗址丰富的文物资源还没有得到充分的开发与利用。保护好、利用好大遗址已成为摆在玉溪市各级党委、政府和各有关部门面前的一项重要任务。我们要提高认识，统一思想，切实增强做好大遗址保护工作的责任感、紧迫感。坚持科学发展观，与时俱进，把大遗址保护与经济社会建设有机结合，在有关部门的通力合作下，共同推进玉溪市的大遗址保护工作顺利开展。

# 古滇船形建筑文化漫谈

◎ 潘明光（玉溪市古滇国文化研究会）

一个民族产生、存在与发展，离不开当时所处的地理经纬度的制衡，也绕不开特定历史时期发展的纵横度局限，总是要被深深地烙下固有文化和历史的印痕。由于不同人类群体在生存与发展的进程中所处的内部和外部环境的差异，构成了在不同历史时期特定民族文化显著的差异性。

人类历史上所形成的建筑文化，是辨别一个民族历史文化的重要组成部分。历史上的建筑和文化，综合地体现了当时社会所具有哲学与文化的深层内涵。人类建筑通过外在的特殊形式，深入地表现和反映了这个民族内在与自然、社会之间的互动关系，形成一种相互制约和相互促进的互动关系。建筑文化的外在形式反映和富含了特定的固有内容，而内容却主导和决定了形式的存在。

## 一、古滇青铜船形建筑的特色

建筑文化是一种社会存在的文化现象，不同的气候条件、地理环境、民族文化习俗及生存环境，构成了不同民族建筑、地方建筑风格的重要因素。建筑文化体现了一定时期的一个国家、一个地区、一个民族的生产力发展水平，综合反映了其固有的特定文化内涵，是固化了的社会发展文化的历史见证。

古滇国时期的古滇人地处当今云南的核心区域，这片地域的特色是地处低纬度高原，地形地貌复杂多变，平坝众多而又高地纵横、峦峰林立，山高谷深、江河连绵。古滇人依水而居在以抚仙湖—星云湖、滇池、阳宗海、杞麓湖为中心较发达的核心地带，构成一个以"五湖"为中心的众多生态聚集群。

现今考究古滇国时期的建筑，虽然看不到贵族们的具体居所，也没有找到平民蜗居生存状态全然面貌的文字，但古滇人因生活在几个湖泊的周边，气候比较潮湿，植被也十分繁盛茂密，野兽蛇虫更是经常出没。现今只能通过已经发掘出土的相关写实性青铜文物实体的分析研究，领略和认识到当时人们的所特有的建筑文化形态。

古滇国人长期生存和发展在这个特殊的区域地带，已经适应了特有的自然、地貌、时空，既打造出了族群特定的民族特性，也创造了古滇人适应特殊地理位置特质所具有的不同的建筑风格的建筑，从而铸就了古滇族群所赋予的古滇国人地域建筑文化的特征和特性。

从晋宁石寨山、江川李家山等地出土的滇国时期的青铜文物反映的房屋建筑形制来看，不同地点出土的铜铸房屋模型，在空间布局和底层构件上又有所不同，有的很明显是干栏式，有的又将干栏式

| 1 | 2 |
| --- | --- |
| 3 | 4 |

图一　古滇青铜文物

和抬梁式建筑组合为一体,但仍以干栏式结构为主。

由于古滇青铜文物属于高度的社会生活仿真写实设计,铸工精致,器物透视清晰,内部结构也十分清楚,"形、韵、意"均一目了然。说明当时古滇人生活居住的主体建筑,应该都属于或类似于这种"干栏式"或"井干式"的结构。

古滇人的这种"干栏式"形制的建筑结构,都具备上宽下窄、长脊短檐双坡面的"人字形"屋顶,屋面两坡密布条形木条或木排,顶部的木排皆伸出屋脊交叉成燕尾状。建筑结构中支撑屋顶的,除两根或多根大柱及斜出的支柱外,房屋的墙壁也起到承重作用。整个屋顶就像一艘乘风破浪前行的航船,故又被形象地称为"船形屋"。

古滇人的这种"干栏式"建筑风格特点,形制为由上、下两层构成,上层为人们日常起居活动之处,下层主要是豢养家畜或堆放杂物等。这种居所构建的人文环境,不仅实现了临水而居的防潮防湿侵害,也有效防范了野兽虫蛇的侵扰,充分体现了古滇国人因地制宜并与自然和谐相处的智慧所在。

## 二、船形建筑的海外见证

在印度洋以东的印尼苏门答腊岛西海岸中段（省会巴东）和苏门答腊北部（首府棉兰）的山区高原地区，聚居着两个与古滇国"船形屋建筑"相似的特别族群——米南加保族和巴达克族。相传他们的祖先是在古滇国消失前后，由中国云南启程经中南半岛，再越马六甲海峡逐渐迁徙到苏门答腊岛的多巴湖附近，从此就在此定居下来。

苏门答腊岛中国史籍上称作"金州""三佛齐"，米南加保族和巴达克族都主要聚居于此，其他大多分散在印尼其他岛屿以及马来半岛各地。经过2 000年来与当地土著人的融合和繁衍，现今两个族群的人口都在700万左右。

古滇人在衍化巴塔克族人、米南加保族人的进程中，中国史籍上称之为"拔沓人""花面人"。据说由古滇人迁徙带去了崇拜牛并以牛进行农耕的技术，以及大顶的船形屋干栏式建筑文化。经过漫长时间与当地民族的融合演进，现今仍然保留了古滇铜鼓舞、伞舞等舞蹈艺术及雕刻技艺的基因影子，成为印度尼西亚达苏门答腊岛的特色文化符号。

米南加保族人民族文化很特殊，是世界上最大的母系氏族社会聚集地。即使是虔诚的穆斯林或基督教徒，仍然保留着重女轻男制度，母亲是一家之主，支配着家庭的劳动，具有财产归属、儿女婚事等支配权和决定权，土地、房屋等财产全部只能由女儿继承。家庭中丈夫只算客人，男性虽然也掌理宗教与政治事务，但只有财产的经营权而没有所有权。在婚姻上实行男嫁女娶，结婚由女方给男方下聘礼，男方只能入赘到女方家。不过随着社会的发展，也已逐渐向父系氏族社会转变。

米南加保族人崇拜牛并自称为"水牛"之意族人，这不仅与古滇人以牛为图腾崇拜，时时处处与"牛"并存——生活中与"牛"相伴相类似，与文化和艺术形象充斥着"牛"的审美情感，展现典型的"牛经济"和"牛文化"也有异曲同工之处，连"云南"——"米南"的切韵也不谋而合。

在印度尼西亚人们使用"Rumah adat"（意为传统民居）来指代这个国家特色的乡土传统建筑文化，其共同特点包括了高脚屋和结构复杂的屋顶。在巴塔克族人和米南加保族人的聚居地，不仅有着与众不同的民族风情文化传统，而闻名于世并象征着荣誉的是传统构造建筑，最能吸引人眼球的就是那高高翘起的船形屋角顶，一般被人们称为"牛角屋顶"。

巴塔克族人和米南加保族人的这种传统建筑称作"Rumah gadang"（加当屋）或"Rumah bagonjong"，通常指的是较大型的公共大屋，意为"尖塔屋顶的房子"或"米南加保的大屋"，从外形上远远看去酷似一条条排列整齐的船队。

米南加保族人的传统建筑房屋，楼梯设在房前正中央，墙壁大多紫红色并饰有各类花纹，房屋正面两侧对称，四个屋角像长刀刃一样外卷，酷似对称成对的水牛角。屋顶有两层或多层的结构，配有百叶窗，极具特别色彩的外墙壁和山墙上有大量彩绘花卉雕刻。

巴塔克族人与米南加保族人的传统建筑，屋脊外形上均为下凹的马鞍形，用竹木搭建骨架成形。而巴塔克家屋使用竹编地板和楼梯，并用棕榈叶一层层铺成屋顶，建造时不使用钉子，家屋内部没有隔间。屋内通常住两到三个家庭，并以神圣的红白黑三色绘上传统图案作为保护，防止恶灵入侵。

米南加保族人的传统建筑，贵族与民居在造型和用料上也有着不小的差异性。昔日国王的王

图二　巴塔克族人和米南加保族人传统建筑

宫面积建筑不仅大且有几层高，室内摆设繁华又富丽堂皇，就连建造的谷仓与墓地也显示着王者的氛围。

在巴塔克族人居住的安巴瑞塔村，在众多船型大屋丛中的一棵大树下，有一组具有300年历史的石桌、石椅和石刑具，原是巴塔克王和官员开会、审案的场所，犯罪之人就在此行刑受诛。而一排排的船屋，既是审判或议事人员休息居住的场所，也是关押和管理罪犯的地方，屋内还保持着原有陈设的特色。

图三　巴塔克族人居住的安巴瑞塔村

　　米南加保族人的传统民居建筑，房脊中间凹陷而两头高跷，按照习俗有几代人同屋居住，每增加同住一代人，就相应增加屋顶一对角。这些民间传统建筑，正面以及外墙的四壁都有颜色极为鲜亮的独特图案，屋柱高至屋顶支撑房顶的重量并分割室内的空间。这种传统民居建筑，前部中央大厅作为家族的起居室，两侧的房间分别用来进行相应的劳作。屋脊的两个坡顶有几对木刻的牛角，从侧面看其屋顶像是一个"人"字，房屋一般分为上下两层，上层高出地面约2米，由木梯相连，上面住人而下层用作养牲口和堆放各种生产生活用具。

　　米南加保族人和巴塔克族人的传统建筑，外形上具有屋顶的大屋檐与大坡面，房屋内部采用大开间且南北通透，色彩上普遍呈现斑斓艳丽的夸张方式。这种建筑形制与古滇国时期的青铜模型建筑存在着千丝万缕的文化关系，而且与离世后建造的祭奠场所更有着惊人的相似和相通性。

　　传统的米南加保族人和巴塔克族人房屋建筑，固然适应群岛所在炎热潮湿的热带季风气候，高于地面的房屋也让人们免于地面的蚊虫和湿气，倾斜屋顶有助于排干雨水，但由于这种传统式的建筑造价昂贵、费工，现今米南加保地区的民居，建造房屋的方式已被现代建筑取而代之。

　　如上所述，人类文明发展长河中的船形建筑文化这道靓丽风景，既是特定民族历史时期政治、经济、文化、地理、科技和环境等要素影响的产物，也是民族特定历史发展时期与自然环境不断作用的固化传统文化见证。

　　古滇国出土青铜器物中的房屋建筑模型，与印尼苏门答腊岛上的巴塔克族人和米南加保族人居住的建筑实体——具有大翘顶干栏式外形的形制相似，囊括着古滇与苏门答腊倚山临水地域环境内涵的相近，也内涵了古滇人与巴塔克族人和米南加保族人族群内核文化的相通联系，还体现了天人合一空间意识的物质内容和自然道法文化的基因渊源。

图四　巴塔克族人和米南加保族人传统建筑结构

# 秦汉时期滇国独大的关键支撑资源探究

◎ 李晓丹（玉溪市文化馆）
◎ 陈爱林（玉溪师范学院）

最早记录滇国的文献是《史记》。《史记·西南夷列传》载"西南夷君长以什数,夜郎最大;其西靡莫之属以什数,滇最大;自滇以北君长以什数,邛都最大:此皆魋结,耕田,有邑聚。……始楚威王时,使将军庄蹻将兵循江上,略巴、蜀黔中以西。庄蹻者,故楚庄王苗裔也。蹻至滇池,地方三百里,旁平地,肥饶数千里,以兵威定属楚。欲归报,会秦击夺楚巴、黔中郡,道塞不通,因还,以其众王滇,变服,从其俗,以长之"[1]。杨志九《庄蹻入滇考》认为:"庄蹻为武夫,欲在文化上有何建树,亦属奢望,观其变服,从其俗,以长之"。由此可见,庄蹻入滇之前,滇国文化已很发达,自成一体,来自长江中游地区的楚文化只能融入滇文化。

司马迁在《史记》中对汉武帝对滇的态度进行了记述:西南夷君长以百数,独夜郎、滇受王印。滇小邑,最宠焉。最后评述说:楚之先岂有天禄哉? 在周为文王师,封楚。及周之衰,地称五千里。秦灭诸侯,唯楚苗裔尚有滇王。汉诛西南夷,国多灭矣,唯滇复为宠王。他认为滇受宠是因为滇王系楚的后裔。本文根据人类社会发展一般规律,通过研究滇国资源开发状况,探讨秦汉时期中央政府"宠滇"国家战略背后的根本原因。

## 一、矿产资源特点与人类社会发展的关系

人类社会的发展是从利用周边资源环境逐步进行的,首选是开发满足生存的食和住的生活资料,但最终决定文明高度的是对矿产资源的利用。

"矿产资源(mineral resources)"一词是经济学或者是商业上的名词,矿产是指自然界产出的,由地质作用形成的有用矿物资源。具体而言,是指天然赋存于地壳内部或地表,由地质作用形成的,呈固态、液态或气态的具有经济价值或潜在经济价值的物质。

矿产资源是人类社会存在与发展的重要物质基础,是一种重要的生产资料和劳动对象,在很大程度上矿产决定着社会生产力的发展水平和社会变迁。从石器时代到青铜器时代、铁器时代,以至现代的原子和电子时代,从木柴的燃烧到煤、石油、原子能的利用,人类社会生产力的每一次巨大进步,都伴随着一次矿产资源利用水平的巨大飞跃。矿产的丰富和开发利用程度是社会发展水平的一个标

---

[1]（汉）司马迁:《史记》,中华书局,1963年。

志,是衡量一个国家经济发展水平和科学技术水平的重要尺度[1]。

同其他生产资料一样,矿产资源自身不能变成人类的必需品,而只是生产人类必需品的物质和条件。矿产与其他生产资料的区别在于矿产是由地质作用形成的,分布在地壳的局部地段,人类不能创造它,而寻找和开发矿产又具一定的难度。对矿产资源的开发、利用是人类社会发展的前提和动力。

与其他自然资源相比,矿产资源有其显著的特点。主要表现在:(1)矿产资源的不可再生性。矿产资源是在地球几十亿年的漫长历史过程中,由各种地质作用形成,一旦被开采利用,在人类历史进程中则难以再生。地壳上优质易采的矿产资源随着开发愈来愈少。(2)矿产资源分布的空间不均衡性。由于地质历史时期地球上成矿活动的差异,成矿物质在地壳内的不均一分布,在成矿地质条件的制约下,矿产资源分布的不均衡性十分突出[2]。

矿产资源事关人类社会生存和发展,特别是铜、盐、铁的赋存,事关人类文明进程,其分布具有显著的不均衡性。云南中部具有丰富的铜、盐、铁矿产资源,本文认为它们是滇国独大的主要原因。

## 二、铜、磷、盐、铁矿产资源是滇国独大的主要因素

在人类社会发展中,矿业与其他产业相比,是"本"与"标"的关系。人类生存、发展所需的多种物质和能源,主要依赖于有机的生物产品和无机的矿物原料。它们主要来源于农业和矿业两大基础产业。矿业以矿产资源为劳动对象,其产品又成为后续产业的物质基础。

矿业在人类经济社会发展中率先从农业中分化出来,逐渐发展成为一个独立的产业,为社会进步准备了必要的物质基础。在生产力不发达的秦汉时期,矿业对滇国经济社会发展具有决定作用。

### (一)滇铜

人类从石器时代进入青铜文化时代,铜器的使用起决定性作用。滇池、抚仙湖地区的古滇文化之所以成为中华文明的一朵奇葩,就在于这里有丰富的铜矿资源。

在当代,云南铜资源占全国的第二位[3]。云南铜业(集团)有限公司是中国第二大铜业基地,由"四矿一厂"构成,即东川、易门、大姚、牟定四个大中型矿山和云南冶炼厂。这些矿的发现和开发利用,具有历史传承性。在清代乾隆时期,云南铜产量超1千万斤,集中于三个产区:滇北区的东川、昭通二府,滇西区的顺宁、大理、楚雄、丽江等府,滇中区的云南、澄江、曲靖、临安等府[4]。根据对剑川海门口遗址的青铜器放射性碳同位素测定,该遗址距今3 100—3 200年,表明云南在商代就已进入青铜时代[5]。中国科技大学用现代实验方法对河南安阳著名的妇好墓出土的青铜器进行测定,发现商代妇好墓部分青铜器的矿料不是产自中原,而是来自云南某地[6],这就证明了早在3 200多年前云南的铜矿资源就已被开发利用。

---

[1]《矿产资源在人类社会发展中的作用》,《西部资源》2014年第6期。
[2] 翟明国等:《矿产资源形成之谜与需求挑战》,科学出版社,2016年。
[3] 李丹丹:《云南铜资源全国第二》,《昆明日报》2011年2月17日。
[4] 严中平:《清代云南铜政考》,中华书局,1957年,第79页。
[5] 肖明华:《剑川海门口1978年发掘所获青铜器及其有关问题》,云南省博物馆编:《云南青铜文化论集》,云南人民出版社,1991年,第174—179页。
[6] 李晓岑:《中国铅同位素考古》,云南科技出版社,2000年。金正耀:《晚商中原青铜的矿料来源》,《第三届国际中国科学史讨论会论文集》,科学出版社,1984年,第287—291页。

《汉书·地理志》载:"益州郡,俞元,……怀山出铜。"[1]《后汉书·郡国志》载"益州郡,武帝置。故滇王国。……十七城,户二万九千三十六,口一十一万八百二。滇池出铁。有池泽。……俞元装山出铜"[2]。汉朝时,国内产铜4处,云南占2处,即堂狼(东川)和俞元(澄江)。元代云南铜开采规模缩小,但设立了"诸路洞冶总管府""淘金总管府",驱使具有采冶技术的手工业者和"漏编户"去从事矿冶的开发。明代铜矿的开采及冶铸发达,铜产量居全国首位。清代铜矿在乾隆三十七年(1772)常年开采的有46个之多,京运铜产量曾年达到1 400万斤以上[3][4]。

青铜铸币是中国古代的主要流通货币。铜资源的开发利用,不但提高了生产力,以青铜铸币为标志的商品经济也得到巨大发展,是文明高度发达的标志。在青铜铸币正式诞生之前,青铜在中国已经取得了称量货币的地位。殷末周初以后,青铜作为一种财富,已为社会所普遍接受,经常用于贡献、赏赐、征收赋税、政府罚没、官吏俸禄及支付等[5]。先秦文献对此有较多记载,如《诗·大雅·泮水》曰:"憬彼淮夷,来献其琛,元龟象齿,大赂南金。"《左传·僖公三年》载"郑伯始朝于楚,楚子赐金,既而悔之,与之盟曰:'无以铸兵'"。师旂鼎(周康王)载:"自戀文乃罚得古三百孚。"作册旂觥(周昭王)载:"令年册覤土于相侯,易金易臣。"翏生盨(周厉王)载:"王征南淮夷……翏生从,执讯折首,孚戎器,孚金。"如此等等,不胜枚举。所谓"赐金""贡金"之"金",即是青铜。另一方面,由于青铜作为一种理想的合金材料,随着冶铸技术的成熟,在当时几乎可以做任何器物,礼器、兵器、工具、农具以及装饰物等,符合金属称量货币的两重性。因此,青铜作为一般等价物,在当时是一种理想的材料,后来中国历代王朝的正式定型货币便在这个基础上选用青铜作为主要币材,一直使用了两千多年[6]。

由于青铜工具作为市场流通的一般等价物过于笨重,不方便交换,人们开始接受形似工具的青铜货币。从春秋到战国时期,在除云南的全国广大地区,青铜制作的工具渐渐演变成为青铜货币。战国时期的货币主要有三大体系:布币、刀币、环钱。秦统一全国后,将秦国的币制推行于全国,以黄金为上币,单位为镒,即二十两,以铜钱为下币,即"半两"钱。黄金之所以为上币,是限于大数目的支付,如帝王的赏赐。而日常的民间交易,则用"半两"钱。秦代"半两"钱的出现,标志着中国金属货币进入一个新的时期,即重量名称和货币名称统一的记重货币。汉王朝建立以后,于武帝元狩五年(公元前118)开始铸五铢钱。一直到隋灭唐兴,五铢钱才消亡[7]。

秦汉时期,云南流行于民间的却是国际货币——海贝。海贝作为中国历史上继物物交换之后最先出现的货币,从夏商时期至秦代,是中原地区广泛用作商品交换的等价物。秦代统一币制,贝币在中原地区退出流通领域,但在云南仍长期作为主要商品交换媒介,直至1648年大西农民军"铸兴朝钱,禁民用贝"后,云南货币制度才逐步与全国统一[8]。

为什么铜资源极度丰富的云南,在秦汉时期的考古发掘中未能发现代表经济发达的金属货币,而主要是贝币?本文认为,主要原因有:1. 汉初立国未稳,帝国东部诸侯国吴国大量开采东部丹阳、铜

---

[1] (汉)班固:《汉书》,中华书局,1962年。
[2] (宋)范晔:《后汉书》,中华书局,1973年。
[3] 张增祺:《云南冶金史》,云南美术出版社,2000年。
[4] 夏湘蓉:《中国古代矿业开发史》,地质出版社,1980年。
[5] 蔡运章:《论商周时期的金属称量货币》,《中原文物》1987年第3期。
[6] 周卫荣:《试论中国青铜货币的起源》,《中国钱币论文集》(第三辑),1998年。
[7] 施艳菊:《秦至西汉中前期的货币政策与国家控制》,华东师范大学2010年硕士论文。
[8] 林文勋:《云南古代货币文化发展的特点》,《思想战线》1998年第6期。许月强:《经济学视角下的云南青铜时代海贝》,云南大学2022年硕士论文。杨寿川:《论明清之际云南废贝行钱的原因》,《历史研究》第6期,云南省博物馆编:《云南青铜文化论集》,云南人民出版社,1980年。

陵的铜矿铸钱,破坏了帝国经济,以致汉文帝让邓通大规模开采益州的铜矿铸钱[1],但益州邛都南山(今西昌)所出之铜,铅含量比重过大[2],矿藏规模较小,对经济影响有限。邓通铸造的铜币含铅很低,能与吴国钱相抗衡[3],其矿料很可能来自滇地的氧化铜。汉武帝时期中央政府高度集权,大量铜产品沿着原有渠道流入全国,云南本地反而缺乏青铜币,很少出现于这一时期墓葬中,造成商品经济落后。2. 历史上云南是南方丝绸之路必经之地,与东南亚诸国贸易往来频繁,在货币制度上受到贸易国或地区的影响,倾向使用贝币而非青铜币。3. 为了稳定边疆,中央政府在云南推迟使用统一货币。秦始皇统一中国后,在全国统一使用货币,汉承秦制,全国统一使用五铢钱,但云南却不见记载。秦统一全国后,曾修筑"五尺道"以通"西南夷",但滇地通行货币在史料中亦无明确记载。两汉时,中央王朝虽先后在云南设"益州郡""永昌郡",但行政上的管理很微弱,西汉朝廷"赐滇王王印,复长其民",故滇王仍是实际上的统治者。两晋到隋末,中原地区王朝相继更迭,战乱频仍,因而对南中地区的统治亦时有废弛,云南实际为爨姓所统治。到了明末清初,随着中央政权在云南的稳固,贝币逐步回归为青铜金属货币。

### (二) 滇磷

磷是一种人类生活中必需的非金属元素,存在于人体所有细胞中,是维持骨骼和牙齿的必要物质,几乎参与人类所有生理上的化学反应。在地质时期,它是生命大爆发的控制因素和动植物繁衍的重要基础。在人类文化发展时期,磷在青铜冶炼中的运用增加了青铜器的延展性、抗疲劳性、抗腐蚀性,使得青铜文明得以发展,是古滇国得以繁荣的重要支撑。

在人类文明进化过程中,使用工具对文明的演变是决定性的。人类最初使用的工具是身体器官的延伸,即牙齿和指甲,跟动物没有区别,用牙齿咬碎食物,用指甲剥离植物、动物外壳和撕碎食物。后来使用木制工具,但木质工具易损,不耐久。随后使用容易获得而且具有一定坚固性的石质和骨质工具。角质、木质、石质工具与金属工具有巨大区别。角质工具在元素构成上为有机物,石质工具为钙质化合物。在自然界,角质工具易磨损和腐烂,石质工具易碎和风化,金属工具耐用并易保存。铜器和铁器金属工具的获得是人类发展史上的飞跃,尽管经过两千多年的发展,人类至今仍处在铁器时代[4]。

现代工业对铜合金有明确的划分:除黄铜、白铜以外的铜合金均被称为青铜[5]。现代青铜合金有:1. 锡青铜:含锡量一般在3%—14%之间,变形锡青铜的含锡量不超过8%,有时还添加磷、铅、锌等元素。磷是良好的脱氧剂,还能改善流动性和耐磨性,适合于制造轴承、涡轮、齿轮、弹性元件和耐磨零件等。是人类应用最早的合金,至今已有约4 000年的使用历史。2. 铅青铜:铅含量27%—33%之间。铅青铜特点是强度高,耐磨性和耐蚀性好,用于铸造高载荷的齿轮、轴套、船用螺旋桨等。3. 铝青铜:含铝量一般不超过11.5%,有时还加入适量的铁、镍、锰等元素,以进一步改善性能。含有铁、锰元素的铝青铜有高的强度和耐磨性,经淬火、回火后可提高硬度,有较好的高温耐蚀性和抗氧化性,在大气、淡水和海水中抗蚀性很好,被广泛用于力结构件及传动件,如螺杆、螺帽、铜套、密封环、高速列车的传动轴齿轮等。4. 磷青铜:又称锡磷青铜合金,含锡2%—8%、磷0.1%—0.4%。磷青

---

[1] 李伟:《汉文帝赐邓通铸钱辨析》,《兰台世界》2016年第14期。
[2] 严弼宸、刘思然、李延祥等:《四川西昌东坪遗址炉渣分析与冶炼技术研究》,《中国文物科学研究》2018年第2期。
[3] 王海睿:《汉墓出土钱币研究》,重庆师范大学2021年硕士论文。
[4] 周守印:《试论劳动工具的性质及其发展》,《新疆石油教育学院学报》1990年第2期。
[5] 李湘洲:《铜与铜合金》,《有色金属再生与利用》2003年第8期。

铜的延展性、抗疲劳性、抗腐蚀性好，具有良好的弹性，主要用作耐磨零件和弹性元件。5. 铍青铜：是一种含铍铜基合金（Be 0.2%—2.75%），具有耐磨、耐低温、无磁性、高导电性、冲击无火花等特点，广泛适用于塑胶注塑成型模具的内镶件、模芯、压铸冲头、热流道冷却系统、导热嘴、吹塑模具的整体型腔、汽车模具、磨耗板等。6. 硅青铜：以硅为主要合金元素的青铜，还含有少量的锰、镍、锌或其他元素。硅青铜力学、耐蚀、耐磨和焊接性能好，无磁，冲击时不发生火花，在机械、化工、石油、船舶等工业部门都被广泛应用，用于制造重要零件。7. 铬青铜：含铬0.4%—1.1%。铬青铜在室温及400℃以下具有较高的强度和硬度，导电性和导热性好，加工成形性能良好，广泛用于电动机整流子、集电环、高温开关、电焊机的电极、滚轮、夹持器、以双金属形式使用的刹车盘、圆盘及其他要求高导热、导电率、高热强性的零部件[1]。

从现代冶铜工业的技术参数可以看出，几乎所有的青铜都含有磷元素成分。当代磷化工和冶铜业形成互补，可以提高产出效益[2]。在锡青铜和磷青铜中，磷为主要成分，在其他铜合金中则为杂质。为改善锡青铜铸造和耐磨性能，以及节约锡，在锡青铜中加入磷、锌、铅等合金元素，因而可把锡青铜分为锡磷青铜、锡锌青铜和锡锌铅三类。磷是铜合金的良好脱氧剂，可增加合金的流动性，改善锡青铜的工艺和力学性能[3]。

现代冶铜工业通过实验分析可以加入不同元素以改善铜合金的属性，2 000多年前的古滇先民是否已掌握这一技术？2008年李晓岑等对江川李家山出土的45件铜器进行成分分析，经过化学成分鉴定，有26件样品为铜锡合金，占器物总数的57.8%，以兵器和生产工具最多。有14件为铜锡铅合金，即铅锡青铜，占器物总数的31.1%，所占比例超过古滇地区其他墓葬出土器物的铜锡铅合金的比例，其中有12件样品的含铅量超过10%[4]。铜锡铅合金主要集中于鼓、贮贝器和壶等，这些器物在工艺上对铸液的流动性有一定的要求，铅的增加增大了铜液的流动性，易于铸造这一类薄壁空心器物，反映了江川李家山铸造技术的成熟[5]。但这些测定都没有表明磷元素的成分。文中对出土编号M68的铁器测定，显示在不同部位磷的成分高低，低的0.2%，高的2.4%。说明当时已有磷元素加在冶炼材料中了。磷是否铜矿和锡矿的原有元素，还是人为添加，现代矿床学研究提供了线索。从铜矿来说，产于基性岩的铜镍矿床与黄铜矿、钛铁矿等共生[6]，产于热液型矿床中的斑铜矿，常含有显微片状黄铜矿包裹体，与黄铜矿、黄铁矿、方铅矿、黝铜矿、硫砷铜矿、辉铜矿等共生，有时与辉钼矿、自然金等共生[7]。某些夕卡岩矿床中，斑铜矿与其他铜的硫化物共生。在氧化带易转变成孔雀石、蓝铜矿、赤铜矿、褐铁矿等[8]。从锡矿来说，中国锡矿作为单一矿产形式占全国总储量的12%，作为主矿产的占66%，作为共伴生组分的锡矿占22%。共生及伴生的矿产有铜、铅、锌、钨、锑、钼、铋、银、铌、钽、铍、铟、镓、锗、镉，以及铁、硫、砷、萤石等[9]。云南青铜器中锡的主要来源矿床是个旧锡矿，其共生、伴生有18种有用矿产，其中铜、铅、锌、钨、银、萤石、硫、砷均有大型矿床分布[10]。以上说明，天然铜、锡矿床没

---

[1] 田荣璋、王祝堂：《铜合金及其加工手册》，中南大学出版社，2002年。
[2] 张宇、周桂月、蔡旺：《有色金属冶炼与磷化工的"联姻"之路》，《硫酸工业》2021年第2期。
[3] 李文钱、刘航、林国标等：《Zn、Sn对真空铸造锡青铜性能的影响》，《热加工工艺》2008年第5期。
[4] 李晓岑：《古滇地区出土金属器的技术研究》，北京科技大学2004年博士论文。李晓岑、张新宁、韩汝玢、孙淑云：《云南江川县李家山墓地出土金属器的分析和研究》，《考古》2008年第8期。
[5] 徐人平、朱龙、李晓岑：《数理统计在古滇铜鼓铅同位素考古中的应用》，《昆明理工大学学报（自然科学版）》2001年第4期。
[6] 汤中立：《中国与基性超基性岩有关的铜—镍（铂）矿床成矿系列类型》，甘肃地矿局，1995年。
[7] 龚琳、王承尧：《论"东川式铜矿"的成因》，《地质科学》1981年第3期。
[8] 张守林：《矽卡岩型铜矿成矿地质环境、成矿地质特征及找矿标志》，《矿产与地质》2001年第5期。
[9] 曹华文、张寿庭、裴秋明：《中国锡矿资源概况》，《地质论评》2015年第S1期。
[10] 薛步高：《史料考证与找矿（之四）：个旧锡矿》，《云南地质》2002年第4期。冶金工业部西南冶金地质勘探公司：《个旧锡矿地质》，冶金工业出版社，1984年。

有磷元素的伴生。究其原因,磷矿为地表外生矿,即沉积型或者风化型矿床[1],而铜锡为地下深处内生矿,为热液结晶型矿床,两者并不搭界。因此可以判断青铜器中的磷元素为人工添加。因为磷的燃点仅为40℃,在冶炼青铜时加入磷矿石,其熔炼的工作温度只需250℃以上,这就更大程度地降低了青铜冶炼的难度。但实测青铜器的合金成分却不含磷,是因为磷矿加入铜矿冶炼时,磷是非金属元素,容易挥发,会随温度的升高而被除去,使得磷青铜中磷的含量仅为0.1%—0.35%,甚至更少,而铁、镁、铝等金属元素会留在青铜内,提高了青铜的硬度和韧性。

综合冶铜技术和磷资源的分布,在滇池区域,冶铜过程中可就近取昆阳和晋城周围上蒜、化乐等地富含$P_2O_5$的风化细碎屑磷矿石。在抚仙湖地区的东岸象山及以北,星云湖区域的江川大街侯家山等地也有丰富的地表磷矿可以利用。正是磷铜结合冶炼的原因,才使得环抚仙湖和滇池区域成为青铜器制造的中心。

## (三)滇盐

由于自然环境的制约,盐与水、食物一样都是人类生存不可缺少的必需品。但与种植农作物和饲养牲畜不同,盐并不是每家每户甚至是村寨有能力自己获取的,只此一点,即决定了食盐作为商品的特殊使命[2]。相比之下,容易得到的盐十分有限、数量又小,因此,在远古的社会生活中,盐成为影响人类聚散的重要因素,控制着史前人类的发展[3]。依照盐在自然界中的存在形式,可分为海盐、湖盐、井盐和矿盐四种[4]。在天然的盐湖、盐池、盐泉和裸露的岩盐周围聚集着史前人类,形成了早期的原始群落,并逐步发展成为氏族集团。湖盐是内陆地区人们食盐主要的主要来源,中国西藏、新疆、青海、甘肃有许多咸湖,对当地生活的人类和早期人类聚落起源意义重大[5]。当人类进入阶级社会以后,对盐产地和盐支配权的掌握与控制,成为民族发展、国家振兴、霸业建立、政权更替、朝代盛衰的重要因素[6]。西汉统一全国后,盐与铁成为国家专卖,是国库收入的主要组成部分[7]。

对产盐地区的控制是周和春秋战国时期诸侯争霸的关键手段。研究表明,周朝灭商后,周公营造洛阳,其目的是就近控制河东解池的池盐,以便于利用盐来控制诸侯。周武王把泰伯之后分封在虞国,用盐池的利益来回报当年泰伯仲雍让位周文王之恩。虢国有了盐池之利成为周王室的强力护卫。晋国在灭掉虞国和虢国之后,独占解池,成为春秋时期的主要霸主。三家分晋初期,魏国占据了解池而一家独大[8]。齐国立国海边,独享鱼盐之利,成为大国。赵国在赵武灵王时期改胡服骑射,是为了争夺林胡地区发现的红盐池和花马盐池[9]。

就如当今石油资源在工业文明时代的作用一样,关键资源是一个国家生存和发展的命脉。战国时期,资源争夺成为国家精英阶层的共识并付诸实施,关键资源除了铜,其次是盐,故而秦楚围绕巴地盐泉的控制反复进行战争[10]。

---

[1] 魏鹏:《我国磷矿分布特点及主要开采技术》,《武汉工程大学学报》2011年第2期。
[2] 王晓:《商品交换与和谐民族关系构建——基于三江并流"核心区"的历史人类学考察》,《青海民族大学学报(社会科学版)》2017年第1期。
[3] 曾凡英:《盐文化的内涵与特征》,《四川理工学院学报(社会科学版)》2006年第1期。
[4] 佚名:《中国盐矿资源概况》,《中国盐源资料集》第一集,中国盐业总公司勘探队,1980年。
[5] 龚友德:《云南古代民族的饮食文化》,《云南社会科学》1989年第1期。
[6] 玄永栋:《盐源与人类文化的发展》《山东社会科学》1994年第2期。
[7] 宋华:《中国盐税、盐专卖制度的历史演变及财政意义》,《时代金融》2014年第17期。
[8] 姚晓军:《"河东大盐"的故事——运城盐湖的沧桑五千年》,《中国盐业》2014年第20期。咸增强:《河东池盐称谓流变考释》,《山西师大学报(社会科学版)》2009年第5期。
[9] 马洪远:《花马、北大二池考》,《盐业史研究》2010年第3期。
[10] 白九江:《巴盐与盐巴》,重庆出版社,2007年,第112页。

作为自然界的矿物盐，滇地的盐与巴地的成因相同，是在同一地质时期由于古特提斯海的封闭和青藏高原隆起形成，时代为地质历史时期的侏罗纪、白垩纪和古近纪，其中安宁盐矿为侏罗纪晚期，为特大型矿床，氯化钠纯度最高可达96.5%[1]。云南境内岩盐资源丰富，主要分布于滇中的昆明市郊及楚雄州、滇西的大理州和怒江州、滇南的普洱市和西双版纳州，矿床大都埋藏较浅，开采较易[2]。

滇国的富强离不开境内丰富的盐矿资源。考察滇盐的历史，文字记载最早见于《汉书·地理志》"益州郡连然（今安宁县）有盐官"[3]。东汉时，丽江、大姚、云龙等处有零星产盐记载。晋时"晋宁郡连然县有盐泉，南中共仰之"[4]。南诏和大理国时期，开黑井盐矿，白井、琅井、丽江、老姆、弥沙等盐井[5]。元朝时，文献记载盐产量不足，川盐补充[6]。比较川盐和滇盐的生产技术，滇盐盐井较浅，制盐燃料方面，滇盐完全依赖柴薪煎盐[7]。

云南资源开发和物流网络形成很早，远在夏商时期，云南就作为中原和四川制作青铜器的锡铜原料来源地[8]，与中原文化有紧密的联系。楚国作为云南通向中原物流的节点，滇池流域具有安宁连然盐池和螳螂川铜矿的战略资源信息，为中原各国所知，成为楚国首先夺取的目标。楚威王时，当时干燥的气候使庄蹻成功带兵攻占巴地盐池，进入云南，巴人的找盐、制盐技术随之用在滇池边上的连然盐泉[9]，连然盐矿较浅，形成出露地表的盐泉，最先被大量采集和利用。安宁直到当代，温泉众多，被称为天下第一汤。可以推想，2 000多年前，安宁一带地下水位较高，泉水遍布，盐泉自然出露，足够滇地大量居民使用而不用凿井开盐。加之常年光照，甚至不用煮盐，靠日晒就能提纯食盐。庄蹻入滇后大规模开采连然盐池，既保证了本地用盐，也有巨大收益。在楚国遭到秦国攻击时，位于滇地的楚军有能力回楚支援，但水路已被秦军截断，国都郢已被攻破，复国希望渺茫，只能返回滇池，大力开发滇池附近的东川、澄江铜矿和安宁的盐矿。"滇王者，庄蹻之后裔也……河土平敞，多出鹦鹉、孔雀，有盐池田渔之饶，金银畜产之富。人俗豪忲，居官者皆富及累世"[10]。到西汉初期，滇已成为富甲西南的大国，在纳入汉中央政府管辖时，安宁盐池的产量和税收已高到单设盐官管理的程度。

汉以后，滇盐是历代中央政府控制云南的战略手段，盐税在云南是仅次于田赋的第二大税种。唐樊绰《云南志》卷七载："安宁城中皆石盐井，深八十尺。城外又有四井，劝百姓自煎。"[11]《华阳国志》亦载连然县"有盐泉，南中共仰之"[12]。从汉晋到南诏的800多年间，安宁连然盐井生产一直处于旺盛状态。在唐时期及以后的历代战争中，滇池附近的盐池争夺成为焦点。唐开元、天宝年间，爨氏集团、南诏、唐王朝三方势力在安宁盐井的争夺最为激烈，各方势力出入八九次，南诏后来设立拓东节度，控制了安宁盐井，在滇东广大地区稳住政局，形成了唐宋时期的割据状态[13]。元以后，安宁附近禄丰黑井

---

[1] 刘成林、宣之强、曹养同等：《探索中国陆块找钾——中国东特提斯域成钾作用及模式》，《化工矿产地质》2015年第4期。云南省地质矿产局：《云南省区域地质志》，地质出版社，1990年。《云南省志—地质矿产志》，云南人民出版社，1997年。
[2] 毕光宏：《云南盐矿地质特征及盐矿地质调查勘探史略》，《盐业史研究》1996年第3期。
[3] （汉）班固：《汉书》，中华书局，1962年。
[4] （晋）常璩撰，刘琳校注：《华阳国志校注》，巴蜀书社，1984年。
[5] 张欣：《南诏政权的统制与统合——以滇盐的历史发展为分析视角》，《盐业史研究》2020年第1期。
[6] 贾磊：《咸说云盐史道尽沧桑事》，《中国盐业》2019年第3期。
[7] 赵小平、胡月：《川滇盐文化比较研究》，《中国盐文化》（第九辑），2017年。白九江：《巴盐与盐巴》，重庆出版社，2007年，第112页。杜雪飞：《技术、制度、利益与生态环境变迁——云南黑井地区盐矿生产的生态环境史研究》，《思想战线》2012年第6期。
[8] 赵殿增：《三星堆考古发现与巴蜀古史研究》，《四川文物·三星堆古蜀文化研究专集》，1992年。金正耀、马渊久夫、W T Chase等：《广汉三星堆遗物坑青铜器的铅同位体比值研究》，《文物》1995年第2期。
[9] 李晓丹：《论滇盐与庄蹻入滇之关系》，玉溪市博物馆：《滇中文博研究》，云南人民出版社，2023年，第106—109页。
[10] （宋）范晔：《后汉书》，中华书局，1973年，第2846页。
[11] （唐）樊绰撰，向达校注：《蛮书校注》，中华书局，2022年。
[12] （晋）常璩撰，刘琳校注：《华阳国志校注》，巴蜀书社，1984年。
[13] 段玉明：《南诏大理文化史》，广西师范大学出版社，2018年。范建华：《爨文化史》，广西师范大学出版社，2018年。

盐区大规模开发,采用柴薪煎盐的办法,使得盐井周围的生态环境遭到极大破坏,最终导致黑井迅速衰落[1]。

### (四)滇铁

铁器是衡量古代社会生产力的重要标志之一。研究云南的早期铁器,对于探索滇国的发展状况有着不可忽视的作用。对云南最早使用铁器的时代,人们的普遍看法是在西汉中期,西汉末至东汉初铁器的使用比较普遍[2]。滇国早期铁器绝大部分分布在滇池区域,以晋宁石寨山出土最多,其他则多见于江川李家山、呈贡石碑村、天子庙、安宁太极山、东川普车河及曲靖八塔台等滇国墓地。祥云县检村石棺墓还发现重30余斤的褐铁矿石。对于铁器年代的研究让人意外的是江川县李家山滇文化墓地的21号墓中出土有一件铜柄铁剑,放射性碳素测定为距今2 500±105年的春秋末至战国初期[3]。

云南早期铁器的来源,看法很不一致[4]。有本地生产和由四川输入两种不同看法。输入一派的主要论据来自西汉王朝实行盐铁专卖政策,统治异常严格,古滇国统治区域的益州郡却并没有铁官,同时云南尚未掌握冶铁技术。但滇中地区出土的大量青铜器表明,滇族已掌握了高度的青铜冶铸技术,在熔化、锻造、焊接金属等方面,是完全可以应用到铁器冶铸。战国至西汉中期的滇国"块炼铁"经工匠们的反复实践和改进,至少西汉时滇族已掌握了锻造铁器的技术[5]。到西汉中期,中央在云南设郡县以后,中原与云南的交流越来越多,先进的铁器冶炼技术传入云南,当地工匠已经初步掌握了高温液态生铁铸造工艺,有可能使铁器成倍增加,最后取代青铜器进入铁器时代。

滇国冶铁材料来源何地,前人并无过多研究,但考察当代云南的冶铁工业和矿业开发历史,可以窥见这一历史脉络[6]。云南省铁矿资源丰富,有探明储量铁矿区93个,其中大型矿床2处、中型矿床22处。累计探明矿石储量22.24亿吨,保有储量21.86亿吨,名列全国第6位。其中富铁矿储量3.27亿吨,占全省总量的14.96%,占全国富铁矿总量的24.72%,居第一位。全省富铁矿储量,多集中分布于滇中地区,即昆钢附近的安宁、玉溪、武定等地[7]。按照矿床类型和形成时代,滇中地区新平鲁奎山铁矿、安宁王家滩铁矿含铁矿物几乎全部由菱铁矿组成,矿体赋存于中元古界昆阳群大龙口组和美党组,为沉积—改造型铁矿床。新平大红山铜铁矿为变质火山喷发沉积型铁矿床,铁矿质来源于海底火山喷发,通过沉积作用,其特点是铁、铜共生。金属矿物有磁铁矿、菱铁矿和黄铜矿等。禄丰鹅头厂铁矿为变质火山沉积—改造型铁矿床,赋存于元古界昆阳群因民组[8]。

就开采条件来说,云南省铁矿以地下开采为主,露采为辅,但滇中地区核心地带的安宁八街、宜良大兑冲、武定迤纳厂、禄丰罗次峨头厂、马龙石龙、玉溪上厂和大六龙、峨山他达等铁矿区埋藏较浅,适用露天开采。

当代铁矿行业的发展离不开铁矿资源开发的历史传承。关于云南出铁的记载,最早见于《后汉书·郡国志》"滇池出铁"。可见,在汉代,滇池周边出铁就已闻名全国。滇池边上的安宁、禄丰等地的铁矿埋藏较浅,为露天矿,其开采、冶炼一直延续不断,民国还有相关研究论文发表[9]。从矿料来源、

---

[1] 杜雪飞:《技术、制度、利益与生态环境变迁——云南黑井地区盐矿生产的生态环境史研究》,《思想战线》2012年第6期。
[2] 蒋志龙、樊海涛:《古滇文化史》,广西师范大学出版社,2019年。
[3] 云南省文物考古研究所:《石寨山文化考古发掘报告集(上册)》,科学出版社,2016年,第212页。
[4] 张增祺:《云南开始用铁器的时代及其来源问题》,《云南社会科学》1982年第6期。
[5] 张增祺:《云南的早期铁器》,云南省博物馆编:《云南铁器时代文化论》,云南人民出版社,1992年,第1—15页。
[6] 杨寿川:《云南矿业开发史》,社会科学文献出版社,2014年。
[7] 《云南省志—地质矿产志》,云南人民出版社,1997年。
[8] 薛步高:《昆阳群·矿产地质论文集》,云南科技出版社,2003年。
[9] 谭锡畴:《云南易门安宁禄丰主要铁矿床述要》,《地质论评》1943年Z1期。

冶炼工艺等条件来说,滇国时期,铁器为本地铸造应无疑问。东汉时期云南成为全国主要的铁产地之一,从公元4世纪始,已设有"铁官令",管理云南的铁器生产和税收[1]。

总之,滇地丰富的铁矿资源和先进的冶铁技术,是汉时期中央政府盐铁专卖政策需要考虑的核心因素,对滇地的有效管理对全国经济发展具有重要意义。

## 三、结　　论

1. 早在3 200多年前,云南的铜矿资源就已被开发利用,并作为中原和四川制作青铜器的锡铜原料来源地,很早形成物流网络,与中原文化有紧密的联系。

2. 战国晚期,楚国、秦国都有统一天下的野心,围绕战略资源铜和盐的战争是秦楚争霸的核心。滇地富饶的铜、盐、铁、锡资源和独特的掺磷铜冶炼技术,能够生产磷青铜特别是磷青铜兵器,对周边强国具有极强的吸引力,促使楚国派兵入滇,随后大规模开发铜、盐资源,使滇成为富甲西南的大国。

3. 汉初,滇地的铜资源有效支撑了汉帝国的经济,维护了帝国的统一。汉中期以后,中央政府对滇地的有效管理和冶铁技术进步,使滇铁资源得到开发,盐铁专卖政策才具有国家高税收价值,对全国经济发展具有重要作用。

---

[1] (晋)常璩撰,刘琳校注:《华阳国志校注》,巴蜀书社,1984年。

# 古滇国文化实现从文化资源向文化资本转变的路径研究

◎ 胡　伟（中共玉溪市委党校）

　　传统文化不仅是一种形式的存在，更是精神传承和我们未来发展的依托。习近平总书记在党的十九大报告中明确指出："推动中华优秀传统文化创造性转化、创新性发展，继承革命文化，发展社会主义先进文化，不忘本来、吸收外来、面向未来，更好构筑中国精神、中国价值、中国力量，为人民提供精神指引。"为我们对待传统文化提供了根本的遵循。因此，对传统文化的研究无非有两种路径：一种是探索传统文化产生、发展、演进的历程、规律与要素，揭示传统文化给予当代人的价值和意义；另一种是把富有价值的传统文化与现代化结合起来，探索传统文化资源转化和创新性发展的路径和方法。古滇国文化是云南传统文化积淀中一颗璀璨的明珠，它没有文字的流传，也没有文献的广泛记录，它是通过精美的艺术形式唤醒人们对自己存在的思考。从某种角度来说，古滇国文化是一种艺术存在形式。这种文化为我们想象和建立起一种不同于我们生活的世界，为我们思考人的生存状态提供了不同的线索。正如海德格尔所说："艺术是真理的生成和发生。"我们可以在古滇国文化中找到适宜我们生存的精神要素，我们也可以整合古滇国的文化资源，创造一种独特的、具有竞争力的人文环境，提升城市的竞争力，使古滇国文化实现从文化资源向文化资本的转变。本文正是基于这一维度的思考，以新的视野来重新挖掘古滇国文化，使其重新焕发生命力，为古滇国文化进行创新和应用提供一种路径。

## 一、古滇国文化作为文化资源能够转化为文化资本的要素和构成

　　广义上的文化资源泛指人们从事一切与文化活动有关的生产和生活内容的总称，它以精神状态为主要存在形式；狭义上的文化资源是指对人们能够产生直接和间接经济利益的精神文化内容。本文所探讨的文化资源是定位于狭义，即可以转化为文化资本的文化资源。法国著名社会学家皮埃尔·布迪厄（Pierre Bourdieu）于1986年发表《资本的形式》一文首先提出了"文化资本"概念，文化资本指的是"借助不同的教育行动传递的文化产品"，包含具体化的文化资本、客观化的文化资本和体制化的文化资本三种形式。随着时代发展和认识深化，人们逐渐将"文化资本"引入经济学范畴中。1999年，澳大利亚经济学家戴维·思罗斯比（David Throsby）正式将文化资本的概念确定为经济学框架内除实物资本、人力资本与自然资本之外的第四种资本，并指出："文化资本是以财富的形式具体表现出来的文化价值积累，这种积累可能会引起物品和服务不断流动，形成了本身具有文化价值和经济价值的商品；文化资本的存在形式或是有形的或是无形的。"在文化投资学视角下，文化资本具有经济价值和文化价值双重属性，文化资本的内涵和作用大致体现在两个方面：一是通过投入有形

或无形的文化资本直接生产出具有经济价值和社会价值的文化产品和服务，二是在生产、再生产过程中融入创意、智力等因素，使生产出的物质产品带有广义的文化附加值。文化资源是文化资本的基础、前提、来源，文化资本是文化资源实现产业化、市场化的结果和价值体现。从一般意义而言，具备从文化资源转化为文化资本的需要具备以下一些要素：一是资源本身具有独特文化性，是人类的文化产物，像各种物质文化遗产、非物质文化遗产等；二是资源本身可以满足人们的审美、求知等需求的文化性；三是资源蕴藏着有影响力的文化价值理念，通过资源整合与资源创新，便成为一种可供全人类共享的精神财富，成了其他人进行文化再创造的资料；四是作为一种特殊的精神元素和历史积淀，其资源要为各种相关区域的叙事提供基本素材、叙述角度、象征及其意义，成为源自内心的情感依托和心灵史上的一种永久追忆。

从古滇国考古发掘的资源与对古滇国研究梳理和总结的文化资源来看，古滇国文化作为文化资源能够转化为文化资本的要素和构成主要有以下几个方面。

1. 独特的、具有鲜明文化特征的青铜器文化资源

古滇国文化最杰出的代表就是独具特色的青铜文化。青铜器是古滇人留给我们的最丰厚、最有影响力和最具备文化开发价值的遗产。青铜器遍及了古滇国生产生活的各个领域。古滇国的青铜器文化资源主要由以下三个方面的要素构成：一是青铜器作为一种实体的工具——可以作为生产的工具、战争的武器、祭祀的器具，为我们再现和创意古滇国提供要素支撑，成为人们穿越历史和现代的文化产品；二是青铜器又被赋予了文化的内涵，它上面刻画的各阶层人物的生产生活场景、宗教信仰与图腾崇拜，惟妙惟肖地展现了古滇国的人世百态，成为现代人探究古滇国文化的重要途径。青铜器文化超越了本身固有的物质属性，成为浓缩了古滇国历史文化信息的贮存器。因此，青铜器文化具有较强的历史、艺术、科学价值，无疑是我们打造文化产业的基础性资源。任何文化遗产或文化资源只有经过一定形式的再创造，才能成为具有丰厚知识产权的文化产品，古滇国青铜器文化积淀，为文化产业的打造提供无限的空间和潜力；三是独特的古滇国青铜器造型艺术和冶炼技术赋予了其铜器产业发展的基础。一方面，古滇青铜器与中原地区的作品相比最显著的特征就是它的写实风格，从发掘出来的大量的写实性器物和形形色色的生活用具、乐器、装饰品可以看出，古滇人一般都是用现实主义的手法再现生产、生活、战争、祭祀等各方面的状况，重演了人们放牧、乐舞、纳粮及统治者率领人民出外播种等场景，与中原地区以抽象、夸张和变形的纹饰形式出现在青铜器上迥然不同；另一方面，青铜冶铸工艺上采用的失（蚀）蜡法（此类铸造工艺最早很可能起始于云南），难度极大，铸造精致，可以说是当时工艺技术上的巅峰，曾对飞机发动机的精密制造产生过影响。古滇国青铜器的铸造工艺在历史的长河中不断积淀，形成了云南斑铜铸造工艺，对今天江川区、通海县的铜器制造业沉积丰富的文化资源。

2. 具有民族特色和地方特色的古滇国建筑文化资源

从古滇国写实的青铜器文物中，我们能找到一个消失王国具有民族特色和地方特色的建筑文化资源。从建筑结构来看，古滇建筑主要是以倒三角的屋面、交叉的屋脊、干栏式、井干式的建筑构造为主，"长脊短檐""船型"屋顶体现出了古滇国独有的建筑风貌。从建筑的装饰和色彩来看，古滇国主要以太阳纹、雷纹等的装饰纹样及褐色、高雅黑等色彩展示其神秘和悠远的氛围，这种具有民族特色和地方特色的建筑文化资源，在当代城市建设"千篇一律""千城一面"背景下，必然会给人们一种自己新的文化内涵，体现出一种独有的精神价值。

3. 古滇国图腾和民俗文化资源

以图腾象征来保护和获取权力与财富，是原始民族的一个共同特征，但是不同的民族有着不同的

图腾。古滇人祭祀和图腾神圣之物是虎、牛和蛇,它们分别代表了权力、财富和智慧,因此能拥有这三样东西作为装饰和殉葬品的只能是贵族和王权,当古滇人把虎和牛作为神圣的祭祀之物的时候,权力与财富也就属于贵族和王权了。牛虎铜案表明,权力始终紧紧地控制着财富。古滇国的社会秩序就这样得以成立。古滇国的图腾文化作为一种特殊的精神元素和历史积淀,它成为历史记忆永恒的童话,成为当代人心灵史上的一种永久追忆。而生活在山区、湖滨和坝子以农耕文明为主的古滇人形成古滇国独有的打秋、斗牛、竞渡、饰羽翎等一般性风俗习惯,以此承载着古滇国文化符号,当我们把这些文化资源创意性呈现给现代人,我们就可以在历史和现实的时空中复兴一个古老的王国,使沉淀在博物馆的文化资源变成具有生命力的文化资本。

## 二、古滇国文化资源转化为文化资本的切入点

从相关研究和发展的经验来看,大部分文化资源具备转化为文化产业形态的文化资本,但是这种转化需要依赖文化资源本身,更需要在对文化资源深度、广度的把握,对现代文化消费市场规律的把握,对文化艺术创作规律的把握基础上,对文化资源进行产业化重塑,从而通过传承和创新放大其社会价值和经济功能。文化资源的生命力要在一定的情景或者相当的环境资源条件支撑下才会发生。文化资源转化为文化资本必须有科学合理有效的切入点。古滇国文化是一个王国的文化,承载一个区域的历史记忆和精神情感依托,因此,古滇国文化资源转化为文化资本的切入点不应当是单一的文化产品和文化产业,而是应当把它注入城市的建设和发展中来体现城市的文化品质和城市的竞争力。

1. 基于城乡规划视域,通过文化符号植入、文化生态保育实现文化资源向文化资本的转变

文化是一个城市灵魂和城市发展的精神寄托,钩沉记录着城市的前进足迹与思想信息。随着中国特色社会主义进入到新的时代,文化作为一种发展资本在区域经济发展的竞争中正扮演着越来越重要的角色,并逐渐成为区域参与发展竞争的软实力。文化是城市品格演进和基础提升的前提。对文化资源的发掘和传承绝不能停留在将其安置于冰冷的博物馆等单一路径上。而是应当通过对地域文化中物质文化资源与非物质文化资源进行解构来构建城市文化的竞争力。除晋宁以外,玉溪市的江川、澄江、红塔区和通海也是古滇国文化的聚居地,特别是江川和澄江更是古滇国文化遗产集聚区域。随着澄江撤县设市并打造国际旅游城市定位的确立和江川撤县设区作为玉溪市中心城区的重要组成部分战略的确立,在澄江、江川城市建设中注入古滇国文化因素和文化符号、提升城市的文化内涵和竞争力成为一种现实的可能。抚仙湖、星云湖沿岸片区是澄江、江川主城区的"客厅",在未来规划中要开展好抚仙湖、星云湖治理保护的同时进行科学适度的开发,着力打造好周边建筑风格,融入古滇国文化符号,构建古滇国文化生态,使之与湖光山色融为一体,使古滇国文化资源在玉溪城市建设中的文化经济价值彰显出来。

2. 立足古滇国的青铜器文化资源,挖掘铜器产业文化资本

青铜器文化资源是古滇国最大的文化资源,也是转化为文化资本的最大资源。事实上,由于历史的积淀和演进,江川区、通海县铜器产业已发展为青铜工艺品、斑铜工艺品、锻打生活用品、铸造雕塑工艺品等四大板块,市场份额不断提升。尤其是斑铜工艺为云南独有,闻名全国,而江川的斑铜锻打、铸造技术领先全国,受到国内外同行的赞扬。现已拥有10户铜制品企业和80多家手工作坊,从业人员700多人,产品年产值达到2.6亿元。因此,以古滇国文化资源转化为文化资本为切入点,江川区可

以通过项目的实施,促进江川铜文化产业发展的同时,把项目区打造成为以青铜旅游、生活产品研发生产基地为核心,推进城市产业发展和提升城市竞争力的新名片。

3. 创新性转换古滇国图腾和民俗文化资源,推进旅游文化产业发展

将古滇国文化资源中图腾和民俗文化,进行科学的梳理,对文化资源进行产业化重塑,并依据各自属性进行文化战略嫁接,最终实现文化资源向文化资本的转变。

## 三、古滇国文化资源转化为文化资本的路径

古滇国文化充满地域风情的建筑风格与高水平的青铜文明是云南少数民族文化最精彩的篇章。考古资料证实古滇国文化以滇池、抚仙湖和星云湖地区为中心,古滇国遗址大都围绕滇池、抚仙湖、星云湖分布。从文化投资学的视角出发,古滇国文化资源转化为文化资本的路径可以从以下几个方面来推进:

1. 通过文化产业嫁接模式,打造古滇国文化产业链

青铜器文化是记载古滇国历史兴衰的主体文化资源,由青铜器衍生出的江川、通海铜器产业随着历史的演进,取代了青铜器成为云南独有的工艺。通海铜文化作为古滇国文化的核心,应通过举办铜文化博览会等文化事件对古滇国文化进行宣传,打响古滇国的文化战略,通过打造"古滇国铜文化生态核心区"成为撬动古滇国文化战略的动力源。云南江川区抚仙湖地区生态基地良好,同时也是古滇国遗址所在,且周边的一些项目如古滇国文化主题公园、青铜文化街、文化博览设施都已在建设中,为形成"古滇国铜文化生态核心区"奠定了良好的地理条件。此外,古滇国文化战略还应围绕"铜文化"这一品牌,使星云湖、抚仙湖地区成为集教育培训、研发生产、商贸交流、休闲观光为一体的古滇国斑铜文化创意产业聚集区,通过展示古滇国文化风貌、延伸文化产业链、创新文化开发模式,成为云南最具创新氛围的铜文化创意生产基地。

2. 通过文化符号植入,打造城市文化竞争力

一个城市真正的特点,一个城市情感真正的载体,一个城市的竞争力,存在于精神价值之中。从玉溪城市建设的角度来看,在以抚仙湖、星云湖为中心的古滇国文化圈内,建筑设计宜植入古滇国风情的文化要素,屋脊角处运用古滇国典型十字交叉样式,并在脊角上吻一长轴尾部弧形木脊,形成"脊上架脊"的建筑屋顶天际线。将云雷纹、祥云纹等纹样雕刻在建筑外立面、平台栏杆、建筑檐口等处,显示古滇国的庄严神圣。在古滇国文化主题公园布置中,将蛇图腾、铜鼓、纹饰等元素用于古滇国广场、观景台、特色风情街等景观的营造上,使每一处景点都成为载有古滇国文化符号的特色空间,提升玉溪城市文化的竞争力,彰显玉溪城市文化的特色,为玉溪创意文化产业的发展奠定基础。

3. 通过文化生态保育,挖掘玉溪文化产业发展空间

如何使文化资源在传承中发生良性变异,创造经济价值并形成文化品牌是地域文化不断繁衍并保持生命力的关键所在。打造载有古滇国文化符号的特色建筑与空间,构建古滇国生态文化核心区与铜文化创意产业聚集区都是使古滇国文化发生良性变异的传承方式。与此同时,在具体传承方式的选择上,经济收益与实施的难易程度是需要考虑的重要因素。其中,构建铜文化创意产业聚集区是使古滇国文化形成品牌并实现经济价值最大化的有效途径,在城市进行战略规划与产业规划时应首选此传承方式。在城市规划和建设中,将古滇国风情建筑与空间融入生态景观、城市中心区与社区,形成古滇国生态文化核心区是最基本的传承方式,在城市进行详细规划时可选择此传承方式,通过城市的文化特色和风情来打造旅游、文化创意产业。